기독교 영성 시리즈 20

**마카리우스의 신령한 설교**

마카리우스의 신령한 설교
FIFTY SPIRITUAL HOMILIES

초판 발행:1993년 4월 20일
재2판 발행: 2005년 9월 10일
재3판 발행: 2015년 2월 10일
지은이: 마카리우스
옮긴이: 최대형
발행처: 은성출판사
등록: 1974년 12월 9일 제9-66호

ⓒ 2015년 은성출판사
주소: 서울시 강동구 성내로3길 16, 은성빌딩 3층
전화:(02) 477-4404
팩스:(02) 477-4405
Homepage: www.eunsungpub.co.kr


출판 및 판매에 관한 모든 권한은 본 출판사가 소유하고 있습니다. 출판사의 사전 서면 허락 없이 번역, 재 제작, 인용,촬영, 녹음 등을 할 수 없음을 알려 드립니다.

ISBN 978-89-7236-417-7 33230
Printed in Korea

# FIFTY SPIRITUAL HOMILIES

*by*

Macarius

기독교 영성 시리즈 20

**마카리우스의 신령한 설교 50**

최대형 옮김

# 목차

서론 / 11

설교 1 에스겔의 환상 / 35

설교 2 어둠의 권세로부터
　　　자유하십시오. / 47

설교 3 악한 생각들을
　　　대적하여 싸우십시오. / 51

설교 4 영적 분별력을 기르십시오. / 57

설교 5 아버지의 사랑을 갈망하십시오. / 77

설교 6 고요하고 평안하고
　　　침착하게 기도하십시오. / 97

설교 7 마음은 영혼의 눈입니다. / 103

설교 8 그리스도의 온전함에 이르십시오. / 109

설교 9 시련과 시험을 통해
　　　하나님의 약속과 예언이 성취됩니다. / 115

설교 10 은혜의 선물을 잘 간직하십시오. / 123

설교 11 악한 생각들을 분별하십시오. / 127

설교 12 계명을 범하면
　　　이중의 재앙을 당합니다. / 139

설교 13 하나님은 우리들에게서
　　　어떤 열매들을 기대하십니까?. / 153

설교 14 마음과 생각을
　　　하나님께 바치십시오. / 157

설교 15 거룩하고 정결하고
　　　순결하게 행하십시오. / 161

설교 16 신령한 사람들도 유혹을 받습니다. / 195

설교 17 그리스도 없이
구원과 영광은 없습니다. / 205

설교 18 하늘의 보화는
그리스도인의 보화입니다. / 217

설교 19 억지로라도
선한 일을 훈련하십시오. / 225

설교 20 참된 의원은
그리스도 한 분이십니다. / 233

설교 21 그리스도인들은
두 가지 싸움을 싸워야 합니다. / 239

설교 22 영혼이 육체를 떠날 때
신비로운 일이 벌어집니다. / 243

설교 23 하늘에 속한 이의
형상을 입으십시오. / 245

설교 24 세상에 흩어져 있는
생각들을 모아들이십시오. / 249

설교 25 예수 이름으로
마귀의 덫을 피하십시오. / 255

설교 26 영혼의 병을 치료하는
해독제를 받기 위해 노력하십시오. / 265

설교 27 당신의 고귀함과 존엄함을 아십시오. / 285

설교 28 영혼의 불행은 죄로 인한 것입니다. / 303

설교 29 하나님은 두 가지 방법으로
은혜를 주십니다. / 309

설교 30 하나님의 말씀은
　　　　영혼에게 역사하는 말씀입니다. / 315

설교 31 모든 생각을
　　　　하나님께 집중하십시오. / 323

설교 32 하나님의 신성은 어디에나 있으며
　　　　어디에서나 발견됩니다. / 329

설교 33 쉬지 말고 기도하십시오. / 337

설교 34 부활할 때 우리의 몸이
　　　　영광을 입을 것입니다. / 341

설교 35 새 안식일을 누리십시오. / 345

설교 36 믿음의 분량에 따라
　　　　영적 성장이 다릅니다. / 347

설교 37 율법의 완성은 용서입니다. / 349

설교 38 참 기독교인과
　　　　거짓 기독교인을 분별하십시오. / 359

설교 39 성경은 하나님의 선물입니다. / 363

설교 40 모든 덕들이 연결되어 있듯이
　　　　모든 악들도 연결되어 있습니다. / 365

설교 41 호흡보다 더 자주
　　　　영혼의 골방에 들어가십시오. / 371

설교 42 내면에 도사리고 있는
　　　　악한 생각들과 싸우십시오. / 375

설교 43 영적 성장 능력은
　　　　마음안에 있습니다. / 377

설교 44 새로운 피조물이 되려는
　　　　　확고한 목적을 가지십시오. / 385

설교 45 이 세상의 것으로는
　　　　　영혼을 구하지 못합니다. / 393

설교 46 세상의 말은 세상이요,
　　　　　하나님의 말씀은 하나님입니다. / 399

설교 47 율법 아래 이루어진 일들을 기억하십시오. / 405

설교 48 지극히 작은 것에도
　　　　　충성된 자가 되십시오. / 417

설교 49 세상에 대해
　　　　　나그네가 되십시오. / 423

설교 50 하나님은 우리들을 통하여 역사하십니다. / 429

# 서론

　초대 교부들의 글을 사랑하는 사람이면 누구나 마카리우스라는 이름에 익숙합니다. 이 이름은 마태복음 5장 산상수훈의 "복 있는 사람" Μακάριος이라는 뜻입니다.

　연전年前에 이집트 사막과 그리스 북부 아토스 반도의 수원들을 탐방한 적이 있습니다. 홍해에서 얼마 떨어진 이집트 내륙 사막에 있는 있는 안토니 수도원, 알렉산드리아에서 100여 킬로미터 남쪽 사막에 자리잡고 있는 스케테의 수도원들, 테베의 파우Pbow에 있는 파코미우스의 공주 수도원 본부, 니트리아Nitria와 켈리아Cellia의 수도원 흔적들을 탐방했습니다.

　이곳 스케테의 마카리우스 수도원을 두 차례 방문하여 며칠을 머물면서 그들의 삶과 전례에 참여했습니다. 주현절 새벽 미명에 어두컴컴한 예배실에 들어갔습니다. 어제 오후에 시작한 전례예배는 아직까지 계속되고 있었습니다. 독서대 위에 내려뜨린 등, 겨우 글씨를 읽을 정도로 어두운 독서대로부터 흘러나오는 봉독자의 소리에 맞춰 응송하는 수도사들, 제단에 뿌려진 향내와 퀴퀴한 발 냄새가 섞인 이상한 냄새,

곱트어인지 아랍어인지 알 수 없는 언어로 시편으로 짐작되는 글을 한참 교독한 후 두 손으로 머리를 감싼 채 바닥에 대고 30여 분 묵상하는 모습을 지켜보았습니다. 내가 오기 전 이미 성찬례를 마쳤는지 제단 앞이 다소 어지럽혀 있었습니다. 이렇게 말씀 교독과 묵상을 몇 차례 반복하는 동안 아침이 밝아오자 모든 예배가 끝났습니다. 이처럼 건조하고 재미없는 예배 경험은 처음이었습니다.

그런데 열두시간이 넘도록 밤새 철야하면서 기도한 수도사들이 활짝 웃으면서 서로 손바닥을 마주친 후 허깅하는 모습, 검은 수도복에 달린 두건과 수염으로 덮힌 얼굴에 환희와 기쁨의 후광Aura이 서린 듯했습니다. 그들의 밝게 변화된 모습likeness을 보았습니다.

### 빛과 생명

모든 종교에서 신과 인간의 관계를 설명하는 데 두 가지 의미를 가진 단어를 사용합니다. 하나는 타자他者로서의 신으로, 또 하나는 합일을 이루는 신으로 설명합니다.

먼저, 타자로서의 신관神觀입니다. 타자로서의 신은 모든 피조물을 초월함으로써 인간의 어떠한 방법으로도 이해될 수 없고 말로 표현될 수 없습니다. 단지 신이 일방적으로 인간에게 와야 하는데, 그 방법으로 어떤 매개체 또는 특별한 인간에게 점지해서 자신의 뜻이나 계획을 알려줍니다. 이는 계시啓示 신관입니다.

또 하나는 몰아적沒我的 신관입니다. 예를 들면 힌두교의 불이론不異論, adviata에서 말하는바, 우주의 신 브라흐만과 인간의 영 아트만Atman이 다르지 않다는 것입니다. 몰아沒我, 즉 삼매三昧의 상태에 들어가면 자신은 없어지고 신 안에 완전히 함몰陷沒됩니다.

기독교의 신관은 위의 두 가지를 모두 수용합니다. 모순되는 듯하지만 타자인 동시에 내주內住하시는 하나님을 믿습니다. 타자로서의 하나님에게 경배와 찬양을 드리고 도움을 간청합니다. 그런 하나님이 이미 내 안에 내주해 계십니다. 계시의 하나님이신 동시에 내주하시는 하나님이십니다.

기독교는 2천 년 동안 다양한 신관을 가지고 하나님께 가까이 가려는 신앙적 노력이 이어지고 있습니다. 시대와 환경에 따라서, 그리고 신앙인의 성향에 따라서 하나의 신관이 강조되거나 다른 신관을 가진 사람과 공동체를 공격하고 배척하기도 했습니다.

신약 및 구약에서 셈족 기독교는 생명Life에 강조를 두었습니다. 하나님은 활동하시고, 스스로 존재하시고, 인간을 조성하시고 생존하게 하시는 분, 그리고 하나님과 인간의 관계를 주권적으로 역사하시는 분입니다. 하나님은 인간 존재와 생명의 근저the Foundation이심을 강조합니다.

생명을 강조하는 셈족의 종교는 공동체적 신앙생활보다는 체험을 강조한 나머지 극단적인 고행을 장려했습니다. 시리아의 교부들과 수도사들에게서 이러한 영성을 찾아 볼 수 있습니다. 그들의 완전한 이탈생활, 동정성을 유지하기 위해 결혼하지 않거나 결혼을 했더라도 부부관계를 억제하는 금욕, 무소유, 극심한 금식, 주상柱上에서의 기도 생활, 말씀을 문자대로 실천하는 등의 모습을 볼 수 있습니다.

이와 반대로 말씀을 상징적으로나 신비적으로 해석하는 경향이 있습니다. 기독교에 가장 영향을 많은 끼친 것이 헬라 철학이었습니다. 철

서론 13

학이라는 언어 안에 이미 많은 의미가 포함되어 있듯이, 헬라 교육을 받은 많은 지성인들이 기독교를 헬라적 언어와 사고를 가지고 설명하려고 했습니다. 어떤 때는 지나친 신비적 해석으로 인해 문제를 야기시키기도 했고, 헬라 철학을 지나치게 기독교 교리에 접합함으로써 이단적인 기독교가 되기도 했습니다. 극단적으로 치우치는 것은 경계의 대상이 됩니다.

헬라 문화에 접한 기독교는 생명에서 빛으로 서서히 변화되어 갔습니다. 성경을 역사적historia, 문자적literal으로 해석하는 것에서 신비적 theoria으로 해석하는 것으로 변화되어 갔습니다. 이들은 알렉산드리아 학파입니다. 카파도키아의 교부들도 여기에 포함됩니다.

카파도키아의 대표적인 교부 닛사의 그레고리Gregory of Nyssa는 『모세의 생애』the Life of Moses를 통하여 히스토리아historia와 관상theoria의 차이를 알 수 있습니다. 그의 책 제1부는 성경에 나오는 모세의 삶을 역사적으로 재나열했습니다. 제2부는 역사적인 사건을 관상적theoria으로 해석합니다. 예를 들어 모세를 양자로 삼은 자식이 없던 바로의 딸(출 2:10)에 대하여 "이방 철학에는 결실이 없다"고 설명합니다.

따라서 헬라의 영향을 받은 알렉산드리아 학파는 사변적이며 관상적인 동시에 깨달음, 즉 빛light를 강조합니다. 이를 기독교적 영지靈知, gnosis라고 합니다. 영지란 하나님을 아는 지식입니다. 따라서 기독교인은 영지가로 부르심을 받은 자들입니다. 이 지식은 두뇌로써 공부하는 지식이 아니라, 하나님으로부터 받은 깨달음의 은혜입니다. 빛과 깨달음의 영성의 근본은 요한복음이었습니다.

기독교 영지와 플라톤의 한 계통인 영지주의Gnosticism는 다릅니다.

그럼에도 알렉산드리아의 클레멘트Clement of Alexandria, 오리겐Origen, 에바그리우스Evagrius 등은 이들의 사상과 정념, 무정념 등의 단어를 차용하면서 그들의 사상을 기독교에 도입하였습니다. 이들은 이단으로 정죄되었지만 기독교 영성을 탐구하는 데 이들의 사상을 여전히 참조하고 있습니다. 특히 동방교회에서 에바그리우스에 대한 평評은 그의 신념은 이단적이지만 수덕적이고 실천적인 삶은 본받을 만하다고 하여 동방교회 최고의 영적 지도서인 『필로칼리아』Philokalia 제1권에 그의 글을 수록하고 있습니다. 그의 정념, 무정념, 기도 등 수덕생활에 대한 정연한 가르침은 현대 영성가들에게 지대한 영향을 주고 있습니다.

정념이란 하나님을 아는 데 방해가 되는 요소로서 일종의 정신적 병으로 간주합니다. 분심分心은 목적telos을 보지 못하게 합니다. 다시 말해서 영혼의 눈인 마음이 하나님께 집중하지 못하게 합니다. 정념은 분심을 낳고, 분심된 마음은 하나님이 아닌 다른 곳으로 인도하는 것, 하나님 아닌 것을 하나님으로 착각(또는, 미혹)하게 만드는 생각들logismoi로서 사막 교부들은 이를 두고 마귀로 여겼습니다. 다시 말해서 사탄은 여러 마귀들에게 명령하여 마음을 흩어서 사람들로 하여금 하나님을 알지 못하게 한다는 것입니다.

4세기 이집트 사막 수도사들은 무정념을 얻기 위하여 금식, 금욕, 무소유, 쉬지 않는 기도 등을 실천했습니다. 그러나 어거스틴 학파들은 이들을 행위 구원적인 이단으로 보고 공격하였고, 이단으로 정죄했습니다. 그럼에도 그들은 신인협동적synergy인 그들의 신앙 태도를 견지하였으며 대안토니, 이집트인 마카리우스, 파코미우스 등의 삶을 여전히 본받고 있습니다.

# 저자에 대하여

## 마카리우스는 누구인가?

이집트의 기독교 유적 중 스케테에 있는 마카리우스 수도원에서의 체험은 특별했습니다. 수도원 본당 제단 오른편에 이집트인 마카리우스의 무덤이 보존되어 있고 그 옆에는 세 명의 마카리우스의 시신이 안치되어 있었습니다: 주교 마카리우스, 알렉산드리아의 마카리우스, 이집트인 마카리우스.

주교 마카리우스Macarius Magnesia; c. 400 마그네시아의 주교로서 5권의 *Apocriticus*를 집필한 인물입니다. 현재 그의 저작 중 한 권만 남아 있습니다.

알렉산드리아의 마카리우스Macarius the Alexandria; c. 295-394는 팔라디우스Paladius, c. 363-431가 라우수스Lausus 주교에게 헌정한 『초대 사막 수도사들의 이야기』*Lausiac History*에 나오는 인물입니다. 그는 니트리아 및 켈리아에 있는 수도사들을 지도할 만큼 학문적으로나 실천적으로 뛰어난 사람이었습니다.

"나는 알렉산드리아 출신으로서 켈리아의 사제인 마카리우스를 만났습니다. 나는 켈리아에 9년 동안 머물렀는데, 처음 3년 동안은 마카리우스가 생존해 있었습니다. … 그는 다른 사람의 고행생활에 대한 이야기를 들으면 그것을 능가하여 더 완벽하게 실천했습니다. 누군가에게서 타벤니시의 수도사들이 사순절 기간 동안에 생식을 한다는 말을 들은 그는 불로 조리한 것은 아무것도 먹지 않기로 결심하고 7년 동안 물기가 있는 생야채만 먹었습니다"(『초대 사막 수도사들의 이야기』).

이집트인 마카리우스Macarius the Egyptian; c. 345-410는 4세기 당시 가장 존경받는 인물이었습니다. 그는 수도사가 되기 전에 스케테 지역에서 나는 초석을 다루는 장사꾼이었습니다. 스케테 사막 지역에 해수면 보다 낮은 세 웅덩이가 있는데, 마카리우스는 거기서 나오는 초석을 운반해주는 직업을 가진듯합니다. 그러나 어떤 연고인지는 모르지만 그의 나이 30세부터 60년 동안 스케테에서 수도생활을 했습니다. 그가 스케테로 온 사유는 『사막 교부들의 금언』에 상세히 기록되어 있습니다.

"나는 젊었을 때에 이집트의 어느 수실에서 살았는데, 사람들이 나를 성직자로 임명하려고 어느 마을로 데려갔습니다. …그런데 그 마을의 처녀가 유혹에 빠져 죄를 범하여 임신을 했습니다. 사람들이 그 처녀에게 누구의 짓이냐고 물었더니, 그 처녀는 '저 은수사입니다'라고 대답했습니다. 마을 사람들은 나를 붙잡아 가서는 검댕이 묻은 단지를 비롯하여 여러 가지 물건을 내 목에 걸고 사방으로 끌고 다니고 때리면서 '이 수도사가 우리 마을 처녀를 더럽혔다. 때려 죽여라. 죽여'라고 말했습니다. …그 때 내 시중을 들던 사람은 수치심으로 가득 차서 내 뒤를 따라오고 있었습니다. 사람들은 그에게도 욕을 하면서 '네가 보증했던 이 수도사가 무슨 짓을 했는지 아느냐?'라고 말했습니다. 그 처녀의 부모는 '그 사람이 내 딸을 먹여 살리겠다고 약속하지 않는 한 보내주지 않겠다'고 말했습니다. 나는 그렇게 약속을 했고, 내 시중을 들던 사람이 보증을 서 주었습니다.…그 불쌍한 여인이 출산을 하게 되었는데, 여러 날 동안 산고를 겪었지만 아기를 낳지 못했습니다. 사람들이 '어찌 된 일이냐?'라고 물었더니, 그 처녀는 '그 은수사는 이 일과 전혀 관계가 없습니다. 내가 거짓말을 했습니다"라고 고백하고 나서야 아기를 낳았다고 합니다. 마을 사람들 모두가 용서를 구하려고 이곳으로 오고 있습니다. 나는 이 말을 듣고 사람들의 방해를 받지 않으려고 도망쳐서 스케테로 왔습니다. 그것이 내가 이곳으로 온 이유입니다."

### 원문들로부터 얻은 저자에 대한 힌트

이들 중 한 사람이 이 책의 저자인가? 이 책의 저자를 알기 위해서 우선 이 책의 원문이 탐구되어야 할 것입니다. 최근 30, 40년 동안 교부학 학자들이 이 책의 저자를 알아보려고 상세한 원문 탐구를 하였습니다. 동일인의 저작으로 보이는 다른 원문들과 편지를 4개의 집록으로 분류하였는데, 50편의 『신령한 설교』가 집록 2에 해당되었습니다. 그런데 다른 데서 이 집록의 저자로 시메온이라는 이름이 기록되어 있으므로, 이 책의 실제 집필자는 시메온이라는 사람이 마카리우스라는 이름을 차용했을 것으로 잠정 결론 짓고 있습니다.

집록 1: 64개의 설교Homilies와 원리들logoi이 포함되어 있습니다. 원리란 수덕생활의 기본 원리 및 이론, 즉 "마음의 정화", "교만의 위험" 등에 대한 기본 원리와 지침을 편지 형태로 쓴 것입니다. 여기에 수록되어 있는 것 중 로고스ILogosI은 대서간Great Letter이라고 알려진 걸작이지만, 학자들은 닛사의 그레고리의 De Instituti Christiano를 재편집한 것으로서 저자(마카리우스) 또는 그의 제자가 쓰고 닛사의 그레고리가 메살리안의 이단으로 의심되는 부분을 제거하고 보다 철학적인 내용으로 감수 편집한 것으로 추측합니다.

집록 2: 이 한국 번역본인 50편의 『신령한 설교』의 원문입니다. 이 원문이 각국 언어로 번역되어 가장 보편적으로 널리 읽히고 있으며 후

일 루터교 경건주의와 감리교Methodism에 중요한 영향을 미쳤습니다.

집록 3: 3개의 문서에 43개의 원리Logoi가 포함되어 있습니다. 여기에 집록 2에서 볼 수 없는 설교도 포함되어 있습니다. 3분의 2가 넘는 새로운 설교들이 최근에 편집되었습니다.

집록 4: 26개의 설교가 담겨져 있는데 집록 1의 내용과 중복되는 부분이 많습니다. 집록 1처럼 대서간으로 시작됩니다.

원문을 분석해 보면 이 책의 저자는 이집트 사막의 마카리우스와 상관없다는 것을 쉽게 알 수 있습니다. 이 책의 저자는 고등교육을 받은 사회 상류층의 인물입니다. 저자는 헬라어를 정확히 구사하면서 쉽게 설명하고 있습니다. 아마 로마 시민으로서 시리아 및 헬라 권역에서 살았을 것입니다. 저자가 구사하는 언어는 라틴어 풍입니다. 그는 수도사가 되기 전에 군인이었거나 궁정의 행정가였을 것이라고 추측됩니다. 이 책에서 저자는 정치, 군사, 경제 등 고대 로마에서 자주 사용되던 상황들을 예로 들면서 그리스도를 비잔틴 시대의 왕으로 묘사하기도 합니다. 여러 모로 보아 그가 살았던 장소는 안디옥의 콘스탄티노플이라고 추측됩니다. 이러한 정황들을 고려해 볼 때 이 책의 저자가 이집트의 수도사 마카리우스와 상관없는 인물이라는 결론입니다.

### 마카리우스, 그는 이단 메살리안의 영적 지도자 시메온인가?

결론적으로 이 책의 저자가 누구인지 정확히 알 수 없지만 최근 교부 학자들의 연구는 메소포타미아의 시메온Symeon of Mesopotamia을 지적하고 있습니다.

시메온은 431년 에베소 공의회에서 이단으로 파문 당한 메살리안의 지도자였습니다. 메살리안이란 헬라어로 *Euchites*로서 "기도하는 자들"이라는 뜻입니다. 소수 집단이었던 이들은 370년경에 시리아를 중심으로 집과 재산을 포기하고 한 곳에 정착하지 않고 금식과 엄격한 금욕생활을 했습니다. 그들 스스로를 메살리안파Messalians라고 불렀습니다.

이들은 기도 중에 성령의 은사를 받기 위해서 일체의 노동을 삼가고 고요한 가운데 기도에 몰두하는 반면, 기존 교회에서 베푸는 성사sacraments의 능력을 중시하지 않고 교회의 위계를 무시하고 성찬과 세례에 대해 비판적인 태도를 가졌습니다. 금욕과 쉬지 않는 기도를 통하여 무정념apatheia에 이르려고 했습니다.

아델피우스Adelphius, 사바스Sabas, 메소포타미아의 시메온Symeon 등이 이끄는 이 소수 운동이 메소포타미아의 교회와 수도원에 전파되면서 그들의 금욕주의적 가치가 급속히 번져나갔습니다. 위기를 느낀 제도교회의 주교 25명이 모여 이들의 이단성을 고발하고 팜필리아의 시데 종교회의Synod of Side에서 정죄한후(390년), 431년 에베소 공의회에서 최종적으로 이단 결정을 내렸습니다.

이들은 세례와 성찬를 중요시하지 않았기 때문에 정죄되었습니다. 이들의 주장에 의하면 성례는 죄의 뿌리를 완전히 제거하는 것이 아니라 단지 가시적인 죄의 표적들을 제거할 뿐이라는 것입니다. 세례 받은 후에도 인간의 심령 안에는 성령을 대적하는 마귀적인 세력이 존재한다고 믿었습니다. 즉 인간은 신적인 은혜의 체험에 절대적으로 의존하는 수밖에 없다는 것입니다. 교회를 통해서 주어진 은혜는 하나의 출발점 이상이 되지 못하며, 그것이 기도와 금욕 고행의 삶을 통해서 효력을 발휘하게 되어야 한다는 것이었습니다.

메살리안을 파문해야 한다는 파문 요청서가 메살리안의 수덕생활 지침서인 *Ascetikon*에서 발췌된 것인데, 이 지침서의 저자로 메소포타미아의 시메온이 기록되어 있습니다.

이단 정죄를 받은 후 시메온, 또는 그의 제자들이 *Ascetikon*에 실렸던 내용 중 공의회에서 지적된 부분을 삭제 또는 개정한 후 마카리우스라는 이름에 헌정했을 것입니다. 그 후 이 책은 한 번도 이단 시비가 없었으며, 동서방 교회에서 정통한 교훈으로 받아들여지게 되었고 지금까지 널리 읽히고 있습니다. 이것이 이 책 저자에 대한 잠정적인 결론입니다.

그러나 이 책의 정확한 저자는 여전히 미상입니다. 그래서 번연가나 편집자에 다라서 저자를 "위–마카리우스"Pseudo-Macarius, "마카리우스/메소포타미아의 시메온"Macarius/Symeon of Mesopotamia, 또는 아무런 수식 없이 "마카리우스"라고 표기합니다. 이 책은 저자에 대해 어떤 수식어도 붙이지 않고 『마카리우스의 신령한 설교』라고 하고자 합니다.

### 메살리안 카파도키아 교부들의 접목

시리아의 영성은 지리적으로 메소포타미아와 안디옥을 포함합니다. 4세기 말과 5세기 초에 이집트 사막의 수도원 영성이 시리아에 영향을 주고 있었습니다. 아우겐Awgen이라는 방랑 수도사와 그의 일행 70명이 이집트 사막 수도사들의 삶을 메소포타미아에 소개하였습니다. 이들이 스케테의 비쇼이 수도원과 카파도키아의 바실 수도원을 방문했다는 기록이 있으며, 이집트보다 지리적으로 훨씬 가까운 바실 수도원과 왕래가 더 자주 있었다고 볼 수 있습니다. 이런 과정에서 카파도키아 교부들의 영향을 받았을 것입니다.

마카리우스의 『신령한 설교』는 수덕과 신비의 균형을 교묘하게 잡고 있으며, 메살리안의 금욕적인 면을 강조하면서도 카파도키아의 교부 바실이 강조하는 바 성령의 역사하심으로 조화를 이루고 있습니다. 개인적인 수도생활을 강조하면서 한편으로는 성 공동체로서 교회의 제도와 세례와 성찬 성사들을 중요시했습니다. 이는 초대 이집트 사막 수도원의 세 가지 형태 중 반-독거 형태를 닮았습니다. 주중 5일은 독거처에서 독수도 생활을 하다가 주말에는 모수도원에 모여 성찬과 공동체 예배를 드리는 형태입니다.

메살리안들이 이단으로 정죄받은 후 그들은 지적된 이단성을 보완하기 위해 시메온이나 그의 후계들이 카파도키아 교부들의 지도를 받았을 것입니다. 한 예로 수도사monk라는 말 대신에 바실이 사용했던 바 크리스천christian이라는 단어를 사용했습니다. 마카리우스는 이 책에서 시리아 교부들의 영성에서 볼 수 있는 극단적인 금욕, 절대 동정성, 완전 독거 생활을 권하지 않고 중도中度를 택하고 있습니다. 금욕생활은 인간 편의 일이지만 궁극적으로 구원은 하나님의 은혜로써 이루어진다고 강조하고 있습니다.

마카리우스는 에바그리우스 및 사막 교부들이 구사하는 바 정념이나 무정념과 관련된 단어를 사용하지 않습니다. 그러한 단어를 성경에 나오는 단어나 문장으로 대체해서 사용합니다. 따라서 이집트 사막 교부들의 신학적 언어와 개념을 성경에 대입해서 읽음으로써 매우 수덕적이면서도 성경적인 영성을 형성할 수 있습니다.

한동안 사막 교부들의 영성에 심취해 있으면서, 이들의 영성을 현대 기독교인들에게 성경적으로 어떻게 설명할 것인지가 나의 숙제였습니다. 그런데 이 책을 접하면서 초대 이집트 사막 수도사들의 수덕적인 영성을 성경으로 통합할 수 있었습니다.

이제 이 책의 저자가 누구이며, 그는 어떤 신학과 영성을 가지고 있었는가에 대해 초월하고 싶습니다. 단편적으로 교회사에서 말하는 바 위-마카리우스의 저서는 이단 메살리안의 작품이라고 결론 내리는 것에서 자유롭고 싶습니다.

## 저자 마카리우스의 신학

이 책은 교훈을 다룬 여느 신앙서적이나 설교집과는 다릅니다. 조직적인 신학 체계를 갖추지도 않았습니다. 일방적으로 성경구절을 인용하면서 설명하다가 어느 때는 제자들의 질문에 응답하는 형태를 취하기도 합니다.

저자의 이름이 마카리우스라고 해서 4세기 사막 교부들의 영성이나 신학을 배우려는 기도도 버려야 합니다. 필로칼리아에서 자주 등장하는 정념이나 무정념 등의 헬라 철학적 용어를 볼 수 없습니다. 오히려 성경에 나오는 단어나 구절을 통해 동방교회에서 특별한 형태의 실천적 수도생활을 설명합니다. 주로 내면의 전쟁과 영적 생활의 내면화를 강조하면서, 성령의 역사로 말미암아 성령과 불의 세례, 즉 내주하시는 하나님과의 합일을 경험하는 신앙을 강조합니다.

앞서 언급한 바대로 바람직한 신앙생활 형태는 반-독거 형태이지만 성무일과의 정해진 기도생활에 공동체로 기도하는 것을 강조하지 않습니다. 저자는 은사를 중요하게 여겼지만 그보다 사랑을 더 많이 강조합니다. 가장 중요한 것은 성령의 자유로운 역사하심에 따르는 것과 크리스천을 온전함으로 인도하는 쉬지 않는 내면적 기도입니다.

저자는 청취자를 크리스천이라는 한 단어로 표현했습니다. 왜냐하면 모든 사람은 온전하라는 복음의 계명에 따라 사는 자들이기 때문입니다. 그는 크리스천들에게 독신 생활을 권했습니다.

> "장가 간 자는 세상 일을 염려하여 어찌하여야 아내를 기쁘게 할까 하여 마음이 갈라지며 시집 가지 않은 자와 처녀는 주의 일을 염려하여 몸과 영을 다 거룩하게 하려 하되 시집 간 자는 세상 일을 염려하여 어찌하여야 남편을 기쁘게 할까 하느니라"(고전 7:33-34).

### 인간의 권위

저자는 설교 1에서 에스겔서 1장 4절부터 2장 3절까지를 인용하면서 인간의 권위를 설명하고 있습니다. 하나님의 영의 아름답고 형언할 수 없는 영광을 입은 인간은 인간 본연의 아름다움과 권위를 상징합니다. 그리고 지금은 죄로 인하여 그 아름다움과 권위가 파괴되어 있지만 성령의 도우심으로 "내면의 빛"을 회복했을 때 그것이 회복된다는 것을 말하고 있습니다. 이 하나님의 영광의 빛을 회복하는 것이 성도들의 목적임을 말하고 있습니다. 시리아 교부 에프림Eprim이 말하는 바 "영광의 옷", 즉 아담과 이브가 불순종으로 인해 가죽 옷을 입기 전에 입고 있던 옷을 입는 것이 크리스천의 목적임을 말하고 있습니다. 영광glory으로 말미암아 서로 벗은 것이 보이지 않을 정도로 빛납니다.

이 빛은 죄로 인하여 상실되었지만 부활하신 그리스도의 영으로 말미암아 부흥되는 영적 감각의 회복을 의미합니다. 이 변화된 빛은 변화산의 빛입니다. 이 빛은 내면의 빛을 상징하기도 하지만 실제 육신의 눈으로도 변화를 본다고 합니다. 형상image뿐만 아니라 실제 육신의 모양likeness도 변화된다고 14세기의 아토스 성산聖山의 헤시카스트들이 증명하고 있습니다. 마카리우스는 이러한 빛을 말하지 않지만 성장한 크리스천 안에 내주하시는 하나님의 현존을 상징합니다.

마카리우스는 인간 본성의 선함을 말합니다. 인간 본래의 선을 믿지 않는다면 하나님께서 하나님의 능력과 하나님의 모상Imago Dei을 따라 지으신(창 1:26) 인간 안에 현존하심을 믿지 않는 것과 같습니다. 설교 15에서 이러한 점을 강조하고 있습니다.

> "인간은 큰 존엄성을 지니고 있습니다. 하늘과 땅, 해와 달이 무척 강대하지만 주님은 그것들 안에서 안식하지 아니하시고 오로지 인간 안에서 안식하시는 것을 기뻐하셨습니다. 그러므로 인간은 모든 피조물보다 고귀합니다. 감히 말한다면 보이는 피조물뿐만 아니라 보이지 않는 것, 심지어 "섬기는 영"(히 1:14)보다 더 고귀합니다"(설교 15, 22).

## 죄

마카리우스는 죄를 율법적으로 설명하지 않고 내면에 도사리고 있는 죄가 하나님의 형상에 어떤 영향을 끼치고 있는지 설명하고 있습니다. 죄는 창조된 인간의 본성을 거스른다고 합니다. 인간 본래의 거룩한 본성을 회복하지 못하면 하늘나라에 들어가지 못할 것을 예고합니다.

"첫 사람 아담의 불순종으로 말미암아 우리 안에 우리의 본성이 아닌 것, 즉 정욕이 들어왔습니다. 그것은 오랜 습관과 성향으로 말미암아 거의 우리 본성의 일부로 자리 잡았습니다. 우리의 본성이 아닌 것, 즉 성령의 은사에 의해 이것을 쫓아내고 원래의 순수성을 회복해야 합니다. 만약 우리가 지금 간절한 청원과 간구와 믿음과 기도 및 세상으로부터 돌아섬으로써 하늘로부터 오는 성령의 사랑을 얻지 못한다면, 악으로 물든 우리의 본성이 주님의 사랑을 붙들지 못하고 성령의 사랑으로 거룩하게 되지 못한다면, 그리고 우리가 주님의 계명대로 살면서 끝까지 타락하지 않고 견디지 못한다면 하늘나라를 얻지 못할 것입니다"(설교 4, 8).

저자는 악이 어떻게 인간에게 임하는지 그 과정을 자세히 알고 있습니다. 그것은 첫 번째 영혼(아담과 이브)에 임한 것과 마찬가지 방법으로 두 번째 영혼(출에덴 후 인간의 영혼)에도 임한다고 설명합니다. 영혼 안에 두 권세가 있습니다: 하나는 하나님과 천사들이고, 다른 하나는 사탄과 그를 쫓는 권세자들입니다. 처음 인간은 죄로 인하여 하나님의 영광을 상실한 후 옷과 수건과 안개와 연기로 입혔습니다. 마카리우스는 죄가 하나님의 영광을 파괴할 수는 없지만 단지 덮어 쓴 것들로 인해 하나님의 영광의 빛을 더 이상 비추지 못한다고 합니다.

"태초부터 인간을 속박해온 악한 군주인 사탄, 곧 어둠의 나라는 마치 사람에게 옷을 입히듯 어둠의 세력으로 영혼들을 사로잡았습니다. 그래서 그들이 그를 왕으로 만들고 왕의 옷을 입힐 수 있었기 때문에 그는 머리에서 발끝까지 왕의 예복을 입을 수 있습니다. 이처럼 사탄은 사람의 영혼을 옷 입혀 전체를 죄악으로 물들입니다"(설교 2, 1).

### 인간의 자유의지

크리스천의 내면에 현존하시는 부활하신 그리스도는 인간의 영혼 안에 성령의 거룩한 빛으로 침투해 계십니다. 하나님의 이 거룩한 빛은 구주 예수 그리스도를 통하여 우리들에게 임합니다. 주님은 성부와 성령과 함께 우리들을 구원하기 위해서 임하십니다. 이제 이 구원의 빛이 인간 영혼에 임할 때, 하나님께서 그로 하여금 사악한 세력에 동조하지 않고 하나님의 선하신 뜻에 따르도록 도와주십니다.

여기서 인간은 본래 선하게 창조되었으며, 죄로 인하여 일시 타락했지만 하나님이 선하게 창조하신 본성을 완전히 파괴할 수 없다는 마카리우스의 긍정적인 사고를 볼 수 있습니다. 인간의 자유의지와 선택은 그의 주요한 가르침 중의 하나입니다. 하나님조차 인간의 자유의지를 빼앗을 능력은 없습니다. 하나님은 인간의 자유의지가 없이는 아무것도 하지 않으실 것입니다. 하나님은 우리의 의지를 기다리십니다. 하나님과 마귀는 인간의 영혼을 정복하고자 합니다.

하나님의 은혜는 항상 현존하십니다. 심지어 마귀가 인간을 정복하여 능력을 행사하고 있는 동안에도 거기에 하나님의 은혜가 임하고 있습니다. 인간은 하나님과 마귀 사이에 서 있으며, 인간의 영혼 안에 계시는 삼위 하나님의 계시 안에서 믿음과 사랑과 소망을 실천한다면 언제나 승리할 것입니다.

"인간의 마음이 원수 마귀에게 적절한 상대이며, 마귀를 대적하여 싸울 수 있으며, 영혼이 하나님의 도움을 구하고 찾는다면 능히 이길 수 있다는 것을 말씀드립니다. 원수 사탄과 대적하여 싸우는 것은 결코 대등하지 않은 일이 아닙니다"(설교 3, 6).

## 영적 전투

그러므로 진정한 크리스천은 항상 사탄과 싸우는 내면의 전쟁에 임해야 합니다. 하나님은 이 전쟁을 통하여 우리 인간의 자유의지의 신실함과 견고함을 시험하십니다.

> "우리가 말하는 것은 말씀을 듣는 사람이 양심의 가책을 느끼게 된다는 것입니다. 그 후에 하나님이 그의 유익을 위해 의도적으로 은혜를 거두어 가시며, 그는 싸움을 통해 훈련과 단련을 받기 시작하며 사탄과 싸우게 됩니다. 이처럼 오랫동안 승리의 상을 얻기 위해 경주하고 싸운 후에야 그는 기독교인이 됩니다"(설교 37, 20).

마카리우스는 하나님의 값없이 주시는 은혜와 인간의 자유의지 사이의 상호 작용이 인간 구원에 있어서 협력하여 작용한다는 것을 가르치고 있습니다. 마카리우스는 항상 주장하기를 크리스천이 선과 하나님을 향해 움직이지 않으면 하나님 또한 움직이시지 않는다고 합니다.

> "너희 안에서 행하시는 이는 하나님이시니 자기의 기쁘신 뜻을 위하여 너희에게 소원을 두고 행하게 하시나니"(빌 2:13).

## 겸손의 필요에 대하여

마카리우스는 진정한 기독교인으로서의 겸손을 가르칩니다. 쉬지 않는 기도를 실천하고 끊임없이 내면에 임재해 계시는 하나님의 현존을 깨닫는 사람은 하나님의 나라가 실재하며, 크리스천은 하나님께 의존해 살아가고 있음을 알게 됩니다. 이러한 하나님 의존에서 겸손이 나옵니다. 온전한 사람이 될수록 더욱 하나님의 온전함에 가까이 가며, 이 세상에서 살아가는 동안 하나님의 은혜 없이 한 순간도 살 수 없음을 더욱더 깨닫게 됩니다.

> "은혜를 받은 사람이 그 은혜 때문에 오만하고 교만해진다면 그가 기적을 행하고 죽은 사람을 살린다 해도 그의 영혼은 무가치하고 하찮은 것이 됩니다. 그는 여전히 영적으로 가난하며 자신에게 미움의 대상이 되고 자신은 알지 못하지만 죄에 속고 있습니다. 그가 기적을 행해도 우리는 그를 믿지 못합니다. 기독교인의 표식은 사람들의 주목을 피하면서 하나님의 인정을 받으려 하며, 비록 왕의 보물을 맡았어도 그것을 감추고 '그것은 나의 것이 아닙니다. 다른 사람이 내게 맡긴 것입니다. 나는 가난한 사람입니다. 그분이 원하시면 언제라도 가져가실 수 있습니다' 라고 말하는 것입니다. …그는 많이 얻으려고 노력하여 진보를 이룰수록 마치 가진 것이 없는 궁핍한 사람처럼 자신을 가난하게 여깁니다. …이러한 겸손이 기독교인의 표식입니다"(설교 15, 37).

## 덕과 악덕

저자는 4세기 사막 수도사들의 내면의 전쟁과 이에 대비하는 훈련에 대해서 항상 언급합니다. 이를 프락시스 praxis라고 합니다. 이 훈련은 여덟 가지 주된 악덕으로서 인간 내면에 도사리고 있는 죄의 근본입니다. 이것들은 아직 죄악의 형태를 갖추지는 않았지만 행악行惡의 동인動因이 됩니다. 이 악덕들을 분심이라고 하며 마음의 집중attention; prosochi을 흩어서 하나님께 집중하지 못하고 마음을 생각들thought; logosmoi에게서 지키지vigilance; nepsis 못하게 합니다. 정념은 마음의 병이며 인간의 힘으로 통제하거나 제거하기 불가능하여 하나님의 은혜의 도움이 필요합니다. 마카리우스는 마음의 청결(마 5:8)을 얻기 위해 쉬지 않는 통회pentos를 강조하고 있습니다.

### 분별

영적 지도자에게는 하나님의 뜻을 분별diakrisis하는 성령의 은사가 필요함을 강조합니다. 영적 진보에 있어서 교만은 최우선으로 체크되어야 하는 부분입니다. 허영vain glory은 교만의 어머니입니다. 모든 악한 생각들이 공격을 받을 때 다른 형태로 변화하여 다시 공격합니다. 그 중에 겸손을 가장한 허영이 가장 물리치기 어려운 상대입니다. 그러므로 우리는 항상 생각들을 지켜야 합니다.

저자는 이러한 변화무쌍한 악한 생각들로부터 마음을 지키기 위하여 무엇보다 성령으로부터 분별의 은사가 필요하다고 강조합니다. 그러기 위해서 항상 복음의 계명으로 분별해야 합니다. 성령의 인도하심에 순종하는 척도가 성령의 열매(갈 5:22)라고 합니다.

영적으로 진보되고 성숙한 사람으로부터 지도를 받는 것이 특히 영적 전쟁에서 초보 단계에 있는 크리스천들에게는 필수적입니다. 그러므로 저자는 초보 단계에 있는 사람에게 성령의 인도를 받고 온전함으로 인도하는 마음의 작용 과정을 많이 경험한 영적 지도자를 구하라고 조언합니다.

**은혜와 죄의 공존**

닛사의 그레고리는 사도 바울의 "앞에 있는 것을 잡으려고"(빌 3:13)라는 말씀을 인용하면서 크리스천의 영적 진보를 지속적인 성장 과정이라고 했습니다. 이 책의 저자도 이 "지속적인 성장 과정"을 말합니다. 마카리우스는 우리가 지상 생활을 하는 동안 은혜와 죄가 항상 공존하기 때문에 결코 끝나지 않는 영적 진보를 말하고 있습니다.

은혜란 우리 존재의 근저이신 하나님으로부터 돌아서게 만드는 죄를 보는 것입니다. 그럼으로써 우리가 진정 회심하기를 원하면 하나님의 은혜로 말미암아 죄에 대항하여 싸울 능력을 얻게 됩니다. 따라서 우리는 하나님의 영의 은혜로써 언제나 치유받고 구원받고 성화됩니다.

하나님은 우리를 하나님의 모양과 형상으로 회복시키시기 위하여 "졸지도 주무시지도"(시 121:4), "피곤하거나 지치지"(사 40:28) 않으십니다. 은혜는 인간의 나약함이나 고통이나 심지어 죽음을 감추지 않습니다. 우리가 단지 이러한 고통과 상처를 인정하고 겸손해지면 하나님은 그곳에 사랑의 은혜를 부어주십니다.

> "때에 따라 완전함에 도달하여 저 세상을 직접 경험하며 맛본 자가 누구입니까? 철저히 자유로우며 완전한 그리스도인을 나는 이제까지 보지 못했습니다. 비록 한두 사람이 은혜 안에 거하며 신비한 계시에 접하고 감미로운 은혜에 도취되어 있더라도 그의 내면에는 여전히 죄악이 함께 있습니다"(설교 8, 5).

**쉬지 않는 기도**

사막 교부들처럼 마카리우스는 쉬지 않는 기도(살전 5:17)를 강조합니다. 마음을 지키기 위하여 순수한 기도를 쉬지 않고 드려야 합니다. 마음은 하나님이 임재하시는 성소이며 우리 존재의 사령탑입니다. 하나님을 만나고 교통하는 곳이 마음입니다. 기도로써 이 성전을 지켜야 합니다.

기도는 마음에 계시는 하나님께로 날아가는 날개라고 가르칩니다. 부단히 날갯짓 하지 않는 새는 떨어져 타락합니다. 그러므로 영혼의 영원한 안식처에 도달할 때까지 쉬지 않고 부단히 기도하기를 가르치고 있습니다.

> "하나님과 성령의 자유함 안으로 날아가고자 하는 소원은 있을 수 있지만 날개가 없다면 그것은 불가능합니다. 그러므로 우리는 성령의 '비둘기 같은 날개'(시 55:6)를 구해야 합니다. 그러면 우리는 그에게 날아가서 편히 쉴 것입니다"(설교 2, 3).

### 통합적인 인간론

마카리우스는 영혼을 가진 인간을 통합적인 인간, 즉 육과 영과 혼의 인간으로 설명합니다. 우리는 자칫 영성이라는 말로 인해 영적인 일만을 생각하지만, 저자 마카리우스는 영靈, 육肉, 혼魂의 통합적인 인간을 묘사합니다. 이는 물질과 육신을 인간 영혼을 가두는 감옥으로 취급하던 영지주의자들, 마음heart과 정신spirit 사이에 예리한 경계를 긋던 헬라적 사상과는 다른 신앙관입니다.

인간의 영혼은 하나님을 비추는 거울입니다. 하나님의 빛이 이 통합적인 영육적 기관들을 통과하여 내면 깊숙한 곳까지 비취면, 우리들은 그 빛을 반사합니다. 태초적인 이 빛이 "하나님 영광의 빛"입니다.

성자 예수 그리스도는 육신을 입은 하나님이십니다. 역사적인 예수님은 2천 년 전에 하나님이 육신을 통해 우리 인간 세상에 오신 것이 보편적인 예수님은 지금 여기 인간의 육신을 이용하셔서 오십니다. 즉 인간의 오근五根과 육식六識을 통해서 마음 안으로 들어오십니다. 마카리우스는 지혜로운 다섯 처녀 비유를 인간의 오감五感으로 비유했습니다.

> "하늘의 은혜와 성령으로 말미암아 거룩하게 된 지혜로운 다섯 가지 감각을 지닌 영혼들이야말로 지혜로운 처녀요 위로부터 온 은혜로운 지혜를 받은 자들입니다. 그러나 그들이 본성적으로 지닌 것에 만족하고 있다면 어리석은 자요 이 세상의 자녀들입니다. 그들은 그럴듯한 외모와 자태 때문에 주님의 신부라고 생각할지 모르겠으나, 아직 세상의 영을 벗어 버리지 않은 영혼들입니다"(설교 4. 7).

일반적으로 영성을 영적인 부분의 일이라고 여깁니다. 그러나 저자는 영성을 인간의 각 기관이 동시적으로 참여하는 것으로 간주합니다. 눈(시각), 귀(청각), 코(후각), 혀(미각), 피부(촉각)의 각 기능들이 정화되어야 하며, 정신spirit과 마음heart이 동시적이며 통합적으로 하나님의 형상image과 모습likeness을 닮아가야 합니다. 마카리우스는 통합된 인간 기능을 다스리고 통제하는 기관이 마음이라고 합니다.

> "하나님의 은혜가 성령의 법과 하늘의 비밀들을 '육의 마음판'(고후 3:3)에 기록합니다. 마음이 모든 육체의 기관을 다스리고 지배하며, 마음을 소유한 은혜는 모든 지체와 생각까지 지배합니다. 마음 안에 정신도 있고 영혼의 모든 기능과 기대가 있으므로 은혜는 몸의 모든 지체에까지 꿰뚫고 들어갑니다"(설교 15. 20).

성삼위의 침투적이고 내주하시는 은혜의 체험은 전인적이며 통합적인 변화를 가져옵니다. 이때 새창조와 변화와 함께 새생명을 얻게 됩니다. 구원은 그리스도 안에서 새생명 안으로 들어가는 과정입니다. 존재론적으로 완전히 새로운 탄생입니다.

십수 년 전에 은성출판사에서 출판했던 이 책의 귀중함을 재발견하고 다시 번역하고, 며칠 동안 힘들여 쓴 서문을 마감하는 이 새벽에 또다시 "내 속에서 마음이 뜨거운 것"(눅 24:32)이 느껴집니다. "누구인가?" 지난 수십 년 동안 내 마음에 갈망을 주고, 힘든 여행으로 인도하고, 어려운 고전들과 씨름하게 하고, 오늘의 나로 변화하게 하고, 지금 이 새벽에 마음을 뜨겁게 하신 그분은 누구인가?

서론의 첫 부분에서 언급한 스케테의 마카리우스 수도원에서 밤새 기도한 수사들의 얼굴의 환희의 빛, 하나님의 영광의 빛, 거룩한 아우라Aura, 다볼산에서 변모하신 주님의 광채가 이 책을 읽는 독자들에게도 임하기를 기원합니다.

2015. 1. 13
역자

설교 1

# 에스겔의 환상

1. 선지자 에스겔은 영감받은 영광스러운 이상, 즉 그가 본 환상을 전하고 있습니다. 그것은 말할 수 없이 신비한 환상이었습니다. 그는 넓은 벌판에서 네 생물로 된 그룹의 전차를 보았습니다. 각 생물은 네 가지 얼굴을 하고 있었는데 첫째는 사자의 얼굴이었고, 둘째는 독수리의 얼굴, 셋째는 소의 얼굴, 넷째는 사람의 얼굴이었습니다. 각 얼굴마다 날개들이 있는데 어느 것에도 뒤가 없었습니다. 그들의 등은 눈으로 가득 찼고, 배에도 눈이 빽빽하여 눈이 없는 곳이 한 군데도 없었습니다. 또 얼굴마다 바퀴들이 달려 있는데 바퀴 안에 또 바퀴가 있었습니다. 바퀴 가운데에는 영靈이 있었습니다.

　에스겔은 사람의 모양을 가진 형상을 보았는데 그분의 발 아랫부분은 청옥으로 되어 있었습니다. 그룹전차와 생물들이 그들 위에 앉으신 주님을 모시고 있었습니다. 전차는 그분이 가려고 하는 방향으로 전진했습니다. 그룹 아래에 사람의 손 같은 것이 있어 전차를 붙들어 주며 옮기기도 했습니다.

**2.** 에스겔이 본 것은 참되고 분명한 것이었습니다. 그러나 그것은 신비롭고 신적인 것을 나타내며 예표하고 있었습니다. 그것은 "만세와 만대로부터 감추어졌던 것인데"(골 1:26) "말세에"(벧전 1:20) 그리스도가 나타나실 때 나타내신 바 된 비밀이었습니다. 그가 본 비밀은 주님을 모실 수 있으며 주님의 "영광의 보좌"(마 25:31)가 될 영혼에 관한 것입니다.

그 영혼은 하나님의 빛된 영과 교제할 수 있는 특권을 받았고, 주님의 보좌, 즉 거처가 되어 주님의 말할 수 없는 영광을 드러냅니다. 그는 충만한 빛과 눈들과 얼굴들로 이루어져 있고 빛 된 영안으로 가득하였습니다. 즉 그에게는 어둠이 없으며, 전부 빛과 영으로 되어 전체가 눈으로 가득하고 뒷부분이 없으며, 사방으로 모두 앞을 향한 얼굴인데, 그 위에 올라탄 그리스도의 빛의 영광에 의해 말할 수 없는 아름다움을 나타내고 있습니다. 태양이 사방을 동일하게 비추듯이 어느 것도 가려지거나 부족하지 않고 차이가 전혀 없이 빛으로 가득하여 영광이 충만합니다. 또 불, 즉 불빛처럼 처음도 마지막도 없고 더 크거나 모자람도 없이 사면으로 광채가 나오고 있습니다.

태양이나 불빛처럼 그 영혼도 그리스도의 영광스런 얼굴을 아름답게 비추고 있고, 하나님의 거처, 즉 영광의 보좌가 되는 특권을 누리며 성령과 완전한 교제를 하고 있습니다. 그는 그리스도로 말미암아 전체가 빛나는 눈과 얼굴을 가지고 충만한 영광과 영으로 둘러싸여 있습니다.

그리스도가 그를 움직이고 이끌며 붙들어 주시며 영적 아름다움으로 장식해 주십니다. 그룹 위에 사람이 타고 지휘하기 때문에 "그 사방 날

개 밑에는 각각 사람의 손이 있더라"고 기록되었습니다.[1)]

**3.** 전차를 움직이는 네 생물은 그 영혼이 통치하는 수단[2)]을 상징합니다. 독수리는 새들을 다스리는 왕이고 사자는 동물의 왕이요 소는 가축의 왕이고 사람은 모든 피조물을 다스리는 왕이듯이, 영혼도 다스리는 수단들—의지, 양심, 지능, 사랑의 능력—을 가지고 있습니다. 이것들에 의해 영혼의 전차가 조종되고, 하나님이 이 전차 위에 타십니다.

달리 해석한다면 그 상징은 하늘에 있는 성도들의 교회를 가리킵니다. 그 생물들은 매우 높고 눈으로 가득 차 있는데 누구도 그 눈의 정확한 수효와 높이를 알 수 없습니다. 이는 그것에 대한 지식을 하나님에게서 받지 못했기 때문입니다. 모든 사람이 하늘의 별들을 바라보면서 기이하게 여길 수 있지만 그 수효를 정확히 세거나 그 의미를 이해하지는 못합니다. 땅의 식물들도 마찬가지입니다. 그것을 보고 즐거워하는 것이 모두에게 허락되었지만 그것이 몇 가지나 되는지 아무도 모릅니다.

마찬가지로 누구든지 원하는 자는 하늘에 있는 성도들의 교회에 들어가서 기쁨을 누릴 수 있지만 그 수효는 하나님만 아실 수 있도록 감추어져 있습니다. 그분은 전차, 즉 수많은 눈으로 되어 있는 생물들의 보좌—다시 말하자면 그의 보좌가 되었고 이제는 눈이요 빛이 된 모든

---

1) 에스겔 1장 8절은 "그 사방 날개 밑에는 각각 사람의 손이 있더라"로 되어 있다. 마카리우스는 그 "사람"을 그리스도로 해석했다.
2) $\lambda o \gamma \iota \sigma \mu \grave{o} \varsigma$는 "계산", "심사숙고"라는 뜻인데 여기서는 "수단", "요소"(factor)라는 뜻으로 사용된 것 같다. 설교 47:12, 15에서는 "능력들"(faculties)로 번역하였다.

영혼들―를 타고 다니십니다. 그분은 보좌에 앉아 성령의 고삐로 그를 다스리시며 자신의 지혜에 따라 인도하십니다.

그러므로 그 신령한 생물들은 자기 마음대로 다니는 것이 아니라 그 위에 앉아 다스리시는 분이 알고 원하시는 곳으로 나아갑니다. 지금도 그분이 다스리고 성령으로 운행하시되 생물들의 뜻대로 하지 아니하고 그분의 뜻대로 움직이십니다. 때때로 그분은 육신을 벗고 하늘에서 영으로 다스리시며, 때로는 즐겨 육신을 입고 역사하십니다. 그분은 원하시면 땅 끝까지 오셔서 그 신비한 모습을 드러내 보이십니다.

전차 위에 계신 분은 고귀하고 선하시며 홀로 참되신 분입니다. 우리 몸도 부활할 때 특권을 부여받을 것이며, 우리 영혼은 이미 영화롭게 되었고 성령과 합하였습니다.

**4.** 주님은 의인들이 천상의 빛이 되어야 한다고 사도들에게 말씀하셨습니다. 그분은 "너희는 세상의 빛이라"(마 5:14)고 말씀하셨습니다. 주님은 사도들을 빛이 되게 하셨고, 그들을 통해 세상이 밝아지게 하셨습니다. 주님은 "사람이 등불을 켜서 말 아래에 두지 아니하고 등경 위에 두나니 이러므로 집 안 모든 사람에게 비치느니라 이같이 너희 빛이 사람 앞에 비치게 하여"(마 5:15-16)라고 말씀하셨습니다. 다른 말로 하면 주님에게서 받은 선물(재능)을 감추지 말고 받고자 하는 자들에게 나누어 주라는 것입니다. 또 주님은 "눈은 몸의 등불이니 그러므로 네 눈이 성하면 온 몸이 밝을 것이요 눈이 나쁘면 온 몸이 어두울 것이니 그러므로 네게 있는 빛이 어두우면 그 어둠이 얼마나 더하겠느냐"(마 6:22-23; 눅 11:34)라고 말씀하셨습니다. 눈은 몸의 등불이므로 눈이 건강하면 전

체 몸이 밝지만, 눈에 재난이 생겨 어두우면 온 몸이 어두울 것입니다.

사도들은 온 세상의 눈이요 빛입니다. 그래서 주님은 사도들에게 엄히 명령하셨습니다. 만약 몸의 등불과 같은 너희들이 믿음에 굳게 서며 곁길로 가지 않으면 온 세상이 밝겠지만, 빛 된 너희들이 어두우면 이 세상처럼 그 어둠이 얼마나 심하겠느냐고 말씀하신 것입니다. 사도들은 자신을 밝혀 주었던 빛, 즉 성령의 빛으로 믿는 자들의 마음을 밝히기 위해서 빛이 되었고 또 사람들에게 그 빛을 비추어 주었습니다.

**5.** 사도들은 자신이 소금이 되어 믿는 사람들에게 성령의 소금을 뿌려 맛을 냅니다. 주님이 "너희는 세상의 소금이니"(마 5:13)라고 말씀하셨는데, "세상"은 "사람들의 마음"을 가리킵니다.

사도들은 사람의 영혼에 영적 소금을 뿌려서 맛을 내고 부패와 악한 행실을 막아줍니다. 사람들의 마음은 이미 부패해 있습니다. 고기는 소금을 뿌리지 않으면 곧 썩어 악취를 풍겨 사람들에게서 버림을 받으며, 벌레들이 썩은 고기에 기어들어가 살면서 집을 짓습니다. 반면에 소금은 그곳에 살고 있는 벌레들을 내쫓고 더러운 냄새를 없애줍니다. 이는 소금이 벌레를 죽이며 악한 냄새를 없애는 능력을 가지고 있기 때문입니다.

이와 같이 하나님의 능력인 영적 소금인 성령을 받지 않은 영혼은 부패하게 되며 악한 생각이라는 더러운 냄새를 풍기게 됩니다. 하나님은 어둡고 헛된 생각에서 나오는 악취를 풍기는 영혼의 정욕으로부터 얼굴을 돌이키십니다. 악하고 무서운 벌레들은 악한 영들이요 어둠의 세력입니다. 이 벌레들이 영혼 안에 살면서 기어다니며 영혼을 좀먹고 멸망시킵니다. 그래서 시편 기자는 "내 상처가 썩어 악취가 나오니 내가 우매한 까닭이로소이다"(시 38:5)라고 말합니다. 그러나 영혼이 하나님께 간구하고 그분을 믿으며 생명의 소금, 즉 인간을 사랑하시는 성령에게 도움을 구하면 하늘의 소금이 내려와서 악한 벌레들을 죽이고 악취를 몰아내며 성령의 능력으로 영혼을 깨끗하게 해줍니다. 그리하여 영혼은 소금의 힘으로 강건해지고 부패하지 않게 되어 하나님 쓰시기에 합당하게 됩니다. 그래서 하나님은 이런 뜻의 상징으로 모든 제물에 소금을 뿌리라고 율법에 명령하셨습니다(레 2:13).

6. 제사장은 희생 제물을 죽여 각을 떠서 소금을 뿌린 후 제단 불 위에 놓아야 합니다. 만약 제사장이 제물로 드릴 양을 죽이지 않는다면 소금을 치지도 않고 번제도 드리지 않을 것입니다.

우리 영혼도 먼저 참 대제사장이신 그리스도에게 와서 자신의 생각과 이전의 죄악된 삶을 죽여야 합니다. 우리는 죄악, 즉 악한 정욕에서 벗어나야 합니다. 영혼 없는 몸은 죽은 몸이므로 이전의 삶을 살지 못하며 듣지도 못하고 걷지도 못합니다.

마찬가지로 우리의 참 대제사장이신 그리스도께서 능력으로 세상적인 사람을 죽이시면 우리는 과거의 악한 삶에 대해 죽고 죄악의 어둠 가운데서 듣거나 말하지 않으며 어떤 신분도 가지지 않게 됩니다. 왜냐하면 영혼 속에 들어 있던 악한 정욕이 그분의 은혜로 사라졌기 때문입니다. 그래서 사도 바울은 이렇게 외칩니다: "세상이 나를 대하여 십자가에 못 박히고 내가 또한 세상을 대하여 그러하니라"(갈 6:14). 이 세상, 즉 죄악의 어둠 속에 살고 있는 영혼은 주님에 의해 십자가에 완전히 죽지 못한 악한 영혼입니다. 다시 말해 악한 욕망, 즉 어둠의 세력이 그의 영혼을 다스리고 있으며, 그리스도의 빛에 속하지 않고 어둠에 속하여 어둠에 참여하고 있습니다. 그러나 성령의 능력인 빛을 소유한 영혼은 빛의 일부가 됩니다.

7. 어떤 사람들은 "영혼이 어둠으로부터 만들어지지 않았는데 어찌하여 어둠의 몸이라고 부를 수 있는가"라고 말합니다. 내 말을 잘 이해하기를 바랍니다. 당신이 지금 입고 있는 옷은 다른 사람이 만든 것입니다. 당신이 지금 살고 있는 집도 다른 사람이 지은 것입니다. 아담이 하나님의 명령을 어기고 악한 뱀의 말을 듣고 자기를 팔았을 때, 그 악한 자가 아담의 영혼을 마치 자기 옷처럼 입게 되었습니다. 물론 아담의 영혼은 하나님의 형상을 따라 선하게 지음 받았습니다. 그래서 바울 사도는 말합니다: "통치자들과 권세들을 무력화하여 드러내어 구경거리로 삼으시고 십자가로 그들을 이기셨느니라"(골 2:15).

이것이 주님이 이 땅에 오신 목적입니다. 주님은 악한 권세를 내쫓고 주님의 성전인 사람을 회복시키기 위하여 오셨습니다. 이 때문에 죄악이 있는 한 그 영혼을 어둠의 몸이라고 부를 수 있습니다. 그 영혼이 어두운 악의 세계에 갇혀 살아가기 때문입니다.

사도 바울도 이 영혼을 죄의 몸, 사망의 몸이라고 부르면서 "죄의 몸이 죽어"(롬 6:6)라고 했고, "이 사망의 몸에서 누가 나를 건져내랴"(롬 7:24)고 말했습니다. 이에 비해 하나님을 믿는 영혼은 이미 죄에서 구원을 받았고 어둠의 생활에 대해 죽었으며 성령의 빛을 생명으로 받았습니다. 그것은 신성神性의 빛에 굳게 서서 참 생명에 이르렀고 영원토록 그 빛 안에서 살아간다는 뜻입니다.

영혼 자체는 하나님의 본성도 아니고 악한 어둠의 본성도 아닙니다. 그것은 지성적이고 복되며 위대하고 훌륭한 피조물, 즉 하나님의 선하신 형상과 모양입니다. 그러나 하나님의 말씀을 어겼기 때문에 어둠의 악한 정욕이 영혼 안에 들어오게 된 것입니다.

8. 영혼은 어느 것과 연합되든지 의지 작용에 의해 연합됩니다. 즉 그 안에 하나님의 빛을 가져 그 빛, 즉 덕 가운데 살며 안식의 빛에 속하든지, 아니면 죄악의 어둠을 가져 정죄를 당합니다. 하나님과 더불어 안식과 영원한 빛 가운데 살고자 하는 사람은 참 대제사장이신 그리스도에게 가야 하며, 세상, 즉 이전의 악한 생활에 대하여 죽고 다른 생활, 곧 영적 생활로 옮겨져서 신적인 대화를 해야 합니다.

사람이 죽으면 자신이 살던 곳에 있는 사람들의 목소리나 이야기, 그들이 떠드는 소리를 들을 수 없습니다. 즉 완전히 죽어 그 도시의 소리나 외침을 전혀 듣지 못하는 다른 곳으로 옮겨집니다. 마찬가지로 영혼도 지금 살고 있는 악한 정욕의 도시에 대하여 죽으면 어둠의 목소리를 더 이상 들을 수 없습니다. 즉 헛된 논쟁이나 어둠의 영들이 떠드는 소리를 듣지 못합니다. 오히려 선과 평화가 가득한 도시, 즉 하나님의 빛의 도시로 옮겨져 살며 그곳의 시민권을 가지고 이야기하며 교제하게 됩니다. 그리고 그곳에서 하나님께 합당한 영적인 일을 행하게 됩니다.

9. 그러므로 자신이 그분의 능력으로 죽어서 더 이상 악한 어둠의 세계에 대해 살지 않도록 기도하십시오. 그래서 우리 안에 있는 죄의 마

음이 죽고 성령의 마음을 받아 입을 수 있고, 어둠에서 그리스도의 빛으로 옮겨져 영원히 생명 가운데 안식할 수 있도록 기도하십시오.

경마장의 마차들처럼 선두에서 달리는 마차는 다른 마차를 방해하는 장애물이 되어 상대 마차가 앞으로 나가거나 승리하지 못하게 합니다. 이처럼 영혼의 생각과 죄악의 생각이 사람 안에서 함께 역사합니다. 만약 죄악의 생각이 앞서게 되면 영혼을 방해하고 가로막으며 훼방하는 장애물이 되어 영혼으로 하여금 하나님에게 이르지 못하게 하고 승리를 빼앗아 버립니다. 그러나 주님이 마차에 올라 영혼의 고삐를 잡으시면 영혼의 전차를 신령하고 천상적인 마음에게로 이끌어 항상 승리하게 하십니다.

그분은 악한 것과 다투시지 않습니다. 그분은 자기 안에 무한한 능력과 권세를 가지고 계시므로 스스로 역사하여 승리하십니다. 그룹들을 부리시되 그들의 뜻대로가 아니라 그룹 위에 계신 분의 지시대로 나아가게 합니다. 그룹들은 그분이 원하시는 대로 나아가는데, 이는 그분이 다스리시기 때문입니다. 에스겔이 전한 대로 "그 사방 날개 밑에는 각각 사람의 손이 있더라…"(겔 1:8).

그리스도의 영이 자기 뜻대로 이 생물들을 움직이고 인도하십니다. 그룹들은 그분이 기뻐하시는 대로 한 몸이 되어 봉사합니다. 성령의 하늘 빛이 신실한 영혼들의 생각의 날개를 들어올려 그분이 가장 잘 아시는 대로 인도하고 다스리십니다.

**10.** 그러므로 이런 말을 들으면 자기 자신을 돌아보아 영혼에게 진정으로 이런 것이 있는지 살펴보십시오. 이것은 단순한 말이 아니라 당신

의 영혼 안에서 활동하는 진리의 역사입니다.

만약 당신이 신령한 것들을 소유하지 않았다면, 하나님 나라에서 죽은 사람처럼 슬픔과 비탄과 고민을 해야 할 것입니다. 늘 상처 입은 사람처럼 주께 부르짖고 믿음으로 구하면 참 생명이 주어질 것입니다.

하나님은 우리의 몸을 만드실 때 신성이나 몸 자체에서 생명을 얻게 하지 않으셨고, 먹을 것과 마실 것, 옷, 신발조차도 허락하시지 않았습니다. 하나님은 우리의 몸을 맨몸으로 만드시고 외부에서 필요한 것들을 취하게 하셨습니다. 그래서 몸은 먹을 것과 마실 것과 입을 것, 즉 외부의 도움 없이 살아갈 수 없습니다. 만약 몸이 외부에서 아무것도 취하지 않고 홀로 살아가려고 한다면, 쇠약해져 죽게 됩니다.

영혼도 동일합니다. 영혼은 하나님의 형상을 따라 지음 받았으나 신적인 빛을 갖지 못했습니다. 하나님은 영혼을 그런 모습으로 만드셨고, 그 본성으로는 영생을 갖지 못하게 하셨습니다. 영혼은 영적 음식과 음료수, 하나님의 신성과 그분의 영과 빛에서 하늘의 옷, 즉 영혼의 생명을 취하게 하셨습니다.

11. 우리는 몸의 생명이 그 자체에 있는 것이 아니라 외부, 즉 땅에서 얻는다는 것을 알았습니다. 즉 몸은 밖에 있는 것들 덕분에 살아갑니다. 영혼도 동일합니다. 영혼은 "산 자들의 땅"(시 27:13)에 태어나서 영적인 것을 먹고 그리스도에까지 자라야 합니다. 그리고 신성으로부터 전달되는 빛나는 하늘의 옷을 입어야 합니다. 이런 것이 없이 영혼이 스스로 즐거움과 안식 속에서 살 수 없습니다.

생명의 떡 안에 신적 본질이 들어 있습니다. 그것은 "생명의 떡"(요

6:35)이요, "생수"(요 4:10)요, "사람의 마음을 기쁘게 하는 포도주"(시 104:15)요, "즐거움의 기름"(시 45:7)이며 하늘의 신령한 음식이고 하나님에게서 오는 찬란한 영적 옷입니다. 이런 것들 안에 영혼의 영생이 들어있습니다.

본성을 의지해서 살려고 하는 몸에게 화禍가 있을 것입니다. 그 몸은 곧 약해져서 죽을 것입니다. 마찬가지로 자신의 본성만을 의지해서 살려는 영혼에게 화가 미칠 것입니다. 왜냐하면 영적으로 성령과 교제를 하지 않아 하나님이 주시는 영생을 갖지 못하고 죽게 되기 때문입니다. 사람이 병들면 그 몸이 영양을 섭취할 수 없고 희망이 사라지며, 진실한 친구와 친족들 및 사랑하는 사람들은 슬픔의 눈물을 흘리게 됩니다. 영혼이 성령의 하늘 양식을 취하지 못하여 썩지 않을 생명에 이르지 못할 때 하나님과 거룩한 천사들이 슬퍼하십니다. 이런 것들은 입에서 나온 단순한 말이 아니라 영적 생명의 역사, 즉 신실한 영혼에게 행하신 진리의 역사입니다.

12. 만약 우리가 하나님의 보좌가 되며 하늘의 전사戰士가 그 위에 타시고 우리의 영혼이 신령한 눈, 즉 빛이 된다면, 만약 우리가 영적 양식으로 배부르게 되고 생수를 마시고 찬란한 빛의 옷을 입는다면, 만약 우리가 이 모든 것들을 경험하고 확신을 가지고 굳게 선다면, 우리는 영생을 누리고 영혼이 하나님과 더불어 편히 쉬게 될 것입니다. 또한 우리는 주님에게서 이것들을 받아 진리 안에서 소유하며 참 생명을 누리게 될 것입니다.

그러나 자신이 이런 것들을 갖지 않았음을 인식한다면, 슬퍼하며 애통하고 탄식하십시오. 왜냐하면 우리가 아직도 하늘의 영원한 보화를 발견하지 못했기 때문입니다. 우리의 궁핍함을 밤낮으로 주께 아뢰고 애통해야 합니다. 왜냐하면 우리가 무서운 죄악의 빈곤 속에 깊이 빠져 있기 때문입니다. 사람들이 우리의 가난 때문에 애통해 한다면, 그리고 우리가 배부른 사람처럼 그분의 보살핌 없이 살려 하지 않는다면 얼마나 좋겠습니까? 애통해 하며 쉬지 않고 주께 구하고 찾는 사람은 주님이 "불의한 재판관과 과부의 비유"에서 말씀하신 대로 구원과 천상의 복을 얻을 것입니다. "하물며 하나님께서 그 밤낮 부르짖는 택하신 자들의 원한을 풀어 주지 아니하시겠느냐 그들에게 오래 참으시겠느냐 내가 너희에게 이르노니 속히 그 원한을 풀어 주시리라"(눅 18:7-8).

그에게 영광과 권세가 영원히 있을지어다. 아멘.

설교 2

# 어둠의 권세로부터 자유하십시오.

**1.** 태초부터 인간을 속박해온 악한 군주인 사탄, 곧 어둠의 나라는 마치 사람에게 옷을 입히듯 어둠의 세력으로 영혼들을 사로잡았습니다. 그래서 그들이 그를 왕으로 만들고 왕의 옷을 입힐 수 있었기 때문에 그는 머리에서 발끝까지 왕의 예복을 입을 수 있습니다. 이처럼 사탄은 사람의 영혼을 옷 입혀 전체를 죄악으로 물들입니다. 사탄은 영혼을 그의 나라로 잡아와서 그의 생각이나 이해력, 몸까지 한 부분도 남겨두지 않고 더럽힙니다. 즉 사탄은 영혼을 어둠으로 완전히 옷 입힙니다. 몸이 병들면 어느 한 부분이 아니라 몸 전체가 아프듯이 영혼도 전체가 불행과 죄의 정욕으로 고통당합니다. 사탄은 사람의 중심을 이루는 가장 중요한 영혼 전체를 자신의 불행과 죄악으로 덮고, 그 결과 몸도 고통당하게 하고 부패하게 만듭니다.

**2.** 사도 바울이 "옛 사람과 그 행위를 벗어 버리고"(골 3:9)라고 말했는데, 이는 사람 전체, 즉 올바른 눈과 귀, 올바른 손과 발을 가진 사람을 의미합니다. 사탄은 영혼과 몸 전체를 더럽혔으며 사람을 타락시켰고

"옛 사람"을 입혀서 오염시켰습니다. 하나님을 대적하고 "하나님의 법에 굴복하지 아니하게"(롬 8:7) 하여 죄인으로 만들었습니다. 그래서 사람은 자신의 뜻대로 보지 못한 채 그릇되게 보게 되었고, 악을 행하는 데 빠른 발을 갖게 되었고, 불법을 행하는 손과 악한 생각을 하는 마음을 갖게 되었습니다.

그러므로 우리는 옛 사람을 벗겨 달라고 하나님께 간구해야 합니다. 왜냐하면 우리를 사로잡아 자기 왕국에 감금하고 있는 사탄이 우리보다 훨씬 강하므로 하나님만이 우리를 죄에서 구해 주실 수 있기 때문입니다. 하나님은 이 괴로운 속박에서 우리를 구원해 주겠다고 약속하셨습니다. 뜨거운 태양 아래 바람이 불고 있을 때, 태양과 바람은 각각 그 몸과 본성이 있기 때문에 전능하신 하나님이 바람 불기를 그치게 하시지 않는 한 아무도 태양과 바람을 분리시키지 못합니다. 이와 같이 죄악과 영혼이 각각의 본성을 가지고 있으면서도 함께 결합되어 있습니다.

**3.** 하나님이 우리의 영혼과 몸 안에서 불고 있는 악한 바람을 멈추고 억제하지 않으시면 영혼과 죄악은 결코 분리되지 않습니다.

사람은 나는 새를 보고 자신도 날기를 원하지만 날개가 없기 때문에 날지 못합니다. 사람이 순수하고 나무랄 데 없고 흠도 없으며 악함이 없이 하나님과 항상 함께 있고자 하는 "원함은 내게 있으나"(롬 7:18) 그것을 행하는 능력이 없습니다. 하나님과 성령의 자유함 안으로 날아가고자 하는 소원은 있을 수 있지만 날개가 없다면 그것은 불가능합니다. 그러므로 우리는 성령의 "비둘기 같은 날개"(시 55:6)를 구해야 합니다.

그러면 우리는 그에게 날아가서 "편히 쉴 것입니다."

또한 하나님은 우리의 몸과 영혼 안에 거하는 죄악, 즉 악한 바람이 불지 못하게 하실 것입니다. 이 일은 하나님만이 하실 수 있습니다. "보라 세상 죄를 지고 가는 하나님의 어린 양이로다"(요 1:29)라고 기록되어 있습니다.

하나님만이 자기를 믿는 사람들에게 이런 자비를 베풀어 주셨고 죄에서 구원해 주셨습니다. 하나님은 늘 기다리며 기대하고, 쉬지 않고 간구하는 사람들에게 이처럼 말할 수 없는 구원을 베풀어 주십니다.

**4.** 어둡고 캄캄한 밤에 광풍이 불어 요동치며 모든 나무와 열매를 흔들어 놓듯이, 사람이 사탄의 어두운 밤의 세력 안에 들어가면 밤과 어둠 안에 있게 되며 휘몰아치는 죄악의 무서운 바람으로 격동하고 흔들리며 요동하게 됩니다. 그리고 이것이 그의 영혼, 생각, 오성, 즉 그의 모든 본성에 스며듭니다. 온 몸이 흔들려 몸과 영혼, 어느 부분도 우리 안에 거하는 죄악에서 벗어나거나 자유로울 수 없게 됩니다.

이와 반대로 낮의 빛, 곧 성령의 거룩한 바람은 영혼에 불어와 하나님의 빛 안에 거하는 영혼을 새롭게 합니다. 그 바람은 영혼과 그 생각과 온 몸에 불어 이 모든 것을 새롭게 하며, 하나님의 말할 수 없는 평안을 줍니다. 이것이 "너희는 다 빛의 아들이요 낮의 아들이라 우리가 밤이나 어둠에 속하지 아니하나니"(살전 5:5)라는 말의 뜻입니다. 그곳에서는 오류 속에서 죄악된 옛 사람은 어두운 왕국의 옷, 참담함과 불신앙과 무관심과 헛된 영광과 교만, 탐욕, 욕망의 옷을 입고, 초라하고 불결하며 거슬리는 장식을 달고 있습니다. 그러나 이곳에서는 예수님이 벗겨주신 어둠의 땅에 속한 옛 사람을 벗어 버리고 새로운 하나님의 사람, 즉 예수 그리스도로 옷 입으며 바른 눈과 귀와 머리 등 모든 것이 순수한 하늘의 형상을 입습니다.

**5.** 주님은 말할 수 없는 빛의 왕국의 옷, 즉 믿음과 소망과 자비의 옷, 기쁨과 평화와 선함과 친절의 옷, 그리고 생명과 안식을 주는 거룩한 옷을 입혀 주셨습니다. 하나님이 사랑과 기쁨과 평화와 친절과 선이시므로 새사람도 하나님의 은혜로 이런 성품을 받을 수 있습니다. 죄악 즉 어둠의 왕국이 부활의 날까지 영혼 속에 숨어 있는데, 그때에는 지금 영혼 속에 숨어 있는 어둠의 세력이 죄인들의 몸 전체를 삼키고 말 것입니다.

이처럼 빛의 왕국 즉 하늘의 형상이신 예수 그리스도가 영혼을 신비하게 밝히고 있으며 성도의 영혼을 다스리고 계시는데, 사람들의 눈에는 감추어져 있고 부활의 날이 되어 영혼의 눈으로만 참으로 그리스도를 볼 수 있습니다. 그러나 부활의 날에는 지금 영혼 속에 있는 주님의 빛으로 몸까지 영화롭게 될 것이고, 몸이 그리스도의 왕국을 영접하여 안식을 누리며 영원한 빛으로 밝아진 영혼처럼 왕 노릇을 할 수 있을 것입니다. 주님의 긍휼과 자비하심에 영광이 있을지어다. 주님은 이 종들에게 긍휼을 베푸시고 그들을 깨우치셨으며, 어둠의 왕국에서 구원하시고 그의 빛과 나라를 주셨습니다.

주님께 영광과 권세가 영원히 있을지어다. 아멘.

설교 3

# 악한 생각들을 대적하여 싸우십시오

1. 형제들이 서로사랑이라는 기초를 얻기 위해서는 기도하든지 성경을 읽든지 어떤 일을 할 때든 사랑 안에 함께 거해야 합니다. 이렇게 하여야 여러 가지 상이한 성향들을 가진 사람들이 서로 호의를 느낄 수 있고, 또 기도하는 사람들, 성경을 읽는 사람들, 일을 하는 사람들 모두가 성실하고 단순한 생활 속에서 서로에게 유익을 줄 수 있습니다.

성경은 무엇이라고 합니까? "뜻이 하늘에서 이루어진 것같이 땅에서도 이루어지이다"(마 6:10). 하늘나라 천사들이 교만함이나 질투 같은 것이 없이 화목하고 화평하며 사랑 가운데 거하고 서로 사랑하며 진실하게 살아가듯이, 형제들도 함께 살아가야 합니다. 30여 명이 한 모임 아래 있으면서 밤낮 한 가지 일만 할 수는 없습니다. 6시간 동안 기도한 후에 성경을 읽는 사람들이 있고, 봉사하기를 원하는 사람들도 있고, 그밖에 다른 형태의 노동을 하는 사람들도 있습니다.

2. 형제들은 각기 무슨 일을 하든지 서로 사랑하며 즐겁게 지내야 합니다. 노동을 하고 있는 사람은 기도하고 있는 사람에 대해 "내 형제가

얻는 보화는 우리 모두의 것이요 나의 것이기도 합니다"라고 말해야 합니다. 기도하는 사람은 성경 읽는 사람에 대해서 "그가 성경을 읽어서 얻는 유익이 곧 나의 유익입니다"라고 말해야 합니다.

노동하는 사람은 "지금 내가 하고 있는 일은 모두를 위한 것입니다"라고 생각해야 합니다. "몸의 지체가 많으나 한 몸임과 같이"(고전 12:12) 각 지체들은 자기의 일을 하면서 서로 돕습니다. 눈은 온 몸을 위해 보며, 손은 모든 지체를 위해 일하고, 발은 모든 지체를 지탱하면서 걷고, 한 지체가 고난을 당하면 다른 모든 지체들도 함께 고난을 당합니다. 형제들의 생활도 이와 같아야 합니다.

기도하는 사람은 노동하는 형제가 기도하지 않는다고 해서 그를 판단해서는 안 됩니다. 노동하는 사람은 기도하는 사람에게 "나는 일하는데 저 사람은 쉬고 있다"라고 말해서는 안 됩니다. 봉사하는 사람도 다른 사람을 판단하지 말아야 합니다. 각 사람은 무엇을 하든지 하나님의 영광을 위해 해야 합니다.

성경을 읽는 사람은 기도하는 사람을 사랑과 즐거운 마음으로 대하며 "저 사람이 나를 위해 기도하고 있구나!"라고 생각해야 합니다. 기도하는 사람은 노동하고 있는 사람에 대해 "저 사람은 우리 모두를 위해 일하고 있다"라고 생각해야 합니다.

**3.** "평안의 매는 줄"(엡 4:3) 안에서 화합하고 화평하며 하나가 되어 굳게 설 때, 형제들이 성실과 순수함과 하나님의 사랑 안에서 함께 살아갈 수 있습니다.

이것들 중에 가장 중요한 것은 쉬지 않고 기도하는 것입니다. 그러나

한 가지 더 요구되는 것은 영혼 안에 보물, 생명 즉 마음에 거하시는 주님을 소유하는 것입니다. 다시 말해서 사람이 일을 하거나 기도를 하거나 성경을 읽거나 무엇을 하든지 결코 사라지지 않는 것, 즉 성령을 소유해야 합니다. 그런데 어떤 사람들은 다음과 같이 말합니다. 즉 주님은 눈에 보이는 열매들만 요구하시며 숨겨진 것들을 바로잡는 것은 하나님이 하시는 일이라는 것입니다. 그것은 사실이 아닙니다. 사람이 자신의 겉사람을 안전하게 지키듯이 내면의 생각들과 계속 싸워야 합니다. 주님은 우리가 자신에 대해 화를 내며 자신의 마음과 싸우기를 원하십니다. 주님은 우리가 악한 생각에 동의하지 않기를 원하십니다.

4. 그렇지만 우리 속에 항상 거하고 있는 죄의 뿌리를 뽑는 것은 하나님의 능력으로만 이루어질 수 있습니다. 사람의 능력으로 죄의 뿌리를 뽑는 것은 불가능합니다. 죄와 씨름하고 싸우고 치고받는 것은 인간의 일이며, 그것을 완전히 근절하는 것은 하나님의 일입니다.

만약 사람이 그 일을 할 수 있었다면 주님이 오실 필요가 없었을 것입니다. 빛이 없으면 눈이 볼 수 없고, 혀 없이 말할 수 없으며, 귀 없이 들을 수 없고, 발 없이 걸을 수 없고, 손 없이 일할 수 없듯이, 사람은 예수님 없이는 구원받을 수 없고 천국에 들어갈 수 없습니다. "나는 행위에 있어서 음욕을 품거나 간음을 하지 않았고 탐심을 갖지 않았다. 그래서 나는 의롭다"라고 말하며 자신이 모든 것을 지켰다고 생각하는 것은 옳지 않습니다.

인간이 대적해야 할 죄악은 음욕, 간음, 탐심 등 세 가지가 아니라 일만 가지나 됩니다. 교만, 오만, 불신앙, 증오, 시기, 속임수, 위선 등은 어디에서 나오는 것입니까? 당신의 생각 속 은밀한 곳에서 이것들과 싸워야 한다고 생각하지 않습니까?

만약 집 안에 강도가 들어왔다면, 당신은 즉시 고통을 받습니다. 강도가 당신을 편안하게 놔두지 않을 것이며, 당신은 강도에게 저항하여 주먹으로 치고받으며 몸싸움을 할 것입니다. 마찬가지로 영혼은 내면에 있는 죄의 세력에 대해 맞서 공격하고 저항하고 힘으로 물리쳐야 합니다.

**5.** 그 다음에 어떤 일이 벌어집니까? 의지가 저항하고 수고하며 노력함으로써 승리하기 시작할 것입니다. 의지는 넘어져도 다시 일어섭니다. 죄는 의지를 열 번, 스무 번 싸움에 몰아넣습니다. 죄가 영혼을 정복하여 쓰러뜨립니다. 그러나 영혼은 얼마 후 싸움에서 죄를 정복합니다. 영혼이 약해지지 않고 끝까지 버틴다면, 죄를 이기고 정복하기 시작합니다. 그러나 엄격하게 말하면 이때도 죄가 여전히 영혼보다 강합니다. 즉 그가 "온전한 사람을 이루어 그리스도의 장성한 분량이 충만한 데까지"(엡 4:13) 이르러 죽음을 완전히 정복하지 않는 한 여전히 죄가 더 강합니다. 그렇기 때문에 "맨 나중에 멸망 받을 원수는 사망이니라"(고전 15:26)고 기록되어 있습니다. 그때가 되어야 비로소 사람들이 악을 이기고 마귀를 정복할 것입니다.

그러나 앞에서 살펴본 바와 같이 "나는 간음하거나 음욕을 품지 않는다. 나는 돈을 사랑하지 않는다. 이 정도면 충분하다"라고 말한다면, 그 세 가지 죄의 세력에 대해서는 싸웠지만 아직 그를 공격할 수 있는 죄의 세력이 스무 가지나 더 있으므로 그는 패배한 것이 됩니다.

사람은 모든 악한 것들을 대적하여 힘껏 싸워야 합니다. 마음은 죄를 맞아 싸울 수 있는 대등한 적수이고, 죄에 대항할 수 있는 균형 잡힌 힘을 가지고 있고 죄의 유혹을 참고 물리칠 수 있습니다.

6. 만약 악한 세력이 매우 강하고 악이 인간을 완전히 지배하고 있다면, 사탄에게 굴복하는 인간을 정죄하시는 하나님은 공평하지 못한 분일 것입니다. 왜냐하면 사탄이 매우 강하며 영혼을 굴복하게 만드는 힘을 가지고 있기 때문입니다. 이것은 마치 하나님이 사탄을 우리 영혼보다 훨씬 강하게 만드시고서도 우리에게 사탄에게 지지 말라고 명령하시는 것과 같습니다. 이것은 강한 청년과 연약한 아이를 싸우게 해놓고 싸움에 진 연약한 아이를 책망하는 것과 같습니다. 이것은 매우 불공정한 처사입니다.

인간의 마음이 원수 마귀에게 적절한 상대이며, 마귀를 대적하여 싸울 수 있으며, 영혼이 하나님의 도움을 구하고 찾는다면 능히 이길 수 있다는 것을 말씀드립니다. 원수 사탄과 대적하여 싸우는 것은 결코 대등하지 않은 일이 아닙니다.

성부와 성자와 성령을 영원토록 찬양하십시오. 아멘.

설교 4

# 영적 분별력을 기르십시오.

1. 그리스도인의 삶을 철저하게 살고자 한다면, 무엇보다도 전력을 다하여 영적 분별력을 길러야 합니다. 우리는 선과 악의 차이를 예민하게 알아내고 순수한 본성을 더럽힌 것을 분별해 냄으로써 죄를 짓지 않고 바르게 살 수 있습니다. 우리가 이러한 분별력을 일종의 눈으로 이용함으로써 죄와 전혀 관계를 맺지 않으며, 우리로 하여금 주께 합당한 자가 되게 해주는 하늘의 은사들을 받습니다. 보이는 이 세상의 실례를 들어보십시오. 몸과 영혼, 몸의 일과 영혼의 일, 감각적인 사물과 감추어진 것들 사이에는 유사성이 있습니다.

2. 몸을 인도하는 안내자는 눈입니다. 눈은 봄으로써 온 몸을 바르게 인도합니다. 어떤 사람이 가시덤불과 수렁이 가득한 숲속을 통과하고 있다고 생각해 보십시오. 그곳은 화재가 발생하여 불이 타오르고 있으며, 땅에는 칼이 박혀 있고, 절벽과 웅덩이들이 많습니다. 적극적이며 조심성 있고 영리한 여행객은 눈의 안내를 받아 그 위험한 곳을 조심스럽게 통과합니다. 손과 발로 옷을 여미서 가시덤불에 옷이 찢어지거

나 진흙이 묻거나 칼에 베이지 않도록 합니다. 그의 눈이 온 몸을 인도합니다. 그가 절벽으로 떨어지거나 물에 빠지거나, 그밖의 다른 위험에 빠져 해를 입지 않도록 보호해 주는 것은 바로 빛이 되는 그의 눈입니다.

이처럼 적극적이고 신중한 사람은 매우 조심하면서 앞으로 나아갑니다. 그는 옷을 단단히 여미고 눈이 인도하는 대로 나아가 몸을 상하지 않도록 보호하며, 입고 있는 옷이 불에 타거나 찢어지지 않도록 보존합니다. 그러나 게으르고 나태하거나 조심성이 없고 서투르며 부주의한 사람이 그처럼 위험한 장소를 지나간다면 그의 옷이 이리저리 너풀거려 가시덤불에 찢어지고 불에 타게 됩니다. 왜냐하면 그가 옷을 단단하게 여미지 않았기 때문입니다. 그의 옷은 길가에 박혀 있는 칼에 찢기고 진흙이 묻어 더러워집니다. 그의 부주의와 나태함과 게으름 때문에 그의 새 옷이 곧 더러워집니다. 또 만일 눈이 일러주는 것에 주의를 기울이지 않으면, 그는 골짜기에 떨어지거나 물속에 빠질 것입니다.

3. 몸이라는 훌륭한 옷을 입고 있는 영혼도 역시 몸과 함께 자신을 지도하는 분별력을 가지고 있습니다. 영혼도 인생의 가시덤불과 진흙 구덩이와 불과 절벽—정욕과 쾌락 등 이 세상의 모든 좋지 못한 것들—을 통과하게 됩니다. 영혼은 스스로를 감싸야 하고, 영혼의 옷인 몸을 조심스럽고 단호하고 성실하고 신중하게 단단히 묶어야 합니다. 그래서 이 세상의 가시덤불—걱정과 사업과 세상적인 집기—에 찢기지 않으며, 정욕의 불에 타지 않도록 지켜야 합니다.

이처럼 옷을 입어 눈이 악한 광경을 보지 않고, 귀가 비방하는 소리를 듣지 않으며, 혀가 헛된 것들을 말하지 않고, 손과 발이 나쁜 것들을 추구하지 않도록 해야 합니다. 영혼에는 의지가 있습니다. 의지는 몸의 지체들이 천한 광경을 보지 못하게 하고, 부끄럽고 악한 소리들과 음탕한 말을 듣지 못하게 하며, 세상적이고 악한 것들을 따라가지 않게 합니다.

**4.** 영혼은 악한 길에서 돌아서서 마음으로 하여금 생각들이 세상에서 배회하는 것을 내버려두지 못하게 합니다. 영혼은 싸우고 열심히 노력하며 몸의 지체들을 악한 것들에게서 보호하면서 온전한 육체의 옷이 찢어지지 않고 불에 타지 않으며 더럽히지 않도록 보존합니다. 그리고 영혼은 자신이 소유한 의지의 이해력과 분별력에 의하여, 그리고 주님의 능력에 의해 스스로를 지켜 나갑니다. 영혼은 힘을 다하여 세상의 모든 정욕으로부터 돌이키며, 주님의 도움을 받아 지금까지 말해온 재앙으로부터 보호받습니다.

주님은 이 세상의 쾌락과 집기, 물질적인 염려, 세상에 묶인 끈, 헛된 생각 등에 대해 담대하게 등을 돌리는 사람에게 은혜로운 도움을 주시며, "이 악한 세대"(갈 1:4)를 고결하게 살아갈 때 영혼이 타락하지 않도록 지켜 주십니다. 또한 그 영혼은 몸이라는 옷과 영혼 자신을 잘 보존하였고 힘이 닿는 한 세상의 정욕에서 돌이켰으며 하나님의 도움을 받아 이 세상에서의 경주를 훌륭하게 해냈기 때문에, 하나님과 천사들로부터 하늘의 칭찬을 받습니다.

**5.** 그러나 이 세상에서 게으르고 나태하며 조심하지 않고, 자신을 기

쁘게 하기 위해 세상의 정욕을 멀리하지 않고 주님을 전심으로 구하지 않는 사람은 이 세상의 가시덤불에 찔리게 되고, 몸이라는 옷의 이곳저곳이 정욕의 불에 타오르며, 쾌락의 늪에 빠져 더러워집니다.

이런 영혼은 옷을 흠 없이 보존하지 못하여 이 세상의 속임수로 얼룩져 있기 때문에 "심판 날에 담대함을"(요일 4:17) 갖지 못하며, 그렇기 때문에 하나님 나라에 들어가지 못합니다. 고의적으로 자신을 세상에 넘겨주고 세상 쾌락에 기만당하며 물질을 추구하며 방황하는 타락한 사람을 하나님은 어떻게 다루십니까?

하나님의 도움을 얻는 자는 물질적인 쾌락과 과거의 습관을 버리는 사람, 마음의 의지와는 상관없이 항상 마음을 주께 붙들어 매고 자신을 부인하고 주님만 따르는 사람입니다. 세상의 유혹과 함정에 빠지지 않도록 스스로를 완전하게 지키는 사람, "두렵고 떨림으로 구원을 이루는"(빌 2:12) 사람, 이 세상의 유혹과 함정과 욕망을 조심스럽게 통과하며 주님의 도움을 구하고 주님의 긍휼함을 받아 은혜로 구원얻기를 소망하는 사람들을 하나님은 보호하십니다.

**6.** 지혜로운 다섯 처녀를 생각해 보십시오. 깨어 있어 마음의 그릇—본성의 일부가 아닌—에 기름, 즉 하늘에서 온 성령의 은혜를 예비하였던 다섯 처녀는 신랑과 함께 하늘의 신방으로 들어갈 수 있었습니다. 그러나 미련한 다섯 처녀는 육신을 입고 있을 때에 자신의 본성에 만족하여 깨어 있지 않았으며, 그들의 그릇에 "즐거움의 기름"(시 45:7)을 받기 위해 부지런히 행동하지도 않았습니다. 그들은 부주의함, 게으름, 나태, 무지, 의롭다는 착각 때문에 잠에 빠진 사람들이었습니다. 그래

서 그들은 하늘나라의 신방에 들어가지 못했으며, 하늘의 신랑을 기쁘게 하지 못했습니다. 그들은 세상에 대한 애착과 세상 것에 대한 사랑 때문에 하늘의 신랑을 완전하게 사랑하지 않았고 열정적으로 그에게 헌신하지 못하였고 기름을 예비하지 못하였습니다.

인간의 본성 밖에 있는 성령의 성화를 구하는 사람들은 모든 사랑을 주님에게 쏟고, 주님과 함께 걸으며, 주께 기도하고, 생각을 온전히 주님에게 향하며 다른 모든 것에서 돌이킵니다. 그럼으로써 그들은 하늘의 은혜의 기름을 받을 특권을 누리며, 실족하지 않으며, 영적 신랑에게 온전한 만족을 드립니다. 그러나 자신의 본성에 속한 것에 만족하는 영혼들은 땅 위의 생각에 물들어 있으며, 땅의 것을 생각하며, 마음을 땅 위에 둡니다. 그들은 자신들이 신랑에게 속해 있으며 육체의 율례로 장식하고 있다고 생각합니다. 그러나 그들은 위로부터 오는 성령으로 태어나지 않았고 즐거움의 기름을 받지 못했습니다.

**7.** 하늘의 은혜와 성령으로 말미암아 거룩하게 된 지혜로운[3] 다섯 가지 감각을 지닌 영혼들이야말로 지혜로운 처녀요 위로부터 온 은혜로운 지혜를 받은 자들입니다. 그러나 그들이 본성적으로 지닌 것에 만족하고 있다면 어리석은 자요 이 세상의 자녀들입니다. 그들은 그럴듯한 외모와 자태 때문에 주님의 신부라고 생각할지 모르겠으나, 아직 세상의 영을 벗어 버리지 않은 영혼들입니다.

---

3) "지혜로운"(λογικαὶ)은 여기에서 로마서 12장 1절; 베드로전서 2장 2절의 "영적인"(πνευματικαὶ) 또는 "신령한"(νοεραί)과 같은 의미로 사용된 것 같다.

주님과 전적으로 완전하게 결합된 영혼들은 주님을 생각하고 기도하며 주님과 함께 걷고 주님의 사랑을 사모합니다. 반면에 세상에 대한 사랑에 묶여 있으며 땅 위에서 기꺼이 살아가는 사람은 땅 위에서 걷고 생각하며 땅의 것에 마음을 씁니다. 그렇기 때문에 그들은 우리의 본성과 다른 것, 즉 성령의 선한 지혜를 받아 변화되지 못합니다. 이 성령의 지혜, 즉 하늘의 은혜가 우리의 본성에 결합하고 혼합되어야 비로소 우리가 하나님 나라의 신방에 주님과 함께 들어가며 영원한 구원을 얻을 수 있습니다.

8. 첫 사람 아담의 불순종으로 말미암아 우리 안에 우리의 본성이 아닌 것, 즉 정욕이 들어왔습니다. 그것은 오랜 습관과 성향으로 말미암아 거의 우리 본성의 일부로 자리 잡았습니다. 우리의 본성이 아닌 것, 즉 성령의 은사에 의해 이것을 쫓아내고 원래의 순수성을 회복해야 합니다. 만약 우리가 지금 간절한 청원과 간구와 믿음과 기도 및 세상으로부터 돌아섬으로써 하늘로부터 오는 성령의 사랑을 얻지 못한다면, 악으로 물든 우리의 본성이 주님의 사랑을 붙들지 못하고 성령의 사랑으로 거룩하게 되지 못한다면, 그리고 우리가 주님의 계명대로 살면서 끝까지 타락하지 않고 견디지 못한다면 하늘나라를 얻지 못할 것입니다.

9. 심원하고 오묘한 말을 하겠습니다. 잘 들어 보십시오. 무한하시고 접근할 수 없으며 피조되지 않은 분이신 하나님이 그 무한하고 상상할 수 없이 큰 자비하심 때문에 성육신하셨습니다. 그분은 자신이 지으신

피조물, 즉 성도들의 영혼과 천사들과 연합하여 그들로 하여금 신성神性의 생명에 참여할 수 있게 하시려고 자신을 접근할 수 없는 영광으로부터 낮추셨습니다. 천사나 영혼이나 마귀나 모두 피조물들은 그 종류가 다르지만 각기 하나의 몸입니다. 그들은 본성과 특성과 그들 각자의 독특한 본질에 따른 형상에 있어서 미세한 몸을 가지고 있습니다. 그러나 우리의 몸은 본질적으로 조야粗野합니다. 더욱이 매우 미세한 영혼은 보는 눈과 듣는 귀를 자신에게 집중하도록 했습니다. 말하는 혀와 손 등 온 몸과 지체를 모아 같은 것끼리 연합시켜 생명의 활동을 이루어 나갑니다.

**10.** 마찬가지로 무한하시고 인간의 이해를 초월하시는 하나님이 자비하심을 발휘하여 자신을 낮추시고 몸의 지체들을 입으셨습니다. 다시 말해 무한하신 영광으로부터 자신을 거두어 들이셨습니다. 그분은 자비하심과 인간에 대한 사랑 때문에 변모하여 육신을 입으셨고, 거룩하고 흡족하며 신실한 영혼들과 연합하셨고, 바울의 말처럼 "한 영"(고전 6:17), 영혼 안에 있는 영혼, 말하자면 본질 안에 있는 본질이 되셨습니다. 그것은 영혼이 "새롭게" 살며 불멸의 삶을 체험할 수 있도록, 그리고 썩지 않는 영광의 참여자가 될 수 있게 하기 위한 일이었습니다.

하나님이 존재하지 않았던 것으로부터 각양각색의 피조물을 만들어 존재하게 만드셨습니다. 존재하지 않던 것이 존재하게 되었습니다. 하나님은 원하셨기 때문에 존재하지 않던 것에서 땅, 산, 나무들처럼 견고하고 단단한 물질을 쉽게 창조하셨습니다. 그리고 물이 중개자가 되며 새들이 그것들로부터 생겨나도록 명령 받았습니다. 그리고 더 미세한 사물들, 즉 불과 바람 등 너무 미세하여 육안으로 보이지 않는 것까지 만들어졌습니다.

11. 하물며 "하나님의 각종 지혜"(엡 3:10)의 무한하시고 표현할 수 없는 능력이 자신의 의지에 따라 존재하지 않았던 것에서 조야한 것, 섬세한 것, 그리고 더 섬세한 것들을 각각 그 본질대로 만들 수 없었겠습니까? 더 나아가서 자신의 뜻대로 존재하시고 행하시는 주님이 말할 수 없는 인자하심과 선하심으로 말미암아 스스로를 변모시키고 낮추셔서 거룩하고 신실한 영혼 안에 있는 능력에 따라 육신으로 나타나실 수 없습니까? 그래서 볼 수 없는 주님이 사람들에게 보이시고, 영혼이 신비한 본질에 따라 주님을 체험할 수 있는 것입니다. 그러므로 사람들은 주님의 감미로움을 느끼며, 말할 수 없는 기쁨을 선한 빛 속에서 실제로 체험하게 되는 것입니다.

주님이 원하시면 불이 되셔서 영혼에 스며들어 더러운 정욕을 말끔히 태우실 수 있습니다. 왜냐하면 "하나님은 소멸하는 불"(히 12:29; 신 4:24)이시기 때문입니다. 주님은 말할 수 없는 안식이시므로 원하시기만 하면 영혼이 하나님의 안식을 누릴 수 있습니다. 또 하나님이 원하시면 자신이신 기쁨과 평화를 주시므로 우리가 그것을 받아 누릴 수 있습니다.

12. 지혜로운 자에게 기쁨과 즐거움을 주시기 위해 기꺼이 피조물 중

의 하나가 되신 주님이 빛의 도시 예루살렘이나 거룩한 시온 산[4]이 되셨다면, 주님은 모든 것을 마음대로 하실 수 있을 것입니다. 성경에는 "너희가 이른 곳은 시온 산과 살아 계신 하나님의 도성인 하늘의 예루살렘"(히 12:22)이라고 기록되어 있습니다.

하나님에게는 모든 것이 쉬운 일이며, 주님은 합당한 영혼들을 위해서 자신이 원하시는 모습으로 변모하십니다. 사람이 주님의 친구가 되어 그분을 기쁘게 해드리려고 노력하면 실제적인 체험과 느낌으로 하늘의 선한 것들과 신성의 말할 수 없는 기쁨과 무한한 부요함을 보게 될 것입니다. 그것들은 "눈으로 보지 못하고 귀로 듣지 못하고 사람의 마음으로 생각하지도 못한 것"(고전 2:9)입니다. 심지어 주님의 성령도 스스로 합당한 영혼들의 안식과 기쁨과 즐거움과 영생이 되셨습니다.

복음서에 "이 떡을 먹는 자는 영원히 살리라"(요 6:58) 했듯이 주님이 친히 떡과 음료로 화하셔서 영혼에게 말할 수 없는 안식을 주시고 영적 기쁨을 채워 주십니다. 주님은 "나는 생명의 떡이니"(요 6:35)라고 말씀하십니다. "내가 주는 물은 그 속에서 영생하도록 솟아나는 샘물이 되리라"(요 4:14), "또 다 한 성령을 마시게 하셨느니라"(고전 12:13)는 말씀대로 주님은 하늘의 샘물이 되십니다.

13. 하나님은 거룩한 조상들에게 각각 나타나실 때에 자신이 원하시는 모습인 동시에 그들에게 가장 유익한 모습으로 나타나셨습니다. 하

---

[4] 여기에서 마카리우스는 "예루살렘"이나 "시온"을 하나님 자신으로 묘사하고 있다. 하나님은 스스로 영혼의 요새와 거처가 되셨다.

나님은 아브라함, 이삭, 야곱, 노아, 다니엘, 다윗, 솔로몬, 이사야, 거룩한 선지자들, 엘리야, 모세 등에게 각기 다른 모습으로 나타나셨습니다. 나는 모세가 40일 동안 금식하며 산 위에 있을 때 그에게 영적 식탁이 베풀어져서 그가 즐거움을 누렸다고 믿습니다.

주님은 각각의 성도들에게 원하시는 모습으로 나타나셔서 안식과 구원을 주시고 하나님을 알게 하십니다. 모든 것이 하나님의 뜻대로 이루어집니다. 주님은 원하시기만 하면 자신을 낮추시고 어떤 몸으로 변형하셔서 주님을 사랑하는 자의 눈앞에 나타나십니다. 지극하시고 말할 수 없이 사랑이 많으신 주님은 권능에 의해 합당한 자들에게 감히 접근할 수 없는 영광의 빛 속에서 자신을 나타내십니다.

하나님을 간절히 사모하여 믿음과 사랑과 위로부터 오는 능력과 성령의 거룩한 사랑을 받았으며 하늘의 불멸의 불을 받은 영혼은 세상의 모든 정욕에서 벗어나며 악한 속박에서 벗어나 자유를 얻습니다.

14. 철, 납, 금, 은 등을 불 속에 넣으면 녹아서 본래의 단단함이 변하여 물렁해집니다. 불 속에 있으면 뜨거운 열기 때문에 단단하던 본질이 변하여 녹습니다. 마찬가지로 세상을 부인하며 분투하고 고통을 겪으면서도 주님만 사모하며 믿음과 소망을 가지고 쉬지 않고 주님을 기다리는 영혼, 거룩한 신성의 불과 성령의 사랑의 불을 받은 영혼은 세상에 대한 사랑에서 벗어납니다. 그는 정욕의 해악에서 벗어나며, 모든 것을 버리고 옛 습관과 죄악의 완악함에서 변화를 받으며, 하늘에 계신 신랑과 비교하여 세상의 모든 것을 하찮게 여기고, 주님을 말할 수 없이 뜨겁게 사랑함으로써 안식을 누립니다.

15. 만일 많은 사랑을 받고 있는 형제들이 이 영혼을 방해하여 그러한 사랑에 이르지 못하게 한다면, 그 영혼은 어떤 면에서 그 형제들을 떠나갑니다. 왜냐하면 그 사랑이 영혼의 생명이며 안식이고, 하늘 왕과의 말할 수 없이 신비한 교제이기 때문입니다.

육신적인 사랑의 교제를 하는 연인들은 부모와 형제를 떠나게 되고 모든 것을 두 사람의 관심 밖에 두게 됩니다. 그들은 여전히 부모와 형제를 사랑하지만 한층 더 표면적인 사랑을 합니다. 그러나 배우자를 향한 남편의 태도는 배우자와의 관계에 따라 결정됩니다. 성경에서도 "이러므로 남자가 부모를 떠나 그의 아내와 합하여 둘이 한 몸을 이룰지로다"(창 2:24)라고 말했습니다.

이렇게 육신적으로 사랑하는 연인들이 다른 모든 것을 포기하게 되는데, 천상적이고 사랑스런 성령과 교제하는 사람은 얼마나 육신적인 애착에서 벗어나며 모든 것에 대해 무관심하겠습니까? 이런 사람은 하늘의 것을 사모하여 깊이 빠져 있으며, 신령한 분위기에 잠깁니다.

16. 사랑하는 형제들이여, 우리 앞에 이처럼 선한 것이 주어져 있으며 또 주께서 그처럼 큰 약속을 하셨으니 모든 장애물을 던져버리고, 세상에 대한 사랑을 완전히 버리고 오로지 선한 것을 구하고 사모하는 일에 전념하십시오. 그렇게 하면 성령의 말할 수 없이 큰 사랑을 얻을 수 있을 것입니다.

사도 바울은 이에 대해 "사랑을 추구하며"(고전 14:1)라고 말했습니다. 그렇게 하면 지극히 높으신 분의 오른손으로 말미암아 우리의 완악함이 변화될 것이고, 영적으로 온유하게 되며 참 안식을 얻게 되고, 성령에 대한 열정 때문에 상처 입게 될 것입니다. 자비하신 주님은 긍휼을 베푸셔서 우리가 회개하여 모든 어긋난 것들에서 해방되기를 기다리고 계십니다.

우리가 무지하고 어리석으며 악한 것을 좋아하여 생명에서 떠나 있으며 우리 길에 많은 장애물을 두고 진정한 회개를 싫어할지라도, 주님은 우리를 긍휼히 여기시며, 우리가 회개하여 돌아와 우리의 속사람이 밝아질 때까지 참으십니다. 그래서 우리가 심판 날에 수치를 당하지 않기를 원하십니다.

17. 덕을 실천하는 것이 어려운 일이요 또 우리의 원수가 교활하게 유혹하기 때문에 그것을 행하는 것이 어려운 듯이 보이지만, 긍휼하신 주님은 오래 참으시며 우리의 회개를 기다리십니다. 우리가 죄를 범할 때 주님은 우리가 회개하기를 기다리십니다. 우리가 실족할 때 주님은 우리를 일으켜 주시는 것을 부끄러워하지 않으십니다. 선지자는 "사람이 엎드러지면 어찌 일어나지 아니하겠으며 사람이 떠나갔으면 어찌 돌아오지 아니하겠느냐"(렘 8:4)라고 말했습니다. 우리가 깨어 지키며 선한 목적을 가지며 올바르게 돌아서서 도움을 구하면 주님은 기꺼이 우리를 구원해 주실 것입니다.

주님은 우리가 자원하여 뜨거운 열정을 가지고 돌이키며 모든 능력을 발휘하기를 기다리시며, 선한 목적에서 솟아나는 믿음과 열심을 찾고 계십니다. 우리의 이런 노력이 성공을 거두려면 주님이 우리 내면에서 역사役事하셔야 합니다. 그러므로 하나님의 사랑받는 자녀들처럼 편견과 부주의와 나태함을 버리고 기꺼이 용감하게 주님을 따르도록 노력하십시오. 죄가 우리를 어떻게 해치는지 날마다 관찰하십시오. 우리는 자신이 언제 육신을 떠날지 알지 못합니다. 그리스도인에게 주신 약속은 크고 말로 다 할 수 없기 때문에 하늘과 땅의 모든 영광과 아름다움, 모든 보이는 것들의 장식과 부유함과 아름다움과 즐거움은 영혼이 가진 믿음과 부유함에 비교되지 못합니다.

18. 우리는 주님의 권고와 약속을 받아들이며, 주님에게 완전히 복종하며, 복음서에 말씀하신 대로 "자기 목숨까지"(눅 14:26) 부인하고 주님만을 사랑하며 주님 이외의 모든 것을 버려야 합니다. 보십시오. 우리에게 얼마나 큰 약속을 하셨고, 얼마나 권고하셨으며, 처음부터 얼마나 큰 자비를 베푸셨던가요. 결국 주님이 직접 세상에 오셔서 십자가에 못 박히심으로써 우리를 향한 말할 수 없이 큰 자비를 보여 주셨고, 우리를 돌이키시고 생명을 주셨습니다.

이 모든 것들, 이제까지 주어진 큰 영광, 족장과 선지자 시대 이후로 주님이 베푸신 섭리에도 불구하고 우리들은 자기의 뜻을 버리지 않고 이 세상을 사랑하며 나쁜 습관과 성향에서 떠나지 않았습니다. 그러므로 우리가 믿음이 적은 자, 전혀 믿음이 없는 사람임이 입증되었습니다. 그럼에도 불구하고 주님은 끝까지 인자하셔서 보이지 않게 우리를 보호하시며 사랑하십니다. 그리고 우리의 죄악에 따라 우리를 죄의 세력에게 영원히 넘기지 않으시며, 세상에 미혹되어 멸망하도록 버려두지 아니하시며, 우리가 다시 돌아올 때를 바라보시면서 자비 중에 참고 계십니다.

**19.** 우리가 비천한 생각에 집착하며 자신의 성향을 철저히 따르거나 "혹 네가 하나님의 인자하심이 너를 인도하여 회개하게 하심을 알지 못하여 그의 인자하심과 용납하심과 길이 참으심이 풍성함을 멸시"(롬 2:4)할 때에 사도 바울의 말이 우리 안에서 이루어지지 않을까 두렵습니다. 우리가 오래 참으시며 인자하시고 용납하시는 하나님께로 돌아가지 않고 더 많은 죄를 지으며 부주의함과 멸시함 때문에 더 큰 진노를 쌓는다면, 큰 심판을 받을 것이며 "네 고집과 회개하지 아니한 마음을 따라 진노의 날 곧 하나님의 의로우신 심판이 나타나는 그 날에 임할 진노를 네게 쌓는도다"(롬 2:5)라고 하신 하나님의 말씀이 이루어질 것입니다. 하나님은 인류에게 말할 수 없이 큰 선하심과 길이 참으심을 나타내셨습니다. 우리가 구원을 얻으려면 정신을 차리고 전심으로 주께 돌아가기만 하면 됩니다.

**20.** 하나님의 오래 참으심과 크신 자비를 알려면 성경을 보십시오. 이스라엘을 보십시오. 이스라엘에서 조상들이 나왔으며 그들에게 약속이 주어졌고, 그들에게서 "육체를 따라" 그리스도가 나셨고, "예배와 언약"(롬 9:5)이 그들의 것이었습니다. 그들은 많은 죄를 지었고 자주 어긋난 길로 갔습니다!

그러나 하나님은 그들을 완전히 버려두지 않으시고 때때로 그들의 유익을 위해 벌 주셨는데, 그것은 환난을 통해 그들의 굳은 마음을 부드럽게 하기 위함이었습니다. 하나님은 그들을 회개시키셨고 격려하셨으며 선지자들을 보내셨습니다. 그들이 많은 죄를 지어 노하게 했으나 하나님은 오래 참으셨으며, 그들이 회개할 때 기뻐하며 영접하셨습니다. 그들이 다시 길을 벗어나도 그들을 버리지 않고 선지자들을 통해 돌아오라고 부르셨습니다. 그들이 여러 차례 떠났다가 돌아왔지만 하나님은 참으시고 그들을 인자하게 받아들이셨습니다.

마침내 그들은 죄 중에 가장 큰 죄를 범하여 주님—거룩한 조상들과 선지자들의 전통이 구원자요 구속자요 왕이요 선지자로 기다리라고 가르친 분—을 공격했습니다. 주님이 오셨을 때 그들은 주님을 영접하지 않았고 오히려 멸시를 거듭한 후 마침내 십자가에 달려 죽게 했습니다.

이런 큰 범죄와 죄악을 저질러 인간들의 죄가 넘치게 쌓였습니다. 그래서 그들은 영원히 버림받았고, 성전의 휘장이 찢어졌을 때 성령이 그곳을 떠나셨습니다. 주님이 "돌 하나도 돌 위에 남지 않고 다 무너뜨려지리라"(마 24:2)고 경고하셨던 대로 성전은 이방인에게 넘겨지고 파괴되었으며 황폐해졌습니다. 마침내 그들은 그들을 사로잡은 왕들에 의해 이방인에게 넘겨지고, 온 땅에 흩어졌고, 영원히 본토로 돌아오지 못하게 되었습니다.

21. 지금 이 순간에도 인자하고 선하신 주님은 오래 참으시면서 각 사람을 기다리고 계십니다. 주님은 각 사람이 얼마나 자주 죄를 범하는지 보시면서도 그들이 정신을 차려 더 이상 죄 짓지 않고 돌이키기를 묵묵히 기다리시며, 회개한 죄인들을 사랑과 기쁨으로 영접하십니다. 주님은 "죄인 한 사람이 회개하면 하나님의 사자들 앞에 기쁨이 되느니라"(눅 15:10)고 하셨고, "이 작은 자 중의 하나라도 잃는 것은 하늘에 계신 너희 아버지의 뜻이 아니니라"(마 18:14)고 말씀하셨습니다. 그러나 비록 은밀한 죄든 공공연한 죄든 간에 모든 죄를 벌하지 않으시고 묵묵

히 죄인의 회개를 기다리시는 하나님의 자비하심과 오래 참으심 아래 있더라도 죄에 죄를 더하고 나태함을 더하며 범죄함을 더해가는 사람은 자기 죄의 한계를 채우게 되고 결국 결코 회복할 수 없는 죄에 빠져 악한 자에게 넘겨져서 철저히 멸망할 것입니다.

**22.** 소돔이 그러했습니다. 소돔 사람들은 매우 자주 죄를 짓고 회개하지 않았습니다. 마침내 그들은 악한 생각을 품고 천사들을 폭행하려고 했습니다. 결국 그들은 회개하지 못하고 버림받았습니다. 그들은 죄의 한계를 채우고 그 한계를 넘었으므로 하나님의 징벌을 받아 불에 소멸되었습니다.

노아의 시대도 이와 같았습니다. 그 시대의 사람들은 회개하지 않고 계속 엄청난 죄를 지어 온 땅이 부패하였습니다.

애굽인들도 마찬가지였습니다. 그들이 자주 범죄하였고 하나님의 백성에게 죄를 지었으나 하나님은 인자하셔서 그들을 완전히 파멸시키는 재앙으로 벌하려고 하지는 않으셨습니다. 그들에게 벌을 주어 회개하고 뉘우치게 하기 위해 하나님은 오래 참고 기다리면서 작은 재앙들을 내리셨습니다.

그러나 그들이 하나님의 백성에 대하여 범죄하고 그 범죄를 더 좋아하며, 그들의 마음을 바꾸어 악한 목적을 가진 처음의 불신앙에 계속 머물며 하나님의 백성을 핍박하였습니다. 마침내 하나님이 여러 가지 기적을 베푸셔서 모세의 인도 하에 애굽에서 나오게 하셨을 때에 그들은 하나님의 백성을 추격하는 큰 죄를 저질렀습니다. 그렇기 때문에 하나님의 보복이 임하여 그들은 완전히 멸망하여 사라졌습니다. 하나님은 그들이 생존할 가치가 없다고 판단하여 바다로 하여금 그들을 삼키게 하셨습니다.

23. 위에서 살펴 본 대로 이스라엘이 종종 죄를 짓고 범죄하며 선지자를 죽이는 등 많은 악한 일을 행하였으나 하나님은 인내하시면서 잠잠히 그들이 회개하기를 기다리셨습니다. 결국 이스라엘은 범죄함으로써 다시 회복할 수 없을 정도로 짓밟혔습니다. 그들은 주님의 위엄에 손을 댔고, 그때문에 그들은 완전히 버림받았습니다. 그들이 지니고 있던 예언과 제사장직과 예배가 이방인 신자들에게 옮겨졌습니다. "하나님의 나라를 너희는 빼앗기고 그 나라의 열매 맺는 백성이 받으리라"(마 21:43)고 하신 주님의 말씀대로 이루어졌습니다. 그때까지 하나님은 인내하시고 그들을 참으셨습니다. 그들을 긍휼히 여겨 버리지 않으셨습니다. 그러나 그들이 죄의 한계를 채우고 넘었으며 주님의 위엄에 손을 댔을 때 하나님에게서 완전히 버림을 받았습니다.

24. 사랑하는 자들이여, 지금까지 이러한 일들에 대해 어느 정도 다루면서 성경을 토대로 다음과 같은 것을 증명했습니다. 즉 우리는 즉시 회개하고 주님께 돌아가야 합니다. 자비하신 주님은 우리가 모든 악과 나쁜 성향들에서 완전하게 돌아서기를 기다리시며, 우리가 돌아오면 기뻐하며 맞아 주십니다. 또 날마다 멸시하기를 더하는 우리를 억제하시고 우리의 죄가 더해지거나 증가하지 못하게 하여 하나님의 진노가 우리에게 임하지 못하게 하십니다. 참으로 회개하는 심정으로 구원받기를 기대하며 주께 나아가려고 노력하십시오. 죄를 지었다고 자포자

기하며 태만하고 분별없이 나태한 생각을 하는 것은 그 자체가 나쁜 것이요 죄악입니다. 주님의 무한한 인자하심이 모든 인류에게 미치는데도 불구하고 그런 사람은 회개하고 주님에게 나아가 구원을 얻지 못합니다.

**25.** 자신이 많은 죄에 사로잡혀 있기 때문에 죄에서 돌이키는 것이 불가능하거나 어렵다고 생각하는 것은 구원을 방해하는 악한 생각입니다.

주님이 이 땅에 나그네로 계실 때 행하신 선한 일들을 생각해 보십시오. 주님은 소경의 눈을 뜨게 하셨고, 중풍환자를 고치셨으며, 각종 질병을 고치셨고, 이미 썩어 냄새 나는 죽은 자들을 살리셨습니다. 귀머거리를 듣게 하셨고, 군대 귀신이 들어가 정신이 나간 사람에게서 귀신들을 내쫓아 온전한 정신을 찾게 하셨습니다. 그런데 주님께 자비를 구하며 도움 받기를 바라면서 돌아오는 영혼을 어찌 회개시키지 않으시겠습니까!

주님은 그 영혼을 정욕으로부터 해방시켜 주시고, 덕을 세워 주시며, 마음을 새롭게 해주십니다. 불신앙과 무지와 무관심이라는 눈멀고 귀머거리인 상태에서 벗어나 정신적으로 건강하며 시력을 회복하고 평안의 생각을 품게 해주십니다. 절제의 미덕과 순수한 마음도 주십니다. 몸을 지으신 이가 영혼도 지으셨습니다.

주님이 땅 위에 계실 때 사람들이 도움을 구하고 병 고침 받으려고 나아올 때 주님은 선한 의사, 즉 유일한 참 의사로서 그들의 필요에 따라 인자하심을 아낌없이 베푸셨습니다. 영적인 일에서도 동일합니다.

**26.** 죽어 완전히 없어질 육체에 대해 주님이 긍휼을 베푸시고 그들이 구하는 바를 다 채워주셨는데, 하물며 영혼에 대해서는 얼마나 더 하겠습니까? 영원하며 불멸하며 썩지 않을 영혼이 무지와 악함과 불신앙과 무관심 등 온갖 죄악의 질병에 걸려서 고통하는 중에 주께 나아와서 도움을 구하고 주님의 긍휼하심만 바라보며 성령의 은혜로 구원과 구속함을 받고 악함과 정욕에서 해방받기를 간구한다면, 주께서 기꺼이 신속하게 고쳐 주시지 않겠습니까?

주님은 "하물며 하나님께서 그 밤낮 부르짖는 택하신 자들의 원한을 풀어 주지 아니하시겠느냐"(눅 18:7; 11:13), "내가 너희에게 이르노니 속히 그 원한을 풀어 주시리라"(눅 18:8)고 말씀하셨고, "구하라 그러면 너희에게 주실 것이요 찾으라 그러면 찾아낼 것이요 문을 두드리라 그러면 너희에게 열릴 것이니"(눅 11:9)라고 권고하셨으며, 마지막으로 "하물며 너희 하늘 아버지께서 구하는 자에게 성령을 주시지 않겠느냐"(눅 11:13), "내가 너희에게 말하노니 비록 벗 됨으로 인하여서는 일어나서 주지 아니할지라도 그 간청함을 인하여 일어나 그 요구대로 주리라"(눅 11:8)고 말씀하셨습니다.

**27.** 주님은 쉬지 말고 끈질기게 강청하며 주님의 은혜의 도움을 간구하라고 권고하십니다. 주님이 오신 것은 죄인들을 위하여, 그들이 회개하여 주님에게 나아오게 하기 위하여, 또 믿는 자들을 치료해 주시기 위해서였습니다.

힘을 다하여 악한 관습에서 떠나며, 이 세상의 악한 추구와 속임수를 미워하고 악하고 헛된 생각에서 돌이키며, 전심으로 주께 매달려 그분의 도움을 받으십시오. 주님은 이렇게 하는 자에게 긍휼을 베풀고 소생시키며 불치의 병을 고쳐 주십니다.

주님을 찾고 의지하며 세상적인 것들을 모두 버리고 땅의 것에 마음을 두지 않고 주께 매달려 구하고 사모하는 자를 주님은 구원하십니다. 하나님은 모든 것을 배설물로 여기고 이 세상에 있는 것을 전혀 의지하지 않고 주님의 인자하심 안에서 안식과 기쁨을 발견하는 영혼에게 은혜를 베푸십니다. 이런 영혼은 믿음으로 하늘의 은사를 받으며, 은혜로 말미암아 확신 안에서 그 바라는 것들을 얻게 됩니다. 그 후로 그는 기꺼이 일관되게 성령께 봉사하며, 날마다 선한 것에로 나아가며 의로운 길을 걷습니다.

또 악한 편에 대해서는 끝까지 담대하며 굽히지 않고, 어떤 일에서나 성령을 근심하게 하지 않습니다. 이런 영혼은 이 세상에서 모든 성도들을 본받으며 그들의 동반자와 동료처럼 살아왔기 때문에 그들과 함께 영원한 구원을 받습니다. 아멘.

설교 5

# 아버지의 사랑을 갈망하십시오.

1. 기독교인의 세계―그들의 삶의 방식, 정신, 말, 행동 등―는 이 세상 사람의 세계와 전혀 다릅니다. 기독교인과 세상 사람 사이에는 큰 차이가 있습니다. 이 땅에 사는 사람, 즉 이 세대의 자녀들은 세상이라는 체 안에 놓인 곡식처럼 끊임없이 일어나는 세상적인 생각들 때문에 흔들리고, 세상의 사업과 욕망과 물질적인 생각들 때문에 쉬지 않고 요동합니다.

아담이 하나님의 명령을 어기고 타락하여 악한 세력 아래로 떨어진 이후 사탄은 죄에 빠진 모든 인류를 세상의 일이라는 체에 놓고 흔들어 왔습니다. 사탄은 이런 능력을 얻은 후 오로지 거짓되고 선동하는 생각으로 이 세대의 아들들을 유혹하며, 그들을 이 세상의 체 안에 집어 던졌습니다.

2. 체질하는 사람이 체 안에 있는 곡식을 두드리고 끊임없이 흔들어 뒤집어 놓듯이, 사탄은 모든 사람들을 세상 일에 붙잡아 두며, 세상 일에 의해 사람들을 흔들며 요동시키고, 헛된 생각과 천한 욕망과 세상적

인 속박으로 묶어 넘어뜨리며, 계속 아담의 자손인 인류를 사로잡고 요동시키며 유혹하여 왔습니다. 주님은 악한 자가 사도들을 대적하여 일어날 것에 대해 미리 경고하시면서 "사탄이 너희를 밀 까부르듯 하려고 요구하였으나 그러나 내가 너를 위하여 네 믿음이 떨어지지 않기를 기도하였노니"(눅 22:31, 32)라고 말씀하셨습니다.

창조주 하나님이 가인에게 하신 말씀, "너는 땅에서 피하며 유리하는 자가 되리라"(창 4:12)는 선고는 모든 죄인들이 은밀하게 겪어야 할 것의 전형이요 비유입니다. 하나님의 명령을 범하여 죄인이 된 아담의 후손들은 가인과 같은 상태에 빠지고 말았습니다. 그들은 두려움과 공포와 온갖 소란한 생각에 시달리고 있습니다.

영혼이 하나님에게 속하지 않으면 이 세상의 권세 잡은 자가 온갖 쾌락과 정욕이라는 파도로 영혼을 흔들어 놓습니다. 마치 알곡이 체 안에서 끊임없이 흔들리듯, 사탄은 인간의 생각을 여러 방향으로 흔들어 놓고 세상의 정욕과 육체적인 쾌락과 두려움과 소란함 속으로 끌어들입니다.

3. 주님은 악한 자의 속임수와 욕심을 본받는 자들이 가인의 악한 형상을 똑같이 지닌다는 것을 보여 주시면서 "너희 아비 마귀에게서 났으니 너희 아비의 욕심대로 너희도 행하고자 하느니라 그는 처음부터 살인한 자요 진리가 그 속에 없으므로"(요 8:44)라고 책망하셨습니다.

아담의 후손들은 "피하며 유리하는 자가 되리라"는 정죄를 받았고 사탄에 의해 이 세상이라는 체 안에서 흔들리게 되었습니다. 한 사람 아담에게서 나온 인류가 온 땅 위에 퍼졌듯이, 하나의 악한 정욕이 모든 죄인에게 깊이 침투하였고 사탄이 덧없고 물질적이며 공허하고 어지러운 생각으로 죄인들을 체질하기에 이르렀습니다.

한 번 불어온 바람이 모든 나무와 열매들을 흔들고 요동게 만들듯이, 그리고 밤의 어둠이 온 땅에 퍼지듯이, 악한 군주 즉 죄와 죽음이라는 영적 어둠은 숨어 있는 광포한 바람이 되어 땅 위의 모든 사람들을 흔들어 놓고 불안한 생각에 휩싸이게 하며 세상의 정욕으로 마음을 유혹하고, 모든 영혼을 무지와 맹목과 망각의 어둠으로 채웁니다. 그러나 위로부터 난 자, 즉 "우리의 시민권은 하늘에 있는지라"(빌 3:20)라고 기록된 것처럼 성품과 정신이 다른 세계로 옮겨진 사람들은 그렇지 않습니다.

4. 이것이 참 기독교인과 그렇지 못한 인류의 차이점인데, 이 차이는 대단히 큽니다. 기독교인의 마음과 사고방식은 항상 하늘의 것입니다. 기독교인들은 성령을 받아 소유함으로써 위로 하나님께로서 난 자가 되어 참 하나님의 자녀가 되는 특권을 가짐으로써, 그리고 오랫동안 싸우고 애쓴 결과 시끄럽고 헛된 생각들에게 시달리지 않고 혼란이 없는 자유와 안식의 상태에 도달함으로써 거울로 보듯이 영원하고 선한 것들을 봅니다. 이제 기독교인들은 그 마음과 영혼의 구조가 그리스도의 평안과 성령의 사랑 안에 있기 때문에 세상보다 더 크고 훌륭합니다. 주께서 "사망에서 생명으로 옮겼느니라"(요 5:24)고 하신 것이 바로 이런 사람들에게 하신 말씀이었습니다.

기독교인들을 다른 사람과 구별해 주는 표식은 표면적인 모습이나 외형에 있지 않습니다. 많은 신자들이 형태나 모습에 있어서 세상 사람들과 구별되는 특징을 가지고 있다고 생각합니다. 그러나 안타깝게도 그들의 마음과 사고방식은 세상 사람과 똑같아서 다른 사람과 마찬가지로 마음의 격동과 변덕스러운 생각, 불신앙과 혼란과 당황함을 겪습니다. 이들은 겉모습과 몇 가지 종교적인 율례를 준수한다는 점에 있어서 세상과 다를 수 있습니다. 그러나 마음과 정신이 땅에 매여 있고, 하나님이 주시는 안식과 그들 마음에 있는 성령의 평안을 맛보지 못합니다. 왜냐하면 그들은 하나님에게 안식을 구하지 않을 뿐만 아니라 하나님이 이런 것들을 주시는 분이라는 것을 믿지 않기 때문입니다.

5. 기독교인의 새 창조가 그들을 세상 모든 사람들로부터 구별해 주는 특징은 마음이 새롭게 되는 것, 화평한 생각, 주님을 향한 사랑과 거룩한 갈망입니다. 주님이 세상에 오신 목적은 참 믿는 자들에게 이러한 영적인 복을 주시는 것이었습니다. 기독교인들은 말로 표현할 수 없는 영광과 아름다움과 하늘의 보화를 소유합니다. 그것은 고난과 땀과 시련과 많은 싸움을 통해서, 그리고 하나님의 은혜로 말미암아 획득됩니다.

모든 사람들이 세상의 왕 보기를 바라며, 한 나라의 수도를 방문하는 사람들은 누구나 왕의 아름다움과 그 옷의 화려함과 자줏빛의 영광과 여러 가지 보석의 아름다움, 왕관의 위엄, 그를 모시는 신하들의 인상적인 모습들을 보기 원합니다. 그러나 영적인 사람들은 이 모든 것을 하찮게 여깁니다. 왜냐하면 그들은 몸 밖에 있는 영적인 영광을 체험했기 때문입니다. 그들은 형언하기 어려운 영광에 심취되어 있으며, 세상의 것과 다른 보화에 관심이 있고, 속사람을 체험했으며, 세상 것과 다른 영에 참여한 사람들이기 때문입니다.

그러나 세상의 영을 받은 이 세상 사람들은 세상 왕의 아름다움과 영광 보기를 열망합니다. 왕을 만날 수 있는 기회를 다른 사람들보다 더 많이 갖는 것, 심지어 왕의 모습을 보기만 하는 것이 그들 모두의 소원의 목적이요 특성이기 때문입니다. 그래서 사람들은 속으로 "누군가 나에게 그 영광과 아름다움과 화려함을 준다면 얼마나 좋을까!"라고 생각하면서 자기와 마찬가지로 세상적이며 자기와 동일한 정욕을 가지고 있으며 결국 죽음에 처할 사람을 행복한 사람이라고 생각합니다. 그러나 그것은 일시적인 영광과 아름다움에 불과합니다.

6. 육적인 사람들이 세상 왕의 영광을 그처럼 바라는데, 신성의 생명의 성령이 이슬을 받았으며 하늘의 왕이신 그리스도에 대한 거룩한 열정으로 마음이 상한 사람들은 얼마나 더 그 아름다움을 갈망하겠습니까? 그들은 영원하고 참된 왕이신 그리스도의 말할 수 없는 영광과 불멸의 아름다움과 무한한 부요함에 매료되어 있습니다. 그들은 자기들을 정복하여 사로잡으신 그분을 바라고 열망하며, 그들의 전 존재가 그분을 향하고 있으며, 성령으로 말미암아 거울로 보듯이 보고 있는 말할 수 없는 복을 얻기를 갈망합니다. 그들은 그러한 복들 때문에 세상의 왕이나 왕자들의 아름다움과 우아함, 영광, 명예와 부유함 등에 관심이 없습니다. 왜냐하면 그들은 신적인 아름다움에 상하였고, 하늘나라의 불멸의 생명을 맛보았기 때문입니다. 그들이 열망하는 것이 하늘에 계신 왕을 사랑하는 것이고 그들의 눈이 그분에게만 향해 있으므로, 그들은 그분을 위해 모든 세상의 욕망에서 떠나며 온갖 세상적인 속박에서

벗어납니다. 그들은 항상 다른 것이 전혀 섞이지 않은 이 하나의 소원만 마음에 간직합니다.

그러나 처음부터 끝까지 시종일관 하나님만 사랑하며 다른 모든 것으로부터 이탈하는 사람은 매우 적습니다.[5] 마음이 찔림을 받고 있으며 하늘의 은혜에 참여하고 거룩한 열정에 사로잡혀 있으면서도 도중에 생긴 갈등과 투쟁과 수고와 다양한 마귀의 시험 때문에 끝까지 인내하지 못하고 잡다한 세속적 욕심에 이끌리는 사람들이 많습니다. 사람들에게는 각기 자신이 사랑하는 세상적인 것들이 있으며, 그들은 자기의 모든 애정으로부터 이탈하지 못합니다. 그러므로 그들은 의지가 약하고 소심하며 단호하지 못하기 때문에, 또는 세속적인 사랑 때문에 결국 세상에 깊이 빠져들고 맙니다. 끝까지 선한 생활을 하려면 거룩한 사랑에 다른 사랑이나 애정을 섞어서는 안 됩니다. 그렇지 않으면 영적인 거룩한 것이 방해를 받아 퇴보하고 생명으로부터 떨어집니다.

하나님의 약속들은 크고 형언할 수 없고 측량할 수 없습니다. 그 약속에 비례하여 우리에게 큰 믿음과 소망과 노력과 투쟁이 요구되며 시련이 필요합니다. 하늘나라를 구하는 사람이 받을 복들은 결코 적은 것이 아닙니다. 그는 그리스도와 함께 영원히 왕 노릇 하기를 원합니다. 짧은 인생을 사는 동안 투쟁과 수고와 시험들을 기꺼이 감당하며 죽음도 불사하려는 마음을 품으십시오. 주님은 "누구든지 나를 따라오려거

---

5) 이후의 긴 문장은 6절의 마지막까지 이른다. 편집자는 7절을 생략한다는 언급 없이 곧장 8절로 이어진다. 그러나 6절 앞의 주제와 다른 것을 볼 때 원본 자료에서 무언가 누락되었음이 틀림없다.

든 자기를 부인하고 자기 십자가를 지고 '기뻐하며'[6] 나를 따를 것이니라"고 말씀하십니다. 또 "무릇 내게 오는 자가 자기 부모와 처자와 형제와 자매와 더욱이 자기 목숨까지 미워하지 아니하면 능히 내 제자가 되지 못하고"(눅 14:26)라고 말씀하셨습니다. 그런데 대부분 사람들은 하나님 나라와 영생을 얻기를 원하면서도 자기의 뜻을 부인하지 않고 따르려고 합니다. 그들이 자기를 부인하지 않으면서 영생을 기업으로 얻으려 하는데, 이것은 불가능한 일입니다.

주님의 말씀은 참됩니다. 포기하지 않고 끝까지 견뎌 승리하는 사람들은 주님의 명령대로 자기를 완전히 부인하며, 온갖 욕망과 세상에 연루됨과 흥분과 쾌락과 세상적인 일을 미워하고 오직 주님만 바라보며 그분의 명령대로 행하려는 자들입니다. 그래서 그런 사람들은 자신의 의지에 의해 세상 나라를 외면하고, 적극적으로 그것을 얻으려 하지 않으며, 이 세상의 욕망이나 쾌락에 빠져서 거룩한 사랑과 다른 것에 대한 사랑을 함께 소유하려 하지 않으며, 자신의 의지와 선택에 의해 온전히 주님만 사랑합니다.

지금 말하고 있는 것을 이해하는 데 도움이 되는 예를 들겠습니다. 사람은 때때로 다른 사람을 비판합니다. 그는 남을 비판하는 것이 나쁘다는 것을 알지만, 그럼에도 불구하고 그것을 좋아하기 때문에 그만두지 않고 그것에 빠지고 맙니다. 처음에 그의 마음속에서는 비교하고 저울질 해보는 갈등과 싸움이 있습니다. 하나님 사랑과 세상의 사랑이 비교됩니다. 그 후에 그는 형제를 비판하거나 주먹질하는 데까지 나아가

---

6) 마카리우스가 임의로 첨가했다.

며 "나는 그것을 말하겠다. 혹은 나는 그것을 말하지 않겠다"라고 말할 수도 있습니다. 왜냐하면 그는 하나님을 생각하는 동안에도 자신의 영광을 구하며 자신을 부인하지 않으려고 하는데, 잠시라도 세상적인 사랑이 우세하고 그의 마음을 사로잡게 되면 즉시 나쁜 말들이 그의 입에서 솟아 나오기 때문입니다.

그의 정신은 마치 미사일을 조준하듯이 이웃을 비방하기 위해 자기 혀를 사용하면서 자신의 영광을 얻으려고 적절하지 못한 말을 마구 쏟아냅니다. 이렇게 적절하지 못한 말로 계속 쏘아대면 마침내 죄가 다른 지체들에게 퍼지게 되고, 때로는 서로가 서로를 대적하여 몸과 지체가 서로 치고받거나 부상을 당하게 되고, 때로는 나쁜 욕심 때문에 살인하게 됩니다. 세상 영광에 대한 사랑이 마음의 저울을 기울였기 때문에 이기적인 사람이 되는 원인과 그 결과를 살펴보십시오. 그런 사람은 자신을 결코 부인하려 하지 않으며 세상적인 것을 사랑하게 되고, 온갖 나쁜 행위를 초래하고 맙니다.

온갖 형태의 죄와 악행과 관련하여 이런 식으로 생각하십시오. 그것은 악한 생각에서 나오며, 세상적인 욕심과 속임수와 육체적인 쾌락을 얻으려 하는 마음을 만들어냅니다. 모든 악행, 즉 간음과 도둑질, 탐심과 술 취함, 돈을 사랑하는 마음과 허영, 시기와 자만, 그 밖의 모든 악행들이 이렇게 하여 생겨납니다. 때로 선한 것처럼 보이는 행동들도 사람들에게서 칭찬과 영광을 받으려는 마음에서 행해지는데, 하나님이 보시기에 이러한 행동들은 부정과 도둑질 등의 죄와 동일합니다. 하나님은 "사람의 즐거움의 뼈를 흩으셨다"(70인 역)라고 말씀하셨습니다.

악한 자도 선한 것처럼 보이는 것들에 의해 섬김 받기를 좋아합니다.

그는 세상의 정욕들에 대해 능통하고 교활합니다. 인간은 본성적인 의지 안에서 세상적이고 육적인 사랑에 묶여 있는데, 이것에 의해서 죄가 그를 유혹합니다. 결국 죄는 족쇄와 사슬과 무거운 것이 되어 그를 악한 세상에 빠져 질식하게 만들며, 세상에서 벗어나 하나님에게 이르지 못하게 합니다. 인간이 세상에서 사랑하는 것들은 모조리 그의 마음을 누르고 억제하여 위로 올라가지 못하게 합니다.

모든 사람들, 즉 도시에 살든지 산이나 수도원이나 들판이나 사막에 살든지 간에 기독교인들이든 아니든 모든 사람이 이처럼 악한 쪽으로 기울어 있는 이 저울에 얹혀져 시험을 받습니다. 왜냐하면 인간의 본성적인 의지가 그로 하여금 무엇인가를 사랑하게 하며, 그의 사랑이 온전히 하나님을 향하지 않고 다른 것에 묶여 있기 때문입니다. 어떤 사람은 재산을 사랑하며, 어떤 사람은 은이나 금을 사랑하며, 또 어떤 사람은 사람에게서 영광을 얻으려고 세상의 수사학적인 지혜를 사랑하기도 합니다. 어떤 사람은 권력을 사랑하고, 어떤 사람은 사람의 영광과 명예를 구하며, 또 어떤 사람은 분노를 사랑합니다(쉽게 분노에 복종하는 것은 그것을 사랑하는 것과 마찬가지입니다). 어떤 사람은 불순한 대화를 사랑하고, 어떤 사람은 질투를 사랑합니다. 어떤 사람은 스스로 즐기며 온종일 쾌락을 추구합니다. 어떤 사람은 헛된 생각에 스스로 속고 있으며, 어떤 사람은 사람들의 영광을 구하여 율법 선생이 되려 합니다. 어떤 사람은 나태함과 부주의를 사랑하고, 어떤 사람은 옷과 예복에 몰두합니다. 어떤 사람은 세상 염려에 빠져 있고, 또 어떤 사람은 잠과 농담과 저속한 대화를 즐깁니다.

사람이 사소한 일이든지 큰일이든지 세상 일에 묶이게 되면, 그 일에 구속되어 일어서지 못하게 됩니다. 어떤 욕망을 담대하게 대적하지 못한 사람은 결국 그 욕망을 사랑하게 됩니다. 그 욕망이 그를 굳게 붙들고 누르며 장애물과 족쇄가 되며, 하나님을 향하며 그분을 기쁘시게 해드리고 그분만 섬기고자 하는 마음을 방해합니다. 결국 그는 하나님 나라에 합당하지 못하고 영생을 얻지 못하게 된다는 것이 입증됩니다.

참되게 하나님을 향해 나아가는 영혼은 모든 사랑을 완전히 하나님에게 쏟으며, 의도적이고 자발적으로 힘을 다하여 자신을 그분에게 붙들어 맵니다. 그럼으로써 은혜로운 도움을 얻게 되고, 자기를 부인하며, 마음의 욕구를 따르지 않게 됩니다. 왜냐하면 마음이 우리 안에서 유혹하고 있는 악을 통하여 우리를 속이고 있기 때문입니다.

진실한 영혼은 철저히 주님의 말씀에 순종하고, 의지가 허락하는 한 외부적인 유대를 끊고 주님께 헌신합니다. 그는 이런 자세로 어려움 없이 갈등과 괴로움과 고통을 극복할 것입니다. 사랑과 관련하여 도움이 오기도 하고, 그것이 장애가 되기도 합니다. 만약 사람이 세상에 있는 것을 사랑하면, 그것이 그를 타락시키는 짐과 속박이 되어 위로 하나님을 향하게 하지 못합니다. 그러나 그가 주님과 그분의 계명을 사랑한다면 거기에서 주님의 도움이 오며 그를 고무시키고, 주님의 교훈을 쉽게 행할 수 있게 해줍니다. 주님을 사랑하는 마음이 그를 구원하며, 그로 하여금 기울어져 선을 향하게 만들거나 그를 격려하며, 온갖 싸움과 환난을 가볍게 만들고, 하나님의 능력으로 세상과 악한 세력을 끊게 해줍니다. 악한 세력은 세상에서 영혼에게 덫을 놓으며, 온갖 욕망을 일으켜 영혼으로 하여금 세상에 깊이 빠지게 합니다. 그러나 주님을 사랑하는 사람은 자신의 믿음과 열심을 통해, 그리고 위로부터 오는 도움을 받아 악한 세력들을 끊고 자신이 열망해 왔던 영원한 나라에 합당한 자로 인정받습니다. 그는 자신의 의지로 그 나라를 사랑해 왔고 주님의 도움을 받고 있기 때문에 결코 영생을 놓치지 않습니다.

많은 사람들이 자신의 의지대로 행하다가 멸망하며 바다에 빠지고 포로로 잡히는지 보여주기 위해서 간단한 예를 들겠습니다.

어느 집에 화재가 발생했습니다. 한 사람은 화재가 발생했다는 사실을 알자마자 모든 것을 버려두고 벌거벗은 채 밖으로 달려 나왔습니다. 그는 오로지 자신의 목숨이 구원받는 데에만 관심이 있었습니다. 그러나 또 한 사람은 집 안의 가구와 다른 물건을 가지려고 집안으로 들어갔는데, 물건을 가지고 나오려는 순간 불이 집을 삼켜버렸으므로 결국 집 안에서 타 죽고 말았습니다. 자신의 의지에 따라 세상 물건에 집착하면 불에 타서 멸망합니다.

바다에서 폭풍을 만나 배가 파선했다고 가정해 보십시오. 어떤 사람은 목숨을 구하기 위해 모든 것을 버려두고 물속에 뛰어듭니다. 그는 거센 파도와 싸우지만 그를 속박하는 것이 아무것도 없기 때문에 파도 위로 솟아오르며, 거친 바다를 가까스로 통과하여 목숨을 구합니다. 한편 또 한 사람은 자신의 수영 능력을 믿고서 옷 몇 벌을 건지려 합니다. 그러나 그는 움켜쥔 그 옷때문에 바다속 깊이 가라앉고 맙니다. 사소한 것을 얻으려다가 자신을 잃어버리고 목숨을 구하지 못합니다. 욕망이 이 사람의 죽음을 초래했습니다.

야만족이 침입했다는 소문이 퍼지고 있다고 생각해 보십시오. 한 사람은 그 소문을 듣자마자 지체하지 않고 아무것도 가지지 않고 도망하여 목숨을 구했습니다. 그러나 또 사람은 적이 다가오고 있다는 말을 믿지 않거나 재산에 마음을 빼앗겨 그것을 어떻게 가져갈 것인지 염려하다가 지체하여 적에게 잡혀 포로가 되고 말았습니다. 이 사람의 의지가 게으름과 에너지의 결핍과 사물에 대한 애착의 원인이 되었기 때문에 결국 야만족에게 잡혔습니다.

마찬가지로 주님의 계명을 따르지 않고 자기를 부인하지 않으며 주님만을 사랑하지 않는 사람은 영원한 불덩이가 떨어질 때 세상을 사랑하는 마음 때문에 불에 타 죽고, 악하고 험한 바다 에 빠지며, 악한 영을 가진 야만인 침입자에게 붙잡혀 포로가 됩니다.

주님을 철저히 사랑하는 사람이 바른 길을 갈 수 있다는 사실을 배우기 원한다면 성경에 기록된 욥을 보십시오. 그는 자신의 소유 전체, 즉 아이들, 재산, 가축, 종들을 비롯하여 그가 가진 모든 것들을 잃었습니다. 그 때 그는 모든 것을 버려두고 몸을 피하여 자신을 구했습니다. 심지어 육신의 옷까지 사탄에게 주어버렸습니다. 그러나 그는 말이나 마음으로 범죄하지 않았고 주님 앞에서 입술로 원망하지 않았습니다. 도리어 주님을 찬양하여 이르기를 "주신 이도 여호와시요 거두신'이도 여호와시오니 여호와의 이름이 찬송을 받으실지니이다"(욥 1:21)라고 말했습니다. 그는 많은 재산을 가지고 있다는 말을 들었으나 하나님으로부터 시험을 받을 때 그가 가진 것은 오직 하나님뿐이었습니다.

마찬가지로 아브라함도 고향과 친척과 아버지의 집을 떠나라는 하나님의 말씀을 받고 즉시 조국과 동족과 부모, 즉 모든 것을 버려두고 하나님의 말씀을 따랐습니다. 그 후 아브라함은 많은 시련과 유혹을 받았습니다. 그의 아내를 빼앗겼고, 낯선 땅에 살면서 부당한 취급을 당하기도 했습니다. 그러나 이 모든 일을 통하여 그가 이 세상의 어떤 것보다 하나님을 더 사랑한다는 것이 입증되었습니다. 그는 오랜 세월이 흘러 마침내 간절히 원했던 외아들을 약속에 따라 얻었는데, 그 아들을 자기 손으로 제물로 바치라는 말씀을 듣게 되었습니다. 이때 그는 기꺼이 자기 자신을 포기하고 외아들을 제물로 바침으로써 자신이 오직 하나님만 사랑하고 있음을 입증하였습니다. 외아들도 기꺼이 바쳤으니, 만약 그의 다른 소유물들을 모두 포기하거나 가난한 사람에게 즉시 나눠주라는 명령을 받았더라면 즉시 기꺼이 실행하지 않았겠습니까?

우리는 하나님을 전심으로 온전히 사랑하는 것이 어떤 것인지 그 올바른 모습을 보았습니다. 이런 사람들과 같이 기업을 받고자 하는 사람은 주님만을 사랑하여 시련이 임할 때에 주님에 대한 사랑을 순수하게 보존함으로써 자신의 진실함을 나타내 보여야 합니다. 그런 사람이 끝까지 선한 싸움을 싸울 수 있습니다. 즉 그런 사람은 항상 마음으로 하나님만 사랑하며 세상에 대한 사랑을 모두 버립니다.

그러나 이처럼 이 세상의 쾌락과 욕망을 부인하고 악한 자의 공격과 유혹을 인내하며 견뎌대는 사람이 극히 드뭅니다. 많은 사람이 강을 건너다가 물에 빠져 죽지만, 갖가지 욕망과 악한 영들의 다양한 유혹이 넘실대는 거친 물결을 통과하는 사람이 있습니다. 바다 위를 항해하는 많은 배들이 파도에 침몰하지만, 파도 위를 항해하여 평화의 항구에 도달하는 배들이 있습니다. 그러므로 큰 믿음과 인내, 선한 싸움, 오래 참음, 노력, 선을 향한 갈망, 예민함, 끈질긴 간구, 분별력과 지식 등이 항상 요구되고 있습니다. 대부분의 사람들은 노력과 고통 없이 하나님 나라를 얻으려 하는데, 그것은 불가능한 일입니다.

이 세상에서 사람들은 생계를 유지하며 필요한 것을 얻기 위해서 부자에게 가거나 추수하는 밭에 가서 일합니다. 그런데 그들 중 어떤 사람들은 게으르고 나태하여 열심히 일하지 않습니다. 수고도 하지 않고 부자를 위해 열심히 일하지 않은 사람이 열심히 힘을 다해서 일한 사람과 똑같이 보수 받기를 원합니다.

성경을 읽어보면 진정으로 하나님을 기쁘게 해드려 하나님의 친구요 동반자가 된 의인들이 있습니다. 그리고 모든 족장들은 하나님의 친구요 상속자가 되었으며, 어떤 고통도 인내하였고 하나님을 위해 많은 고난을 당했습니다. 또 그들은 용감하게 싸웠습니다. 우리는 그들을 복되다고 말하며, 그들과 동일한 은사와 존경을 받기 원하고, 또 그들의 탁월한 재능을 탐냅니다. 그러면서도 그들과 동일하게 수고하며, 그들과 동일한 싸움과 환난과 고통을 감당하려 하지 않습니다. 그들이 하나님에게서 받은 영광과 위엄은 뜨겁게 원하지만 그들이 감당한 노력과 수고와 싸움을 받아들이려 하지 않습니다. 모든 사람, 즉 창녀와 세리 등 모든 불의한 사람들이 노력하거나 싸움을 하지 않고서 쉽게 하나님 나라를 얻으려 하고 있습니다.

그렇기 때문에 인생길에는 유혹이 있으며 많은 시련과 환난과 싸움과 철저한 노력이 있어야 합니다. 이런 것들을 통하여 누가 뜻을 다하고 힘을 다하고 심지어 목숨을 다하여 주님을 참으로 사랑했는지, 그리고 주님을 사랑하는 데 바람직한 것 외에는 아무것도 갖지 않았는지 입증됩니다. 그러므로 주님의 말씀대로 자기를 부인하고 자기 목숨보다 주님만을 더 사랑하는 사람들이 하나님 나라에 들어갑니다. 그들은 넘치게 사랑하였으므로 넘치는 하늘의 선물을 받게 됩니다.

그러한 환난과 고통 안에, 그 인내와 믿음 안에 약속과 영광과 하늘나라의 선한 것으로의 복귀가 숨겨져 있습니다. 이것은 마치 땅에 뿌려진 씨, 또는 좋은 나무에 접붙여진 좋지 않은 가지가 열매를 맺는 것과 같습니다. 이것들은 자체 안에 아름다움과 영광과 풍부한 열매를 담고 있습니다. 사도 바울은 "우리가 하나님의 나라에 들어가려면 많은 환난을 겪어야 할 것이라"(행 14:22)고 말했고, 주님은 "너희의 인내로 너희 영혼을 얻으리라"(눅 21:19), "세상에서는 너희가 환난을 당하리라"(요 16:33)고 말씀하셨습니다.

세상적인 욕망의 덫과 쾌락의 올가미, 이 세상의 함정에서 벗어나고, 또 악한 영의 공격을 주의하여 피하며, 성도들이 믿음과 사랑의 경계를 통하여 이 세상에 있는 동안에 영혼 안에 소유했던 하늘의 보화, 즉 하나님 나라에 들어갈 수 있게 해주는 보증이 되는 성령의 능력을 알기 위해서는 수고와 근면함과 경성함과 주의함과 열심과 주께 대한 간절한 기도가 요구됩니다.

사도 바울은 성령의 은혜인 하늘의 보화를 전했고, 환난의 위대함에 대해 선포했습니다. 그는 동시에 우리 각 사람이 이 세상에서 힘써 얻어야 할 것들을 지적하면서 "만일 땅에 있는 우리의 장막 집이 무너지면 하나님께서 지으신 집 곧 손으로 지은 것이 아니요 하늘에 있는 영원한 집이 우리에게 있는 줄 아느니라"(고후 5:1)고 말했습니다.

그러므로 우리는 모든 덕을 발휘하고 노력하며 분투해야 하고, 이 세상에서도 저 하늘의 집을 얻을 수 있다고 믿어야 합니다. 육체의 집이 무너질 때 영혼이 들어갈 집은 그 집뿐입니다.

바울이 "이렇게 입음은 우리가 벗은 자들로 발견되지 않으려 함이라"(고후 5:3)고 말했는데, 벗었다는 것은 신실한 영혼의 유일한 안식처가 되는 성령과의 교제가 끊어진 것을 말합니다. 이런 이유 때문에 참 기독교인들은 육체를 떠나게 될 때에도 확신을 갖고 기뻐합니다. 왜냐하면 그들은 손으로 짓지 아니한 집, 즉 자기 안에 거하시는 성령의 능력으로 된 집을 가지고 있기 때문입니다. 그러므로 육신의 집이 무너지더라도 성령의 신령한 집과 썩지 않는 영광이 있기 때문에 두려워하지 않습니다. 부활의 날에 그 영광이 다시 세워질 것이며 육체의 집도 영화롭게 될 것입니다.

사도 바울은 "그리스도 예수를 죽은 자 가운데서 살리신 이가 너희 안에 거하시는 그의 영으로 말미암아 너희 죽을 몸도 살리시리라"(롬 8:11), "예수의 생명이 또한 우리 죽을 육체에 나타나게 하려 함이라"(고후 4:11), "죽을 것이 생명에 삼킨 바 되게 하려 함이라"(고후 5:4)고 말했습니다.

8. 그러므로 믿음과 덕스러운 삶으로써 그 옷을 얻도록 노력하십시오. 그리고 우리가 육체를 벗을 때 벌거벗은 것으로 발견되지 않으며, 그 날에 우리 육체를 영화롭게 할 것이 없게 되지 않도록 애쓰십시오. 믿음을 가지고 부지런히 성령에 참여한 사람은 마지막 날에 그 분량에 비례하여 그의 몸이 영화롭게 될 것입니다.

그 때 영혼이 지금 몸 안에 쌓아 놓은 것이 표면적으로 드러나 그의 몸에 나타날 것입니다. 눈에 보이지 않지만 겨울이 지나 봄이 되면 나무가 태양과 바람의 영향을 받아 따뜻해지면 안에서 잎이 나옵니다. 그리고 땅의 품에서 풀이 싹을 내고 꽃을 피웁니다. 땅이 아름다운 것으로 덮히고 옷을 입습니다.

이것은 주님이 말씀하셨던 백합과 같습니다: "솔로몬의 모든 영광으로도 입은 것이 이 꽃 하나만 같지 못하였느니라"(마 6:29). 이것들은 모두 기독교인들이 부활할 때 모습의 비유요 전형이요 상징들입니다.

9. 하나님을 사랑하는 사람들, 즉 참 기독교인들에게는 4월이라고 불리는 첫 달, 크산티쿠스Xanthicus가 옵니다. 그것은 부활의 날이요, 의의 태양의 능력으로 내재하고 있던 성령의 영광이 밖으로 드러나서 성도의 몸을 꾸미고 덮는 날입니다. 이 영광은 성도들이 이전에 받았지만 영혼 안에 숨겨져 있었습니다. 사람 안에 거하는 것이 그때에 밖으로 드러나게 됩니다. 성경에는 "이 달을 너희에게 달의 시작 곧 해의 첫 달이 되게 하고"(출 12:2)라고 기록되어 있습니다.

이것은 창조 전체에 기쁨을 줍니다. 벌거벗은 나무에 옷을 입히고 땅으로 하여금 아름다운 것들을 내게 합니다. 모든 생물에게 기쁨을 주고, 모두에게 웃음을 줍니다. 이것이 기독교인들에게 첫 달, 즉 크산티쿠스가 되는 부활의 절기입니다. 그때에 그들의 몸이 지금 그들 안에 거하고 있는 말할 수 없는 빛, 곧 성령의 능력으로 영화롭게 될 것입니다. 이 성령이 그때에 그들의 옷, 양, 음료, 기쁨, 평안, 예복, 영생이 될 것입니다. 그때에 성령으로부터 찬란한 아름다움과 하늘의 장엄한 아름다움이 주어질 것인데, 지금도 그들은 이것을 소유하는 특권을 가지고 있습니다.

10. 우리의 몸이 소멸될 때 우리에게 옷을 입히고 소생시켜 줄 것을 소유하려면 믿고 노력하고 부지런히 모든 덕을 실천하는 생활을 하며,

지금 하늘로부터 그 능력을 받는 특권과 영혼 안에 내재하는 성령의 영광을 소유하게 되기를 소망과 인내로써 구해야 합니다. "이렇게 입음은 우리가 벗은 자들로 발견되지 않으려 함이라"(고후 5:3), 또한 "그가 너희 안에 거하시는 그의 영으로 말미암아 너희 죽을 몸도 살리시리라"(롬 8:11)고 성경이 말하고 있습니다.

모세는 그의 얼굴에 나타난 성령의 영광—아무도 그 영광을 계속 바라볼 수 없었습니다—을 통하여 의인의 부활 때에 하나님께 합당한 자들의 몸이 영광스럽게 될 것을 하나의 전형으로서 보여 주었습니다. 거룩하고 신실한 사람들은 지금이라도 내면, 즉 속사람이 이 영광을 가질 수 있습니다. "우리가 다 벗은 얼굴로", 다시 말해 속사람으로 "거울을 보는 것같이 주의 영광을 보매 그와 같은 형상으로 변화하여 영광에서 영광에 이르니"(고후 3:18)라고 기록되어 있습니다.

모세는 "사십 일 사십 야를 거기 있으면서 떡도 먹지 아니하였습니다"(출 34:28). 몸의 본성상 그가 어떤 영적인 음식을 먹지 않았다면 그렇게 오랫동안 먹지 않고 지낼 수 없었을 것입니다. 성도들의 영혼은 지금도 성령이 주시는 이러한 영적 양식을 먹습니다.

11. 모세는 참 기독교인들이 부활 때에 빛의 영광과 성령의 신령한 별식을 받게 될 것을 두 가지 방법으로 보여 주었습니다. 그것은 지금도 숨겨진 방법으로 공급되고 있으며, 부활의 때에 그들의 몸에 드러날 것입니다. 이전에 말했듯이 성도들이 지금 영혼 안에 간직하고 있는 영광이 장래에 그들의 벗은 몸을 감싸고 옷 입힐 것이며, 그들을 천국으로 인도할 것입니다. 그 후에 우리의 몸과 영혼은 하나님 나라에서 주님과

더불어 영원한 안식을 누릴 것입니다.

하나님은 아담을 지으실 때 새들과 같은 육체의 날개를 주시지 않으셨지만, 성령의 날개를 주려고 계획하셨습니다. 그 날개를 부활의 때에 주셔서 그를 하늘로 오르게 하시고 성령이 원하시는 곳으로 데리고 가시게 하려는 의도에서 주셨습니다. 그러나 거룩한 영혼은 지금이라도 그 날개를 받아 정신적으로 천상의 사상 속으로 날아오를 수 있습니다.

기독교인들에게는 세상 사람들과는 다른 그들 자신만의 세계, 음식, 의복, 즐거움, 교제, 정신 구조 등이 있습니다. 이런 까닭에 그들은 다른 사람들보다 우월합니다. 그들은 성령으로 말미암아 이런 것들의 능력을 지금 영혼 안에 소유하는 특권을 누리는 것입니다. 그러므로 부활의 날에 그들의 몸도 성령의 영원한 복을 누리게 될 것이며, 이미 이 세상에서 영혼이 경험하여 알고 있었던 영광에 둘러싸이게 될 것입니다.

12. 그러므로 각 사람은 애쓰고 수고하며, 부지런히 덕을 실천하고 믿으며, 지금 이 세상에서 속사람이 그 영광의 참여자가 되며, 영혼이 거룩한 성령과 교제할 수 있게 해달라고 주님께 간구해야 합니다. 그리고 우리가 악의 더러움에서 깨끗해지고, 부활의 때에 우리의 벗은 몸이 옷을 입어 그 흉함을 가리며, 새 생명을 받고 하늘나라에서 영원히 새롭게 살아갈 수 있도록 간구해야 합니다.

장차 그리스도께서 하늘에서 내려오시면 태초부터 잠들어있는 아담의 후손들을 일으키시고 성경대로 그들을 둘로 나누실 것입니다. 그리고 주님의 표, 즉 성령의 인침을 받은 사람들을 주님의 자녀로 불러 주님의 오른편에 앉힐 것입니다. "내 양은 내 음성을 들으며 나는 그들을 알며 그들은 나를 따르느니라"(요 10:27)고 주께서 말씀하셨기 때문입니다.

이런 사람들의 몸은 그들의 선한 행실 덕분에 신적인 영광으로 옷 입을 것이며 성령의 영광으로 충만해질 것입니다. 그 영광은 그들이 이 세상에서 소유했던 것입니다. 이처럼 그들은 거룩한 빛으로 영화롭게 되고 하늘로 들려 올라갑니다. "공중에서 주를 영접하게 하시리니 그리하여 우리가 항상 주와 함께 있으리라"(살전 4:17)는 말씀처럼 거기서 주님과 더불어 영원히 즐거워하게 될 것입니다. 아멘.

설교 6

# 고요하고 평안하고 침착하게 기도하십시오.

1. 하나님에게 가까이 나아가는 사람은 이상한 소리를 내지 말고 고요하고 평안하고 침착하게 기도해야 되며, 마음을 다하여 신중한 생각으로 주님에게 마음을 고정해야 합니다. 병을 앓는 사람이 뜸질을 하거나 수술을 받는다고 가정해 보십시오. 한 사람은 인내심을 가지고 침착하고 용감하게 고통을 참아내며 소리를 지르거나 소란을 피우지 않습니다. 반면에 또 한 사람은 동일한 고통을 당할 때 참지 못하고 흉하게 소리 지릅니다. 그런데 소리를 지른 사람의 고통과 소리를 지르지 않고 참은 사람의 고통이 동일합니다. 동일한 고통을 당하면서 한 사람은 소란을 피우지만 한 사람은 묵묵히 참습니다. 마찬가지로 영혼이 고통과 고난을 당할 때 품위있게 그 고통을 참아내며 소란을 피우지 않고 정신력을 발휘하여 자제하는 사람이 있습니다. 그러나 같은 고통을 당할 때 인내심을 잃고 무분별하게 큰 소리로 기도하여 듣는 사람에게 불쾌감을 주는 사람이 있습니다. 어떤 사람들은 실제적으로는 전혀 진지함이 없이 겉치레와 특별한 행동을 보여 주려고 규모없이 큰 소리를 지르는데, 그는 그렇게 함으로써 하나님을 기쁘게 해드릴 수 있다고 알고 있

습니다.

2. 하나님의 종은 자제력을 잃지 말아야 하고, 선지자가 말한 대로 온유하고 지혜로워야 합니다. 성경은 "무릇 마음이 가난하고 심령에 통회하며 내 말을 듣고 떠는 자 그 사람은 내가 돌보리라"(사 66:2)라고 말합니다.[7] 모세와 엘리야에게 하나님이 나타나실 때에 하나님의 위엄 앞에서 큰 나팔 소리와 권능이 나타났으나 하나님의 임하심은 그것과는 달리 평화와 고요함과 정적 가운데였습니다. 즉 "세미한 소리"(왕상 19:12) 가운데 하나님이 계셨습니다. 이것은 하나님의 안식이 평화와 고요함 안에 있다는 것을 보여줍니다.

사람이 어떤 기초를 놓고 어떻게 시작하든지 그는 끝까지 자신이 처음에 향했던 방향으로 나아갑니다. 만약 그가 크게 소리치며 소란한 행동을 하면서 기도하기 시작했다면 끝까지 같은 행동을 취하게 됩니다. 하나님은 인간을 사랑하시므로 큰 소리로 요란하게 행동하며 기도하는 사람들에게도 도움을 베푸십니다. 그렇기 때문에 은혜를 받아 힘을 얻은 그들은 끝까지 동일한 태도를 취합니다. 그럼에도 불구하고 우리는 이런 행동이 교화되지 못한 것임을 알고 있습니다. 왜냐하면 그들이 다른 사람들에게 피해를 주며, 또한 그들 자신도 기도할 때에 무질서하게 되기 때문입니다.

3. 기도의 참된 기초는 주의를 집중하고 고요하고 평안한 가운데 기

---

7) 마카리우스는 칠십인역(LXX)의 "겸손"을 "온유"로 대치했다.

도하여 다른 사람에게 폐를 끼치지 않는 것입니다. 기도하는 중에 하나님의 은혜를 받고 끝까지 고요하게 기도하는 사람은 사람들에게 많은 감화를 끼칠 것입니다. "하나님은 무질서의 하나님이 아니시요 오직 화평의 하나님"(고전 14:33)이시기 때문입니다. 시끄럽게 기도하는 사람은 뱃사공에게 시간을 지키라고 소리치는 사람과 같습니다. 그들은 교회에서든지 마을 어디에서든지 기도해서는 안 됩니다. 원한다면 그들은 사막에서 기도할 수 있을 것입니다. 그러나 고요하게 기도하는 사람은 어디서나 누구에게든지 감화를 줍니다.

사람의 모든 수고는 그의 생각을 따라야 합니다. 사람은 자신을 속박하는 악한 생각의 덤불을 제거하고 스스로를 하나님에게 집중시켜 자신의 생각이 원하는 대로 그를 이끌어 가지 못하게 하고, 생각이 여러 갈래로 방황할 때에 그 생각들을 모아들이며 악한 생각과 자연스런(본성적인) 생각을 구분해야 합니다.

영혼이 죄 아래 있게 되는 것은 마치 언덕 위의 숲이나 강가의 갈대나 가시덤불에 접근하는 것과 같습니다. 그 장소를 지나가려는 사람은 손을 내밀어 자기를 얽어매는 가시덤불을 힘들여 제거해야 합니다. 원수의 세력에게서 나온 생각들도 가시덤불처럼 영혼을 공격합니다. 그러므로 우리 자신의 것이 아닌 원수의 세력에게서 나오는 생각들을 식별하기 위해서 부지런히 마음을 가다듬어야 합니다.

4. 자신의 힘을 믿고 혼자 힘으로 자기 곁에 있는 언덕을 넘어뜨리려는 사람이 있습니다. 반변에 침착하고 지혜롭게 자기 마음을 다스리기 때문에 큰 어려움 없이 전자보다 자기 일을 잘 해내는 사람도 있습니

다. 기도할 때도 마찬가지입니다. 마치 육체의 힘을 의지하는 듯 이상한 소리를 내는 사람이 있습니다. 이 사람은 자기의 생각이 어떻게 자신을 속이는지 모르는 사람이며, 자신의 힘으로 완전하게 승리할 수 있다고 믿는 사람입니다. 한편 정신을 집중하여 마음으로 애쓰며 기도하는 사람들이 있습니다. 이런 사람들은 자신의 분별력과 총명에 의해 성공적으로 기도할 수 있으며, 혼란한 생각들을 떨쳐버리고 주님의 뜻을 따를 수 있습니다.

우리는 사람들에게 감화를 주고 교화하는 사람이 그렇게 못하는 사람보다 더 위대하다는 것을 알고 있습니다. 바울은 "방언을 말하는 자는 자기의 덕을 세우고 예언하는 자는 교회의 덕을 세우나니…교회의 덕을 세우지 아니하면 예언하는 자만 못하니라"(고전 14:4-5)고 말했습니다. 그러므로 우리는 다른 사람들의 덕을 온전하게 세워주어야 하고, 그렇게 해야 하늘나라에 들어갈 수 있을 것입니다.

**5. 질문.** 어떤 사람은 보좌와 면류관이 영적인 것이 아니라 실질적인 피조물이라고 주장합니다. 우리는 그것들을 어떻게 이해해야 합니까?

**답변.** 신성神性의 보좌는 우리 마음이고, 우리 마음의 보좌는 하나님과 성령입니다. 마찬가지로 아담이 하나님의 명을 어겨 범죄한 후 사탄과 어둠의 권세와 통치자들이 아담의 마음과 정신과 몸을 자기 보좌로 삼고 그 안에 자리 잡고 있습니다. 그렇기 때문에 주님이 세상에 오셨고 동정녀의 몸에서 태어나셨습니다. 만약 주님이 신성을 드러내신 채 이 땅에 오셨다면 누가 그것을 감당할 수 있었겠습니까? 그래서 주님은 육체라는 도구를 통하여 사람들에게 말씀하셨습니다. 주님은 이렇게 하심으로써 몸 안에 자리 잡았던 악한 영들을 마음과 생각의 보좌에서 내쫓고 양심을 깨끗하게 해주셨고, 주님 자신이 마음과 생각과 몸의 보좌가 되셨습니다.

**6. 질문.** 그러면 "너희도 열두 보좌에 앉아 이스라엘 열두 지파를 심판하리라"(마 19:28)는 말씀은 무슨 뜻입니까?

**답변.** 우리는 주님이 승천하신 후에 이 일이 땅 위에 일어났다는 것을 알고 있습니다. 왜냐하면 주님이 열두 사도에게 보혜사 성령을 보내셨고, 거룩한 능력이 오셔서 사도들의 마음의 보좌에 거하시며 좌정하셨기 때문입니다. 어떤 이들이 "그들이 새 술에 취하였다"(행 2:13)고 말할 때 베드로는 그들을 판단하면서 예수에 관하여 말하기를 "너희가 나무에 달아 죽인 예수가 큰 권능과 기사와 표적을 너희 가운데서 베푸사"(행 2:22ff.; 5:30) 무덤을 열고 죽은 자들을 일으키셨다고 대답했습니다.

설교 7

# 마음은 영혼의 눈입니다.

1. 어떤 사람이 왕궁에 들어가서 그곳에 보관되어 있는 초상화와 예술 작품 등 여러 가지 보물을 보고 있다고 상상해 보십시오. 그리고 그가 왕과 함께 식탁에 앉아서 맛있는 음식을 먹고 아름다운 물건들을 감상하면서 즐겁게 지내다가 갑자기 거기서 쫓겨나 불쾌한 곳으로 갔다고 생각해 보십시오. 또는 예쁘고 현명한 부자 처녀가 가난하고 비천하며 추하고 더러운 옷을 입은 남자를 남편으로 맞이하여 그에게서 더러운 옷을 벗기고 왕의 옷을 입히고 머리에 왕관을 씌우고 그와 결혼하여 부부가 되었다고 상상해 보십시오. 그 가난한 남자는 두려워하면서 "비참하고 가난하고 보잘 것 없고 천한 내가 이런 아내를 맞이해도 되는가?"라고 말할 것입니다.

하나님은 가난하고 비천한 인간에게 이러한 은혜를 베풀어 주셨습니다. 하나님은 사람에게 다른 세상, 맛있는 다른 음식을 맛보게 하셨습니다. 하나님은 그에게 천상의 왕의 말로 표현할 수 없는 아름다움과 영광을 보여 주셨습니다. 그래서 그 사람은 이 세상의 것과 영적인 것을 비교해 보고서 세상의 모든 것을 버렸습니다. 그는 왕이든 왕자이든 현명한 사람이든 아무도 바라보지 않고 하늘의 보물에만 시선을 두었습니다. 하나님이 사랑이시므로 인간은 그리스도의 신적인 불을 받아 안식하며 즐거워하고 그리스도 위에 굳게 서 있습니다.

**2. 질문.** 사탄도 공중이나 인간들의 내면에서 하나님과 같은 곳에 거합니까?

**답변.** 태양은 피조물에 불과합니다. 태양이 수렁 위를 비춘다고 해서 태양이 손해를 입습니까? 마찬가지로 거룩하신 하나님은 사탄과 같은 곳에 계시다고 해서 오염되거나 더러워지지 않습니다. 그러나 악은 어두워지고 눈이 멀어 하나님의 순수함과 고결함을 보지 못합니다. 만약 사탄이 거할 알맞은 처소가 있고 하나님에게도 자신의 처소가 있다고 주장한다면, 그것은 하나님으로 하여금 사탄이 거하는 곳에 접근하시지 못하도록 한계를 정하는 것이 됩니다. 사탄만의 처소를 인정한다면, 선善에는 경계가 없으며 선은 다른 것에 포함되지 않고 모든 것을 포함하고 있으면서도 악에 의해 오염되지 않는다는 사실을 어떻게 말할 수 있겠습니까? 하늘과 태양과 산은 하나님 안에 있으며 하나님을 통하여 굳건히 서있습니다. 그렇다고 해서 그것들이 하나님입니까? 피조물들은 각기 자신의 질서 속에 서있으나, 이 모든 것과 함께 하시는 창조자는 하나님입니다.

**3. 질문.** 죄가 빛의 천사로 가장하고 은혜처럼 보일 때 사람이 어떻게 사탄의 간계를 알 수 있으며, 어떻게 은혜의 선물들을 구별하여 받을 수 있습니까?

**답변.** 은혜의 선물에는 기쁨과 평안과 사랑과 진리 등이 따릅니다. 진리는 사람으로 하여금 진리를 구하게 만듭니다. 죄의 형태는 무질서하며 하나님을 향한 사랑이나 기쁨이 없습니다. 꽃상추도 참 상추처럼 보입니다. 그러나 참 상추는 달콤하고 꽃상추는 맛이 씁니다.

은혜의 영역에도 진리처럼 보이는 것과 진리 자체가 있습니다. 태양의 광선과 태양 자체가 다르며, 태양 자체 안에 저장되어 있는 빛과 태양에서 발사되는 빛이 다릅니다. 집 안에 등불이 켜져 있습니다. 사방을 비추는 등불 빛과 등잔의 불 자체는 다릅니다. 등잔의 불이 더 밝고 더 맑습니다. 마찬가지로 은혜의 선물들도 멀리서 볼 때 아름다운 경치처럼 사람에게 기쁨을 줍니다. 그러나 하나님의 능력이 사람에게 들어가서 그 마음과 지체들을 점령하여 마음이 하나님 사랑에 사로잡히면, 그 사람은 전혀 다른 사람이 됩니다. 사람들이 베드로를 잡아 감옥에 넣었을 때 주님의 천사가 와서 닫힌 문을 열고 풀어 주어 감옥에서 데리고 나갔습니다. 그런데 베드로는 자신이 환상을 본다고 생각하였습니다.

**4. 질문.** 은혜의 영향 아래 있는 사람이 어떻게 타락할 수 있습니까?
**답변.** 본성상 아무리 순수한 지성도 미끄러지고 넘어질 수 있습니다. 사람이 교만해지기 시작하면 스스로 의롭다고 생각하며, 사람들을 "당신은 죄인입니다"라고 비난할 수도 있습니다. 사도 바울은 다음과 같이 말했습니다: "너무 자만하지 않게 하시려고 내 육체에 가시 곧 사탄의 사자를 주셨으니"(고후 12:7). 순수한 본성을 가진 사람도 자만할 수 있습니다.

**5. 질문.** 인간이 빛에 의해서 자신의 영혼을 볼 수 있습니까? 어떤 사람들은 지식과 감각을 통해 환상을 볼 수 있다고 주장합니다.

**답변.** 감각은 환상과 다르고, 환상은 계몽(밝히 깨달음)과 다릅니다. 깨달음이 있는 사람이 단순히 감각만 있는 사람보다 더 위대합니다. 감각만 가진 사람보다 더 많은 것을 받아들이는 한 그의 마음이 더 많은 깨달음을 얻습니다. 이는 의심할 수 없는 환상을 그가 보기 때문입니다. 그러나 계시는 그보다 훨씬 위대한 것입니다. 하나님이 인간에게 계시해 주시는 것은 크고 비밀한 것들입니다.

**6. 질문.** 계시와 신적인 빛에 의해서 영혼을 볼 수 있습니까?

**답변.** 우리가 육안으로 태양을 보듯이, 성령의 밝혀 주심이 있는 사람은 영혼의 형상을 봅니다. 그러나 그것을 보는 기독교인은 많지 않습니다.

**7. 질문.** 영혼이 형상을 가지고 있습니까?

**답변.** 영혼은 천사와 같은 방식으로 모양이나 형상을 갖습니다. 천사가 모양이나 형상을 지니며, 겉사람이 자신의 모습을 갖듯이 속사람도 천사의 것과 같은 형상을 가지며 겉사람의 모양을 닮은 모양을 가집니다.

**8. 질문.** 마음과 영혼은 다릅니까?

**답변.** 몸의 지체들이 많지만 한 사람이라고 부르듯이, 영혼에게도 많은 지체들, 즉 마음, 양심, 의지 등이 있습니다. "그 생각들이 서로 혹은 고발하며 혹은 변명하여"(롬 2:15). 그러나 이 모든 것들은 하나에 의존하고 있습니다. 이것들은 모두 영혼의 지체들이며 영혼은 하나, 즉 속사람입니다. 육신의 눈이 멀리 있는 가시덤불과 절벽과 구덩이를 발견하면 미리 경고를 해주듯이, 깨어 경계하는 마음은 원수의 계교와 속임수를 미리 발견하여 영혼을 지켜줍니다. 마음은 사실상 영혼의 눈입니다.

성부와 성자와 성령께 세세토록 영광을 돌릴지어다. 아멘.

설교 8

# 그리스도의
# 온전함에 이르십시오.

1. 무릎을 꿇고 기도하는 사람의 마음에는 신적인 감화가 가득하고 그의 영혼은 마치 신부를 맞이하는 신랑처럼 주님을 기뻐 영접합니다. 이는 이사야 선지자가 "신부를 기뻐함 같이 네 하나님이 너를 기뻐하시리라"(사 62:5)고 말한 것과 같습니다.

그는 온종일 힘을 다하여 기도하게 되고, 그의 속사람은 기도 중에 감미로운 다른 세상으로 측량할 수 없게 깊이 빠져듭니다. 그리하여 그의 마음이 하늘 높이 떠오르며 저 세상에 몰두하여 이 세상 것에서 멀어집니다. 잠시 그는 세상적인 것을 잊게 되며 그의 생각은 신적이고 천상적인 것, 무한하고 불가해한 것, 인간의 입술로 표현할 수 없는 놀라운 것들에 사로잡히게 됩니다. 그래서 그는 "내 영혼이 나의 기도와 함께 하기를!"이라고 기도하게 됩니다.

2. **질문.** 모든 사람이 늘 이런 상태에 몰입할 수 있습니까?

**답변.** 은혜는 계속 존재하며, 우리 안에 뿌리를 내리고 누룩처럼 역사하고 있습니다. 은혜는 사람이 태어나면서부터 역사하기 시작하여 그의 안에서 마치 본성적인 재능처럼 자리를 잡아 그와 하나의 본질처럼 됩니다. 그런데 은혜는 사람의 유익을 위하여 자기의 마음에 따라 여러 가지 상이한 방법으로 역사합니다. 불은 어떤 때에는 맹렬히 타오르지만 어떤 때는 부드럽고 조용하게 탑니다. 불빛은 어떤 때는 해처럼 밝게 빛나지만, 어떤 때는 그 빛이 약해지고 불꽃이 작아집니다. 등불이 항상 타오르며 빛을 내지만, 특별한 손길을 하게 되면 하나님의 사랑에 도취하여 타오릅니다. 그리고 하나님의 섭리로 말미암아 빛이 굴복하며, 비록 빛이 항상 그곳에 있지만 비교적 둔하게 되기도 합니다.

3. 어떤 사람에게는 빛 가운데 십자가 표식이 나타나 그의 속사람 안에 들어옵니다. 때때로 어떤 사람은 기도 중에 황홀경에 빠집니다. 그는 자신이 교회의 제단 앞에 서 있음을 발견합니다. 그곳에서 기름으로 발효시킨 세 개의 떡을 받았는데, 그가 그 떡을 먹을수록 그 떡들이 더 커지고 많아졌습니다. 어떤 때에는 빛나는 예복을 받았는데, 그것은 이 세상에서 아무도 입어 본 적이 없고 사람의 손으로 만들 수 없는 옷입니다. 주께서 베드로와 요한과 함께 산에 오르셨을 때 그분의 옷이 변형되어 빛났듯이, 이 옷도 그러했습니다. 이 옷을 입은 사람은 감탄하여 놀라게 되었습니다.

때때로 그의 마음에서 비치는 빛이 내적으로 깊이 숨겨진 빛을 드러냈습니다. 그 결과 감미로운 관상에 잠긴 사람은 더 이상 자신의 주인이 아니며 이 세상에 대해서는 바보나 이방인과 같이 되었습니다. 이는 감추인 비밀들과 넘치는 사랑의 감미로움 때문입니다. 그렇게 될 때 그 사람은 자유로워지며 완전해지고 순수해지고 죄에서 벗어나게 되었습니다.

그러나 시간이 흘러 은혜가 물러가고 거스르는 세력의 베일이 스며들었습니다. 그렇게 되었을 때에도 여전히 은혜가 부분적으로 남아 있어서 사람으로 하여금 온전함의 첫 단계, 가장 낮은 단계에 머물게 합니다.

4. 사람이 온전함에 도달하기 전에 열두 계단을 거쳐야 된다고 말할 수 있습니다. 그는 잠시 그 정도에 이르러 온전함에 들어가게 되지만 그 후 은혜가 양보하면 다시 한 단계 아래로 내려가 열한 번째 단계에 섭니다. 은혜를 풍성히 받은 사람은 밤낮 온전함 안에, 자유롭고 순결하고 완전히 사로잡혀 도취되어 있습니다. 만약 실제로 그와 같이 놀라운 일들을 보고 경험한 사람에게 항상 그것들이 함께 거한다면 그는 그것을 말로 전달하거나 감당할 수 없을 것이며, 자신과 관련되거나 내일 일과 관련된 일상적인 것들에 대한 말을 인내하며 듣거나 관심을 갖지 못하고 오직 황홀경에 도취되어 한쪽 구석에 앉아 있을 것입니다. 그러므로 그로 하여금 형제들을 돌보는 것과 말하는 사역에 관심을 갖기 위해서 그에게 완전함이 주어지지 않습니다. 그럼에도 불구하고 "중간에 막힌 담"(엡 2:14)이 헐리고 죽음이 극복되었습니다.

5. 그것은 다음과 같은 것을 의미합니다. 어떤 흐릿한 힘이 다가와서 가벼운 차폐물을 형성하듯이, 등불이 항상 타서 빛을 내지만 짙은 대기가 휘장처럼 빛 위에 드리워 있습니다. 어떤 사람이 자신이 완전하지 않으며 죄에서 완전히 벗어나지 못했다고 고백한다고 가정해 보십

시오. 그는 중간에 막힌 담이 무너지고 부수어졌으나 어떤 부분은 완전히, 그리고 항상 무너져 있지 않다고 말합니다. 은혜가 타올라 안락하게 해주며 더욱 충만하고 새롭게 할 때가 있습니다. 그러나 인간의 유익을 위해서 역사함에 따라 은혜가 물러가고 구름이 드리울 때가 있습니다.

때에 따라 완전함에 도달하여 저 세상을 직접 경험하며 맛본 자가 누구입니까? 철저히 자유로우며 완전한 그리스도인을 나는 이제까지 보지 못했습니다. 비록 한두 사람이 은혜 안에 거하며 신비한 계시에 접하고 감미로운 은혜에 도취되어 있더라도 그의 내면에는 여전히 죄악이 함께 있습니다.

내면에 있는 넘치는 은혜와 빛 때문에 스스로가 자유하며 완전하다고 생각하는 사람들이 있습니다. 그러나 그들은 경험이 없어 속고 있는 것입니다. 그들은 은혜의 영향 아래 있습니다. 그러나 나는 자유로운 사람을 한 사람도 보지 못했습니다. 나 자신도 때때로 부분적으로 완전함에 이르지만, 그것에 이른다고 해서 내가 완전한 사람이 되는 것이 아니라는 것을 배워 알게 되었습니다.

**6. 질문.** 당신이 어떤 단계에 도달했는지 말해 주십시오.

**답변.** 십자가 표식에 따라 은혜는 다음과 같이 역사합니다. 그것이 모든 지체와 마음을 고요하게 만듭니다. 그리하여 영혼은 많은 기쁨 때문에 마치 죄없는 어린아이처럼 보입니다. 그런 사람은 더 이상 헬라인이나 유대인, 죄인이나 속인들을 정죄하지 않습니다. 속사람은 모두를 순수한 눈으로 바라봅니다. 그 사람은 모든 세상을 기뻐하고, 유대인이나 헬라인 모두가 예배하고 사랑하기를 바랍니다.

어떤 때 그는 아버지를 신뢰하는 왕의 아들처럼 하나님의 아들을 신뢰합니다. 그리고 문들이 그에게 열리며 그는 "많은 거처"(요 14:2) 안에 들어갑니다. 안으로 들어갈수록 문들이 차례로 열리며 많은 거처들이 기다리고 있어 그는 점점 더 부유해집니다. 다른 새롭고 기이한 것들이 그에게 나타납니다. 그는 아들이 되고 상속자가 되어 인간의 본성에 의해서 설명할 수 없고 사람이 말이나 입으로 표현할 수 없는 것들을 맡게 됩니다.

하나님께 영광을 돌리십시오. 아멘.

설교 9

# 시련과 시험을 통해 하나님의 약속과 예언이 성취됩니다.

1. 영혼의 내면에 있는 하나님 은혜의 영적 능력은 가장 큰 인내와 지혜, 그리고 신비하게 우리 마음을 감화으로써 역사합니다. 각 사람은 자신에게 기회가 주어질 때 매우 인내하며 갈등합니다. 그 때 그의 안에서 은혜의 역사가 완전히 이루어집니다. 이것은 큰 시험을 받은 후 그의 의지가 성령을 기쁘시게 하는 데 몰두하며 그가 상당한 기간 동안 의와 인내를 나타냈다는 사실에서 증명됩니다. 이런 행위의 법칙을 성경의 예(例)에서 찾아보겠습니다.

2. 지금 내가 말하는 것이 요셉의 사례에서 잘 나타나고 있습니다. 요셉과 관련하여 하나님이 예정하신 뜻은 정해진 때와 시기에 성취되었고 그의 꿈이 이루어졌습니다. 그는 많은 수고와 핍박과 고통에 의한 시험을 받았으나 그 모든 것을 참고 인내했고, 자신이 의롭고 신실한 하나님의 종임을 나타내 보였습니다. 그 후 그는 애굽을 다스리는 자가 되어 자기 가족에게 양식을 공급했습니다. 보이지 않는 이 모든 것에 대한 예언이 성취되었습니다. 그리고 오랜 세월이 흐른 후 섭리적인 지

시하심에 따라 하나님의 뜻이 성취되었습니다.

3. 다윗의 경우도 그러합니다. 하나님은 선지자 사무엘을 통해 그에게 기름을 부어 왕으로 삼으셨습니다. 기름 부음을 받은 후 다윗은 자기를 죽이려고 추격하는 사울을 피해 도망다녔습니다. 하나님의 기름 부음이 어디에 있었습니까? 가까운 장래에 그 약속이 이루어질 기미가 없었습니다. 그는 기름 부음 받은 후에 심한 핍박을 받았고, 광야에서 방황했습니다. 심지어 먹을 것이 없었고, 자기를 추격하는 사울 때문에 이방인들 사이에 숨어 지냈습니다. 하나님이 왕으로 삼기 위해 기름 부은 사람이 이처럼 핍박에 둘러싸여 있었습니다. 그는 오랜 시련과 핍박과 유혹과 인내를 겪으면서도 흔들림 없이 하나님을 믿으며 "하나님께서 선지자의 기름 부음을 통해서 행하신 일, 그리고 나에게 이루어질 것이라고 말씀하신 것은 비록 오랜 인내가 요구되더라도 반드시 이루어질 것입니다"라고 확신하였습니다. 드디어 하나님의 뜻이 이루어져서 다윗은 온갖 시련을 겪은 후에 왕이 되었습니다. 그 후에 하나님의 말씀이 드러났고, 선지자의 손에 의해 기름 부음 받은 것이 확실하고 진실하다는 것이 입증되었습니다.

4. 모세의 경우도 동일합니다. 하나님은 모세를 미리 아시고 백성의 지도자와 구원자로 예정하셔서 바로의 딸의 아들이 되게 하셨습니다. 모세는 장차 왕이 될 운명과 화려함과 부유함 속에서 자랐고, "애굽 사람의 모든 지혜"(행 7:22)를 배웠습니다. 장성한 후 그는 이 모든 것들을 거부하였고, 사도가 말한 대로 "잠시 죄악의 낙을 누리는 것보다"(히

11:25) 그리스도를 위해 핍박과 능욕 받는 길을 선택하였습니다. 그는 애굽에서 도망쳤습니다. 온갖 쾌락과 부유함 속에서 자란 왕의 아들이 오랫동안 양을 치며 지냈습니다! 모세는 많은 시험을 참고 견뎌냈기 때문에 드디어 하나님의 인정을 받았고, 많은 인내를 통해 충성스런 사람이 되었습니다. 그래서 그는 이스라엘의 구원자요 통치자요 왕이 되었고, 하나님에 의해 "바로에게 신같이"(출 7:1) 되었습니다. 하나님은 그를 통해 애굽에 재앙을 내리셨고, 그를 통해 바로에게 놀라운 이적들을 나타내셨으며, 마침내 애굽 군대를 바다에 빠뜨리셨습니다. 하나님의 뜻과 목적이 얼마나 오랜 시간이 흐른 후에 선포되었으며, 얼마나 많은 시련과 핍박을 겪은 후에 그것이 성취되었는지 살펴보십시오.

5. 아브라함의 경우도 마찬가지입니다. 하나님은 아브라함에게 아들을 주겠다고 약속하셨지만, 즉시 그 약속을 이루어주시지 않았습니다. 그는 오랫동안 시련과 시험을 견뎌내야 했습니다. 그러나 아브라함은 자신에게 닥친 모든 시험을 인내하며 견디었고, 자기에게 약속하신 하나님이 결코 거짓말을 하실 수 없으며 하신 말씀을 이루시리라는 것을 믿음으로 확신하였습니다. 그래서 그는 의롭다 함을 얻고 약속된 것을 받았습니다.

6. 노아도 5백 세가 되던 해에 하나님으로부터 방주를 만들라는 명령을 받았습니다. 하나님은 홍수가 온 세상을 덮을 것이라고 경고하셨는데, 노아가 6백 세가 될 때까지 홍수가 발생하지 않았습니다. 그는 백년 동안 인내하며 기다렸는데, 하나님이 말씀하신 대로 이루실 것을 결

코 의심하지 않았으며, 하나님이 말씀하신 것이 반드시 성취된다고 단호하게 믿었습니다. 그는 계명을 완벽하게 지켰기 때문에 결단, 믿음, 인내와 오래 참음으로 하나님의 인정을 받아 그와 그의 가족들만 구원을 받았습니다.

7. 이러한 성경의 예들은 인간 안에 거하는 하나님의 은혜와 신실한 영혼에게 허락되는 성령의 은사는 많은 싸움과 인내와 고통, 유혹과 시련을 통하여 주어지며, 인간의 자유 의지가 여러 가지 핍박을 통하여 끊임없이 시험을 받는다는 사실을 말해줍니다.

영혼이 성령을 근심하게 하지 않고 모든 계명을 지킴으로써 은혜 받기에 합당하게 될 때, 그 영혼은 정념으로부터의 자유를 얻으며 신비 속에서 말해진 성령의 양자 됨과 영적인 부와 이 세상에 속하지 않은 예지를 받습니다. 이런 것들이 참 그리스도인들의 기업이 되는 것입니다. 그렇기 때문에 그들은 세상의 영을 받아 분별력 있고 지성적이며 지혜로운 사람들보다 모든 면에서 더 우월합니다.

8. 성경은 이런 유형의 사람이 "모든 것을 판단한다"(고전 2:15)라고 말합니다. 그는 자신이 어떤 관점에서 말하며 어디에 서 있는지, 그리고 어느 단계의 온전함에 서 있는지 알고 있습니다. 그러나 이 세상에 속한 사람은 그를 알 수 없고 판단할 수 없습니다. 하나님의 성령을 받은 사람은 자신과 같은 처지에 있는 사람을 압니다. 그래서 사도 바울은 "영적인 일은 영적인 것으로 분별하느니라 육에 속한 사람은 하나님의 성령의 일들을 받지 아니하나니 이는 그것들이 그에게는 어리석게 보

임이요, 또 그는 그것들을 알 수도 없나니 그러한 일은 영적으로 분별되기 때문이라"(고전 2:13-14)고 말했습니다. 이런 사람은 이 세상의 영광스러운 것, 세상적인 부, 화려함, 쾌락, 세상의 지식, 그리고 이 세대에 속한 모든 것들을 싫어하고 미워합니다.

**9.** 열병에 걸린 사람은 아무리 맛있는 음식을 주어도 싫어하며 거절합니다. 왜냐하면 그가 고열에 시달리고 있기 때문입니다. 이와 같이 성령에 대한 거룩하고 천상적이며 진지한 갈망으로 뜨겁게 타오르는 사람, 즉 영혼이 하나님의 사랑때문에 깊이 상처 입고 있으며, "불을 땅에 던지러 오신" 주님의 신령하고 천상적인 불에 의해 격렬하게 타고 있거나 신속하게 불 붙기를(눅 12:49) 기대하며 그리스도를 열렬히 사모하는 사람들은 이 세대의 영광스럽고 귀중한 모든 것들을 보잘 것 없고 가증한 것으로 여깁니다. 왜냐하면 그들은 그리스도를 불같이 사랑하기 때문입니다. 이 사랑의 불이 그들을 굳게 붙잡으며, 그들을 불타게 하고, 하나님을 향한 열정과 영적인 것들에 대한 사랑을 불러일으킵니다. 하늘과 땅과 땅 아래에 있는 어느 것도 그들을 이 사랑에서 끊을 수 없습니다. 사도 바울은 이것을 확증하여 "누가 우리를 그리스도의 사랑에서 끊으리요"(롬 8:35)라고 말했습니다.

**10.** 만약 어떤 사람이 이 세대의 모든 것에 대해 이방인이 되지 못하며 그리스도의 사랑을 추구하는 데 전념하지 못하고, 그 마음에서 물질적인 염려와 이 땅의 소란함이 떠나지 않는다면, 그는 자신의 영혼과 성령의 사랑을 얻지 못할 것입니다.

그 사람이 한 가지 목적에 몰두하며 주님의 계명으로 세상의 모든 것들을 다스리기 위해서, 그리고 그의 모든 염려와 추구 및 영혼이 몰두하는 일이 영적인 것을 구하는 것이 되도록 하기 위해서는 영혼이 덕의 계명들로 장식되어야 하고, 성령으로 장식되어야 하며, 그리스도와의 순수하고 거룩한 교제로써 장식되어야 합니다. 그래서 모든 것을 부인하고, 세상과 물질적인 장애물로부터 완전히 이탈해야 하며, 부모 사랑이든 친족 사랑이든 온갖 육적인 사랑에서 벗어나야 합니다. 그런 사람은 자신의 마음이 권력, 영광, 명예, 세상의 육신적 우정과 땅의 생각들 때문에 분주하거나 미혹되지 않고 전적으로 완전하게 영혼의 영적 본질을 추구하는 데 관심을 기울이며 노력하게 됩니다. 그는 성령이 오시기를 기다리며, 소망 가운데 온전하게 인내할 수 있게 됩니다. 주님은 "너희의 인내로 너희 영혼을 얻으리라"(눅 21:19), "그의 나라와 그의 의를 구하라 그리하면 이 모든 것을 너희에게 더하시리라"(마 6:33)고 말씀하셨습니다.

**11.** 기도와 순종 등 하나님의 뜻에 따라 행해지는 온갖 종류의 일을 할 때 이렇게 노력하며 항상 자신을 살피는 사람은 마귀들의 어둠을 피할 수 있을 것입니다. 주님을 구하며 항상 자신을 성찰하는 마음은 항상 힘과 정성을 다하여 주님을 따르며 주님만을 굳게 붙잡기 때문에 영혼―정욕의 파멸 속에 빠져 있는 영혼―을 소유할 수 있습니다. 성경에는 "모든 생각을 사로잡아 그리스도에게 복종하게 하니"(고후 10:5)라고 기록되어 있습니다. 즉 이처럼 노력하며 사모하고 추구함으로써 마음이 주와 함께 그리스도의 선물이요 은혜인 성령과 "한 영"(고전 6:17)이 될

수 있습니다. 그리고 마음은 영혼이라는 그릇 안에 머무는데, 그것은 모든 선한 일 행하기를 예비하며 자신의 의지, 이 세상에서의 방황, 세상의 영광과 권력, 자기 뜻대로 결정하는 것, 육체적인 방종, 악한 사람들과 사귀거나 함께 함 등에 의해 "은혜의 성령을 욕되게"(히 10:29) 하지 않으려 합니다.

12. 주께 전적으로 헌신하며 그분만 붙들고 전심으로 그분의 계명 안에 거하며 자신에게 임하여 덮어주는 그리스도의 성령을 영화롭게 함으로써 주님과 한 영이 되며 주님과 하나가 되는 영혼은 참으로 사랑스럽습니다. 사도 바울은 "주와 합하는 자는 한 영이니라"(고전 6:17)고 말했습니다. 그러나 세상의 염려, 영광, 권세, 인간적인 명예 등을 탐하고 추구하여 마음이 땅의 것에 혼합되거나 이 세대에 속한 것들에게 속박되어 붙잡힌 영혼이 악한 세력에 의해 자신이 빠져 있는 어두운 정욕에서 벗어나기를 사모하더라도 그것은 불가능합니다. 왜냐하면 그 영혼이 어둠의 뜻을 사랑하고 그 의지대로 행하여 악한 행위를 철저하게 미워하지 않기 때문입니다.

13. 그러므로 온전한 뜻과 목적을 가지고 주께 나아가며, 그리스도를 따르고, 그분이 원하시는 모든 것을 이루며 "그의 법도를 기억하여 행하는 자"(시 103:18)가 되도록 예비하십시오. 이 세상을 사랑하는 마음에서 완전히 돌이키고, 영혼이 주님만 붙들고 주님만 생각하여 행하고 관심을 가지며 추구하도록 하십시오. 우리에게 부여된 일과 주님을 위한 순종 때문에 육신이 다소 분주해지더라도 우리 마음이 주님을 사랑하

고 구하며 사모하는 일에서 멀어지지 않도록 조심하십시오. 그러한 마음을 얻으려고 분투하며 바른 목적을 갖고 의의 길로 나아가며 항상 깨어 자신을 지킴으로써 성령의 약속을 얻을 수 있으며, 은혜로 말미암아 영혼에 침투하는 어두운 정욕에서 구원 받을 수 있으며, 영원한 나라에 합당한 자가 되어 그리스도와 함께 영생을 누리고, 성부와 성자와 성령께 영원히 영광을 돌릴 수 있습니다. 아멘.

설교 10

# 은혜의 선물을
# 잘 간직하십시오.

1. 진리와 하나님을 사랑하는 영혼, 그리스도로 옷 입기를 바라며 믿는 영혼은 다른 사람들에 의해 기억되거나 잠시라도 하늘의 소망과 주님에 대한 사랑이 식을까 염려할 필요가 없습니다.

그들은 그리스도의 십자가에 완전히 못 박혔으므로 날마다 영적인 신랑을 향해 나아가고 있다는 기분을 느끼게 됩니다. 그들은 하늘의 갈망때문에 상하고 의에 굶주려있기 때문에 성령의 광채를 한없이 사모합니다. 비록 믿음으로 말미암아 하나님의 비밀에 대한 지식을 받는 특권을 가졌고 하늘의 은혜의 기쁨에 참여하는 자가 되었지만, 그들은 자신을 의지하지 않으며 스스로를 대단한 사람이라고 여기지 않습니다. 그들은 영적 선물들을 받으면 받을수록 하늘의 은혜를 더욱 간절히 갈망하며 구합니다. 그들은 자신의 영적인 진보를 감지하면 할수록 더욱 은혜에 참여하고 그 은혜를 더 많이 받기를 갈급해 합니다. 그들은 영적으로 부유할수록 스스로를 가난하다고 여기며, 하늘에 계신 신랑(주님)을 더 간절히 영적으로 사모합니다. 마치 "나를 먹는 자는 여전히 배고플 것이요 나를 마시는 자도 여전히 목마를 것이다"(지혜서 24:21)라는 말씀과 같습니다.

2. 그칠 줄 모르고 열심히 주님을 사랑하는 사람은 영생을 얻기에 합당합니다. 이러한 사람은 정욕에서 벗어날 수 있고, 성령의 빛을 얻으며, 충만한 은혜 안에서 성령과 신비한 교제를 나눌 수 있습니다. 그러나 연약하고 태만한 사람들은 육신을 입고 이 세상에 사는 동안 인내와 오래 참음을 통한 심령의 완전한 성화를 구하지 않습니다. 그리고 성령으로 말미암아 악한 정욕에서 벗어나는 것도 기대하지 않습니다. 그런 사람들은 하나님의 은혜를 받은 후 죄에 미혹되어 부주의함과 태만에 빠집니다.

3. 성령의 은혜를 받고 편안함과 동경과 영적인 감미로움 속에서 은혜를 소유한 이러한 사람들은 이 상태를 이용하며 우쭐대다가 더욱 부주의하게 됩니다. 그들은 통회하지 않고, 그들에게는 겸손한 마음이 없습니다. 그들은 정욕에서 완전히 벗어난 상태에 이르지 못하고, 근면하고 신실하게 은혜로 충만해지기를 기다리지도 않습니다. 오히려 그들은 자만하고 나태하며, 빈약한 은혜의 위안으로 만족합니다. 결국 이런 사람들은 겸손하기보다는 교만하며, 마침내 자기에게 주어진 은혜를 상실하게 됩니다. 왜냐하면 그들은 다른 사람들을 경멸하며 헛된 자만심을 가지고 있기 때문입니다.

4. 진실로 하나님과 그리스도를 사랑하는 영혼은 하나님을 향한 채울 수 없는 열망을 가지고 있기 때문에 자신이 일만 가지 의로운 일을 행

했어도 아무것도 행한 것이 없다고 생각합니다. 금식하고 철야하여 몸이 지쳐도 덕을 얻으려는 태도는 처음 그것들을 행할 때와 마찬가지로 진지합니다. 그는 몇 가지 성령의 은사나 계시나 하늘의 비밀이 주어져도 아무것도 얻지 않은 것처럼 느끼는데, 그 이유는 주님을 무한히 사랑하기 때문입니다.

그는 믿음과 사랑으로 말미암아 온종일 갈급해하고 쉬지 않고 기도하며 신비로운 은혜와 덕을 구비하기를 끝없이 갈망합니다. 거룩한 성령에 대한 열정적인 사랑으로 상하여 은혜로 말미암아 하늘에 계신 신랑을 계속 열망하고, 성령의 성화를 통해 주님과의 말할 수 없이 신비로운 교제에 들어가려 합니다. 영혼은 얼굴에 드려졌던 베일이 걷히고 말로 다 할 수 없는 영적인 빛 안에서 하늘의 신랑의 얼굴을 직접 대면하여 보며, 큰 확신 속에서 그분과 하나가 되며, 그분의 죽으심에 동참합니다.

그는 그리스도를 위해 기꺼이 죽으려 하고, 성령의 능력에 의해 죄와 어두운 정욕에서 완전히 구원받는다는 확신을 갖고 있습니다. 그리하여 성령에 의해 깨끗해지고 영혼과 몸이 거룩해져야 영혼은 하늘의 기름 부음을 받고 참되신 왕이신 그리스도의 마음에 드는 깨끗한 그릇이 될 수 있습니다. 그렇게 되어야 영생을 얻을 수 있고, 이제 성령이 거하실 수 있는 깨끗한 처소가 됩니다.

**5.** 영혼이 단번에 시련 없이 이런 단계에 이를 수 없습니다. 많은 노력과 투쟁과 오랜 시간과 열심과 시련과 많은 시험을 통해서 이런 영적 성장과 진보에 도달합니다. 악한 정욕에서 완전히 벗어나며 기꺼이 용

감하게 악으로부터 생겨나는 모든 유혹을 인내한다면 큰 영광과 신령한 은사와 하늘의 보화를 얻고 주 예수 그리스도 안에 있는 하늘나라의 상속자가 됩니다.

  주께 영광과 권세가 영원히 있을지어다. 아멘.

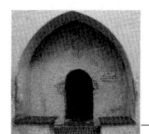

설교 11

# 악한 생각들을 분별하십시오.

1. 그리스도인이 이 세상에 살면서 마음에 받는 천상적인 신성의 불, 즉 지금 마음 속에서 활동하고 있는 불은 그가 죽어 육신이 해체될 때 외부에 그 모습을 드러내며, 지체들을 다시 구성하며 해체되었던 지체들을 부활하게 하는 역할을 합니다. 예루살렘 성전의 제단에 피워졌던 불이 바벨론 포로기 동안 마른 우물 속에 깊이 감추어져 있었지만, 평화가 찾아오고 포로들이 돌아왔을 때 그 불이 다시 지펴졌습니다. 말하자면 예전 방식대로 피워졌습니다(마카비2서 1:19-22). 마찬가지로 분해되면 흙으로 돌아갈 우리 몸에서 천상의 불이 역사하여 썩어 없어졌던 몸을 일으킵니다. 지금 마음속에 거하고 있는 내면의 불이 그때 외부로 드러나며 몸의 부활의 원인이 됩니다.

2. 느부갓네살 시대에 풀무불은 신적인 것이 아니라 만들어진 불이었습니다. 그러나 세 청년은 의로웠기 때문에 눈에 보이는 풀무불 속에 던져졌을 때 그들의 마음 안에 신적인 천상의 불이 있어 그들의 생각을 다스리며 힘을 발휘하였습니다. 그런데 그 불이 그들 밖으로 모습을 드

러냈습니다. 그 영적인 불이 세 청년들 가운데 서서 풀무불이 그들을 조금도 태우거나 상하게 하지 못하게 했습니다. 마찬가지로 이스라엘 백성들의 마음과 생각이 살아 계신 하나님을 떠나 우상 숭배에 빠졌을 때 아론은 백성들에게 금으로 된 기물과 장식품을 가져오라고 말했습니다. 얼마 후 백성들이 불에 던져넣은 금과 기물들은 우상이 되었습니다. 불이 백성들의 의도를 형상화했습니다.

그것은 대단한 일이었습니다. 그들은 은밀히 고의적으로 우상을 섬기기 원했고, 그렇기 때문에 불이 금과 은으로 된 기물들을 우상으로 만들었습니다. 그리고 그들은 공개적으로 우상을 섬겼습니다. 그러나 의로운 행위에 몰두한 세 청년이 내면에 하나님의 불을 받고 진실하게 여호와를 사모했듯이, 지금 이 세상에서 신실한 영혼들은 내면적인 방법으로 신적인 천상의 불을 받습니다. 그리고 그 불이 그들의 인성에 하늘의 형상을 새깁니다.

3. 불이 금그릇을 만들고 그 그릇들이 우상이 되었듯이, 신실하고 선한 사람들의 의도를 형성하시고 그들의 소원대로 영혼 안에 형상을 만드시는 주님, 지금도 장차 부활할 때 외적으로 나타날 형상을 영혼 안에 새기시는 주님은 그들의 몸을 내적으로나 외적으로 영화롭게 하십니다. 사람들의 몸이 죽어 부패하듯이 그들의 생각도 사탄의 활동으로 말미암아 부패하고 죽습니다. 그들은 땅에 묻힙니다. 왜냐하면 그들의 영혼이 멸절되었기 때문입니다. 이스라엘 백성들이 금그릇들을 불에 녹여 우상을 만들었듯이, 지금 사람들은 자신의 순수하고 선한 생각들을 마귀에게 넘겨주어 죄의 구덩이에 묻고 우상이 되게 했습니다.

그 생각들을 발견하고 식별해내며 자신의 불에서 그것들을 꺼내려면 어떻게 해야 합니까? 영혼에게는 신적인 등불, 즉 어두워진 집을 정리하고 아름답게 만드시는 성령이 필요합니다. 영혼에게는 마음을 비추어 조명해주시는 의의 태양이 필요합니다. 또 전쟁에서 이기게 해주는 무기가 필요합니다.

4. 은화 한 닢을 잃은 여자는 먼저 등불을 켜고 온 집안을 쓸었습니다. 그 여자는 등불을 켜고 집안을 청소한 후에 은화가 더럽고 불결한 먼지 속에 묻혀 있는 것을 발견했습니다. 영혼이 스스로 자신의 생각들을 연구하고 분별할 수는 없습니다. 그러나 신적인 등불이 켜져 그 불이 어두운 집을 밝혀주면, 자신의 생각들을 보게 됩니다. 즉 자신의 생각들이 더러운 죄 구덩이에 묻혀 있었음을 알게 됩니다. 해가 뜨면 영혼은 자신의 타락함을 보게 되며, 더럽고 불결한 것들과 섞여 있었던 생각들을 회복시키기 시작합니다.

5. 많은 재물과 종들을 거느린 왕이 있다고 상상해 보십시오. 그런데 왕이 적에게 잡혀 포로가 되었습니다. 왕이 잡혀 적국으로 끌려갈 때 종들은 그를 따르지 않을 수 없습니다. 아담은 하나님을 섬기기 위해 순결하게 창조되었고, 그에게 필요한 것들을 채우기 위해 피조물들이 그에게 주어졌습니다. 아담은 모든 피조물들의 주인이요 왕으로 임명되었습니다. 그러나 악한 자가 와서 속삭일 때 그는 먼저 외부의 소리를 들었고, 그 소리가 마음을 뚫고 들어와 그의 전 존재를 사로잡았습니다.

그가 사로잡힐 때 그를 섬기던 피조물도 함께 사로잡혔습니다. 그로 말미암아 죽음이 모든 영혼을 다스리게 되었고, 그 불순종의 결과로 아담의 모든 형상이 파괴되었고, 사람들은 마귀를 섬기게 되었습니다. 하나님에 의해 선하게 창조된 이 땅의 열매들, 즉 떡과 포도주와 기름이 마귀들에게 바쳐졌습니다. 사람들은 제단 위에 동물들을 제물로 바쳤습니다. "그들이 그들의 자녀를 악귀들에게 희생제물로 바쳤도다"(시 106:37).

6. 그런데 영혼과 몸을 지으신 분이 인간의 모습으로 오셔서 악한 마귀의 모든 일들 및 인간의 생각 속에서 이루어 놓은 그의 일들을 멸하셨습니다. 주님은 천상의 형상을 새롭게 지으시고 영혼을 새롭게 하여 아담을 다시 죽음을 다스리는 왕이요 만물의 주가 되게 하셨습니다. 율법의 그늘 아래에서 모세는 이스라엘 백성들을 애굽에서 구해냈기 때문에 이스라엘의 구주라고 불렸습니다. 이제 참 구속자이신 그리스도께서 영혼의 은밀한 곳에 들어가셔서 어두운 애굽과 무거운 멍에와 괴로운 속박에서 우리를 구하십니다. 주님은 우리에게 이 세상에서 나오라고, 눈에 보이는 모든 것에 대해 가난한 자가 되라고, 세상 일을 염려하지 말라고, 그리고 밤낮 문 앞에 서서 두드리시는 주님이 닫힌 마음의 문을 열고 성령의 선물을 쏟아 부어주실 때를 기다리라고 명령하십니다.

7. 주님은 금, 은, 그리고 친척을 버리라고 명령하셨습니다. 우리는 재물을 팔아 가난한 사람들에게 나누어 주어야 합니다(마 19:20). 우리는

보물을 하늘에 쌓아두어야 합니다: "네 보물 있는 그 곳에는 네 마음도 있느니라"(마 6:21). 주님은 사탄이 인간의 생각을 지배하여 물질적이고 지상적인 것에 대해 염려하도록 끌고 간다는 것을 알고 계셨습니다. 그렇기 때문에 우리 영혼을 염려하시는 하나님은 우리의 뜻에 거슬리더라도 하늘의 보화들을 추구하며 마음을 하나님에게 집중하기 위해서 모든 것을 버리라고 명령하셨습니다. 우리가 피조물에게로 돌아가려 해도 주위에서 자기의 소유물 중에서 눈에 보이는 것들을 전혀 찾지 못할 것입니다. 원하든지 원하지 않든지 우리는 보물을 쌓아둔 하늘에 마음을 두어야 합니다. 왜냐하면 보물이 있는 그곳에 마음이 있기 때문입니다.

8. 하나님은 모세에게 구리로 뱀을 만들어 장대 위에 매달라고 명령하셨습니다(민 21:8). 뱀이 사람을 물었을 때 물린 사람은 구리로 만든 그 뱀을 쳐다보면 살아났습니다. 이 일은 하나님의 구원의 경륜의 일부로서 이루어졌는데, 세상 염려와 우상 숭배와 정념과 온갖 불신앙에 잡힌 사람들이 이런 방법을 통하여 어느 정도 눈을 들어 위의 것을 바라보도록 하기 위함이었습니다. 그들이 아래 있는 것들에서 벗어나 위에 있는 것들을 호흡하며 그것들에게 관심을 두게 하기 위함이었습니다. 이런 것들에서부터 가장 고귀한 것에게 올라가며, 조금씩 보다 더 고귀하고 고상한 데로 나아가며 모든 피조물들보다 높으신 분, 지극히 높으신 하나님이 계시다는 것을 배우게 하기 위함이었습니다.

그래서 주님은 우리에게 가난한 자가 되며 모든 것을 팔아 가난한 사람들에게 나누어 주라고 하셨는데, 그렇게 한 후에는 땅의 일에 몰두하고 싶어도 불가능하기 때문입니다. 그러므로 마음을 살피고 심사숙고하여 "우리가 이 세상에서 아무것도 가진 것이 없으니 하늘나라를 향하자. 그곳은 우리의 보물이 있는 곳이며, 우리가 관심을 두어야 할 곳이다"라고 생각하십시오. 마음의 눈을 들어 높은 곳을 바라보고, 위의 것을 추구함으로써 진보하게 됩니다.

9. 뱀에 물린 사람들을 낫게 해준 바 장대 위에 달린 죽은 뱀은 무엇을 의미합니까? 죽은 뱀이 산 뱀들을 정복하였습니다. 그것은 주님의 몸을 상징하는 전형입니다. 주님은 동정녀 마리아를 통하여 받은 몸을 십자가 위에 드리셨고 나무 위에 매달으셨습니다. 그리하여 죽은 몸이 사람들의 마음 속에 살면서 기어다니는 산 뱀들을 정복하고 죽였습니다. 이것은 놀라운 기적입니다. 어떻게 죽은 뱀이 살아 있는 뱀을 죽였습니까? 모세가 살아 있는 뱀을 닮은 것을 만들었듯이, 주님도 동정녀 마리아에게서 새로운 몸을 만들어 입으셨습니다. 하늘의 영이 인성에 접촉하여 그것을 신성에게 가져갔습니다. 그분이 인간의 육체를 취하시고 태胎 안에서 몸을 이루셨습니다. 하나님이 모세의 시대 비로소 구리로 뱀을 만들라고 명령하셨듯이, 주님의 시대에 비로소 새롭고 죄 없는 몸이 이 세상에 존재하게 되었습니다. 첫 아담이 하나님의 명령을 어겼을 때 죽음이 그의 후손 모두를 지배하였습니다. 이처럼 죽은 몸이 산 뱀을 정복하였습니다.

10. 이 놀라운 사건은 "유대인에게는 거리끼는 것이요 이방인에게는 미련한 것"(고전 1:23)입니다. 사도 바울은 무엇이라고 말합니까? "우리는

십자가에 못 박힌 그리스도를 전하니 유대인에게는 거리끼는 것이요 이방인에게는 미련한 것이로되 오직 부르심을 받은 자들에게는 유대인이나 헬라인이나 그리스도는 하나님의 능력이요 하나님의 지혜니라"(고전 1:23-24, 2:2 참조). 죽은 몸 안에 생명이 있습니다. 여기에 구속이 있으며 빛이 있습니다. 여기에서 주님이 죽으시고 사망과 언쟁하십니다. 주님은 지옥과 사망에게 영혼들을 석방하여 주님에게 보내라고 명령하십니다.

이 말씀 때문에 받은 사망은 자기 종들에게 접근하며 자신의 권세들과 사탄을 불러 모읍니다. 사탄은 서명된 노예계약서를 제시하면서 "보아라. 이 사람들이 내 말에 복종해왔다. 이 사람들이 우리를 경배하며 절하는 모습을 보아라"고 말합니다.

그러나 의로운 재판장이신 하나님은 공의를 나타내시며 다음과 같이 말씀하십니다: "아담은 너에게 복종했고, 너는 그의 마음을 사로잡았다. 인류가 너에게 복종했다. 그러나 이 세상에서 나의 몸은 무엇을 하고 있느냐? 이 몸은 죄가 없다. 첫 아담의 몸은 너의 지배 아래 있었고, 너는 그것을 굴복시킬 권세가 있다. 그러나 내가 범죄하지 않았다는 것을 모두가 증언하고 있다. 나는 너에게 빚진 것이 없으며, 모두가 나를 하나님의 아들이라고 증언하고 있다. 하늘에서 소리가 들려 땅 위의 사람에게 증언하기를 '이는 내 사랑하는 아들이요…너희는 그의 말을 들으라'(마 3:17, 17:5)고 했다. 요한도 '보라 세상 죄를 지고 가는 하나님의 어린 양이로다'(요 1:29)라고 증언했다. 성경에 다시 이르기를 '그는 죄를 범하지 아니하시고 그 입에 거짓도 없으시며'(벧전 2:22), '이 세상의 임금이 오겠음이라 그러나 그는 내게 관계할 것이 없으니'(요 14:30)라고 했다. 사탄아, 너는 나에 대해서 '나는 당신이 누구인 줄 아노니 하나님의 거룩한 자니이다'(막 1:24, 3:11), 그리고 '하나님의 아들이여 우리가 당신과 무슨 상관이 있나이까 때가 이르기 전에 우리를 괴롭게 하려고 여기 오셨나이까'(마 8:29; 눅 4:34)라고 증언했다. 나에 대해 증언하는 이가 셋이다. 즉 하늘 위에 계신 분이 소리를 발하시며, 땅 위에 있는 사람들이 증언하며, 너 스스로가 증언한다. 그러므로 첫 아담으로 말미암아 너에게 팔렸던 몸을 내가 되찾는다. 인류를 너의 노예로 만든 계약을 내가 깨뜨렸다. 나는 십자가에 못 박히고 지옥에 내려감으로써 아담의 죄 값을 지불하였다. 지옥과 어둠과 사망아, 네게 명하노니 갇혀 있는 아담의 후손들의 영혼들을 놓아 주어라." 이리하여 두려움을 느낀 악한 세력이 갇혀 있던 아담을 되돌려 줍니다.

**11.** 주님이 지옥과 어둠의 영역에 갇힌 영혼들을 구하시고, 지옥에 내려가 놀라운 일을 행하셨다는 말을 들을 때 이 일이 우리와 전혀 관계없다고 생각하지 마십시오. 인간은 악한 자를 쉽게 받아들일 수 있습니다. 사망이 아담의 후손들의 영혼들을 붙들고 있으며 그 영혼들의 생각들은 어둠에 갇혀 있습니다. 무덤에 대한 말을 들을 때 눈에 보이는 무덤만을 생각하지 마십시오. 우리의 마음이 무덤이요 묘지입니다. 사탄과 그의 사자들이 그곳에 둥지를 짓고 길과 고가도로를 만들고 그 길을 통해 사탄의 세력이 우리의 마음과 생각에 스며든다면, 우리는 지옥이요 무덤이며 묘지요 하나님에 대해 죽은 자가 아니겠습니까?

그곳에서 사탄은 위조 은화를 만들어냈습니다. 그는 그러한 영혼 안에 쓴 씨앗을 뿌렸습니다. 그는 묵은 누룩으로 그것을 발효시켰습니다.

그곳에는 흙탕물이 흐르는 샘이 있습니다. 그러나 주님은 자기를 찾는 사람들의 영혼 안에 들어오십니다. 주님은 지옥 같은 마음 깊은 곳에 들어오셔서 사망에게 명령하십니다: "나를 찾고 있는 영혼, 즉 네가 힘으로 붙들고 있는 갇힌 영혼을 풀어 주어라." 주님은 영혼을 누르고 있는 무거운 돌을 깨뜨리고 무덤을 열어 죽은 사람을 일으키시고, 영혼을 어두운 감옥에서 이끌어 내십니다.

12. 어떤 사람이 손과 발이 결박되어 있는 사람에게 와서 결박을 풀어주어 자유의 몸으로 걸어가게 하듯이, 주님도 사망의 사슬에 묶여 있는 영혼을 풀어 해방시키시고 마음을 자유롭게 하여 방해를 받지 않고 쉽게 하나님을 향하게 하셨습니다. 어떤 사람이 홍수가 나서 거세게 흐르는 강에 빠졌는데, 거의 살아날 가망이 없으며 무서운 괴물들이 주위를 에워싸고 있다고 생각해 보십시오. 수영을 잘 하지 못하는 사람이 물에 빠진 사람을 건지려 한다면, 두 사람 모두 물에 빠져 죽을 것입니다. 깊은 물 속에서 수영하여 괴물들에게 둘러싸여 있는 사람을 건져내려면 숙련된 수영 선수, 즉 전문가가 필요합니다. 사람이 수영에 능숙하며 어떻게 헤엄쳐 나갈 것인지를 알고 있을 때, 물이 그런 사람을 도우며 그를 물 표면에 뜨게 합니다.

마찬가지로 인간은 어둠의 심연과 깊은 죽음 속에 빠졌습니다. 그는 무서운 괴물에 둘러싸여 내면에 있는 하나님의 생명을 잃고 질식하고 있습니다. 사람의 몸을 지으신 하나님이 아니고서는 누가 지옥과 사망의 깊은 곳에 내려갈 수 있겠습니까? 주님은 두 곳, 즉 깊은 지옥, 그리고 영혼 및 그 모든 생각들이 사망에게 사로잡혀 있는 인간의 마음의 가장 깊은 곳에 내려가 죽은 아담을 어둠에서 이끌어내십니다. 그리고 강물이 수영 선수에게 도움을 주듯이, 훈련을 통하면 사망도 사람에게 도움을 줍니다.

13. 사망이나 사람의 마음의 심연에 들어가서 죽은 아담을 불러 올리실 때에 하나님에게 어떤 어려움이 있습니까? 자연 세계에는 사람이 살 수 있는 집과 건물이 있고 야생동물, 즉 사자나 용이나 독충들이 사는 장소가 있습니다. 피조물에 불과한 태양이 모든 방향, 즉 창문과 문을 통과하여 사자굴이나 뱀이 사는 구멍으로 들어갔다가 전혀 해를 입지 않고 다시 나오는데, 하물며 만물의 주요 하나님이신 분이 사망이 진치고 있는 곳이나 영혼 안에 들어가셔서 사망으로부터 해를 입지 않고 아담을 구해내는 것이 훨씬 더 쉽지 않겠습니까? 그리고 비도 하늘에서 내려와서 땅 속에 들어가 마른 뿌리에게 수분을 주고 생기를 얻게 하며 새 생명을 줍니다.

14. 어떤 사람이 사탄을 대적하여 힘들게 싸우고 있습니다. 그 사람은 깊이 통회하고 있습니다. 그는 근심과 슬픔에 잠겨 눈물을 흘리고 있습니다. 그런 사람은 두 개의 분리된 영역에 서게 됩니다. 만약 그가 이런 상태에서 참고 인내한다면 주님이 그와 함께 싸우시며 그를 보호해주실 것입니다. 왜냐하면 그가 열심히 구하며 주님이 문을 열어 주실 때까지 문을 두드리기 때문입니다.

어떤 형제가 선한 형제인지를 확증해 주는 것은 은혜입니다. 기초가 없는 사람은 하나님을 경외하지 않습니다. 그런 사람은 상한 마음을 갖지 않습니다. 그에게는 경외심이 없으며 마음과 지체가 무질서하게 행하지 못하게 하지도 않습니다. 그 사람의 영혼은 아직 싸움을 시작하지 않았기 때문에 완전히 자유롭습니다. 싸움과 곤경을 겪고 있는 사람과 아직 싸움이 무엇인지 모르는 사람 사이에는 차이가 있습니다. 땅에 뿌려진 씨앗도 서리, 겨울, 차가운 공기 등으로 인해 고난을 당하게 되는데, 때가 되어야 성장이 빨라집니다.

15. 때때로 사탄은 우리 마음속에서 "네가 얼마나 많은 악한 일을 했는지 보아라. 네 영혼에는 어리석은 것들이 가득 차 있다. 너는 죄의 무게에 눌려 있기 때문에 결코 구원받지 못한다는 것을 알아야 한다"라고 말합니다. 그것은 우리로 하여금 낙심하게 하며 회개해도 용서받지 못한다고 생각하게 만들기 위해서입니다. 인간의 범죄로 말미암아 죄가 영혼 안에 들어온 후 사탄은 마치 사람들이 대화하듯이 수시로 영혼과 대화를 합니다. 그럴 때에 우리는 "나는 악인이 죽는 것을 기뻐하지 아니하고 악인이 그의 길에서 돌이켜 떠나 사는 것을 기뻐하노라'(겔 33:11, 18:23 참조)고 하신 주님의 증언을 가지고 있다"라고 대답해야 합니다.

주님이 세상에 오신 것은 죄인을 구원하시고, 죽은 자를 일으키시며, 잃어버린 생명을 소생시키시고, 어둠 속에 있는 사람들에게 빛을 주시기 위해서입니다. 참으로 주님이 오셔서 우리를 부르신 것은 우리를 하나님의 자녀로 삼으시고 언제나 평화롭고 거룩한 도성과 영생과 썩지 않는 영광을 주시기 위해서였습니다. 우리는 선하게 일을 시작하여 선하게 끝내야 합니다. 우리는 가난 안에 거하며, 세상에 대해 이방인이 되며, 고난을 참고 견디며, 하나님께 간구하고 끈질기게 문을 두드려야 합니다. 우리의 몸이 영혼과 가깝지만 주님은 그보다 더 가까이 계셔서 마음의 닫힌 문을 열어 주시고 우리에게 하늘의 보화를 주십니다. 주님은 선하고 인자하십니다. 만약 우리가 끝까지 주님께 간구하면 주님이 맺으신 약속을 반드시 이루어 주십니다.

성부와 성자와 성령의 인자하심에 영광이 영원히 있을지어다. 아멘.

설교 12

# 계명을 범하면 이중의 재앙을 당합니다.

1. 아담은 하나님의 명령을 어기고 죄를 범했을 때 이중의 재앙을 당했습니다. 그는 하나님의 형상과 모양을 따라 지은 바 된 순수하고 사랑스러운 본성을 잃었습니다. 그리고 약속에 따라 그를 위해 쌓인 하늘의 기업이 담긴 형상을 상실했습니다. 왕의 형상이 새겨진 금화가 있는데, 그 위에 새로 다른 잘못된 형상을 새긴다고 상상해 보십시오. 그렇게 되면 그 금화가 쓸모없게 되고, 그 형상도 가치를 잃어버립니다. 그와 같은 불행이 아담에게 일어났습니다. 그에게는 큰 재산과 막대한 유산이 예비되어 있었습니다. 넓은 땅이 있는데 그 땅에는 수익이 될 만한 많은 자원이 들어 있다고 생각해 보십시오. 그곳에는 우거진 포도밭, 열매가 가득한 농장, 가축 떼, 금과 은이 가득합니다. 불순종하기 전 아담의 상태가 이처럼 소중한 것이었습니다. 그러나 아담은 악한 의도와 생각을 품었기 때문에 하나님에게서 버림을 당했습니다.

2. 그러나 우리는 모든 것이 상실되고 파괴되고 죽었다고 말하지 않습니다. 그는 하나님으로부터는 죽었으나 자기의 본성에 대해서는 살

아 있습니다. 세상 사람들은 땅에서 살며 땅의 일을 해 나갑니다. 그러나 하나님의 눈은 그들의 마음과 생각을 보십니다. 말하자면 그들 주위를 보시고 그들을 초월하여 바라보십니다. 그리고 그들이 생각하는 것이 하나님을 조금도 기쁘시게 하지 못하기 때문에 하나님은 그들과 교제하지 않으십니다.

경건한 사람은 사창가를 비롯하여 방탕하고 무질서한 일이 행해지는 곳을 싫어하며, 그곳을 지나가야 할 때에는 그곳에 시선도 두지 않으려 할 것입니다. 왜냐하면 그는 이런 일들에 대해서 죽었기 때문입니다. 하나님도 말씀과 계명을 어기고 거역하는 사람들을 보실 때 그들에게서 눈을 돌리시며 그들과 교제를 하지 않으시고, 그들의 생각 속에서 쉴 만한 곳을 찾지 못하십니다.

**3. 질문.** 어떻게 해야 사람의 마음이 가난해질 수 있습니까? 특히 자신이 내적으로 변화되고 진보하여 과거에 소유하지 못했던 지식과 지혜에 이르렀다고 의식하고 있는 사람이 어떻게 영적으로 가난해질 수 있습니까?

**답변.** 이런 것들을 얻고 진보하지 않는 한 영적으로 가난한 사람이 될 수 없으며 다만 스스로 그렇게 생각할 뿐입니다. 그러나 그가 신령한 이해와 영적인 진보를 이루게 되면, 은혜가 그를 가르쳐 영적으로 가난한 자가 되게 합니다. 즉 하나님의 택함을 받은 의로운 사람은 자신을 보잘 것 없다고 여깁니다. 그러한 사람은 모든 것을 알고 모든 것을 가졌어도 자신이 아무것도 모르며 아무것도 갖지 못한 듯이 자신의 영혼을 낮추며 무시할 수 있습니다. 이것이 자연의 법칙처럼 사람의 마음속에 확고하게 자리 잡고 있습니다.

우리의 조상 아브라함은 하나님의 택하심을 받았음에도 불구하고 자신을 가리켜 "티끌"(창 18:27)과 같다고 했고, 다윗은 왕으로 기름 부음을 받았고 하나님이 그와 함께 하셨음에도 불구하고 "나는 벌레요 사람이 아니라 사람의 비방거리요 백성의 조롱거리니이다"(시 22:6)라고 말했습니다.

4. 그러므로 이런 사람들과 함께 그것들을 상속하고 하늘나라의 시민이 되며 영화롭게 되기를 원하는 자는 겸손한 마음을 가지며, 스스로 무엇이 되었다고 생각하지 말고 통회하는 심정을 가져야 합니다. 은혜의 역사가 기독교인 각 사람에게 여러 가지로 나타나고 다양한 사람이 모여서 기독교를 이루지만, 모두가 하늘나라의 시민이요 같은 마음을 품고 같은 말을 하며 서로를 알아봅니다. 몸에 지체들이 많지만 영혼은 하나이며 그 한 영혼이 모든 지체들을 움직이듯이, 한 성령이 모든 사람에게 다양하게 역사하시지만 그들 모두 한 성의 시민이고 하나의 길로 가는 사람들입니다.

의인들은 좁은 문과 협착한 길로 걸어가며, 박해를 받고 고문을 당하고 욕을 먹으며 "염소의 가죽을 입고…광야와 산과 동굴과 토굴"(히 11:37-38)에서 살아갑니다. 사도들은 "바로 이 시각까지 우리가 주리고 목마르며 헐벗고 매맞으며 정처가 없이"(고전 4:11) 살아왔다고 말합니다. 그들 중 어떤 사람들은 참수되어 죽었고, 어떤 사람은 십자가에 달렸고, 그밖에 다른 사람들도 각기 여러 모양으로 고난을 당했습니다. 선지자들과 사도들의 주님이신 분이 마치 자신의 신적 영광을 잊으신 듯 어떤 고난을 당하셨습니까?

　주님은 우리의 본이 되셨습니다. 주님은 조롱을 당하시고 머리에 가시관을 쓰셨습니다. 주님은 침뱉음을 당하시고 손바닥으로 맞으시고 십자가를 지셨습니다.

　5. 주님이 세상에서 이렇게 살아 가셨으니, 우리도 주님을 본받아야 하지 않겠습니까? 사도와 선지자들이 이렇게 살아갔으니, 주님과 사도들의 터 위에 세우심을 입은 우리들도 그들을 따라가야 할 것입니다. 사도 바울은 성령으로 말미암아 "내가 그리스도를 본받는 자가 된 것 같이 너희는 나를 본받는 자가 되라"(고전 11:1)고 말합니다. 사람들에게서 영광과 존경을 받으며 평안을 누리고자 하는 사람은 바른 길에서 벗어난 사람입니다. 우리는 십자가에 달리신 주님과 함께 십자가에 못 박히고 고난을 당하신 주님과 함께 고난을 당해야 합니다. 그렇게 해야 영광을 받으신 주님과 함께 영광을 받을 수 있습니다.

　신부는 신랑이신 그리스도와 함께 고난을 받아야 그분의 배우자가 되며 그분과 함께 하늘나라의 상속자가 될 수 있습니다. 고통을 겪지 않고 거칠고 좁고 협착한 길로 가지 않으면 성도들이 거하는 거룩한 성에 들어가 안식을 누리며 왕 되신 주님과 영원히 다스릴 수 없습니다.

　6. **질문.** 아담은 자기의 형상과 하늘의 형상을 잃었다고 했습니다. 만일 그 후에 아담이 하늘의 형상을 소유했다면, 그는 성령을 소유했습니까?

　**답변.** 하나님의 말씀이 그와 함께 하셨고 그가 하나님의 명령을 지키는 동안에는 모든 것이 그의 것이었습니다. 말씀 자체가 아담에게는 기업이었습니다. 그분이 아담의 옷이었고, 보호해 주는 "영광"(사 4:5 참조)이었습니다. 그분이 아담의 가르침이었습니다. 그분은 아담에게 모든 사물의 이름을 지으라고 제안하셨습니다: "이것을 하늘이라고 부르고, 이것은 태양, 이것은 달, 이것은 땅, 이것은 새, 이것은 짐승, 이것은 나무라고 불러라." 아담은 말씀이 가르치신 대로 그것들에게 이름을 붙였습니다.

**7. 질문.** 아담은 성령과의 교제를 경험했습니까?

**답변.** 아담과 함께 계셨던 말씀은 그에게 있어서 지식이요 경험이며 유업이요 가르침이셨습니다. 요한은 말씀에 대해 무엇이라고 말합니까?: "태초에 말씀이 계시니라"(요 1:1). 당신은 만물 안에 말씀이 계셨다는 것을 잘 알고 있습니다. 아담에게 외면적인 영광이 주어졌어도 우리가 분개할 필요가 없습니다. 왜냐하면 그들이 비록 벌거벗었으나 서로 쳐다보지 않았기 때문입니다.

**8. 질문.** 그렇다면 죄를 범하기 전에 그들은 옷 대신에 하나님의 영광을 입고 있었습니까?

**답변.** 성령이 선지자들에게 역사하여 그들을 가르치시고 그들 안에 거하시며 눈에 보이는 모습으로 나타나기도 하셨는데, 아담의 경우에도 그와 같았습니다. 성령은 원하실 때 아담과 함께 계시고 그를 가르치고 인도하셨습니다. 성령께서 아담에게 "이렇게 말하라"고 제안하시면 아담은 그대로 말했습니다. 아담은 말씀을 가장 중요하게 여겼습니다. 아담이 하나님의 명령에 복종하는 한 하나님은 아담을 만족스럽게 여기셨습니다. 이러한 상태로 존재했던 아담이 하나님의 명령을 범한 것을 우리는 이상하게 여기지 않을 수 없습니다. 성령 충만을 받은 사람들에게도 여전히 본성적인 생각들이 있으며 그 생각들을 따르려는 의지가 있습니다. 그러므로 하나님과 함께 낙원에 있었던 아담은 자기 자신의 의지로 하나님의 명령을 어기고 자신의 어두운 측면에게 복종했습니다. 그러나 타락한 후에도 아담은 지식을 가지고 있었습니다.

**9. 질문.** 그것은 어떤 지식입니까?

**답변.** 살인 피의자가 법정에 입장하고 재판이 시작되면 판사는 그에게 이렇게 말할 것입니다: "당신은 이 악한 일을 저지를 때 체포되어 사형에 처하게 될 수도 있다는 것을 알지 못했습니까?" 피의자는 감히 "알지 못했습니다"라고 말하지 못합니다. 그는 이미 벌 받을 것을 알고 있었고, 재판을 받을 때 모든 것을 자백합니다. 그렇다면 포주抱主는 자신이 나쁜 짓을 저지르고 있다는 것을 알지 못합니까? 도둑질하는 사람은 그 일이 죄라는 것을 알지 못합니까?

그와 같이 사람들은 성경이 없이도 본성적인 이성에 의해 추론하여 하나님이 계시다는 것을 알지 못합니까? 사람들은 마지막 날에 "우리는 하나님이 계신 줄 알지 못했습니다"라고 핑계댈 수 없습니다. 하나님은 그들에게 "너희들은 하늘에 번개와 천둥이 있다는 것, 그리고 이 모든 것을 다스리시는 하나님이 계시다는 것을 알지 못했느냐?"라고 말씀하실 것입니다.

그렇다면 왜 마귀들은 "당신은 하나님의 아들이니이다.…때가 이르기 전에 우리를 괴롭게 하려고 여기 오셨나이까"(막 3:11; 마 8:29)라고 소리쳤습니까? 무엇보다도 그들은 고통 속에서 "당신은 나를 태우고 있습니다. 당신은 나를 태우고 있습니다"라고 말합니다. 그러므로 그들은 그 당시 선과 악을 알게 하는 나무를 알지 못했습니다. 아담의 타락으로 말미암아 그 지식이 그들에게 전해졌습니다.

10. 사람들은 아담이 어떤 상태에 있었으며 그가 무슨 일을 했느냐고 묻기 시작합니다. 아담은 선과 악을 아는 지식을 받았습니다. 그는 존귀하고 순수한 상태에 있었으나 하나님의 명령을 어겼기 때문에 하나님의 진노하심을 받아 낙원에서 쫓겨났다고 성경은 말합니다. 그리하여 그는 자기에게 선하고 건전한 것이 무엇인지 배웠습니다. 또 자기에게 불행을 가져다 주는 것이 무엇인지 배웠기 때문에 더 이상 죄를 짓지 않고 죽음의 정죄에 빠지지 않으려고 자신을 굳게 지켰습니다.

우리는 모든 피조물이 하나님의 지배를 받는다는 것을 알고 있습니다. 하늘과 땅과 동물과 기는 것과 날짐승을 하나님이 지으셨습니다. 우리는 그것들을 모두 알고 있지만 그 수효를 알지 못합니다. 사람들 중에 그 수효를 아는 사람이 있습니까? 만물 안에 계신 하나님, 아직 태어나지 않은 동물의 새끼까지 다 아시는 하나님만이 그것을 아십니다. 하나님은 땅 아래 있는 것과 하늘 위에 있는 것까지 모두 아십니다.

11. 그러므로 이런 것들을 버리며, 영혼에 유익한 것들과 하늘의 기업을 얻기 위해 노력하십시오. 우리 곁에 항상 머물 것들을 얻는 방법을 배우십시오. 만약 사람이 하나님의 마음을 조사하여 "내가 대단한

것을 발견하고 그것을 이해했습니다"라고 가기 시작한다면, 인간의 정신이 하나님의 생각을 초월하는 셈이 될 것입니다. 이렇게 생각하는 것은 큰 잘못을 저지르는 것입니다. 우리가 지식을 통해서 하나님을 찾고 이해하려 할수록 더욱 더 하나님에게서 벗어나며 아무것도 이해할 수 없게 됩니다.

하나님이 우리를 찾아오시는 것, 즉 날마다 우리 안에서 역사하시는 내용과 그 방법은 표현과 이해를 초월하는 것입니다. 우리는 다만 감사함으로 하나님의 역사하심을 받아들이고 믿어야 합니다. 태어나서부터 지금까지 자기의 영혼을 인식해 본 일이 있습니까? 새벽부터 밤까지 자신의 내면에서 일어나는 생각들을 말해 보십시오. 사흘 동안 심사숙고한 것들을 말해 보십시오. 말할 수 없을 것입니다. 이처럼 자기 영혼의 생각을 알 수 없는데, 어떻게 하나님의 생각과 마음을 알 수 있겠습니까?

12. 당신이 발견한 만큼의 빵을 먹고 어느 길이든 찾아서 다녀 보십시오. 강가에 가서 마음껏 물을 마시고 나서 가던 길을 계속 가 보십시오. 그 물이 어디에서 나와 어디로 흘러가는지 알려 하지 마십시오. 태양 빛을 보려면 최선을 다해서 당신의 발을 낮게 하고 눈을 치료하십시오. 그러나 태양 빛이 얼마나 많은지, 얼마나 높이 떠오르는지 알려 하지 마십시오. 당신에게 유용한 동물들을 취하십시오. 그러나 언덕 위에 올라가서 들나귀들이나 다른 짐승들이 그곳에 몇 마리가 살고 있는지 알려 하지 마십시오.

아기는 어머니의 젖을 빨면서 잘 자라지만 결코 그 근원이나 뿌리를 찾으려 하지 않습니다. 아기는 젖을 남김없이 빨아먹지만 몇 시간 지나면 다시 젖이 가득 찹니다. 젖이 어머니의 몸에서 나오지만 아기는 그것을 알지 못하며 어머니도 알지 못합니다.

이와 같이 당신이 깊은 곳에서 주님을 찾으면 그곳에서 그분을 만날 수 있습니다. 물 속에서 주님을 찾으면 그곳에서 "기이한 일을 행하는"(출 15:11) 그분을 만날 수 있습니다. 굴 속에서 그분을 찾으면 두 마리 사자 사이에서 의로운 다니엘을 보호하시는 하나님을 찾을 수 있습니다. 불 속에서 찾으면 자기 종들을 구원하시는 그분을 만나게 됩니다. 산에서 찾으면 엘리야와 모세와 함께 계시는 주님을 만납니다. 주님은 땅 아래나 하늘 위나 우리 마음 안 등 어디에나 계십니다. 하나님은 어디에나 계십니다. 당신의 영혼도 이와 같이 당신 곁에, 당신 안에, 당신 밖에 있습니다. 동쪽이든 서쪽이든, 먼 나라이든 하늘이든, 당신이 원하는 곳 어디에나 당신의 마음이 있습니다.

**13.** 그러므로 무엇보다도 우리 안에 주님의 인과 낙인을 받으려 해야 합니다. 왜냐하면 심판 날에, 즉 "하나님의 인자하심과 준엄하심"(롬 11:22)이 나타나고 땅 위의 모든 족속, 아담의 후손들이 모일 때, 선한 목자가 자기 양들을 부를 때 그리스도의 인을 가진 자들은 모두 자기 목자를 알고 목자도 자신의 인을 가진 자들을 알아 모든 나라에서 그들을 불러 모으기 때문입니다. 그리스도께 속한 자는 그 음성을 알고 그를 따릅니다. 세상은 둘로 나뉘어져 있습니다. 그 중 한 무리는 어두워 영원한 불에 들어가고, 또 한 무리는 빛으로 충만하여 하늘의 안식으로 인도함을 받습니다. 지금 우리 영혼 안에 있는 것이 그 날에 빛을 발하

여 자신을 드러내고 우리 몸을 영광으로 옷 입힙니다.

**14.** 크산티쿠스Xanthicus(4월)가 되면 땅에 묻혀 있는 뿌리가 싹을 내며 꽃을 피워 아름다움을 나타내며 과실을 맺음으로써 좋은 뿌리임을 드러내고 가시나무도 그 모습을 드러내듯이, 마지막 심판 날에 각 사람이 자신의 몸을 통하여 자신의 행위를 드러냅니다. 좋은 것과 나쁜 것이 모두 드러나며, 심판과 상벌이 이루어집니다.

눈에 보이는 음식 외에 다른 음식이 있습니다. 모세가 산에 올라가서 40일을 금식했습니다. 그는 인간으로서 홀로 산에 올라갔다가 하나님을 품고 내려왔습니다. 우리는 음식을 먹지 않으면 얼마 후 몸이 기진하여 죽는다는 것을 알고 있습니다. 그런데 모세는 40일 동안 금식했는데도 다른 사람들보다 더 원기 왕성하여 내려왔습니다. 하나님이 그를 먹이셨고, 그의 몸이 하늘의 양식을 먹었기 때문입니다. 하나님의 말씀이 그에게 양식이 되었고, 그의 얼굴에서 하나님의 영광이 빛나고 있었습니다. 그에게 일어난 일은 하나의 본보기입니다. 그 영광이 지금 기독교인들의 마음에서 빛나고 있습니다. 부활할 때에 그들의 몸은 다른 영적인 옷을 입으며 하늘의 음식을 먹게 됩니다.

**15. 질문.** 여자가 머리에 쓴 것을 벗고 기도한다는 것은 무슨 뜻입니까?(고전 11:5).

**답변.** 사도 시대에 여자들이 머리를 가리기 위해 머리를 풀었기 때문입니다. 이런 까닭에 주님과 사도들은 세상 사람에게 절제를 가르쳤습니다. 여기서 여자는 교회를 상징하는 전형입니다. 그 당시 가시적 세상에서 여자는 머리를 가리기 위해서 머리를 풀었지만, 교회는 그의 자녀들에게 신적이고 영광스러운 옷을 입혔습니다.

옛날 이스라엘의 교회 시대에는 회중이 하나였고, 그 회중은 성령으로 덮여 있었고 성령으로 옷입고 있었습니다. 그러나 그들은 성령과 교제하지 못했습니다. "교회"라는 말은 많은 영혼들에게만 아니라 각각의 영혼에게도 적용됩니다. 왜냐하면 영혼 안에 모든 기능들이 모여 있어 하나님에 대해 하나의 교회가 되기 때문입니다. 그러므로 영혼은 하늘의 신랑과 교통할 수 있고 그분과 연합합니다. 이 사실은 다수에게도 해당되고 한 영혼에게도 해당됩니다. 그러므로 선지자는 예루살렘에 대해 마치 한 사람에게 말하듯이 "내 옷으로 너를 덮어 벌거벗은 것을 가리고"(겔 16:8)라고 말했습니다.

**16. 질문.** 마르다가 마리아에 대해서 주님에게 "나는 많은 일로 분주하나 내 동생은 주님 곁에 앉아 있습니다"(눅 10:40 참조)라고 말한 것은 무슨 뜻입니까?

**답변.** 주님은 마리아가 마르다에게 말했어야 할 것을 미리 아시고 마르다에게 대답하였습니다. 즉 마리아가 모든 것을 버려두고 주님 발 앞에 앉아 종일 하나님을 경배했다고 말씀하셨습니다. 마리아가 주님 곁에 앉은 것은 사랑 때문이었습니다.

다음과 같이 설명해 보면 하나님의 말씀을 더 분명하게 이해할 수 있을 것입니다. 어떤 사람이 예수님을 사랑하고 열심히 그분을 섬기며 사랑 안에 거한다면, 비록 그 사람이 자신이 무엇을 받게 될 것이며 하나님이 자기 영혼에게 어떤 몫을 주려 하시는지 알지 못해도 하나님은 이미 그 사람의 사랑에 대한 보답을 준비하고 계시며 그의 사랑만큼 그에게 갚아 주실 것입니다.

마리아가 주님을 사랑하고 주님 발 앞에 앉았을 때, 마리아에게 주어진 선물은 평범한 것이 아니었습니다. 주님은 자신에게서 나오는 숨겨진 능력을 마리아에게 주셨습니다. 주님이 평안 가운데서 마리아에게 주신 말씀은 능력의 말씀이요 호흡이었습니다. 이 말씀이 마리아의 마음을 뚫고 들어갔고, 주님의 영을 그녀의 영에게 가져다주고 주님의 혼을 그녀의 혼에 가져다 주었으며, 신적인 능력이 그녀의 마음에 충만하게 되었습니다. 그 능력이 결코 빼앗기지 않는 재산처럼 어디에서든 영원히 머무를 수밖에 없습니다. 이런 이유 때문에 마리아가 받을 것을 이미 아시는 주님은 "마리아는 이 좋은 편을 택하였으니"(눅 10:42)라고 말씀하셨습니다. 그러나 잠시 후에는 열심히 봉사한 마르다가 은혜의 선물을 받게 되었습니다. 마르다 역시 영혼 안에 신적인 능력을 받았습니다.

**17.** 사도들이 하나님의 말씀을 선포했을 때 성령이 신자들에게 임한 것을 볼 때, 주님에게 와서 그분과 친밀하게 교제한 사람들이 주님의 능력을 받은 것을 결코 놀라운 일이 아닙니다. 고넬료는 말씀을 듣고 능력을 받았습니다. 하물며 주님이 마리아, 삭개오, 머리카락으로 주님의 발을 씻은 죄 많은 여인, 사마리아 여인, 강도 등에게 말씀하셨을 때에 주님에게서 능력이 나갔고 성령이 그들의 영혼과 혼합되었다는 것은 너무나 당연하지 않습니까?

하나님을 사랑하여 모든 것을 버리고 인내하며 기도하는 사람들은 알지 못하던 것들에 대한 은밀한 가르침을 받습니다. 그들이 선택하는 바에 따라서 진리가 나타나 "내가 진리요"(요 14:6)라고 가르칩니다. 사도들은 주님이 십자가에 못 박히시기 전에 주님과 함께 있으면서 큰 기적들을 보았습니다. 즉 문둥병자의 병이 치유된 것과 죽은 사람이 살아나는 것을 보았습니다. 그러나 그들은 신적인 능력이 마음속에서 역사하는 방법, 자신이 영적으로 거듭나고 성령을 받아 새로운 피조물이 되어야 한다는 것을 알지 못했습니다. 사도들은 주님이 행하신 기적 때문에 주님을 사랑했습니다. 그러나 주님은 "너희들은 왜 표적을 보고 놀라느냐? 나는 너희에게 온 세상이 갖지 못한 위대한 유산을 주겠다"라고 말씀하셨습니다.

18. 그러나 주님이 죽은 자들 가운데서 살아나시고 우리를 위하여 그분의 몸이 하늘로 들려 올라가신 후 보혜사 성령이 그들의 영혼에 들어가셔서 그들과 혼합되시고 진리가 신실한 영혼들 안에서 자신을 나타내시고 거룩하신 분이 오셔서 사람과 함께 거하시며 교제하시게 되기까지 이러한 주님의 말씀은 그들에게 이상하게 여겨졌습니다. 헌신적으로 봉사하고 열심과 믿음과 하나님을 향한 사랑을 품고 모든 일을 하는 사람은 그 결과로 진리의 지식에 이르게 됩니다. 주님이 그들의 영혼에게 나타나시고 성령이 일하시는 방법을 그들에게 가르쳐 주십니다. 아버지와 아들과 성령에게 영광과 경배를 영원히 돌릴지어다. 아멘.

설교 13

# 하나님은 우리들에게서 어떤 열매들을 기대하십니까?

1. 이 세상에서 보이는 것들은 모두 하나님이 지으신 것이며, 하나님은 그것들을 인간에게 주어 즐기고 누리게 하셨습니다. 하나님은 사람에게 의의 법도 주셨습니다. 그러나 그리스도께서 오신 후부터 하나님은 다른 열매, 즉 새로운 의, 순결한 마음, 선한 양심, 자비로운 말, 거룩하고 선한 생각을 원하시며, 성도들이 경건을 연습하기를 원하십니다. 주님은 "너희 의가 서기관과 바리새인보다 더 낫지 못하면 결코 천국에 들어가지 못하리라"(마 5:20), "간음하지 말라 하였다는 것을 너희가 들었으나 나는 너희에게 이르노니 음욕을 품고 여자를 보는 자마다 마음에 이미 간음하였느니라"(마 5:27-28)고 말씀하셨습니다.

하나님의 벗이 되고자 하는 사람, 즉 그리스도의 형제와 아들이 되고자 하는 사람은 다른 사람들보다 선한 일, 즉 마음과 정신을 거룩하게 하고 생각을 하나님께 향하는 일을 해야 합니다. 그렇게 하면 하나님이 마음에 은밀하게 생명과 도움을 주시고, 자신을 그 마음에 맡기십니다. 사람이 자신의 은밀한 것, 즉 그의 마음과 생각을 모두 하나님께 바치고 다른 것을 생각하지 않으며 마음이 흔들리지 않고 굳게 선다면, 주님은 그를 성화되고 순결한 사람이며 하나님의 비밀에 합당한 자로 여기시며 하늘의 양식과 영적 음료를 주십니다.

2. 부자가 자기 자녀에게 주는 음식과 종에게 주는 음식이 다릅니다. 왜냐하면 자녀는 아버지의 상속자이며, 아버지와 함께 먹으며 아버지처럼 되기 때문입니다. 만물을 창조하신 분이요 그 집의 참 주인이신 그리스도는 악한 자와 감사하지 않는 자에게도 양식을 주십니다. 그러나 주님이 낳고 은혜를 주었고 내면에 주님을 모시는 자녀들에게는 다른 사람들보다 좋은 특별한 음식과 고기와 음료수를 주십니다. 주님이 "내 살을 먹고 내 피를 마시는 자는 내 안에 거하고 나도 그의 안에 거하나니 영원히 죽음을 보지 아니하리라"(요 6:56; 8:51)라고 말씀하신 대로 그들은 아버지이신 예수님과 함께 다니며 그분에게서 선물을 받습니다. 참된 유업을 소유한 사람들은 하늘에 계신 아버지의 아들로 태어난 사람들이요, 주님이 말씀하신 대로 아버지 집에 거합니다. 주님은 "종은 영원히 집에 거하지 못하되 아들은 영원히 거하나니"(요 8:35)라고 말씀하셨습니다.

3. 만약 우리가 하늘 아버지의 자녀로 태어나기를 원한다면 다른 사람들보다 선한 일을 행해야 합니다. 즉 근면, 수고, 열심, 사랑, 좋은 대화, 그리고 선한 것들을 받음으로써 하나님을 기업으로 받기에 합당한 믿음과 경외심을 지녀야 합니다. 성경에는 "여호와는 나의 산업과 나의 잔의 소득이시니"(시 16:5)라고 기록되어 있습니다. 이와 같이 주님은 우리의 선한 목적과 인내를 보시고 자비를 베푸시며, 더러운 죄를 씻

어 깨끗하게 하시고, 우리 안에 있는 영원한 불을 제하시고, 우리를 하나님 나라에 합당하게 만드십니다. 주님의 긍휼, 그리고 성부와 성자와 성령이 주신 기쁨에 영광을 돌립시다. 아멘.

설교 14

# 마음과 생각을
# 하나님께 바치십시오.

1. 이 세상에서 눈에 보이는 모든 일들은 소망 안에서, 즉 그 수고의 결과를 누리게 되리라는 기대 안에서 행해집니다. 만약 수고하여 유익을 얻을 것이라고 확신하지 못한다면, 그 일을 하는 것을 유익하게 여기지 않을 것입니다. 농부는 수확을 기대하고 씨를 뿌리고, 그 기대 때문에 수고합니다. 사도 바울은 "밭 가는 자는 소망을 가지고 갈며"(고전 9:10)라고 말합니다. 아내를 얻는 사람은 자손을 얻으려는 기대를 가지고 결혼합니다. 장사하는 사람은 이득을 남기기 위해 죽음의 위험을 무릅쓰고 항해합니다. 마찬가지로 사람들은 하늘나라에서 "마음의 눈이 밝아지려는"(엡 1:18) 소망을 가지고 있기 때문에 세상 일을 멀리하고 기도와 간구에 몰두하며, 주님이 오셔서 자신을 나타내시며 그들 안에 있는 모든 죄를 깨끗이 제거해 주시기를 바랍니다.

2. 그러나 그 사람은 바라던 것을 얻고 주님이 오셔서 성령의 충만한 경험과 능력으로 자기 내면에 거하시게 되어야 비로소 자신의 노력과 생활 태도에 대해 확신을 갖습니다. 그가 주님의 선하심을 맛보고 성령

의 열매들로 기쁨을 얻으며, 어둠의 휘장이 벗겨지고 그리스도의 빛이 그를 비추고 말할 수 없이 큰 기쁨으로 그의 안에서 역사할 때 주님이 지극한 사랑 안에서 그와 함께 하시기 때문에 그는 지극히 만족합니다. 이것은 마치 이익을 남긴 상인이 즐거워하는 것과 같습니다. 그러나 그 사람은 하나님 나라, 즉 하늘에 있는 예루살렘에 들어가기 전까지는 나태해지거나 열심을 잃지 않도록 악한 영을 경계하며 대적하여 싸워야 합니다.

3. 그러므로 우리에게서 옛사람을 벗기고 하늘의 그리스도를 입혀 주시며 우리가 지금 여기에서 기뻐하며 살고 주님의 인도하심을 받아 고요 안에 거할 수 있게 해달라고 간구하십시오. 우리로 하여금 하나님 나라를 맛보게 하시려는 주님은 "나를 떠나서는 너희가 아무것도 할 수 없음이라"(요 15:5)고 말씀하셨습니다. 주님은 사도들의 사역에 의해서 많은 사람들을 계몽하는 법을 알고 계셨습니다. 그들은 피조물에 불과했지만 동료 종들에게 양식을 공급했습니다. 그들은 선한 대화와 교훈에 의해 죽어 부패한 생각들을 소생시켜 생명을 얻게 하였습니다. 하나의 피조물이 다른 피조물에게 영양을 공급하여 살릴 수 있습니다. 구름과 비와 태양은 피조물이지만 밀과 보리의 씨앗을 자라게 합니다. 태양이 빛을 세상에 보내면 그 빛이 창문을 통해 집안으로 들어오듯이 선지자들은 이스라엘 집을 비춰주는 빛에 불과했습니다. 그러나 사도들은 세상을 비추는 태양과 같았습니다.

4. 짐승들이 살고 있는 땅(거처)이 있고, 새들이 살아가는 공중의 땅

이 있습니다. 만약 새들이 땅에 서있거나 걸어 다닌다면 사냥꾼이 그것들을 잡을 것입니다. 물고기들에게는 바닷물로 된 땅이 있습니다. 땅 위에든지 공중이든지 어떤 생명체가 태어나면, 그곳에 그것이 거할 곳과 음식과 즐거움이 있습니다. 사탄도 땅과 집을 가지고 있는데, 그곳은 어둠의 세력과 악한 영들이 거하며 즐거움을 누리는 곳입니다. 또 빛나는 하나님의 땅이 있는데, 그곳에는 천사들과 거룩한 영들이 거하며 즐거움을 누리고 있습니다. 어둠의 땅은 육안으로 보거나 느낄 수 없으며, 빛나는 하나님의 땅도 육안으로 보거나 느낄 수 없습니다. 그러나 신령한 사람은 마음의 눈으로 사탄의 어두운 땅과 하나님의 빛나는 땅을 식별할 수 있습니다.

5. 불이 있기 때문에 불타는 산에 양처럼 생긴 동물들이 있었다는 우화가 있습니다. 그 동물들을 사냥하는 사람들은 쇠로 마차를 만들고 갈고리를 만들어 그것을 불 속에 던집니다. 왜냐하면 그 동물들에게는 불이 음식이요 음료수요 즐거움이요 성장이요 생명이기 때문입니다. 불이 그들의 모든 것이었습니다. 만일 그것들을 다른 곳으로 옮긴다면, 그것들은 죽습니다. 그것들은 옷이 더러워지면 물로 씻지 않고 불로 씻는데, 물에 씻는 것보다 더 깨끗하게 희어집니다.

그리스도인들도 하늘의 불을 음식으로 삼습니다. 그 불이 그들의 즐거움입니다. 그 불이 그들의 마음을 깨끗하게 씻어주고 거룩하게 해줍니다. 그 불이 그들에게 성장을 가져다줍니다. 그것이 그들의 공기요 생명입니다. 그 불을 떠나는 그리스도인들은 악한 영에 의해 멸망당할 것입니다. 이것은 우화 속에 나오는 동물이 불을 떠나면 죽고, 물고기가 물을 떠나면 죽는 것과 같습니다. 네 발 가진 짐승을 바다에 던지면 빠져 죽고, 새들이 땅 위에서 걸어 다니면 사냥꾼에게 잡히듯이 그 땅에 머물지 않는 영혼은 질식하여 죽습니다. 그 신령한 불을 음식으로 삼거나 옷 입지 않으면, 그리고 그 불로 마음을 씻거나 영혼을 거룩하게 하지 않으면 악한 영에게 붙잡혀 멸망할 것입니다. 그러므로 우리가 그 보이지 않는 땅에 뿌려졌는지, 그리고 하늘의 포도나무에 접붙여졌는지 진지하게 물어보아야 합니다.

   주님의 자비하심을 찬양할지어다. 아멘.

설교 15

# 거룩하고 정결하고 순결하게 행하십시오.

1. 매우 부유하고 존귀한 왕이 가진 것이라곤 몸밖에 없는 가난한 여인을 마음에 두고 있습니다. 그녀를 사랑하게 된 왕은 그녀와 결혼하여 함께 살고 싶어 합니다. 만약 그녀가 남편인 왕을 사랑하고 다정하게 대한다면, 빈털터리였던 그녀는 왕이 가진 모든 것을 소유하는 여주인이 될 수 있을 것입니다. 그러나 반대로 그녀가 자신의 의무를 행하지 않고 남편의 집에서 부당하게 행동한다면, 그녀는 두 손으로 머리를 감싸면서 수치와 모욕을 받으며 쫓겨날 것입니다(렘 2:37 참조). 이것은 모세의 율법에서 남편에게 무절제하며 유익을 주지 못한 부인에 관해 상징적으로 말한 것과 같습니다. 그녀는 자신의 어리석음 때문에 수치를 당하고 부귀와 영광을 잃었음을 생각하고 슬퍼하며 애통할 것입니다.

2. 마찬가지로 하늘나라 신랑이신 그리스도의 신부가 되어 신비한 영적 교제를 나누며 하늘의 부귀를 맛본 영혼은 하늘의 연인인 그리스도를 기쁘시게 해야 합니다. 또 그는 자기에게 맡겨진 성령을 섬겨야 하며, 무슨 일에서나 하나님을 기쁘게 하고 성령을 근심하게 하지 말아야

합니다. 또 주님을 사랑하고 겸손해야 하는데, 그렇게 행하는 것이 아름다운 일입니다. 그리고 주신 은혜에 감사하며 하늘의 왕의 집에서 바르게 행동해야 합니다. 이러한 영혼은 주님이 소유하고 계신 선한 것들을 모두 소유하게 되며, 신성神性으로 빛나는 몸이 될 것입니다.

그러나 만일 그가 주님을 섬겨야 하는 의무에서 벗어나 오히려 그 반대로 행하며 주님이 기뻐하시는 일들을 행하지 않으며 주님의 뜻을 따르지 않고 자기 안에 거하시는 성령의 은혜와 협력하지 않는다면, 그는 멸시와 수치를 당할 것이며 영광을 빼앗기고 생명을 잃을 것입니다. 왜냐하면 그는 하늘의 왕과 교제하기에 합당하지 못한 무익한 사람이기 때문입니다. 눈에 보이지 않는 거룩한 영들이 그 영혼 때문에 비통해하며 슬피 울 것입니다. 천사들과 권세들과 사도들과 선지자들과 순교자들이 그 영혼 때문에 슬퍼할 것입니다.

3. 주님이 "죄인 한 사람이 회개하면 하늘에서는 회개할 것 없는 의인 아흔아홉으로 말미암아 기뻐하는 것보다 더하리라"(눅 15:7)고 말씀하셨는데, 영혼이 영생에서 떨어져 나가면 하늘에서는 크게 슬퍼합니다. 세상에서 부자가 죽으면 그의 형제와 친척과 친지들이 애도하며 통곡하듯이, 영혼이 영생에서 떨어져갈 때 성도들은 애도하며 만가挽歌를 부릅니다.

성경은 이것을 상징적으로 표현하고 있습니다: "너 잣나무여 곡할지어다 백향목이 넘어졌고 아름다운 나무들이 쓰러졌음이로다"(슥 11:2). 이스라엘은 하나님을 흡족하게 하고 기쁘게 해드리지 못했지만 그들이 하나님을 기쁘시게 했다고 여김을 받았을 때에는 구름기둥이 그들을 보호하고 불기둥이 그들의 앞길을 비춰주었으며, 바다가 그들 앞에서 갈라지며, 바위에서 물이 나왔습니다. 그러나 그들의 마음과 의도가 하나님을 떠났을 때에 그들은 뱀에게 물리고, 적에게 잡혀 포로가 되고 노예가 되고, 고난을 당했습니다.

성령은 이것을 선지자 에스겔을 통해 신비롭게 선포하면서 그런 영혼을 예루살렘에 비유하였습니다: "네가 들에 버려졌을 때 내가 벌거벗은 너를 발견하여 물로 너를 씻기고 옷을 입히고 팔고리를 손목에 끼우고 목걸이를 목에 걸고 귀고리를 귀에 달아 주었다. 네 명성이 이방인 중에 퍼졌도다. 고운 밀가루와 꿀과 기름을 먹었으나 나의 은혜를 잊어버리고 지나가는 자를 따라갔으며 심히 부끄러운 음행을 하였다"겔 16장 참조.

**4.** 은혜로 말미암아 하나님을 알고 있으며 이전의 죄에서 깨끗함을 받고 성령으로 옷입으며 하늘의 신령한 음식을 맛보았음에도 불구하고 지혜롭지 못하고 충실하지 못하게 행동하고 하늘의 신랑인 그리스도를 끝까지 사랑하지 못하여 자신이 소유하고 있던 생명에서 떨어진 영혼에 대해서 성령은 경고하십니다.

왜냐하면 사탄은 이런 수준에 도달한 사람을 대적하여 공격할 수 있기 때문입니다. 죄가 은혜와 능력 안에서 하나님을 체험한 사람도 공격하여 넘어뜨리려고 애쓰기 때문입니다. 그러므로 우리는 애쓰며 자신을 지혜롭게 살펴서 "두렵고 떨림으로 구원을 이루어야 합니다"(빌 2:12). 그리스도의 영에 참예한 사람은 크고 작은 모든 일에 있어서 경솔하게 행동해서는 안 되며, 성령의 은혜를 멸시하지 말아야 합니다. 그렇지 않으면 이미 받아 소유하고 있던 생명을 빼앗길 것입니다.

5. 이것을 달리 설명해 보겠습니다. 만약 어떤 종이 왕의 궁전에 들어가서 그릇을 다루는 일에 종사하게 된다면, 그는 왕의 것(그는 자기의 그릇을 소유하고 있지 못함), 즉 왕의 그릇을 가지고 왕의 식탁에서 시중을 들어야 합니다. 그가 실수하지 않고 왕의 식사 시중을 들려면 지혜와 판단력이 있어야 합니다. 한 가지 음식을 가져온 후 다른 음식을 차례로 가져와 처음부터 끝까지 순서대로 봉사해야 합니다. 만약 무지와 판단력이 부족하여 순서를 지키지 못한다면 그는 자신의 지위와 생명을 잃을 것입니다.

은혜 안에서 하나님과 성령을 섬기는 영혼도 분별력과 지식이 있어야 하나님의 그릇을 다루는 데 있어서 실수하지 않습니다. 즉 자기의 뜻을 고집하지 않고 은혜와 조화를 이루면서 성령을 섬깁니다. 속사람이 은밀하게 성령을 섬길 때에 영혼이 자신의 그릇, 즉 자신의 영으로 주님을 섬길 수 있습니다. 그러나 하나님의 그릇, 즉 은혜가 없으면 하나님의 마음에 흡족하게 하나님을 섬길 수 없습니다.

6. 은혜를 받은 사람에게는 지혜와 분별력—이것들은 구하는 사람에게 하나님이 주시는 것—이 필요합니다. 이것이 있어야 성령 안에서 주님을 잘 섬기며, 불시에 죄의 기습을 받아 잘못을 범하지 않으며, 무지하고 오만하고 부주의하여 길을 잃거나 주님의 뜻에서 어긋나는 일을 행하지 않습니다. 이렇게 행하지 않는 영혼에게는 형벌과 죽음과 애통함이 임할 것입니다.

바울은 "내가 남에게 전파한 후에 자신이 도리어 버림을 당할까 두려워함이로다"(고전 9:27)라고 말했습니다. 우리는 하나님의 사도였던 바울이 어떤 두려움을 갖고 있었는지 알아야 합니다. 하나님의 은혜를 받은 우리는 하나님의 뜻을 따라 비범하게 성령을 섬기며 멸시하는 생각을 갖지 않게 해달라고 구해야 합니다. 그렇게 하면 하나님을 흡족하게 하는 생활을 할 수 있으며, 주님의 뜻대로 신령하게 봉사할 수 있으며, 그럼으로써 영생을 유업으로 받을 것입니다.

7. 사람들 중에는 여러 가지 병을 앓고 있기 때문에 지체들 중 일부, 예를 들면 시력이나 몇 부분은 건강하지만 나머지 부분은 병든 사람들이 있습니다. 영적인 세계에서도 동일합니다. 영적으로 세 부분이 건강하지만 완전하지는 못한 사람이 있습니다. 당신은 성령의 은혜를 받는 데는 많은 단계와 등급이 있으며, 영적으로 병든 부분이 단번에 제거되는 것이 아니라 조금씩 치료되고 제거된다는 것을 알 것입니다. 모든 피조물이 존재하는 것이나 해가 뜨는 것을 비롯하여 만물이 존재하는 것은 하나님의 섭리와 경륜에 의한 것입니다. 모든 것은 택함을 받은 자들이 상속하게 될 나라, 평화와 일치의 나라를 위해 존재합니다.

8. 그러므로 기독교인들은 꾸준히 노력하며 다른 사람을 판단하지 말아야 합니다. 거리의 창녀나 죄인이나 방탕한 사람을 판단하지 말며, 모든 사람을 진솔한 의도와 순결한 눈으로 바라보아야 합니다. 사람들을 멸시하거나 비판하거나 미워하거나 차별하지 않는 것이 확고한 본성의 법으로 자리 잡아야 합니다. 만약 애꾸눈인 사람을 보아도 그를

건강한 사람처럼 대하십시오. 또 한쪽 손이 없는 사람을 보면 그를 장애인으로 취급하지 말고, 절름발이나 중풍병자 등 모두를 온전한 사람으로 여기십시오. 죄인들과 병자들을 불쌍히 여기고 인자한 마음으로 대하는 것이 순결한 마음을 갖는 것입니다. 때때로 성도들이 극장에서 세상의 속임수를 보기도 하는데, 그들은 속사람으로 하나님과 대화하지만 겉사람은 세상에서 되어지는 일을 응시하고 있는 것처럼 보입니다.

9. 세속적인 사람은 거짓 영의 지배를 받으며 땅에 속한 것을 갈망합니다. 그러나 그리스도인들은 그들과는 다른 목표와 다른 마음을 가지고 있습니다. 그들은 다른 세상, 다른 도시에 속해 있습니다. 하나님의 영이 그들의 영혼과 교통하며, 그들은 원수를 짓밟습니다. 성경에는 "맨 나중에 멸망 받을 원수는 사망이니라"(고전 15:26)고 기록되어 있습니다. 경건한 사람들은 만물의 주인입니다. 그러나 믿음이 없는 죄인들은 만물의 종입니다. 불이 그들을 사르고 돌과 칼이 그들을 죽일 것입니다. 그들은 결국 마귀들의 지배를 받게 됩니다.

10. 질문. 부활 때에 모든 지체들이 다시 일어납니까?
답변. 하나님에게는 모든 것이 쉽습니다. 연약한 인간이 생각하기에는 그것이 불가능하게 보이지만 하나님은 그렇게 하겠다고 약속하셨습니다. 하나님은 티끌과 흙을 가지고 흙과는 전혀 다른 몸을 만드셨습니다. 그리고 그 안에 머리카락, 피부, 뼈, 근육 등 여러 종류의 요소들을 만드셨습니다. 바늘을 불 속에 넣으면 색깔이 변하고 뜨겁게 달아 불덩이가 되지만 쇠의 성질은 그대로 남습니다. 마찬가지로 부활 때에는 기록된 대로 "머리털 하나도 상하지 않고"(눅 21:18) 모든 지체가 일으킴을 받으며 모든 것이 빛과 같이 되고 모든 것이 빛과 불 속에 던져져 변화되지만, 어떤 사람들이 말한 것처럼 불 속에서 용해되어 자신의 본성을 잃어버리고 불로 변하지는 않습니다. 베드로는 베드로이고, 바울은 바울이며, 빌립은 빌립입니다.

사람들은 성령으로 충만해져도 각기 자기의 본성과 인격을 그대로 소유합니다. 만약 본성이 사라진다면 베드로와 바울이 더 이상 존재하지 않지만 하나님은 홀로 어디에나 존재하실 것입니다. 만일 그렇다면 지옥에 있는 영혼들이 자신의 형벌을 의식하지 못할 것이고 천국에 들어간 영혼들이 상을 받지 못할 것입니다.

11. 어느 정원에 여러 종류의 과일 나무가 있다고 생각해 보십시오. 그곳에는 잎이 무성하고 열매가 달린 배나무와 사과나무와 포도나무들이 있습니다. 그런데 정원과 모든 나무들과 잎이 변하여 다른 본성을 취하여 빛이 되었다고 가정해 보십시오. 부활 때에 사람도 이렇게 변합니다. 그들의 지체들이 거룩해지고 빛으로 가득하게 됩니다.

12. 그러므로 하나님의 사람들은 싸우고 대항할 준비를 해야 합니다. 젊고 용감한 사람은 자신에게 날아오는 주먹과 씨름을 막아내고 되받아칩니다. 이와 같이 그리스도인들도 외부의 고난과 내부의 갈등을 참고 견뎌야 수고한 후에 승리할 수 있습니다. 이것이 그리스도인들이 가야 하는 길입니다.

성령이 계신 곳에는 그림자처럼 박해와 씨름이 따릅니다. 선지자들에게 성령이 역사하실 때 그들은 동족들로부터 박해를 받았습니다. 길이요 진리이신 주님은 이방인이 아닌 자기 백성에게서 핍박을 받았습니다. 주님은 자기 백성인 이스라엘에게서 박해를 받아 십자가에 달리셨습니다. 사도들도 마찬가지였습니다. 주님이 십자가에 달리셨을 때 보혜사 성령이 십자가를 모든 기독교인들에게 물려주셨습니다. 게다가 유대인들은 박해를 받지 않았고 그리스도인들만 순교했습니다. 그렇다고 해서 놀랄 필요가 없습니다. 왜냐하면 진리는 반드시 핍박을 받게 되어 있기 때문입니다.

**13. 질문.** 악은 외부에서 들어온 것이며 사람이 마음만 먹으면 악을 받아들이지 않고 쫓아낼 수 있다는 주장이 있는데, 그것이 옳은 주장입니까?

**답변.** 뱀이 하와에게 말을 걸고 그녀의 동의를 얻어 그녀의 안에 들어갔습니다(창 3:5-6). 지금도 외부에 있는 죄가 사람의 동의를 얻고 안으로 들어갑니다. 이는 죄에게는 사람의 마음 안에 들어갈 능력과 자유가 있기 때문입니다. 우리의 생각들은 외부에 있지 않고 내부, 즉 마음에서 나옵니다. 바울은 "남자들이 분노와 다툼이 없이 거룩한 손을 들어 기도하기를 원하노라"(딤전 2:8)고 말했습니다. 복음서에 기록되었듯이 생각은 마음에서 나옵니다(마 15:19).

그러므로 가서 기도하고 마음과 생각을 지키며, 하나님께 드리는 기도가 순수한 것이 되게 하십시오. 그리고 기도에 방해되는 것이 있는지, 기도가 순수한지 살펴보십시오. 농부가 농사를 짓듯이, 남편이 아내를 대하듯이, 그리고 상인이 장사를 하듯이 우리의 마음이 완전히 주님께 몰두하고 있는지 살피시오. 사람들이 우리의 생각을 교란시켜도 흔들림없이 무릎을 꿇고 기도하는지 살펴보십시오.

14. 그런데 당신은 주님이 오셔서 십자가로 "죄를 정하사"(롬 8:3) 이제 우리 안에 죄가 없다고 말합니다. 군인이 자기의 전차를 어느 집에 두고 그 집에 묵는 동안에는 마음대로 그 집을 드나듭니다. 이처럼 죄도 마음속에서 자유롭게 소리를 발합니다. 성경에 "사탄이 그 속에 들어간지라"(요 13:27, 13:2)고 기록되어 있습니다. 그러나 당신은 그리스도가 오심으로써 죄가 정죄되었고 세례를 받은 후에는 악이 당신의 마음속에서 자유롭게 자기 주장을 펴지 못한다고 말합니다. 주님이 강림하신 이후로 지금까지 세례 받은 사람들 모두가 종종 나쁜 생각을 품어 왔다는 사실을 알지 못합니까? 그들 중 어떤 사람들은 헛된 영광을 구하고 간음하고 욕심을 품었습니다. 교회 안에 있는 많은 세속적인 사람들의 마음이 한 점 더러움 없이 깨끗합니까? 많은 사람들이 세례를 받은 후에도 죄를 짓고 죄 속에서 살지 않습니까? 세례를 받은 후에도 도둑은 자유롭게 들어가 제멋대로 행동합니다.

15. 성경에 "너는 마음을 다하고 뜻을 다하고 힘을 다하여 네 하나님 여호와를 사랑하라"(신 6:5)고 기록되어 있습니다. 당신은 항상 주님을 기억하며, 주님을 열정적으로 사모하고 주님을 향한 뜨거운 갈망을 가지고 있습니까? 만약 그러한 사랑을 가지고 있다면, 당신은 순결합니다. 만일 그렇지 못하다면 세상의 일이나 더럽고 악한 생각이 당신에게

다가올 때 그것들에게로 기울어지지 않는지, 당신의 영혼이 항상 하나님을 사랑하며 갈망하고 있는지 살펴보아야 합니다. 세상의 생각들은 우리의 마음을 세속적인 것들과 썩어 없어질 것들에게로 끌어가며, 우리로 하여금 하나님을 사랑하거나 주님을 기억하지 못하게 합니다.

그러나 종종 지식이 없는 사람이 기도하기 위해 무릎을 꿇을 때 그의 마음이 안식에 들어가고 그의 기도가 깊은 단계에 이르면 그를 방해하던 악한 벽이 무너지고, 그는 환상을 보고 지혜를 얻습니다. 그가 하나님의 비밀에 몰두해 있기 때문에 권세자나 지혜 있는 사람이나 연설가들은 그의 마음의 미묘함을 알거나 이해하지 못합니다. 마음을 평가해 보지 않은 사람은 경험이 없기 때문에 마음을 어떻게 평가해야 할지 알지 못합니다. 그리스도인들은 세상에서 가치있게 여겨지는 것들과 관계를 갖지 않으며, 자기의 내면에서 효과적으로 역사하고 있는 위대한 것과 비교하여 그것들을 "배설물"(빌 3:8)로 여깁니다.

**16. 질문.** 은혜를 받은 사람이 타락할 수 있습니까?

**답변.** 방심하면 분명히 타락합니다. 원수들은 결코 쉬지 않으며 싸움을 피하지 않습니다. 그러므로 당신은 쉬지 말고 더 열심히 하나님을 찾아야 합니다. 비록 당신이 확실히 은혜의 신비 안에 있다 해도 만일 방심한다면 큰 손실을 입을 것입니다.

**17. 질문.** 사람이 타락한 후에도 은혜가 남아 있습니까?

**답변.** 하나님은 타락한 인간이 생명으로 돌아오기를 원하시며, 그로 하여금 울며 돌아와 회개하게 하려 하십니다. 만일 타락한 사람에게 은혜가 남아 있다면, 그것은 그로 하여금 보다 더 확실하게 이전의 잘못된 행실을 회개하게 만들기 위한 것입니다.

**18. 질문.** 완전한 사람이 어려움을 당하거나 싸움을 해야 합니까? 아니면 그들은 근심에서 완전히 해방됩니까?

**답변.** 원수 마귀는 결코 싸움을 멈추지 않습니다. 사탄은 인간들을 미워하므로 모든 사람을 대적하여 무자비하게 싸우기를 멈추지 않습니다. 그런데 사탄은 모든 사람을 동일한 방법으로 공격하지 않습니다. 지방의 총독이나 왕실의 백작들은 황제에게 공물을 바칩니다. 그러나 그런 고관들은 세금을 내고도 남을 만큼의 충분한 수입이 있기 때문에 어려움을 느끼지 않습니다. 자선기금을 내는 사람이 그것을 손실이라고 느끼지 않듯이 사탄도 이런 일들을 심각하게 생각하지 않습니다. 그러나 일용할 양식조차 없는 가난한 사람을 생각해 보십시오. 그는 세금을 낼 수 없기 때문에 매를 맞고 고문을 당하지만 죽지는 않습니다. 반면에 사형을 선고받고 즉석에서 사라지는 사람도 있습니다.

그리스도인들의 경우도 동일합니다. 죄를 대적하여 맹렬하게 싸우는 사람들이 있습니다. 그들은 싸움하는 데 더욱 견고하고 지혜로워져서 적의 세력을 멸시하게 됩니다. 그들은 실족하지 않으며 자기의 구원을 확신하게 되고, 악을 대적한 싸움을 함으로써 경험을 얻기 때문에 그 싸움에서 결코 위험에 처하지 않습니다. 하나님이 그들과 함께 하셔서 그들을 인도하시고 안식을 누리게 하십니다.

**19.** 그러나 경험이 없는 사람은 조그만 어려움을 당하고 공격을 받으

면 즉시 멸망합니다. 사랑하는 사람이나 친지들을 만나기 위해 도시를 찾아온 여행객은 시장에서 많은 사람들을 만나도 멈추어 서지 않습니다. 왜냐하면 그들의 목적이 친구들을 만나는 것이기 때문입니다. 그들이 사랑하는 자의 집 앞에서 문을 두드리고 부르면, 방문을 받은 사람은 기뻐하며 문을 열어줍니다. 그러나 그 여행객이 시장에서 빈둥거리며 만나는 사람들에게 미혹되어 붙잡히게 되면, 문이 닫히며 아무도 그에게 문을 열어주지 않습니다. 이와 같이 우리 주 그리스도, 참된 연인에게 가고자 하는 사람은 다른 것들을 모두 멸시해야 하며 쳐다보지도 말아야 합니다.

궁전에 들어가 왕 앞에 나아가는 백작들과 고관들은 왕에게 어떻게 이야기를 할까, 혹시 대답할 때 실수하여 재판을 받고 처벌을 당하지 않을까 전전긍긍합니다. 그러나 왕을 만나보지 못한 소박한 시골 농부는 걱정 없이 살아갑니다. 이것이 왕으로부터 가난한 자에게 이르기까지 이 세상에서 사는 사람들의 모습입니다. 그들은 그리스도의 영광을 알지 못하기 때문에 이 세상 일에만 관심을 갖습니다. 누구도 심판 날에 대하여 진지하게 생각하지 않습니다. 그러나 그리스도의 심판대 앞에 설 것을 생각하며 주님의 임재 속에서 사는 사람들은 항상 주님의 명령을 범할까봐 두려워 떱니다.

20. 세상의 부자는 곳간에 많은 곡식을 쌓아 놓고서도 부족함 없이 풍족하게 더 많이 소유하기 위해서 날마다 열심히 일합니다. 곳간에 쌓아 둔 것으로 충분하다고 생각하여 더 이상 저축하지 않고 이미 쌓아 둔 것을 사용한다면 쌓아둔 것이 곧 없어져 가난하게 될 것입니다. 그

러므로 가난해지지 않으려면 수입을 늘리기 위해 일을 해야 합니다.

기독교인이 하나님의 은혜를 맛보는 것도 이것과 같습니다. 성경은 "너희는 여호와의 선하심을 맛보아 알지어다"(시 34:8)라고 말합니다. 이 "맛"은 마음에 역사하여 충만한 확신을 주는 성령의 능력입니다. 빛의 아들들과 성령 안에 있는 새 언약의 백성들은 사람의 가르침을 받지 않고 "하나님의 가르치심을 받습니다"(살전 4:9). 은혜가 그들의 마음에 성령의 법을 기록합니다. 그러므로 그들은 먹으로 기록된 성경만 확신해서는 안 됩니다.

하나님의 은혜가 성령의 법과 하늘의 비밀들을 "육의 마음판"(고후 3:3)에 기록합니다. 마음이 모든 육체의 기관을 다스리고 지배하며, 마음을 소유한 은혜는 모든 지체와 생각까지 지배합니다. 마음 안에 정신도 있고 영혼의 모든 기능과 기대가 있으므로 은혜는 몸의 모든 지체에까지 꿰뚫고 들어갑니다.

21. 반대로 죄는 어둠의 자식들의 마음을 다스리며, 모든 지체 안에 꿰뚫고 들어가 어둠 속에 사람들을 붙들어 맵니다. "마음에서 악한 생각"(마 15:19)이 나오기 때문입니다. 악이 사람의 내면에서 생겨나 자라는 것이 아니라고 생각하는 사람들은 내일에 대해 염려하거나 희망을 갖지 않습니다. 얼마 동안은 악이 욕망의 대상을 제시하기 때문에 그들은 내면적으로 혼란을 겪지 않으며, 따라서 "그러한 정욕이 더 이상 나를 괴롭히지 않습니다"라고 확신합니다. 그러나 얼마 후 이 욕망에 사로잡히면 그는 거짓 맹세의 죄를 더 짓게 됩니다. 물이 수도관을 통해 흐르듯이 죄는 마음과 생각을 통해 흐릅니다. 이것을 알지 못하는 사람은

죄가 이기려 하지 않아도 죄에 의해 논박당하고 조롱당합니다. 왜냐하면 악은 눈에 띄지 않으며 사람의 마음속에 숨어 있으려 하기 때문입니다.

22. 사람이 하나님을 사랑하면, 하나님이 그 사람과 사랑으로 결합하십니다. 사람이 하나님을 신뢰하면 하나님이 그에게 하늘의 신뢰를 더하여 주시므로 그 사람은 두 배의 신뢰를 소유하게 됩니다. 우리가 자신의 어느 부분을 하나님께 드리면, 하나님도 자신에게 있는 동일한 것을 우리의 영혼에게 주셔서 우리의 행위를 순전하게 하시고 우리의 사랑을 순전하게 하시며 우리의 기도를 순전하게 해주십니다.

인간은 큰 존엄성을 지니고 있습니다. 하늘과 땅, 해와 달이 무척 강대하지만 주님은 그것들 안에서 안식하지 아니하시고 오로지 인간 안에서 안식하시는 것을 기뻐하셨습니다. 그러므로 인간은 모든 피조물보다 고귀합니다. 감히 말한다면 보이는 피조물뿐만 아니라 보이지 않는 것, 심지어 "섬기는 영"(히 1:14)보다 더 고귀합니다.

하나님이 "우리의 형상을 따라 우리의 모양대로 우리가 사람을 만들고"(창 1:26)라고 말씀하셨는데, 이것은 미가엘이나 가브리엘이나 천사의 우두머리에 대한 말씀이 아니라 인간의 영적인 본질, 즉 불멸하는 영혼에 대한 말씀이었습니다. 왜냐하면 "여호와의 천사가 주를 경외하는 자를 둘러 진 치고"(시 34:7)라고 기록되어 있기 때문입니다. 물질적인 피조물은 불변하는 본성에 묶여 있습니다.

23. 하늘—해와 달과 땅—은 옛적에 영구히 세워졌고 처음 창조된

상태에서 변화될 수도 없으며 또 그럴 생각도 없지만, 주님은 그것들을 기뻐하시지 않았습니다. 그러나 인간은 하나님의 형상과 모양으로 지음을 받았습니다.

하나님은 자신의 주인이시고 자기 뜻대로 행하십니다. 하나님은 원하시면 의인을 지옥에 보내시고 악인을 천국에 보내실 수 있지만, 그렇게 하지 않으시며 그럴 생각도 없으십니다. 왜냐하면 하나님은 의로운 재판장이시기 때문입니다.

마찬가지로 당신은 자신의 주인이므로, 멸망받기를 원하면 그렇게 할 수 있습니다. 만약 당신이 잔인한 일 행하기를 택하여 독약을 먹여 어떤 사람을 살해하기로 마음먹었다면 아무도 그것을 반대하거나 방해할 수 없습니다.

그러나 사람이 하나님께 순종하기로 결정한다면 그는 의의 길을 걸으며 자신의 욕망을 억제할 수 있습니다. 이렇게 행할 때에 우리 마음이 평정을 유지하며 단호한 생각에 의해 악의 충동과 부끄러운 욕망들을 정복할 능력을 소유합니다.

24. 어느 젊은 남녀가 금그릇과 은그릇, 여러 종류의 옷가지, 그리고 돈이 가득한 큰 집을 방문했다고 가정해 보십시오. 그들은 본성적으로 내재하는 죄 때문에 그 집안의 물건들을 탐내지만 집주인에 대한 두려움 때문에 자신의 마음을 억제하며 물건에 대한 욕심을 저지할 것입니다. 하나님을 경외하는 사람은 더욱더 내재하는 악을 대적하여 싸워야 하지 않겠습니까?

하나님은 인간의 능력으로 행할 수 있는 것을 명령하셨습니다. 비이성적인 동물의 본성은 억제되었습니다. 뱀은 본성적으로 독성을 가지고 있습니다. 늑대는 본성적으로 탐욕스럽습니다. 양들은 본래 온순하므로 다른 짐승의 먹이가 됩니다. 비둘기들은 교활하지 않으며 남을 해치지 않습니다. 그러나 인간은 그렇지 않습니다. 어떤 사람은 탐욕스러운 늑대와 같고, 어떤 사람은 양처럼 온순하여 먹이가 됩니다. 이 두 가지가 모두 인간의 본성입니다.

25. 어떤 사람은 부인에게 만족하지 못하여 창녀를 찾지만, 어떤 사람은 마음에서 일어나는 욕망을 억제합니다. 어떤 사람은 이웃의 재산을 약탈하지만, 어떤 사람은 하나님을 경외하며 자기 재산을 나누어 줍니다.

인간의 본성이 이처럼 변화될 수 있습니다. 우리의 본성은 악을 따르기도 하고 선을 따르기도 합니다. 두 가지 경우 모두 이간은 자신이 좋은 대로 동의하여 행동하게 됩니다. 본성은 선과 악 모두를 행할 수 있으며, 하나님의 은혜에 속할 수도 있고 반대 세력의 지배를 받을 수도 있습니다. 그러나 어떤 경우에든 강요를 받아 행하는 것이 아닙니다.

아담은 처음에는 순수한 상태에 있었고 자신의 생각을 통제하고 있었습니다. 그러나 범죄한 후에 엄청난 슬픔이 그의 마음에 자리를 잡았습니다. 또 마음의 생각들이 온통 악으로 물들었습니다. 그러나 그 생각들은 아담의 생각이 아니었습니다. 왜냐하면 그것들이 악의 지배 아래 있었기 때문입니다.

26. 그러므로 우리는 순결한 생각들을 찾기 위해서 불을 밝힐 등불을

구해야 합니다. 그것들은 하나님이 만드신 본래의 생각들입니다. 바다에서 수영을 배우며 자란 사람은 파도와 큰 물결이 일어도 놀라지 않습니다. 그러나 이런 상황에 익숙하지 못한 사람은 작은 물결이 밀려와도 놀라고 물에 빠집니다.

그리스도인들도 마찬가지입니다. 세 살짜리 아이는 어른들의 마음을 가질 수도 없고 이해할 수도 없습니다. 왜냐하면 그들 사이에 세대차가 있기 때문입니다. 그리스도인들은 시선을 은혜에 두며 세상을 어린아이처럼 봅니다. 그들은 이 세대에 대해서는 이방인입니다. 그들의 고향과 쉴 곳은 이 세상이 아닌 다른 곳에 있습니다.

그리스도인들은 성령이 주시는 위로, 눈물, 슬픔, 탄식 등을 소유합니다. 그러나 그들에게는 눈물도 기쁨이 됩니다. 그들은 기쁨과 즐거움 속에서 두려움도 느낍니다. 그들은 손으로 자신의 피를 나르는 사람처럼 자기 자신을 신뢰하지 않고 자신을 소중하게 생각하지도 않으며 자신이 누구보다 더 멸시받고 버림받은 자라고 생각합니다.

27. 자기의 보물을 가난한 사람에게 맡긴 왕이 있다고 가정해 보십시오. 왕의 보물을 맡은 사람은 그것을 자신의 것이라고 여기지 않습니다. 그는 항상 자신이 가난한 사람이라는 것을 기억하며 왕의 보물을 낭비하려고 들지 않습니다. 그는 이 보물이 왕의 것임을 기억합니다. 그는 "이것은 힘센 왕이 나를 믿고 맡긴 것인데, 그준이 원하면 언제든지 내게서 되찾아 갈 수 있다"라고 명심하고 있습니다.

하나님의 은혜를 받은 사람도 겸손한 마음으로 자신의 가난함을 인정해야 합니다. 왕의 보물을 맡은 가난한 사람이 그것을 자기의 것인

양 자랑하고 교만한 마음을 품는다면 왕이 그 보물을 빼앗아갈 것이며, 보물을 맡았던 사람은 전처럼 가난해집니다. 마찬가지로 은혜를 받은 사람이 교만하고 오만해지면 주님이 그에게서 은혜를 빼앗아 버리시기 때문에 그의 상태가 은혜 받기 전과 같아집니다.

**28.** 은혜를 받았음에도 불구하고 죄에 미혹되어 은혜를 제대로 누리지 못하는 사람들이 많습니다. 어느 집에 하녀와 청년이 일하고 있다고 가정해 보십시오. 그런데 하녀가 청년의 음탕한 말에 동의하여 간음하여 순결을 잃고 쫓겨났습니다. 마찬가지로 죄라는 무서운 뱀은 항상 영혼과 함께 있으면서 영혼을 속이고 미혹합니다. 그것의 제안에 동의할 때 영혼은 악한 영의 악과 교제하게 됩니다. 다시 말해서 영과 영이 교제하게 됩니다. 그리고 마음으로 간음하는 사람은 가장 악한 자의 제안을 받아들입니다. 그러므로 우리는 그것을 대적하여 싸워야 합니다. 생각으로 간음하지 말고 마음으로 저항해야 하며 내면에서 싸움하며 전쟁을 벌여야 합니다. 악한 생각을 흡족히 여기거나 따라가서는 안 됩니다. 우리가 이렇게 마음을 준비한 것을 주님이 보신다면, 마지막 날에 우리를 하늘나라로 데려가실 것입니다.

**29.** 하나님은 그의 은혜와 부르심의 증거가 될 만한 것들을 정하셨습니다. 그리고 다른 여러 가지 방법을 정하여 사람이 자신의 믿음을 증명하고 연단하고 분명하게 결정할 수 있게 하셨습니다. 고통과 시험을 당할 때 인내하며 견디는 사람은 반드시 하늘나라에 들어갈 수 있습니다. 그러므로 그리스도인은 어려움을 당할 때 슬퍼해서는 안 됩니다.

가난과 고통으로 시련을 당할 때에 놀라지 말고 오히려 기뻐하며 그것을 부유함으로 간주해야 합니다. 금식을 잔치로, 수치와 모욕을 영광으로 생각해야 합니다. 반면에 그들이 이 세상의 영광스러운 환경을 만나 세상의 안락과 부유함과 영광과 사치스러운 것을 따르려는 마음이 생길 때에 그것을 즐기지 말고 불을 피하듯이 피해야 합니다.

30. 이 세상에서 어느 나라가 아주 작은 나라와 싸우게 되면 왕은 자신이 전선에 나가지 않고 장군들을 군사들과 함께 보내어서 전쟁을 하게 합니다. 그러나 적국이 왕의 나라를 이길 만큼 강력할 때 왕은 왕궁과 진陣에 있는 군사를 이끌고 전장에 나가서 직접 전쟁에 참전하지 않을 수 없습니다. 우리가 얼마나 존엄한지 존재인지 생각해 보십시오. 하나님이 친히 군대—천사들과 거룩한 영들—를 거느리고 오셔서 우리를 보호하며 죽음에서 구원하십니다. 그러니 스스로 살펴 자신을 위해 무엇이 예비되어 있는지 생각하십시오.

우리가 이 세상에 살고 있으므로 세상의 예를 들겠습니다. 어느 왕이 가난하고 고통받는 사람을 만났다고 가정해 보십시오. 왕은 조금도 부끄럽게 여기지 않고 그 사람의 상처에 약을 발라주고 궁전으로 데리고 와서 왕이 입는 자주색 옷을 입히고 면류관을 씌우고 왕이 먹는 식탁에 앉아 함께 먹게 했습니다. 하늘의 왕이신 그리스도도 고통받는 사람을 찾아오셔서 그를 고쳐 주셨고 왕의 식탁에 초대하셨습니다. 그 사람의 뜻을 무시하면서 그렇게 행하신 것이 아니라 그를 설득하여 그런 영광을 주신 것입니다.

**31.** 복음서에 주님이 자기 종들을 보내어 원하는 자들을 초대하시면서 그들에게 잔치가 준비되어 있다고 선언하시는 내용이 있습니다. 그러나 초대받은 사람들은 "나는 몇 마리의 소를 샀습니다", "나는 장가 들었습니다"(눅 14:16-20 참조)라고 핑계를 댔습니다. 주인이 잔치를 준비하였는데 초대받은 사람들이 거절했습니다. 그러므로 그들은 자신의 행동에 대해 책임을 져야 합니다. 이처럼 그리스도인들에게는 대단한 권위가 있습니다.

주님이 그리스도인을 위해 나라를 예비하시고 들어오라고 부르셨지만 그들은 들어오려 하지 않습니다. 그가 상속받게 될 선물과 관련하여, 아담 이래 세상 끝날까지 모든 사람이 사탄과 대항해서 싸우고 고난을 참았더라도 장차 그가 받을 영광에 비하면 아무것도 아니라고 말할 수 있을 것입니다. 왜냐하면 그는 그리스도와 함께 영원히 왕노릇하기 때문입니다. 영혼을 사랑하시므로 자신 및 자신의 은혜를 베푸시며 영혼과 함께 하시는 주님에게 영광을 돌리십시오. 그의 위대하심을 찬양하십시오.

**32.** 외모에 관한 한 여기에 앉아 있는 우리 형제들은 모두 아담의 형상을 가졌고 아담의 품성을 가지고 있습니다. 그런데 은밀한 부분, 내면적인 일에 있어서도 우리 모두 한 목적과 한 마음을 가지고 있습니까? 우리 모두는 하나이며 선하고 경건합니까? 아니면 우리 중 일부는 그리스도 및 그분의 천사들과 교제하고, 나머지는 사탄과 마귀들과 사귀고 있습니까? 우리 모두는 마치 한 사람인 것처럼 함께 앉아 있습니다. 우리 각 사람이 아담과 동일한 성품을 지니고 있습니다. 당신은 눈

에 보이지 않는 실체, 즉 속사람이 겉사람과 얼마나 다른지 알고 있을 것입니다. 우리 모두가 동일한 사람처럼 보이지만 어떤 사람은 그리스도와 천사들과 교제하고 어떤 사람들은 사탄 및 악령과 교제합니다.

마음의 깊이는 아무도 헤아릴 수 없습니다. 그 안에 응접실, 침실, 문, 현관, 여러 개의 사무실과 통로들이 있습니다. 그 안에는 의의 작업실과 악의 작업실이 있습니다. 그 안에 죽음도 있고 생명도 있습니다. 그 안에 선한 거래가 있고 악한 거래도 있습니다.

**33.** 황폐해지고 시체들이 가득하여 악취가 나는 큰 궁전이 있다고 가정해 보십시오. 그리스도의 궁전인 우리 마음에 부정함이 가득하고 악한 영들의 무리가 가득합니다. 그 궁전의 기초를 다시 세우고 다시 건축하며 방들과 침실을 다시 정리해야 합니다. 왜냐하면 왕이신 그리스도께서 천사들과 거룩한 영들과 함께 그곳에 오셔서 쉬고 거하시며, 그 안에서 거닐면서 그의 나라를 세우실 것이기 때문입니다. 이것은 많은 장비를 실은 배와 같아서 선장이 장비들을 적절히 배치하고, 각 사람에게 임무를 주고 잘못된 점을 지적하며 해야 할 지침을 주는 것과 같습니다. 마음의 선장은 양심입니다. 양심이 항상 우리를 판단합니다. "이런 이들은 그 양심이 증거가 되어 그 생각들이 서로 혹은 고발하며 혹은 변명하여 그 마음에 새긴 율법의 행위를 나타내느니라"(롬 2:15).

**34.** 당신은 양심이 악한 생각들을 사랑하지 않으며 오히려 즉각적으로 심판한다는 것을 알고 있습니다. 양심은 거짓말을 하지 않습니다. 양심은 늘 우리를 심판하듯이 심판 날에 하나님 앞에서 반드시 해야 할

증언을 합니다. 고삐가 달린 마차가 있다고 생각해 보십시오. 말들과 모든 기구들이 마부의 손에 달려 있습니다. 마부가 원하면 빨리 달릴 수 있고, 그의 뜻대로 멈추기도 합니다. 그가 원하는 길로 돌아서 갈 수 있습니다. 마차는 철저히 마부의 지배를 받습니다. 마찬가지로 마음도 밀접한 관계를 맺고 있는 여러 기능들을 가지고 있습니다. 마음을 책망하고 인도하며 마음 안에서 잠자고 있는 여러 가지 본성적인 능력들을 깨우는 것은 양심과 정신입니다. 영혼은 하나이지만 많은 지체를 가지고 있습니다.

**35.** 아담이 범죄한 이후 뱀이 들어와 그 집의 주인이 되었습니다. 뱀은 마치 영혼 옆에 붙은 두 번째 영혼처럼 되었습니다. 주님은 "자기 목숨까지 미워하지 아니하면 능히 내 제자가 되지 못하고"(눅 14:26, 9:23), "자기 목숨을 얻는 자는 잃을 것이요"(마 10:39)라고 말씀하셨습니다. 영혼 안에 들어온 죄가 영혼의 지체가 되었고 육체적인 사람과 결합하였습니다. 그리하여 마음 안에서 많은 더러운 생각들이 솟아나게 되었습니다. 자기 영혼이 원하는 것을 행하는 사람은 악이 바라는 것을 행합니다.[8] 그 이유는 악이 영혼과 함께 묶여 혼합되어 있기 때문입니다. 영혼을 복종시키며 자기 자신 및 자신을 따라다니는 욕망과 싸우려는 사람은 적의 도시를 정복하는 사람과 같습니다. 그 사람은 성령의 선한

---

8) 만약 헬라어 원문이 옳다면 마카리우스는 "영혼"(soul)과 "마음"(heart)을 구별하고 있다. 그러나 그것은 쉽지 않다. καρδίας(마음의)는 κακίας(악한)를 혼동한 것이라고 보는 것이 타당할 것이다. 사본에는 κακίας의 근거가 없다. 그러므로 오류가 있다면 그것은 근원적인 것이다.

도움을 얻으며, 하나님의 능력을 받아 순결한 사람이 되며, 자기 자신보다 더 위대한 사람이 됩니다. 그런 사람은 신화神化되고 하나님의 아들이 되어 영혼에 하늘의 인印을 받기 때문입니다. 하나님의 택함을 받은 사람은 거룩한 기름 부음을 받아 왕이나 존귀한 사람이 됩니다.

**36.** 사람들의 본성이 그렇습니다. 악에 깊이 빠져 죄의 노예가 된 사람이 선한 것에게로 돌이킬 수 있습니다. 성령에 매여 있고 하늘의 것에 도취되어 있는 사람이 돌이켜 악을 취할 수 있습니다. 누더기 옷을 입고 온 몸이 더럽며 굶주려 지내던 여인이 왕의 반열에 올라 예복과 화관으로 단장한 후 왕의 신부가 되었습니다. 그녀는 자신이 과거에 처했던 더러운 상태를 기억하고 있으며, 옛 상태로 돌아가고자 하는 마음이 한편에 남아 있습니다. 그러나 그것이 어리석은 일이기 때문에 그녀는 예전의 부끄러운 모습으로 결코 되돌아가지 않을 것입니다. "한 번 빛을 받고 하늘의 은사를 맛보고 성령에 참여한 바"(히 6:4) 된 사람도 조심하지 않으면 세상에 처했던 이전보다 더 비참해질 수 있습니다.

하나님이 변하시거나 능력이 없어서가 아니며 성령이 "소멸"(살전 5:19) 되어서가 아니라 사람들이 은혜를 제대로 감당하지 못하여 실패하며 죄에 빠집니다. 성령의 은사를 맛본 사람들은 기쁨과 위로, 두려움과 떨림, 즐거움과 애통함 등 두 가지를 함께 가지고 있습니다. 인류가 하나이기 때문에 그들은 자신 및 아담의 후손들을 위해 애통해 합니다. 이런 사람들의 눈물은 음식이 되고, 그들의 애통함이 즐거움과 소생함이 됩니다.

**37.** 은혜를 받은 사람이 그 은혜때문에 오만하고 교만해진다면 그가 기적을 행하고 죽은 사람을 살린다 해도 그의 영혼은 무가치하고 하찮은 것이 됩니다. 그는 여전히 영적으로 가난하며 자신에게 미움의 대상이 되고 자신은 알지 못하지만 죄에 속고 있습니다. 그가 기적을 행해도 우리는 그를 믿지 못합니다. 기독교인의 표식은 사람들의 주목을 피하면서 하나님의 인정을 받으려 하며, 비록 왕의 보물을 맡았어도 그것을 감추고 "그것은 나의 것이 아닙니다. 다른 사람이 내게 맡긴 것입니다. 나는 가난한 사람입니다. 그분이 원하시면 언제라도 가져가실 수 있습니다"라고 말하는 것입니다. 만약 어떤 사람이 "나는 부자입니다. 이미 충분히 얻었으므로 더 이상 필요가 없습니다"라고 말한다면 그는 그리스도인이 아니라 마귀의 그릇입니다. 왜냐하면 하나님을 누리는 기쁨은 한이 없어 결코 충족시킬 수 없기 때문입니다. 주님이 주시는 것을 맛보고 먹는 사람은 더 큰 배고픔을 느낍니다. 그런 사람이 하나님에 대해 느끼는 열심과 열정은 한이 없습니다. 그는 많이 얻으려고 노력하여 진보를 이룰수록 마치 가진 것이 없는 궁핍한 사람처럼 자신을 가난하게 여깁니다. 그리스도인들은 "나는 태양이 나를 비추어 주는 것조차 감당하지 못하겠습니다"라고 말합니다. 이러한 겸손이 기독교인의 표식입니다.

**38.** "나는 충분히 받았으니 만족합니다"라고 말하는 사람은 속이는 자요 거짓말쟁이입니다. 주님이 산에 오르셨을 때 주님의 몸이 영화롭게 되고 신적인 영광과 무한한 빛으로 변형되셨듯이 성도의 몸도 영화롭게 되고 번개처럼 빛나게 됩니다. 그리스도 안에 있던 영광이 그리스

도의 몸 위로 퍼지고 빛을 발했습니다. 성도들의 경우도 마찬가지입니다. 그 날에 그들 안에 있는 그리스도의 능력이 몸 밖에 부어질 것입니다. 성도들은 지금도 마음 안에서 주님의 본질과 본성에 참여합니다. 성경은 "거룩하게 하시는 이와 거룩하게 함을 입은 자들이 다 한 근원에서 난지라"(히 2:11), "내게 주신 영광을 내가 그들에게 주었사오니"(요 17:22)라고 말합니다. 하나의 불꽃으로 많은 등불의 불을 켜듯이, 그리스도의 지체인 성도들의 몸은 그리스도와 동일한 것이 되어야 합니다.

**39. 질문.** 어떤 점에서 그리스도인들이 첫 아담보다 우월합니까? 아담의 몸과 영혼은 죽지 않고 썩지 않았지만, 그리스도인들은 죽어 사라집니다.

**답변.** 참 죽음은 내면 즉 마음에 숨겨져 있으며, 속사람이 멸하는 것입니다. 그래서 어떤 사람이 "사망에서 생명으로 옮겼다면"(요 5:24), 그는 영원히 사는 것이며 결코 죽지 않습니다. 비록 그 사람의 육체가 잠시 동안 썩어 없어지지만, 그는 거룩해지기 때문에 영광 중에 다시 일어납니다. 그래서 우리는 그리스도인의 죽음을 안식 또는 잠이라고 부릅니다. 만약 사람이 불멸하며 그 몸이 썩지 않는다면 그리스도인들의 몸이 썩지 않는 기이한 사실을 보고서 온 세상은 자발적인 결정이 아닌 일종의 강요에 의해 선하게 될 것입니다.

**40.** 태초에 인간에게 주신 자유의지가 단번에 드러나고 유지되도록 하기 위해서 하나님은 육체가 소멸되도록 섭리하셨습니다. 자유의지는 인간이 결정하는 바에 따라 선에도 이르고 악에도 이릅니다. 악에 완전

히 빠져 있고 죄에 깊이 물들어 있어 스스로 마귀의 도구가 되어 그에게 완전히 복종하는 사람이라도 반드시 그것에 매어 있지는 않습니다. 그에게는 "택한 그릇"(행 9:15), 즉 생명의 그릇이 될 수 있는 자유가 있습니다. 반면에 신성神性에 깊이 취해 있고 성령 충만하여 그의 지배를 받는 사람도 필연적으로 그 편에 매어 있는 것이 아닙니다. 그는 이 세상에서 돌이켜 자기가 원하는 것을 할 수 있는 선택의 자유가 있습니다.

**41. 질문.** 악이 감소되어 완전히 근절되고 사람이 은혜 안에서 성장하는 것은 단계적으로 되는 것입니까? 아니면 은혜의 방문을 받을 때, 단번에 악이 제거됩니까?

**답변.** 태중에 있는 아기는 단번에 사람의 형상을 갖는 것이 아니라 점차 그 모양이 형성되고, 태어나서도 완전한 성인이 되는 것이 아니라 여러 해 동안 자라야 어른이 됩니다. 그리고 보리나 밀의 씨앗도 땅에 떨어지자마자 뿌리를 내리는 것이 아니라 폭풍과 바람을 견디고 적절한 기간이 지나야 이삭을 맺습니다. 배나무를 심는 농부가 단번에 열매를 딸 수는 없습니다. 미묘하고 지혜가 필요한 영적인 세계에서도 마찬가지입니다. 사람은 조금씩 자라서 "온전한 사람을 이루어 그리스도의 장성한 분량이 충만한 데까지"(엡 4:13) 이릅니다. "옷을 갈아입듯이" 단번에 되는 것이 아닙니다.

**42.** 학자가 되려는 사람은 학교에 가서 문자를 배웁니다. 그곳에서 최고 학년에 이르면 상급 학교로 진학하게 되는데, 그곳에서는 가장 초년생이 됩니다. 그곳을 졸업하면 또다시 상급 학교로 진학하여 신입생

이 됩니다. 그 후 "교사"가 되지만 많은 변호인 중에 가장 초년생입니다. 그가 다시 그 분야에서 정상에 오르게 되면 관장이 되고, 높은 관리자가 되면 보좌역을 둘 수 있습니다. 이 세상에서도 이와 같이 승진의 절차가 있는데 하물며 하늘의 비밀을 아는 데 더 많은 승진의 단계가 있지 않겠습니까! 기독교인은 많은 연습과 시험을 거쳐서 온전한 사람이 됩니다.

왕에서부터 거지에 이르기까지 누구든 참으로 은혜를 맛보았고 정신과 마음에 십자가의 표지를 가진 사람들은 모든 것을 배설물로 여기며 무의미하다고 생각합니다. 이런 사람들은 온 세상, 왕의 보물, 재산과 영광, 지혜로운 말들이 견고한 토대가 없고 무상하고 헛된 속임수라는 것을 알고 있습니다. 그들은 하늘 아래 있는 모든 것을 멸시합니다.

**43.** 그렇다면 멸시하는 이유가 무엇입니까? 하늘 위에 있는 것들은 매우 기이하고 놀라운 것으로서 왕의 보물이나 지혜로운 말이나 세상의 영광이나 권세나 재물 속에서 발견할 수 없는 것이기 때문입니다. 속사람 안에 만물의 주요 창조자이신 분, 결코 사라지지 않고 영원히 거할 재산을 소유한 사람이 이러한 부를 소유합니다. 그리스도인들은 영혼이 모든 피조물보다 더 귀하다는 것을 알고 있습니다. 왜냐하면 사람만이 하나님의 형상에 따라 하나님의 모양으로 지음 받았기 때문입니다.

하늘과 땅은 매우 광대합니다. 그 안에 있는 피조물들은 귀중한 것들이고 그 모습도 웅장합니다. 그러나 주님이 오로지 인간에게 관심을 두시기 때문에 인간은 모든 피조물 중에서 가장 귀중합니다. 바다의 고

래나 산이나 짐승 등은 외모가 사람보다 큽니다. 그러나 우리 자신의 위엄을 보십시오. 하나님이 우리를 천사보다 낮게 만드셨으며 또 우리를 돕고 구원하기 위해 친히 세상에 오셨으니 우리는 얼마나 귀중하며 가치 있는 존재입니까?

**44.** 하나님과 그의 천사들이 우리를 구원하기 위해 오셨습니다. 왕과 왕의 아들이 그 아버지와 협의하시고, 말씀을 보내어 신성을 감추고 육신을 입게 하셨고, 십자가에 달려 운명하셨습니다. 이는 그분을 닮은 사람들로 하여금 구원받게 하기 위해서였습니다. 인간을 향한 하나님의 사랑이 이렇게 위대합니다. 영원 불멸하신 분이 우리를 위해 십자가의 죽음을 선택하셨습니다. "하나님이 세상을 이처럼 사랑하사 독생자를 주셨으니"(요 3:16)라는 말씀을 생각해 보십시오. 성경에는 "어찌 그 아들과 함께 모든 것을 우리에게 주시지 아니하겠느냐"(롬 8:32), "내가 진실로 너희에게 이르노니 주인이 그의 모든 소유를 그에게 맡기리라"(마 24:47)고 기록되었습니다. 다른 곳에도 천사들이 성도들을 섬기는 자로 나타납니다.

엘리사가 산에 있을 때 시리아인들이 그를 대적하여 나아왔습니다. 그때 젊은 시종이 "큰일이 났습니다. 선생님, 어떻게 하면 좋습니까?"라고 말했습니다. 엘리사는 "두려워하지 말아라! 그들의 편에 있는 사람보다는 우리의 편에 있는 사람이 더 많다"(왕하 6:15 이하 참조)라고 대답했습니다. 당신은 주님과 많은 천사들이 그의 종들과 함께 있다는 것을 알고 있습니다. 하나님과 천사들이 영혼과 교제하면서 하나님 나라를 주시려고 영혼을 구하고 있음을 볼 때 영혼이 얼마나 위대하며 하나님에게 고귀한 존재입니까! 사탄과 그의 세력들은 영혼을 자기의 편으로 만들려고 찾아다닙니다.

45. 이 세상의 왕들이 비천한 사람들의 시중을 받지 않고 제대로 교육받은 아름다운 사람들의 시중을 받으려 하듯이 하늘나라 왕궁에서 하늘의 왕을 섬기는 자들은 책망할 것이 없으며 흠이 없고 마음이 정결한 사람들입니다. 왕궁에서 흠이 없고 단정하며 아름다운 처녀들이 왕과 교제하듯이 영적인 세계에서도 단정한 예의를 갖춘 영혼들이 하늘의 왕을 모십니다. 이 세상에서 왕자가 머물 집이 불결하다면 사람들이 그 집을 정돈하여 깨끗하고 아름다운 향기가 나도록 합니다. 그렇다면 점도 없고 흠도 없으신 주님이 들어가 쉬실 집인 영혼은 얼마나 더 깨끗해야 하겠습니까! 하나님과 하늘나라의 모든 교회가 그러한 영혼 안에 거합니다.

46. 자연 세계에서 많은 재산과 왕관과 귀한 보석들을 가진 아버지는 그것들을 창고에 넣어 보관했다가 사랑하는 아들에게 넘겨줍니다. 마찬가지로 하나님도 자신이 가진 것과 귀중한 것들을 영혼에게 맡기십니다. 이 세상에서 전쟁이 벌어졌을 때 왕이 군대를 이끌고 싸우러 왔다가 자기 편의 세력이 열등한 것을 알게 되면 즉시 "사신을 보내어 화친을 청할 것"(눅 14:32)입니다. 그러나 서로 힘이 비슷한 강대국들이 싸운다면, 예를 들어 페르시아의 왕과 로마의 황제가 서로 대적하여 싸운다면 두 왕은 모든 군대를 동원하여 싸울 수밖에 없습니다. 하나님이 친히 자신의 군대—천사와 영들—를 거느리고 우리를 죽음에서 구하

기 위해 적과 싸우고 계시니 우리가 얼마나 고귀한 존재입니까! 하나님이 우리를 위해 오셨습니다.

47. 어느 나라의 왕이 불쌍한 문둥병자를 만났는데, 조금도 주저하지 않고 그의 상처에 약을 발라주고 아픈 곳을 치료해 준 후 그에게 자주색 옷을 입히고 왕의 식탁에 앉히고 함께 음식을 먹으며 왕처럼 대접했다고 가정해 보십시오. 하나님이 인간에게 행하신 일이 바로 그런 일이었습니다. 하나님은 인간의 상처를 씻기시고 치료해 주신 후 하늘의 신방에 데리고 들어가셨습니다. 그리스도인의 신분이 이처럼 어떤 것과도 비교할 수 없이 고귀합니다. 그러나 그리스도인들이 교만해지고 악에게 마음이 빼앗긴다면, 그는 마치 성벽이 허물어진 성城과 같아서 강도들이 사방에서 마음대로 들어와도 막아줄 자가 없어 황폐해지고 불에 타버릴 것입니다. 이처럼 우리가 사태를 낙관하여 자신에게 주의를 기울이지 않으면 악한 영들이 우리를 덮쳐 마음을 황폐하게 만들고 우리의 생각을 온 세상에 흩어 놓을 것입니다.

48. 특정 분야에 대해 잘 알고 있고 지식을 추구하며 바르게 살려고 애쓰는 많은 사람들은 이러한 것들이 온전함을 이룬다고 생각하기 때문에 자신의 마음 깊은 곳을 들여다보지 않으며 영혼을 붙들어 두는 악한 것들을 보지 못합니다. 악이 가진 깊은 의미에 따르면 그것은 모든 지체의 뿌리요, 집 안에 있는 도둑이요, 거스르는 세력입니다. 그것은 눈에 보이지 않는 도전적인 힘입니다. 만약 사람이 죄와 싸우지 않는다면 내면에 있는 악이 점차 퍼지고 증가하여 공개적으로 죄를 짓게 됩니

다. 악은 샘의 근원에서처럼 계속 솟아오릅니다. 그러므로 만일 우리가 악의 흐름을 막는 일에 최선을 다하지 않으면 많은 죄에 빠져 죄에 마비된 사람처럼 될 것입니다.

어느 귀족이 풍족하고 안락하게 살고 있는데 총독의 부하들과 군사들이 와서 그를 체포하였다고 하십시오. 그들이 그를 총독에게 데리고 가서 "당신은 심각한 죄목으로 고소당했기 때문에 목숨이 위태롭습니다"라고 말했다면 그는 정신을 차리지 못하고 당황할 것입니다. 악한 영들의 경우도 이와 같다는 것을 기억하십시오.

**49.** 왕에서부터 거지에 이르기까지 당신 주위에 있는 모든 세상 사람들이 혼란과 무질서와 전쟁에 휩싸여 있는데, 누구도 그 이유를 알지 못합니다. 즉 그것이 아담의 불순종 때문에 생긴 죄, 즉 "사망이 쏘는 것"(고전 15:56) 때문에 나타났다는 것을 알지 못합니다. 우리 안에 슬그머니 기어들어온 죄는 보이지 않는 사탄의 세력이요 온갖 악을 키우는 실체입니다. 그것은 눈에 뜨이지 않게 속사람과 마음에 작용하면서 생각들과 다툽니다. 그런데 사람들은 자신이 낯선 세력의 선동을 받아 이런 일을 하고 있다는 것을 알지 못합니다. 그들은 그것이 자연스러운 일이며, 자신의 결정으로 그 일을 하고 있다고 생각합니다. 그러나 그리스도의 평안과 조명을 소유하고 있는 사람들은 이 움직임들의 근원이 무엇인지 잘 알고 있습니다.

**50.** 세상은 악한 욕망의 지배를 받고 있으면서도 그것을 알지 못합니다. 마음에 불을 지르는 더러운 불이 있어 모든 지체에 퍼지며, 사람들

로 하여금 음란을 비롯한 수많은 죄를 범하게 만듭니다. 그것에 만족하고 흡족해 하는 사람들은 마음속에서 은밀히 죄를 짓는 사람입니다. 그리하여 악이 그 마음속에 자리를 차지하고 사람들로 하여금 드러난 부정한 죄를 범하게 합니다. 돈을 사랑하는 것, 헛된 영광을 사랑하는 것, 교만, 질투, 분노 등의 죄에 대해서도 동일한 말을 할 수 있습니다.

한 사람이 식사에 초대되면 많은 음식이 그에게 제공됩니다. 죄는 그에게 모든 것을 맛보라고 부추기며, 그의 영혼은 기뻐하며 과식하게 됩니다. 욕정들은 용과 독충과 뱀 등이 우글대는 무서운 산과 같습니다. 고래가 사람을 삼키듯이 죄도 영혼들을 삼킵니다. 그 영혼들은 타오르는 불꽃이요 악한 자의 불화살입니다. 사도 바울은 "이로써 능히 악한 자의 모든 불화살을 소멸하고"(6:16)라고 말했습니다. 악이 영혼 안에 자리를 잡고 기초를 놓습니다.

51. 그러나 총명한 사람들은 정욕이 세차게 일어날 때 그것에 응하는 것이 아니라 오히려 악한 욕망에게 화를 내며 스스로를 대적합니다. 사탄은 영혼 안에서 쉼을 얻고 자신의 세력을 뻗치려 하지만, 영혼이 대적하면 화를 내며 능력을 발휘하지 못합니다. 신적 능력 아래 있는 사람들 중에 어떤 사람은 젊은이와 여인을 보고 잠시 악한 생각을 하지만 마음을 더럽히지 않으며 속으로 죄를 짓지도 않습니다. 그러나 아직 그런 일에 확신할 수는 없습니다. 자신들에게서 일이 끝나버리고 시들어 버리는 사람들이 있습니다. 그러나 이것들은 위대한 사람들의 척도입니다. 장사하는 사람이 왕관과 자주색 왕의 옷에 사용할 수 있는 진주를 캐려고 벌거벗고 바다속 깊이 들어가듯이 한 생명을 사랑하는 사람

은 벌거벗은 채 세상 밖으로 나가며 죄악의 깊은 바다와 어둠의 심연으로 내려갑니다. 그는 그곳에서 귀한 보석을 가지고 와서 그리스도의 왕관과 하늘나라의 교회와 새 세상과 빛의 도성과 천사들을 위해 사용합니다.

52. 그물에 온갖 종류의 고기들이 잡히지만 좋지 않은 물고기들을 바다에 다시 던져버리듯이 은혜의 그물이 사방에 쳐있어서 만족함을 주려 하지만 사람들이 원하지 않으므로 다시 어둠의 구덩이로 던져집니다.

많은 양의 모래에서 소량의 사금이 발견되듯이 많은 사람들 중에 극소수만 의롭다 함을 받습니다. 진심으로 하나님 나라를 찾고 구하는 사람들이 분명히 드러나고, 아름다운 장신구로 치장하듯이 하나님 나라의 말로 치장하는 사람들이 드러나게 됩니다. 하늘나라의 소금으로 맛을 내고 성령의 보화에 대해 말하는 사람들도 나타납니다. 하나님이 기뻐하시는 그릇들이 나타나는데 하나님은 은혜를 그들에게 베푸십니다. 인내하는 사람들은 주님의 뜻에 따라 여러 가지 모양으로 거룩하게 하는 능력을 받습니다. 그러므로 하늘의 빛과 지혜로 인도함을 받지 않은 채 말하는 사람은 모두의 마음을 만족시키지 못합니다. 왜냐하면 매우 많은 목적들이 있는데, 어떤 사람은 전쟁에, 어떤 사람은 안식에 목적을 두기 때문입니다.

53. 황폐해진 도시를 재건하기를 원하는 사람은 부서지고 무너진 것들을 완전히 파괴하고 땅을 다시 파서 기초를 놓은 후에 건물을 세웁니

다. 그리고 악취가 나는 황무지를 아름다운 동산으로 만들고자 하는 사람은 먼저 그곳을 깨끗하게 청소하고 주위에 울타리를 치며 수로를 만들고 나무들을 심습니다. 오랜 세월이 흘러 나무들이 자라면 그 동산이 열매를 맺을 수 있게 됩니다.

 타락 이후 사람들의 의도들이 완전히 말라버리고 황폐해졌으며 가시덤불처럼 되었습니다. 하나님이 아담에게 "땅이 네게 가시덤불과 엉겅퀴를 낼 것이라"(창 3:18)고 말씀하셨습니다. 그러므로 사람은 삶의 기초를 찾아 세우기 위해 애쓰고 수고해야 합니다. 그리하면 마침내 마음에 불이 내려와 가시덤불을 사르기 시작할 것입니다. 그리하여 그들은 거룩하게 되고, 성부와 성자와 성령을 영원히 찬양할 것입니다. 아멘.

설교 16

# 신령한 사람들도 유혹을 받습니다.

1. 모든 지적 피조물들, 즉 천사들과 인간의 영혼들과 마귀들은 원래 죄 없이 완전히 단순하게 피조되었습니다. 그들 중 일부가 타락하게 된 것은 자유의지의 결과입니다. 그들은 자신의 선택에 의해 바른 사고방식에서 떠났습니다. 만약 하나님이 그들을 그러한 존재로 지으셨다고 말한다면, 그것은 사탄을 지옥 불에 던지신 하나님을 불의하신 심판관이라고 주장하는 셈이 됩니다.

어떤 이단자들은 물질에는 시작이라는 것이 없으며 물질 자체가 뿌리요 그 뿌리는 힘인데, 균형 잡힌 힘이라고 주장합니다. 이 주장에 대해 "그렇다면 그 힘을 정복하는 힘은 누구의 힘입니까? 물론 하나님의 힘입니다. 그러면 정복당하는 자는 기간에서나 힘에서나 맞상대가 아닙니다"라고 정당하게 말할 수 있습니다.

악이 본질적인 것이라고 말하는 사람은 아무것도 모르는 사람입니다. 하나님은 정념들로부터 자유하시므로 하나님과 관련해서는 본질적인 악이 존재하지 않습니다. 그러나 우리 안에서는 악이 강력한 힘을 발휘하면서 자신의 존재를 느끼게 하고 온갖 악한 욕망을 일으킵니다.

그러나 어떤 사람의 주장처럼 물과 포도주가 섞이듯이 악이 우리와 섞이지는 않습니다. 그것은 비록 같은 밭에 있어도 알곡과 가라지가 분리되는 것과 같으며, 한 집 안에 주인과 도둑이 있지만 서로 다른 곳에 있는 것과 같습니다.

2. 맑은 물이 흐르는 샘이 있는데 그 밑바닥에는 진흙이 있습니다. 바닥의 진흙을 휘저으면 샘물 전체가 혼탁해집니다. 영혼의 경우도 마찬가지입니다. 영혼이 격동되면 더러워지고 악에 물듭니다. 그리고 사탄이 영혼과 하나가 되어—사탄과 영혼은 모두 영들이기 때문이다—간음하거나 살인하게 됩니다. 이 때문에 바울은 "창녀와 합하는 자는 그와 한 몸인 줄을 알지 못하느냐"(고전 6:16)라고 말했습니다. 그러나 어떤 때에는 영혼이 홀로 있으면서 이전에 행한 일을 뉘우치며 울면서 기도하고 하나님을 기억합니다. 영혼이 항상 악에 빠져 지낸다면 그런 일을 어떻게 할 수 있겠습니까? 사탄은 동정심이 없기 때문에 사람들이 회개하는 것을 원하지 않습니다. 결혼한 남편과 아내가 한 몸이지만 어느 순간이 되면 헤어집니다. 왜냐하면 그들 중 한 사람이 죽고 한 사람은 살아남는 일이 생기기 때문입니다. 성령과의 교제에 있어서도 동일한 일이 발생합니다. "주와 합하는 자는 한 영"(고전 6:17)이기 때문에 그들은 한 영이 됩니다. 이 일은 사람이 은혜 안에 완전히 잠길 때 일어납니다.

3. 그러나 어떤 사람은 신적인 것들을 맛보기 시작했음에도 불구하고 여전히 악한 자에게 시달리고 영향을 받습니다. 그들은 경험이 부족하기 때문에 하나님의 은혜를 맛본 후에도 여전히 기독교의 신비에 대해

서 의심을 품게 되는 것을 이상하게 생각합니다. 그 신비 안에서 성장한 사람은 그것을 이상하게 여기지 않습니다. 경험이 많고 숙련된 농부는 풍족한 시기에도 마음을 놓지 않고 기근과 결핍의 시기를 대비하며, 기근과 결핍의 때가 임해도 낙심하지 않고 더 나아질 때를 기대합니다.

영적인 세계에서도 마찬가지입니다. 영혼은 시험을 당하거는 것을(약 1:2) 이상하게 여기거나 낙심하지 않습니다. 왜냐하면 하나님이 영혼을 연단하고 시험하시기 위해 악에 의한 고난을 허락하셨다는 것을 알기 때문입니다. 한편 영혼은 풍족하고 만족할 때에 방심하지 않으며 다가올 변화를 대비합니다.

피조물인 태양이 진흙탕이나 더러운 곳을 비추지만 태양이 상하거나 더러워지지 않습니다. 거룩하고 순수한 성령은 악한 자의 영향을 받고 있는 영혼과 함께 교제해도 어떤 영향도 받지 않습니다. "빛이 어둠에 비치되 어둠이 깨닫지 못하더라"(요 1:5).

**4.** 그러므로 사람이 은혜에 깊이 잠겨 풍족하게 누리고 있을 때에도 그의 내면에는 여전히 악이 남아 있습니다. 그러나 그는 자신을 구해줄 조력자를 옆에 두고 있습니다. 그렇기 때문에 그는 역경과 큰 고통에 빠져도 결코 낙심하지 말아야 합니다. 왜냐하면 낙심할 경우 죄가 그의 안에서 번성하고 성장하기 때문입니다.

그러나 한결같이 하나님에게 소망을 두면 악이 약해지고 사라집니다. 사람이 수족이 마비되거나 불구가 되거나 열병이나 질병에 걸리는 것은 죄의 결과입니다. 죄는 모든 악의 뿌리이고, 영혼의 욕망과 악한 생각 때문에 일어나는 정욕도 그것에 기인합니다.

흐르는 샘은 주위를 축축하게 하고 습지로 만듭니다. 그러나 날씨가 더워지면 그 샘 및 주위의 땅이 마릅니다. 하나님의 은혜를 넘치게 받은 종들도 이와 같습니다. 악한 자에게서 나오는 정욕과 그 본성에서 나오는 정욕을 은혜가 마르게 합니다. 하나님의 사람들은 첫 아담보다 더 우월합니다.

5. 하나님은 무한하시고 인간의 지혜로 파악할 수 없는 분입니다. 그분은 산이나 바다나 땅 아래나 어디에든지 계십니다. 그렇지만 하늘에서 땅으로 내려오는 천사들처럼 장소를 바꿈으로써 편재하시는 것이 아닙니다. 하나님은 하늘에 계시며 여기에도 계십니다. 어떤 사람은 "하나님이 어떻게 지옥에 계실 수 있습니까? 또는 어둠이나 사탄의 내면이나 불결한 곳에 어떻게 계실 수 있습니까?"라고 질문할 것입니다. 하나님은 무한하신 분이기 때문에 정욕에서 자유하시며 모든 것을 포함하시지만 사탄은 그분의 피조물이기 때문에 제한되어 있습니다. 선한 것은 더러워지지도 않고 어두워지지도 않습니다. 하나님이 지옥과 사탄을 포함하여 모든 것을 내포하시지 않는다고 말하는 것은 악한 자가 거하는 곳에 관해서 그분을 제한하는 것이 될 것이고, 따라서 우리는 그분보다 더 위대한 다른 분을 찾아야 할 것입니다.

그러나 하나님은 어디에나 계십니다. 하나님의 탁월하심과 신성의 신비 때문에 어둠은 하나님 안에 포함되어 있으면서도 하나님을 이해하지 못합니다. 또 비록 악이 하나님 안에 있다 해도 그것은 하나님의 순결함에 참예하지 못합니다. 하나님에게는 본질적인 악이 존재하지 않으며, 하나님은 그것에 의해 조금도 해를 입지 않으십니다.

6. 그러나 우리에게 있어서 악은 하나의 실체입니다. 왜냐하면 그것이 마음에 거하고 역사하면서 악하고 더러운 생각을 불러일으키며 우리로 하여금 순수하게 기도하지 못하게 하고 우리 마음을 이 세상에 붙들어 매기 때문입니다. 그것은 우리 영혼을 옷 입듯이 입으며 심지어 뼈와 모든 지체까지 건드립니다. 사탄이 공중에 있고 하나님도 그곳에 계시지만 하나님이 전혀 해를 받지 않으시는 것처럼 죄가 영혼 안에 있고 하나님의 은혜도 그곳에 함께 있지만 은혜는 죄로 말미암아 상함을 받지 않습니다.

주인 곁에 있는 종은 주인 가까이 있기 때문에 항상 두려워하며 주인이 없으면 아무것도 하지 못합니다. 그러므로 우리는 마음을 아시는 주님께 우리의 생각들을 맡기고 그것들을 주님께 털어 놓으며 "주님은 나의 영광이요 아버지이시며 나의 기업입니다"라는 소망과 확신을 가져야 합니다. 우리는 양심 안에 하항상 염려와 두려움을 가지고 있어야 합니다. 영혼의 내면에 견고하게 심겨지고 뿌리를 내린 하나님의 은혜를 소유하지 못하고 있으며 밤낮 그를 일깨워 선한 것에게로 인도하고 이끌어가는 은혜가 마치 본성적인 속박에 의한 것이듯 그의 영혼에 결합되어 있지 못하더라도 최소한 이러한 근심과 염려와 수고와 통회한 마음이 불변하는 본성의 요인으로서 확고하게 뿌리내릴 수 있도록 주의를 기울여야 합니다.

7. 벌이 은밀하게 벌통 안에 벌집을 만들듯이 은혜는 사람들의 마음 안에서 은밀하게 작용하여 사랑하게 해주고 슬픔에서 감미로움으로, 거침에서 부드러움으로 변화시킵니다. 은세공사가 얇은 판으로 여러

종류의 작은 동물들을 만들어 완성하면 그것들을 휘황찬란하게 조명한 곳에 진열하듯이, 참 조각가이신 주님이 우리 마음을 조각하여 조용히 새롭게 만드십니다. 그리하여 마음이 몸에서 벗어날 때 영혼의 아름다움이 드러납니다.

그릇을 만들고 그 위에 동물 모양을 새기려 하는 사람은 먼저 모형을 만들고 그 모양을 따라 주조합니다. 그가 만든 모형대로 작품이 완성됩니다. 죄는 영이기 때문에 하나의 형상을 가지고 있고 여러 모양을 취합니다. 속사람도 작은 동물들처럼 형상과 모습을 가지고 있는데, 이는 속사람이 겉사람을 닮았기 때문입니다. 속사람은 위대하고 고귀한 그릇입니다. 왜냐하면 주님이 모든 피조물 중에서 그것만 흡족해하시기 때문입니다. 영혼의 선한 생각들은 귀중한 보석이나 진주와 같지만, 불순한 생각들은 "죽은 사람의 뼈와 모든 더러운 것"(마 23:27)과 악취로 가득 차 있습니다.

8. 그리스도인들은 다른 세상에 속해 있으며 거룩한 아담의 자손이며 새로운 족속이요 성령의 자녀들입니다. 그들은 그리스도의 형제들이며 그들의 아버지, 영적 아담을 닮았습니다. 그들은 하나님의 도성과 하나님의 족속과 하나님의 권세에 속해 있으며, 이 세상이 아닌 다른 세상의 사람들입니다. 주님은 "내가 세상에 속하지 아니함 같이 그들도 세상에 속하지 아니하였사옵나이다"(요 17:16)라고 말씀하셨습니다.

오랫동안 여러 곳을 다니며 장사를 마치고 고향으로 돌아오는 상인은 친구들에게 사람을 보내어 자기의 집을 짓고 정원과 필요한 옷을 마련해 달라고 전합니다. 그가 많은 재산을 모아 가지고 집으로 돌아오면 그의 친척들과 동료들이 기뻐하며 그를 맞이합니다. 영적인 세계에서도 동일한 일이 벌어집니다. 어떤 사람이 장사를 하여 영적인 재물을 얻으면 그의 동료들과 성도들의 영들과 천사들이 그것을 알고는 칭찬하며 "땅에 있는 우리 형제들이 큰 재물을 가지고 돌아왔다"라고 말합니다. 주님과 함께 떠났던 그들은 돌아와 하늘의 성도들에게 큰 기쁨을 안겨 줍니다. 그리고 주님께 속한 하늘의 성도들은 그들을 위해 값지고 빛나는 집과 정원과 옷을 예비해 두고서 그들을 영접합니다.

9. 우리가 가지고 있는 선한 것들이 우리를 해치지 못하게 하려면 우리는 모든 면에서 절제해야 합니다. 본성적으로 친절한 사람이라도 자신을 지키지 않으면 그 친절 때문에 점차 곁길로 가게 됩니다. 지혜를 가진 사람이 그 지혜에 속습니다. 사람은 모든 면에서 조화를 이루어야 하는데 인자함과 엄격함, 지혜와 신중, 말과 행위 등에서 균형을 이루어야 하며 매사에 자신이 아닌 하나님을 신뢰해야 합니다. 음식을 만들 때 꿀만 첨가하는 것이 아니라 때로는 후추를 넣는 등 여러 가지 조미료를 첨가해야 맛있는 음식이 되듯이 덕에도 여러 가지 향료를 첨가해야 합니다.

10. 사람 안에 죄가 없다고 주장하는 사람들은 큰 홍수에 휩싸여 있으면서도 그 사실을 인정하지 않고 다만 "우리가 큰 물소리를 들었다"라고 말하는 자들입니다. 그들은 악의 파도에 둘러싸여 있으면서도 죄가 자기들의 정신이나 생각 속에 있는 것이 아니라고 주장합니다. 이론적으로 말하자면 영적 소금으로 조미되지 않은 사람, 즉 왕의 식탁에

대해서 이야기만 할 뿐 실제로 음식을 맛보지도 못했고 먹어 보지도 못한 사람이 있고, 왕을 직접 만나 보물 창고를 열고 들어가 그것을 상속 받고 귀한 음식을 먹고 마신 사람이 있습니다. 이 두 사람 사이에는 큰 차이가 있습니다.

**11.** 어느 어머니에게 잘 생기고 현명한 외아들이 있습니다. 그녀는 아들에게 온갖 좋은 것을 입히며 모든 희망을 걸고 있습니다. 그런데 만일 그 아들이 죽으면 그녀는 한없는 슬픔과 위로받을 수 없는 비통함을 느낄 것입니다. 마찬가지로 영혼이 하나님에 대해 죽는다면 우리는 슬픔의 눈물을 흘리며 끝없는 고통과 상한 마음을 갖게 되고 두려움과 근심을 느끼는 동시에 선한 것에 대한 굶주림과 갈증을 지속적으로 느끼게 됩니다. 이러한 사람이 하나님의 은혜와 소망의 수중에 들어갑니다.

그런 사람은 이제 슬퍼하지 않으며 보물을 찾은 사람처럼 기뻐하며, 혹시 그것을 잃거나 도둑이 훔쳐 가지 않을까 두려워합니다. 도둑을 만나 많은 손해를 입고 큰 어려움을 겪은 후 간신히 빠져나온 사람이 부자가 되어 풍족하게 되면 그는 재산이 많기 때문에 더 이상 손해를 두려워하지 않습니다. 마찬가지로 영적인 사람도 많은 시험과 어려움을 겪은 후 은혜로 충만하고 좋은 것이 풍성해지면, 가진 은혜가 많기 때문에 더 이상 약탈자를 두려워하지 않습니다. 이런 람라은 처음 믿는 사람들처럼 악한 영들을 두려워하지는 않지만 자기에게 맡겨진 영적인 은사들을 어떻게 지킬 것인가에 대해 근심하고 두려워합니다.

12. 그런 사람은 다른 죄인들보다 자기 자신을 더 멸시하며, 이런 생각을 마치 본성인 것처럼 자기의 내면 깊이 심어둡니다. 그는 하나님을 깊이 알수록 자신을 더욱 무지한 사람으로 여기며, 더 많이 배울수록 더 적게 아는 것처럼 생각합니다. 영혼 안에서 이러한 결과를 이루어 내며 본성의 일부처럼 만들어 주는 것이 은혜의 역할입니다. 튼튼한 청년은 어린아이를 데리고 다닐 때 자신이 원하는 곳으로 아이를 데려갑니다. 마찬가지로 마음 깊은 곳에서 역사하는 은혜는 영혼을 하늘, 영원한 안식이 있는 곳, 완전한 세상으로 데려갑니다.

그러나 은혜에도 여러 등급과 정도가 있습니다. 왕에게 직접 나아갈 수 있는 총사령관은 장군과 다릅니다. 연기가 가득 찬 집이 연기를 대기 속으로 배출시키듯이, 영혼에 빽빽이 들어찬 악을 외부로 내쫓아야 열매를 맺을 수 있습니다. 한 지방 정부나 왕의 보물을 위임받은 사람은 왕을 노하게 하지 않으려고 항상 염려하며 지냅니다. 마찬가지로 영적인 임무를 맡은 사람은 늘 마음을 졸이고 긴장하며, 휴식을 취할 때에도 쉬지 않는 것처럼 지냅니다. 영혼이라는 성에 침입해 들어온 어둠의 왕국 및 그 성을 점령하고 있는 야만적인 세력이 지금 내쫓김을 당하고 있습니다.

13. 왕이신 그리스도께서 그 성을 되찾고 침입자들을 몰아내기 위해 하늘의 군대를 보내십니다. 그분은 침입자를 사슬로 결박하셨으며, 하늘의 군대와 거룩한 영들의 무기를 포진시키십니다. 그 때 태양이 마음에서 빛나고 그 광선이 모든 지체에게 비칩니다. 그래서 깊은 평화가 그곳을 다스립니다.

은혜가 물러가도 그가 여전히 담대하게 하나님께 부르짖을 때 그의 결전 태세, 그의 진정한 가치 및 하나님을 향한 선한 의지는 드러납니다. 그는 강물 속에 용이 있으며 산에 사자들이 우글거리고 공중에 어둠의 세력이 있고 모든 지체들 안에서 불이 타오르고 있다는 소식을 들어도 대수롭지 않게 생각합니다. "성령의 보증"(고후 1:22 참조)을 받지 않으면 우리는 그러한 일들을 알지 못할 것입니다. 영혼이 몸을 떠날 때 이 세력들이 영혼을 붙들어 하늘나라에 오르지 못하게 할 것입니다.

마찬가지로 당신은 영혼의 존엄성, 즉 그 이성적인 실체가 얼마나 귀중한 것인지에 대한 이야기를 들을 때에 하나님이 "우리의 형상을 따라 우리의 모양대로 우리가 사람을 만들고"(창 1:26)라고 말씀하신 것이 천사들이 아닌 인간의 본성을 두고 하신 말씀이라는 것, 그리고 하늘과 땅이 사라져도 당신은 죽지 않고 양자와 형제로 부르심을 받아 왕과 혼인을 하게 된다는 것을 이해하지 못합니다.

이 세상에서 신랑이 가진 것은 모두 신부의 것이 됩니다. 마찬가지로 주님은 자기에게 속한 모든 것을 당신에게 맡기십니다. 주님은 당신을 돕기 위해서, 당신을 하늘나라로 데려가기 위해서 오셨습니다. 그런데도 당신은 자신의 고귀함을 생각하지도 않고 이해하지도 못합니다. 영감을 받은 시편 기자는 당신의 타락 때문에 슬퍼하며 말합니다. "존귀하나 깨닫지 못하는 사람은 멸망하는 짐승"(시 49:20)같이 됩니다.

성부와 성자와 성령께 영광이 영원히 있을지어다. 아멘.

설교 17

# 그리스도 없이
# 구원과 영광은 없습니다.

1. 완전의 단계에 이르고 왕에게 가까이 갈 수 있도록 허락을 받은 완전한 기독교인들은 끊임없이 그리스도의 십자가에 봉헌됩니다. 선지자들의 시대에 기름부음은 가장 중요한 일이었습니다. 왕이나 선지자들을 임명할 때에 그들에게 기름을 부었기 때문입니다. 그러므로 오늘날 하늘의 기름으로 부음을 받은 영적인 사람들은 은혜에 따라 그리스도(기름 부음을 받은 자)들이 됩니다. 그리하여 그들도 왕이 되며, 하늘의 비밀들을 전하는 선지자들이 됩니다.

이런 사람들은 하나님의 은혜에 사로잡혀 깊은 곳에 던져지고 십자가에 달리고 거룩하게 성별된 아들이요 군주요 신들입니다. 유형의 식물, 눈에 보이는 나무에서 짜낸 기름에 능력이 있어 그 기름으로 부음을 받은 사람들이 확실한 권위를 지니게 되었습니다(이것은 하나의 구체화된 법칙이었으므로 기름 부음을 받은 사람들은 왕으로 임명되었습니다. 예를 들어 다윗은 기름 부음을 받은 후에 박해를 받고 고난을 당했으며 7년 후에 왕이 되었습니다). 그렇다면 마음과 속사람이 "거룩한 즐거움의 기름"(히 1:9 참조), 하늘나라의 영적인 기름으로 부음을 받은 사람은 영원히 멸망하지 않는 나라와 영원한 능력의 인침, "성령의 보증"(고후 5:5), 보혜사이신 성령을 받지 않겠습니까? 그분은 고난받는 사람들을 위로하시고 기운을 북돋아 주시기 때문에 보혜사라고 불립니다.

2. 이 사람들은 생명나무, 예수 그리스도, 천국 나무의 기름으로 부음을 받기 때문에 완전의 단계, 하늘나라와 양자 됨의 단계, 거룩하신 하늘 왕의 비밀에 동참하는 자가 되는 특권을 누리며 이 세상에 사는 동안에도 자유로이 전능하신 분에게 접근하며 천사들과 성도의 영들이 있는 그분의 궁전에 들어갑니다. 비록 그들은 아직 자기들을 위해 예비된 완전한 기업을 받지는 못했지만, 지금 받아 누리고 있는 보증으로 미루어 마치 이미 면류관을 받아 통치하는 듯한 확신을 지니며, 장차 그리스도와 함께 다스릴 것이기 때문에 성령의 풍성하심과 자유에 놀라지 않습니다. 그 이유는 무엇입니까? 그드이 아직 육신 안에 있지만 그 감미로움과 그 능력의 효과적인 사역을 소유하고 있기 때문입니다.

3. 황제의 친구로서 궁전에서 일하면서 황제의 비밀들을 잘 알고 있으며 황제가 입는 자주색 옷을 보면서 지내던 사람이 황제가 되어 면류관을 쓰게 된다면, 그는 결코 놀라거나 당황하지 않을 것입니다. 왜냐하면 그는 이미 오랫동안 궁전의 여러 종류의 비밀스런 일들을 보면서 생활해 왔기 때문입니다.

교양 없는 사람이나 교육을 받지 못한 사람, 또는 궁전의 비밀을 알지 못하는 사람은 궁전에 들어가 다스릴 수 없으며, 경험이 있고 훈련을 받은 사람들만이 궁전에서 다스릴 수 있습니다. 그러므로 다음 시대에 다스리게 되어 있는 기독교인들은 이미 은혜의 비밀들을 배웠기 때문에 놀라지 않습니다.

인간이 처음 계명을 범했을 때에 마귀가 그 영혼을 어둠으로 덮어 버렸습니다. 그 후에 은혜가 임하여 그 덮개를 완전히 제거합니다. 그리하여 이제 원래의 본성을 되찾고 흠없고 깨끗한 존재가 된 영혼은 깨끗한 눈으로 자기의 심령 안에서 빛나는 영광스러운 참 빛과 "공의로운 해"(말 4:2)를 끊임없이 바라봅니다.

**4.** 이 세상 끝날에 궁창이 사라지고 의인들이 하늘나라의 영광과 빛 속에서 영광 중에 아버지의 오른편에 계신 그리스도만 보고 살게 되듯이, 이 사람들은 지금 그 시대로 가서 그곳에서 행해지는 모든 아름다운 일들과 기이한 일들을 봅니다. 우리는 세상에서 살고 있지만 마음과 속사람에 관한 한 "우리의 시민권은 하늘나라에 있으며"(빌 3:20), 그곳에서 활동하며 시간을 보냅니다.

육신의 눈이 맑으면 언제나 태양을 분명히 볼 수 있듯이, 정결하게 된 마음의 눈은 항상 그리스도의 영광스러운 광채를 바라보며 신성과 결합된 그리스도의 몸이 항상 성령과 함께 거하시듯 밤낮으로 주님과 함께 거합니다. 그러나 이러한 단계에 이르려면 많이 수고하고 고통하며 싸워야 합니다. 은혜가 그들의 내면에 거하며 역사하는 동시에 악도 역시 그들의 내면에 거하며, 빛의 시민권과 어둠의 시민권이 동일한 심령에게 역사하는 경우도 있습니다.

**5.** 당신은 "빛과 어둠이 어찌 사귀는가? 어두워지거나 방해를 받은 신적 빛이 어디에 있는가? 더러움이 없는 순결한 빛이 어디에서 더러워지는가?"(고후 6:14 참조)라고 물을 것입니다. 성경에는 "빛이 어둠에 비취되 어둠이 깨닫지 못하더라"(요 1:5)고 기록되어 있습니다. 이것들이 구분이 없이 한 가지 양상을 지니고 있다고 생각해서는 안 됩니다.

어떤 사람들은 하나님의 은혜를 의지하고 있기 때문에 그들 자신이 내면의 악보다 더 강하게 되고 기도의 은사와 하나님 안에 있는 안식을 소유합니다. 그러나 그들은 하나님의 은혜 안에 있으면서도 악한 생각의 영향을 받으며 죄에 미혹되기도 합니다.

이런 일에 대한 지식이 없는 경솔한 사람들은 약간의 은혜가 자기에게 역사할 때면 자기 안에 죄가 거하지 않는다고 생각합니다. 그러나 신중하고 분별이 있는 사람들은 인간이 하나님의 은혜를 소유하는 동안에도 더럽고 오염된 생각들의 영향을 받기 쉽다는 것을 부인하지 않습니다.

**6.** 종종 기쁨과 은혜를 소유하고 있기 때문에 몇 해 동안은 욕정이 시들어 드러나지 않지만 그 후 자신이 정욕에서 자유하다고 생각할 때에 그때까지 감추어져 있던 악이 그들에게 임하여 욕정의 불이 붙기 때문에 "오랫동안 보이지 않던 이 악이 어디에서 솟아난 것인가?"라며 놀라서 소리치는 형제들을 발견합니다. 건전한 정신을 가진 사람은 결코 "은혜가 나와 함께 하는 한 나는 죄로부터 완전히 자유합니다"라고 말하지 않습니다. 이 두 가지 특성은 모두 마음에 작용합니다. 이런 일에 대한 경험이 없는 사람들은 자신에게 은혜의 역사가 조금 발생하면 자

신이 이미 은혜에 정복되었으므로 완전한 기독교인이라고 상상합니다.

그러나 나는 다음과 같이 생각합니다. 태양이 맑은 하늘에서 빛나고 있는데 구름이 밀려와 태양을 덮고 하늘이 어두워져도 태양은 여전히 구름 속에 있으며 그 빛이나 존재가 없어지는 것이 아닙니다. 아직 완전히 정결하게 되지 못한 사람들의 경우도 이와 동일하다고 생각합니다. 그들은 하나님의 은혜를 받았음에도 불구하고 내면적으로 죄에 붙잡혀 있습니다. 그들은 완전히 선에 몰두하지는 못하지만, 하나님을 향한 본성적인 움직임 및 강력한 생각들을 소유합니다.

7. 반면에 내면적으로 선한 원리, 즉 은혜의 이끌림을 받는 사람들도 악한 생각 및 악의 원리에 예속되고 그것의 속박을 받습니다. 이러한 사실을 경험하여 알려면 대단한 분별력이 필요합니다. 보혜사를 소유하고 있었던 사도들이 완전히 걱정에서 벗어나지는 못했다는 점을 명심하십시오. 그들은 기쁨과 즐거움을 느끼면서도 두렵고 떨림을 가지고 있었는데, 그것은 악에서 나오는 것이 아니라 은혜에서 나오는 것이었습니다. 동시에 은혜는 옳은 길에서 벗어나더라도 아주 조금 벗어날 뿐 완전히 벗어나지는 않을 것이라고 보증합니다.

사람이 벽에 돌을 던진다면, 그 돌이 벽을 상하게 하거나 이동시키지 못합니다. 흉배를 입고 있는 사람을 향해 발사된 화살은 그 흉배나 그것을 입은 사람의 몸을 해치지 못합니다. 그 화살은 그 흉배를 맞고 튀어나옵니다.

그러므로 작은 악은 사도들에게 접근해도 사도들을 해치지 못했습니다. 왜냐하면 그들이 그리스도의 능력이라는 완전한 갑옷을 입고 있었으며 또 그들 자신이 완전했기에 자유로이 자신의 의를 이룰 수 있었기 때문입니다.

8. 영혼이 은혜를 받은 후에 전혀 염려하지 않게 되면, 하나님은 그 완전한 이들이 성령을 섬기기 위해 행동하려는 뜻을 품기를 원하십니다. 바울은 "성령을 소멸하지 말라"고 말합니다(살전 5:19). 어떤 사람은 다른 사람들에게 짐 되기를 싫어하며, 어떤 사람은 자신만을 위해 처세합니다. 그러나 어떤 사람들은 세상 사람들에게서 취한 것을 가난한 사람들에게 나누어 주는데, 이 사람들은 앞서 말한 두 종류의 사람보다 귀한 사람들입니다.

은혜를 받은 사람들 중에 어떤 사람은 오직 자신에 대해서만 염려하지만, 어떤 사람은 다른 사람들의 영혼의 유익을 위해서도 노력합니다. 후자는 앞서 말한 모든 사람들보다 훨씬 탁월한 사람들입니다.

은혜를 받은 사람들 중에 어떤 사람은 하나님의 이름을 위해 자신의 몸을 조롱과 고난에 내어줍니다. 이런 사람은 앞에서 말한 모든 사람들보다 훌륭한 사람입니다. 어떤 사람은 덕을 추구하는 중에 뽐내고 사람들의 칭찬을 받으려 하며 스스로 그리스도인이요 성령에 참여하고 있다고 말합니다. 그러나 어떤 사람은 자신을 숨기며 심지어 사람들을 만나지 않으려 합니다. 후자가 전자보다 훨씬 훌륭한 사람입니다. 하나님을 향한 선한 의지일지라도 본성적인 의지에 의해 완전하게 된 것이 탁월하고 풍성한 것입니다.

9. 거지 옷을 입은 사람이 꿈에서 부자가 되었지만 꿈에서 깨어나면

자신이 가난하고 헐벗었음을 보게 되는 것처럼, 영적인 설교를 하는 사람이 훌륭한 말을 해도 그 내용이 개인적인 체험과 능력에 의해 그들 자신의 마음속에서 증명되지 못한다면 그들의 말은 공허한 것에 불과합니다. 이런 사람들은 마치 비단 옷을 입고 진주로 장식하고서 부끄러운 장소에 출입하는 여인들과 같아서 그들의 마음에 부정한 영이 출입합니다. 이런 사람들은 의의 실체에 대해서 전혀 알지도 못하면서 의에 대한 설교에 열중합니다.

10. 물고기는 물을 떠나면 살지 못하며, 사람은 발이 없으면 걷지 못하고 눈이 없으면 빛을 보지 못하고 혀가 없으면 말을 하지 못하고 귀가 없으면 듣지 못합니다. 마찬가지로 주 예수와 신적인 능력의 역사가 없으면, 아무도 하나님의 신비와 지혜를 알아 부자가 될 수 없고 그리스도인이 될 수 없습니다.

하나님의 지혜자, 용사, 담대한 사람들, 철학자들은 내면적으로 신적 능력의 인도하심과 돌보심을 받는 사람들입니다. 그리스의 철학자들은 웅변술을 배웠습니다. 그러나 어떤 사람들은 웅변에 서툴렀지만(고후 11:6) 하나님의 은혜 안에서 기뻐하고 즐거워했습니다. 그들은 경건한 사람들이었습니다. "하나님의 나라는 말에 있지 아니하고 오직 능력에 있음이라"(고전 4:20).

11. "이 빵은 옥수수로 만들었습니다"라고 말하기는 쉽습니다. 그러나 우리는 빵을 어떻게 반죽하여 굽는지 그 과정을 자세히 말해야 합니다.

정욕으로부터의 자유나 완전에 대해서 말하기는 쉽습니다. 그러나 완전에 이르는 경험을 하는 사람은 매우 드뭅니다. 복음은 "악한 자를 대적하지 말라 누구든지 네 오른편 뺨을 치거든 왼편도 돌려 대며 또 너를 고발하여 속옷을 가지고자 하는 자에게 겉옷까지도 가지게 하라"(마 5:39)고 간결하게 말합니다.

사도 바울은 정결하게 하는 사역이 인내와 불굴의 의지를 가지고 조금씩 점차적으로 이루어져야 한다는 것을 규명하면서 어린아이가 젖을 먹고 자라서 후에 장성한 어른이 된다고 가르쳤습니다. 복음서에서는 옷이 모직으로 만들어졌다고 말했으며, 사도 바울은 그 옷이 어떻게 만들어지는지를 자세히 말했습니다.

12. 그러므로 자신이 맛보지 않은 것에 대해 영적으로 설교하는 사람은 마치 뜨거운 사막을 여행하면서 갈증 때문에 입술과 혀가 갈라진 사람이 샘에서 물을 마시는 그림을 그리는 것과 같습니다. 또는 꿀에 대해서 설교를 해야 하는 사람이 꿀을 한 번도 맛본 적이 없기 때문에 그것이 얼마나 달콤한지 알지 못하는 것과 같습니다.

완전함, 기쁨, 정욕으로부터의 자유를 알지 못하며 그것들의 효과적인 작용을 경험하지 못한 사람이 그런 문제에 대해 설교하는 것도 이와 같은 경우입니다. 그런 사람은 결코 그런 문제를 바르게 묘사하지 못합니다. 그런 사람은 자신이 처한 현실을 깨닫게 되면 "그것은 내가 상상했던 것과는 다르다. 내가 설명한 것과 성령이 역사하시는 방법은 전혀 다르다"라고 판단하게 됩니다.

13. 기독교는 고기와 음료수입니다. 사람들은 그것을 많이 먹을수록 그 맛에 도취되어 자제하거나 만족하지 못하여 더 많이 먹기를 원하며, 결코 채워지지 않은 채 계속 먹어댈 것입니다. 목마른 사람에게 물 한 모금을 주어 마시기 시작하면 그는 전보다 더 강력하게 물을 원하며 그 물에 접근하려 할 것입니다. 성령을 맛보는 데에는 거의 한계가 없으므로 앞에서 언급한 비유와 거의 흡사하게 됩니다. 이것은 말에 그치는 것이 아니라 우리의 마음에서 신비하게 역사하는 성령의 실질적인 사역입니다.

어떤 사람은 자신이 결혼을 비롯하여 눈에 보이는 것들을 삼가고 있다는 이유로 자신이 이미 거룩한 성인이 되었다고 생각합니다. 그러나 사실은 그렇지 못합니다. 악은 여전히 그의 마음과 영혼 속에 살면서 고개를 듭니다. 성인이란 속사람이 정결하게 되고 성화된 사람입니다. 오류는 진리가 고개를 들 때마다 그것이 드러나지 못하게 하고 희미하게 만들기 위해 공격합니다.

14. 유대인들이 제사장직을 소유하고 있었을 때 그 백성 중에서 진리 안에 굳건히 섰다는 이유로 박해와 고난을 받은 사람들이 있었으니, 즉 엘리아살과 마카비 형제였습니다. 십자가 및 휘장이 찢어진 사건 이후 성령이 그들에게서 떠나셨으므로 진리가 이곳에 계시되었고 이곳에서 역사하십니다. 그러므로 지금은 사태가 역전되어 그 국가의 백성들이 박해를 받고 있습니다. 진리를 사랑하는 사람들은 그 국가에 임한 박해와 고난을 증언할 수 있었을 것입니다. 거짓되며 진리를 대적하는 반대자들이 없다면 진리가 어떻게 드러나겠습니까?

형제들 중에도 고통과 고난을 인내하고 있지만 타락하지 않으려면 매우 조심해야 할 사람들이 있습니다. 언젠가 형제들 중 하나가 어떤 사람과 함께 기도하다가 신적인 능력에 사로잡혀 하늘나라로 가서 예루살렘과 빛나는 사람들과 무한한 빛을 보고 "이곳은 의인들의 안식처다"라고 말하는 음성을 들었습니다. 그 일이 있은 후 그는 교만해졌고 자신이 본 것을 자기 자신에 관련된 것이라고 생각했습니다. 그 후 그는 죄 속에 깊이 빠졌고 무수한 악에 빠졌습니다.

**15.** 이처럼 내면에 거하며 고결한 생활을 하던 사람이 죄에 빠졌는데, 평범한 사람이 어떻게 "나는 금식을 하고 나그네처럼 살며 재산을 사람들에게 나누어 주었으므로 이미 성인이 되었다"라고 말할 수 있겠습니까? 단순히 악한 일을 삼가는 것은 완전함이 아닙니다. 당신 자신의 황폐해진 마음속으로 들어가 생각들의 표면 밑에 숨어 있으면서 영혼의 은밀한 방에 잠복하여 당신을 살해하는 독사를 죽일 때에만, 그 독사를 죽이고 당신의 심연과 같은 내면에 있는 모든 부정한 것들을 쫓아낼 때에만 당신은 성인이 될 수 있습니다.

모든 철학자들, 율법, 선지자들, 구세주의 강림은 순결함과 관계가 있습니다. 유대인이나 헬라인을 막론하고 사람들은 자기 자신이 순결하지 못해도 순결을 사랑합니다. 우리는 어떤 방편에 의해 어떻게 마음의 깨끗함을 얻을 수 있는지 계속 탐구해야 합니다. 물론 우리를 위해 십자가에 달리신 주님 외에 다른 길이 없습니다. 그분은 길이요 생명이요 진리요 문이요 진주요 생명의 떡입니다.

그 진리가 없으면 진리를 알지 못하며 구원을 받지 못합니다. 그러므로 외적인 인간 및 보이는 일과 관련하여 모든 것을 부인하고 자신의 재산을 사람들에게 나누어 주듯이, 세상의 지혜라는 문제에 있어서도 잔신에게 있는 지식과 언변 등을 모두 무가치한 것으로 여기고 버려야 합니다. 그래야 당신은 "전도의 미련한 것"(고전 1:21)에 의해 세워질 수 있을 것입니다. 전도의 미련한 것은 참된 지혜로서 교만한 말을 소유하지 아니하고 거룩한 십자가에 의해 효과적으로 역사하는 능력을 소유합니다.

동일 본질이신 삼위일체께 영원히 영광을 돌릴지어다. 아멘.

설교 18

# 하늘의 보화는 그리스도인의 보화입니다.

1. 이 세상에 많은 보물을 감추어둔 부자가 있다면, 그는 자신이 사고 싶은 것을 무엇이든지 살 것입니다. 세상에서 아주 희귀한 것이라도 그의 마음에 들기만 하면 그는 쉽게 그것을 자기의 것으로 만들 수 있을 것입니다. 그의 재산을 동원하면 마음에 드는 모든 것을 확보할 수 있기 때문입니다. 마찬가지로 하나님의 손에서 성령, 즉 하늘의 보화—마음을 비추고 계시는 주님—를 찾아 발견하여 자기의 것으로 만든 사람들은 자기 안에 계신 그리스도라는 보물을 사용함으로써 모든 의로운 덕과 주님이 명하신 선을 이룰 수 있으며, 더욱 풍성한 하늘의 부를 축적할 수 있습니다.

그들은 자기의 내면에 있는 많은 영적인 부에 의존하면서 하늘 보화에 의해 의로운 덕을 이루어 낼 수 있으며, 그들의 내면에 있는 바 은혜의 보이지 않는 부에 의해 모든 의와 주님의 계명을 쉽게 실행할 수 있습니다. 사도 바울은 "우리가 이 보배를 질그릇에 가졌으니"(고후 4:7)라고 말했습니다. 즉 현세에서 그들에게 주어져 그들의 내면에 소유하게 된 것, 성령의 거룩하게 하시는 능력, "하나님으로부터 나와서 우리에게 지혜와 의로움과 거룩함과 구원함이 되신"(고전 1:30) 분을 소유하고 있다는 것입니다.

   2. 그러므로 이 거룩한 하늘의 보화인 성령을 발견하여 내면에 소유한 사람은 그것에 의해서, 전혀 강압에 의하지 않고 쉽게 나무랄 데 없이 순결하게 모든 의로운 계명과 덕을 성취합니다. 그러므로 하나님의 영의 보물을 우리에게 주셔서 우리로 하여금 나무랄 데 없이 정결하게 그분의 모든 계명 안에서 행하며, 하늘의 보물이신 그리스도에 의해 성령의 의를 순결하고 완전하게 성취하게 해달라고 간절히 요청하십시오.

   세상에서 헐벗고 궁핍하고 굶주린 사람은 가난때문에 아무것도 얻지 못합니다. 그러나 이미 말한 바와 같이 보물을 가지고 있는 사람은 수고하지 않고서도 자기의 마음에 드는 것을 쉽게 손에 넣을 수 있습니다. 성령과 교제하지 못하며 죄라는 무시무시한 가난의 세력 아래 있는 사람은 성령에 참여하지 않는 한 진리 안에서 성령의 열매를 맺지 못합니다.

   3. 그러나 사람이 어려움 없이 주님이 명하신 모든 일들을 나무랄 데 없이 정결하게 행할 수 있게 되려면 성령이라는 하늘의 보화를 달라고 주님께 요청해야 합니다. 그렇게 하지 않는 한 어떤 힘을 사용해도 그 일에 성공할 수 없습니다. 성령과의 교제가 없는 가난한 사람이 영적인 보물이나 재산이 없는데 어떻게 하늘나라의 것을 얻을 수 있겠습니까?

   그러나 앞에서 말한 바와 같이 성령을 구하는 일과 믿음과 많은 인내에 의해 참된 보물이신 주님을 발견한 영혼은 쉽게 성령의 열매를 맺습니다. 그리고 성령은 자신이 명령하신 바 주님의 모든 계명과 의를 친히 홀로 완전하고 순결하고 나무랄 데 없이 행하십니다.

4. 다른 예를 들겠습니다. 어떤 부자가 값진 음식을 차려 먹고 자기의 재산과 보물을 마음껏 사용하면서 전혀 부족함을 두려워하지 않는 생활을 하고 있습니다. 그는 많은 돈을 들여 호화판으로 음식을 준비한 후 자기가 초대한 손님들에게 최근에 유행하는 다양하고 멋진 그릇에 음식을 담아 대접합니다. 그러나 가진 것이 없는 가난한 사람이 몇 명의 친구들에게 음식을 대접할 때에는 접시, 식탁보 등 모든 것을 빌려와야 합니다. 그리고 초대한 손님들이 식사를 마친 후 그는 빌려왔던 접시, 식탁보 등 모든 것을 돌려주어야 합니다. 모든 것을 돌려준 후 그는 먹을 것이 없는 가난하고 헐벗은 상태가 됩니다.

5. 마찬가지로 성령 안에서 부유한 사람, 내면에 하늘의 보화와 성령과의 교제를 소유하고 있는 사람이 진리의 말을 할 때, 사람들에게 영적인 설교를 하며 영혼 접대하기를 갈망할 때, 그는 자기가 소유하고 있는 재산과 보물을 사용하여 말하며 그것으로 영적인 설교를 듣는 사람들의 영혼을 접대합니다. 그는 내면에 하늘나라의 보물을 가지고 있기 때문에 자신에게 부족한 것이 생기는 데 대해 염려하지 않습니다. 그들은 자신이 소유하고 있는 하늘나라의 보물을 사용하여 영적 잔치에 참석한 사람들을 접대합니다.

그러나 가난하여 그리스도라는 보물을 소유하지 못하였으며 영혼 안에 영적인 보화가 없기 때문에 말이나 행위, 거룩한 생각, 말할 수 없는 신비 등 선한 것들의 흐름을 만들어 내지 못하는 사람이 있습니다. 이런 사람은 진리의 말을 하고 자기의 설교를 듣는 사람들 중 몇 사람을 영적으로 대접하기를 원하더라도 자기 안에 능력 있는 하나님의 말씀을 소유하지 못하고 있기 때문에 단지 외운 것들을 암송하며 성경에 기록된 말이나 거룩한 사람들에게서 들은 것들을 인용하여 진술하고 가르칩니다.

그렇기 때문에 그가 사람들을 즐겁게 해주며 사람들이 그의 말을 즐기는 듯이 보이지만, 그가 말을 마친 후에 그가 말한 모든 단어들은 각기 그 근원으로 돌아갑니다. 그리고 그 자신은 다른 사람들을 대접하기 위해 사용할 성령이라는 보물을 소유하지 못하며, 자신이 먼저 성령 안에서 기뻐하거나 접대를 받지 못한 채 다시 헐벗고 가난하게 됩니다.

6. 이런 까닭에 우리는 먼저 믿음 안에서 힘껏 마음으로 수고하여 하나님의 보화, 그리스도라는 참된 보물을 우리의 마음 안에서 성령의 능력 있고 효과적인 사역 안에서 발견하게 해달라고 하나님께 구해야 합니다. 그리하여 우리 자신 안에서 우리의 유익이요 구원이요 영생이 되시는 주님을 먼저 발견한 후에 다른 사람에게도 유익을 주며, 내면의 보물이신 그리스도를 의지하여 선하고 영적인 말을 얻고 하늘나라의 신비를 말할 수 있을 것입니다. 선하신 아버지는 믿고 구하는 사람의 내면에 기꺼이 거하시기 때문입니다.

"나를 사랑하는 자는 내 아버지께 사랑을 받을 것이요 나도 그를 사랑하여 그에게 나를 나타내리라"(요 14:21), "우리가 그에게 가서 거처를 그와 함께 하리라"(요 14:23). 이것이 무한히 자비하신 아버지의 뜻이며, 상상할 수 없이 큰 그리스도의 사랑의 기쁨이요, 말할 수 없이 선하신 성령의 약속이었습니다. 성삼위의 말할 수 없이 크신 긍휼에 영광이 있을지어다.

7. 하나님의 자녀가 되며 성령으로 말미암아 위로부터 태어난 사람들, 조명해주시고 안식하게 해주시는 그리스도를 내면에 소유한 사람들은 여러 가지 방법으로 성령의 인도하심을 받습니다. 성령은 그들의 마음속에서 눈에 보이지 않게 작용하시며 영적인 안식을 주십니다. 우리 마음 속에서 활동하는 은혜의 역사를 나타내기 위해 세상에 있는 유형적 즐거움들을 비유로 들겠습니다. 종종 그들이 왕의 잔치에 초대받아 말할 수 없는 기쁨과 즐거움을 느끼는 것 같은 때가 있습니다. 또 마치 신적 안식 속에서 신랑과 교제하는 신부와 같은 순간도 있습니다. 또는 그들이 마치 몸이 없는 천사들처럼 되고 그들의 몸을 비롯하여 모든 것이 아주 가볍게 되어 전혀 방해를 받지 않는 때도 있습니다. 또 성령으로 말미암아 마치 독한 술에 취한 것처럼 되어 영적인 신비에 심취할 때도 있습니다.

8. 어떤 때 인류를 향한 성령의 사랑이 그들의 마음에 사무쳐 그들이 인류를 위해 슬피 울고 애통해 하며 인류 전체를 위해 탄원하기 위해서 애통하는 때도 있습니다. 또 그들이 성령으로 말미암아 기쁨과 사랑으로 뜨거워져서 선인이든 악인이든 모든 사람을 구별 없이 마음에 받아들일 수 있는 때도 있습니다. 때때로 그들이 성령의 겸비함 속에서 모

든 사람들보다 겸손하게 되어 스스로를 사람들 중에서 가장 작은 자요 가장 나중된 자라고 생각할 때도 있습니다.

때로 성령은 그들을 "말할 수 없는 영광스러운 즐거움으로 기쁨"(벧전 1:8) 속에서 기진하게 하기도 하십니다. 또 그들은 왕의 갑옷을 입은 용사처럼 되어 전쟁에서 원수를 대적하며 강력하게 그들을 맞아 싸워 정복하기도 합니다. 왜냐하면 영적인 사람은 성령이라는 하늘나라의 갑옷을 입고 원수를 맞아 싸워 굴복시키기 때문입니다.

**9.** 또 영혼이 깊은 고요와 정적과 평화 속에서 오로지 영적인 즐거움과 말할 수 없는 안식과 행복만 느끼며 쉬는 때가 있습니다. 또한 영혼이 은혜로 말미암아 말로는 표현할 수 없는 일들 속에서 명철과 지혜 및 신비로운 성령에 대한 지식을 배우는 때도 있습니다. 이처럼 은혜가 성도들 안에서 작용하는 방법은 무한히 다양합니다. 은혜는 영혼을 완전하고 흠이 없고 순결한 상태로 하늘 아버지께 회복시키기 위해 하나님의 뜻에 따라 영혼을 소생시키고 여러 가지 방법으로 영혼을 인도하며 다양한 방법으로 연단합니다.

**10.** 지금까지 이야기한 성령의 작용들은 거의 완전한 단계에 속하는 것들입니다. 비록 상이한 방법으로 표현되었지만 영혼에게 원기를 공급하는 은혜의 다양한 작용들은 계속적으로 끊임없이 그러한 사람들에게 영향을 줍니다. 영혼이 정욕에서부터 완전히 정화되고 말로 표현할 수 없는 교통에 의해 보혜사 성령과 연합하여 온전함에 이르며 성령과 완전히 혼합된 상태에서 영혼 자신이 영이 될 때 그 영혼은 전체가 완

전한 빛, 완전한 눈, 완전한 영, 완전한 기쁨, 완전한 안식, 완전한 즐거움, 완전한 사랑, 완전한 긍휼, 완전한 선, 완전한 인자가 됩니다. 바다 속에 있는 돌을 온통 물이 에워싸듯이 이러한 경지에 이른 사람들은 모든 점에서 성령과 섞여 그리스도처럼 되며, 자신의 내면에 성령의 능력에 의한 덕들을 확고하게 소유하며, 안팎으로 흠도 없고 점도 없이 깨끗하게 됩니다.

**11.** 성령에 의해 하나님께 회복된 그들이 어떻게 밖으로 악의 열매를 맺을 수 있습니까? 그들에게서는 언제 어디서나 성령의 열매들이 빛을 발합니다. 그러므로 우리는 하나님이 성령의 은사라는 하늘의 은혜를 주시리라는 것, 그리고 성령이 친히 우리를 다스리시고 하나님의 뜻 안으로 인도해 주시며 온갖 방법으로 우리를 회복하게 해주신다는 것, 그리고 우리가 그러한 다스림과 은혜의 역사와 영적 향상을 통하여 그리스도의 충만의 완전함에 이르게 되기를 간구해야 하며 믿음과 소망 안에서 그렇게 믿어야 합니다.

사도 바울은 이것을 "하나님의 모든 충만하신 것으로 너희에게 충만하게 하시기를 구하노라"(엡 3:19), "우리가 다 하나님의 아들을 믿는 것과 아는 일에 하나가 되어 온전한 사람을 이루어 그리스도의 장성한 분량이 충만한 데까지 이르리니"(엡 4:13)라고 표현했습니다. 주님은 진정으로 그리스도를 믿고 청하는 모든 사람들에게 성령과의 교제를 허락해 주시겠다고 약속하셨습니다. 그러므로 전적으로 우리 자신을 주님께 바치며 위에서 언급한 선한 것들을 얻기 위해 노력하십시오. 우리는 몸과 영혼을 완전히 그리스도의 십자가에 못 박은 자가 되어 영원한 나라에 합당한 자가 되며, 성부와 성자와 성령께 영원히 영광을 돌려야 합니다. 아멘.

설교 19

# 억지로라도
# 선한 일을 훈련하십시오.

1. 주님께 나아가 영생에 합당한 자로 여김을 받으며 그리스도의 거처가 되고 성령으로 충만하게 되기를 원하는 사람, 그리하여 성령의 열매를 맺으며 순결하고 흠이 없이 그리스도의 계명을 행하려는 사람이 있습니다. 이러한 사람은 먼저 확고히 주님을 믿고 주님의 계명의 말씀에 몰두하며, 그의 마음이 세속적인 것에 사로잡히지 않게 하기 위해서 세상을 철저히 부인해야 합니다. 또 주님이 오셔서 도와주실 것을 끊임없이 믿고 기다리며, 목표를 항상 여기에 두고서 인내하며 기도해야 합니다. 그리고 억지로라도 온갖 선한 일과 주님의 계명을 실천해야 합니다. 왜냐하면 죄가 그와 함께 거하고 있기 때문입니다.

예를 들어 자신을 강요하여 사람들 앞에서 겸손한 마음을 갖고 자신을 다른 사람들보다 악하고 부족한 사람이라고 생각하며, 복음서에 기록된 것처럼 사람들에게서 명예나 칭찬이나 영광을 받으려 하지 않으며 언제나 주님 및 주님의 계명들만 바라보며 온유한 마음으로 주님만을 기쁘시게 하기를 원해야 합니다. 주님은 "나는 마음이 온유하고 겸손하니 나의 멍에를 메고 내게 배우라"(마 11:29)고 하셨습니다.

2. 마찬가지로 힘이 닿는 한 자비하고 친절하고 긍휼하고 선한 사람이 되어야 합니다. 주님은 "너희 아버지의 자비로우심 같이 너희도 자비로운 자가 되라"(눅 6:36), "너희가 나를 사랑하면 나의 계명을 지키리라"(요 14:15), "천국은 침노를 당하나니 침노하는 자는 빼앗느니라"(마 11:12), "좁은 문으로 들어가기를 힘쓰라"(눅 13:24)고 말씀하셨습니다.

주님의 겸손하신 행위와 온유하신 행동을 모범으로 삼으며 잊지 말고 늘 기억해야 합니다. 주님이 오셔서 그의 안에 거하시며 모든 계명 안에서 그를 완전하고 강하게 하시며, 또 주님 자신이 그의 영혼의 거처가 되심으로써 지금은 마지못해 억지로 하는 일을 장래에는 기꺼이 행하게 되고 선한 일에 익숙해지며, 언제나 주님을 마음에 두고 잊지 않으며, 성령 안에서 사랑으로 주님을 기다리게 해주실 것을 믿고 간구하면서 인내하며 기도해야 합니다.

주님은 그의 목적과 열심, 즉 얼마나 주님을 기억하려 하는지를 보십니다. 또 자신의 뜻과는 상관없이 선한 것을 기억하고 겸손하고 온유하며 큰 사랑을 베풀려 하며, 자신의 마음의 능력을 최대한도로 발휘하려는 열심을 보십니다. 그리하여 그에게 자비를 나타내시고 원수들 및 내재하는 죄에서 구해 주시며 성령으로 충만하게 해주십니다.

그리하여 그가 억지로 노력하거나 강요에 의해서가 아니라 진심으로 주님의 계명을 행하게 되거나 혹은 그의 안에 거하시는 주님이 친히 자신의 계명을 행하시게 됩니다. 그렇게 될 때 그가 성령의 열매를 순수하게 맺게 됩니다.

3. 사람이 주님에게 나아올 때 먼저 의심 없이 믿음으로 주님의 자비

를 기대하면서 자신의 마음의 성향을 거슬러서라도 선을 행해야 합니다. 또 만일 그에게 사랑이 없으면 억지로라도 사랑하며, 그에게 온유함이 없다면 온유한 자가 되도록 노력해야 하며, 긍휼을 베풀고 자비한 마음을 가져야 하며, 멸시받는 자가 되어야 하며, 멸시를 받을 때에 인내하며 견뎌야 합니다. 사람들에게서 조롱을 받고 수치를 당할 때에는 "내 사랑하는 자들아 너희가 친히 원수를 갚지 말라"(롬 12:19)는 말씀처럼 노하지 말아야 하며, 영적으로 기도할 수 없을 때에도 기도해야 합니다. 이처럼 마음으로는 내키지 않아도 억지로 자신을 강요하며 분투하는 것을 보실 때 하나님이 그에게 참된 성령의 기도를 주시며, 긍휼과 자비와 겸손과 온유함을 주십니다. 간단히 말해서 성령의 열매로 그를 채워 주십니다.

4. 만일 사람이 홀로 기도하려고 노력하면서 기도의 은혜를 달라는 기도만 할 뿐 주님이 명하신 긍휼과 자비와 겸손과 온유함 등을 베풀지 않으며, 이런 일들을 성공적으로 행하기 위해 수고하거나 분투하지 않는다면, 목적과 자유의지에 관한 한 이따금 그가 요청한 대로 기도의 은혜가 부분적으로 주어지고 아울러 성령으로부터 안식과 기쁨이 주어질 수도 있지만 성품은 조금도 달라지지 않습니다. 그는 수고하며 온유함을 구하지 않았거나 온유한 자가 되기 위해 미리 준비한 적이 없기 때문에 온유함이라는 성품을 소유하지 못합니다. 그는 겸손을 달라고 요청하거나 억지로라도 겸손을 행하지 않았기 때문에 겸손이라는 성품을 소유하지 못합니다. 그가 기도로 요청할 때 모든 사람들을 향한 사랑에 관심을 갖지 않았으며 사랑을 베풀려고 노력하지도 않았기 때문

에 그에게는 사람들을 향한 사랑이 없습니다. 또 그는 일을 할 때에 하나님께 대한 믿음과 신뢰가 없이 행합니다. 왜냐하면 그가 자신을 알지 못하였으며, 자신에게 믿음이 없다는 것을 발견하지 못했기 때문입니다. 만일 그렇지 않았다면 그는 어떤 대가를 치르더라도 주님을 향한 굳건한 믿음과 진정한 신뢰를 주님께 구했을 것입니다.

5. 모든 사람이 마음으로 내키지 않아도 자신을 강요하여 기도해야 하듯이 하나님께 대한 신뢰와 겸손과 사랑과 온유와 성실함과 단순함을 이루려고 자신을 강요하여 노력하며 "기쁨으로 모든 견딤과 오래 참음"(골 1:11)에 이르고, 자신을 하찮은 존재, 가장 작고 가난한 자로 여기고, 유익하지 못한 이야기를 하지 않으며, 입과 마음으로 항상 하나님의 것을 묵상하고 전합니다. 또 "모든 악독과 노함과 분냄과 떠드는 것과 비방하는 것을 모든 악의와 함께 버리"(엡 4:31)라고 하신 대로 노하거나 떠들지 않으며, 주님의 길을 따르고, 모든 덕을 실천하며, 선하고 고결한 생활을 하며, 선한 행동을 하고, 온유하고 겸손한 마음을 가지려 하며, 교만하거나 거만하거나 뽐내거나 남을 비방하지 말아야 합니다.

6. 그가 이처럼 열심히 모든 선과 단순함과 친절과 겸손과 사랑과 기도를 행하려는 것을 주님이 보시고 그에게 그리스도 자신을 주도록 하기 위해, 그리스도께서 친히 그의 내면에서 강요함이나 수고함이 없이 순수하게 진정으로 이 모든 일을 행하시게 하기 위해 그리스도께 자신을 증명하며 그분을 기쁘시게 하기를 원하는 사람은 이 모든 일들을 억

지로라도 해야 합니다. 그렇게 되면 이전에는 그와 함께 거하는 죄 때문에 행할 수 없었던 것을 행할 수 있게 되며, 모든 덕을 자연스럽게 실천할 수 있게 됩니다.

그 때부터 주님이 항상 그에게 오셔서 그의 안에 거하시고 그는 주님 안에 있게 됩니다. 그는 조금도 수고하지 않고 주님이 친히 그의 안에서 주님의 계명들을 수행하시며 그에게 성령의 열매들을 채워주십니다.

그러나 사람이 이러한 일들에 익숙해지기 위해 훈련하지 않고 오직 기도만 훈련한다면, 마침내 하나님에게서 기도의 은사를 받게 된다 해도 그는 진정으로 순결하고 흠 없이 이러한 일들을 행할 수는 없습니다. 그는 자신의 능력이 닿는 한 선한 것에 이르도록 이런 식으로 자신을 훈련해야 합니다. 왜냐하면 때때로 그가 구하고 기도하는 동안에 거룩한 신적 은혜가 그에게 임하기 때문입니다.

하나님은 선하시고 인자하신 분이요 구하는 자에게 주시는 분입니다. 그러나 사람이 어떤 덕에 대해 말하지만 실제로는 그 덕을 소유하지 못하고 있으며 그것에 익숙해져 있지 못하다면, 그는 은혜를 받는다 해도 다시 잃을 것이요, 교만 때문에 타락하거나 자기에게 주어진 은혜를 발달시키거나 성장시키지 못할 것입니다. 이는 그가 진심으로 의지를 가지고 주님의 계명에 헌신하지 않기 때문입니다. 성령은 겸손, 사랑, 온유 등 주님이 명하신 것들 안에 거하며 쉬십니다.

**7.** 진정으로 하나님을 기쁘시게 하며 하나님에게서 거룩한 성령의 은혜를 받으며 성령 안에서 자라서 완전하게 되기를 원하는 사람은 "그

러므로 내가 범사에 모든 주의 법도들을 바르게 여기고 모든 거짓 행위를 미워하나이다"(시 119:128)라고 하신 말씀에 따라 하나님이 명하신 계명을 행하며 내키지 않는 자기의 마음을 정복해야 합니다. 끈질기게 자신을 강요하여 기도하는 훈련을 쌓아 마침내 기도하는 일에 성공하듯이, 의지로써 자신을 강요하여 모든 덕을 실천하며 선한 습관을 형성하는 훈련을 하고 항상 주께 기도하고 구하여 구한 것을 받고 하나님을 맛보고 성령에 참여한 사람은 주어진 은사를 무성하게 자라게 만들며, 자신의 겸손과 사랑과 온유함 안에서 안식을 얻습니다.

8. 성령이 친히 이런 덕들을 그에게 주시며 참된 기도, 참된 온유, 참된 사랑을 가르쳐 주십니다. 이것들은 그가 전에는 마지못해 행했던 것이요 구했던 것이요 갈망했던 것이요 묵상했던 것으로서 그에게 주어진 것입니다. 이처럼 그는 하나님 안에서 장성하여 완전한 사람이 되었으므로 하나님 나라의 후사가 됩니다. 겸손한 자는 결코 떨어지지 않습니다. 모든 사람들보다 낮은 곳에 있는데 어디로 떨어질 수 있겠습니까? 교만한 마음은 큰 치욕거리요, 겸손한 마음은 큰 높임과 영예와 존엄입니다.

그러므로 마음이 내키지 않으면 억지로라도 겸손과 온유와 사랑을 실천하십시오. 그리고 하나님이 우리 마음에 성령을 보내주실 것이라는 기대와 목적, 우리가 "영과 진리로"(요 4:24) 예배하고 기도하게 된다고 기대하면서 믿음과 소망과 사랑 안에서 끊임없이 하나님께 기도하십시오.

**9.** 우리는 성령이 친히 우리 안에서 기도하시며, 우리가 자신에게 강요하면서도 소유하지 못하고 있는 참 기도를 우리에게 가르쳐 주시며, 지금은 우리가 얻을 수 없는 겸손을 가르쳐 주시며, 우리를 가르쳐 진정으로 "긍휼과 자비"(골 3:12)와 주님이 명하시는 모든 것을 수고나 강요 없이 행하게 하시며, 성령의 방법에 따라 성령의 열매들을 우리에게 채워주시며, 그럼로써 우리가 주님의 성령으로 말미암아 주님의 계명들을 이루게 되기를 기도해야 합니다.

성령만이 주님의 뜻을 알고 계십니다. 우리가 성령 안에서 완전하게 되고 성령 자신도 우리 안에서 완전하게 되어 우리가 죄의 더러움과 허물이 없이 깨끗해진 후 성령이 우리의 영혼을 순결한 신부처럼 깨끗하고 허물이 없이 그리스도에게 인도하실 것입니다. 그 때 우리가 하나님 나라에서 하나님 안에서 안식하며 하나님은 우리 안에서 영원히 안식하실 것입니다.

주님이 인류에게 그와 같은 영광과 존귀를 허락해 주시고, 인류를 하늘 아버지의 아들들로 삼으시며 그들을 자기의 형제라고 불러 주셨으니 그 크신 긍휼과 자비와 사랑에 영광을 돌릴지어다. 그에게 영원히 영광이 있을지어다. 아멘.

설교 20

# 참된 의원은 그리스도 한 분이십니다.

1. "누구든지 그리스도의 영이 없으면 그리스도의 사람이 아니라"(롬 8:9)고 했는데, 만일 어떤 사람이 하늘나라의 영적인 옷, 즉 성령의 능력이 없어 벌거벗은 상태에 있다면 그는 하늘로부터 영적인 옷을 받기 위해, 즉 지금은 거룩한 역사의 혜택을 받지 못하고 있는 그의 영혼이 옷을 입게 해달라고 울며 주께 간구해야 합니다. 성령의 옷을 입지 못한 사람은 "부끄러운 욕심"(롬 1:26)으로 덮여 있기 때문입니다. 만일 이 세상에서 어떤 사람이 옷을 벗었다면, 그는 매우 수치스럽고 치욕스러운 상태에 있는 것입니다. 친척들과 친구들이 그에게서 등을 돌립니다. 아버지가 벌거벗은 것을 본 자녀들은 아버지의 벌거벗은 몸을 보지 않으려고 얼굴을 돌린 채 뒷걸음질로 아버지에게 다가가서 벌거벗은 몸을 덮어주었습니다. 마찬가지로 하나님도 성령의 확신으로 옷 입지 않은 영혼들, 능력 있고 참되신 "주 예수 그리스도로 옷"(롬 13:14) 입지 않은 사람들에게서 얼굴을 돌리십니다.

2. 최초의 인간 아담은 자신이 벌거벗은 것을 깨닫고서 부끄러워했습

니다. 벌거벗은 것은 참으로 부끄러운 일입니다. 육체적으로 벌거벗은 것이 부끄러운 일인 것처럼, 신적인 능력이라는 옷을 입지 못하여 벌거벗은 영혼, 썩지 않고 말할 수 없이 훌륭한 하늘나라의 옷이신 주 예수 그리스도를 입지 못한 사람들은 훨씬 더 크고 악한 정욕의 수치와 치욕으로 덮여 있는 것입니다.

하나님의 영광을 옷 입지 못한 사람들은 벌거벗은 아담처럼 자신의 수치를 알고 부끄러워해야 합니다. 아담은 무화과 나뭇잎으로 가릴 것을 만들어 입었지만 여전히 수치스럽고 벌거벗은 상태에 있었으며 자신의 빈궁함을 시인했습니다. 그런 상태에 있는 영혼은 헛된 생각으로 옷을 만들지 말며, 자신의 의라고 생각하는 것에 미혹되지 말며, 자신이 구원의 옷을 가지고 있다고 생각하지 말고 그리스도에게 구하십시오. 그리하면 그리스도께서 영광을 주시며 말할 수 없는 빛으로 옷 입혀 주십니다.

3. 만일 어떤 사람이 사도 바울이 말한 것처럼 "우리에게 지혜와 의로움과 거룩함과 구원함이 되신"(고전 1:30) 하나님의 의, 즉 주님을 바라보지 않고 자신의 의로움과 구속함 위에 선다면 그의 수고가 헛되고 무의미한 것이 됩니다. "우리의 의는 다 더러운 옷 같다"(사 64:6)라는 이사야의 말처럼, 우리가 자신의 의라고 꿈꾸는 모든 것들이 마지막 날에 더러운 누더기로 드러날 것이기 때문입니다.

그러므로 하나님에게 "구원의 옷"(사 61:10)인 우리 주 예수 그리스도, 즉 말할 수 없는 빛을 입혀 달라고 간절히 기도하십시오. 이 옷을 입은 영혼은 다시는 벗지 않을 것이며, 부활 때에 그들의 몸도 그 영광스러운 빛에 의해 영광스럽게 될 것입니다.

지금도 신실하고 고귀한 영혼들은 그 옷을 입고 있습니다. 사도 바울은 "예수를 죽은 자 가운데서 살리신 이의 영이 너희 안에 거하시면 그리스도 예수를 죽은 자 가운데서 살리신 이가 너희 안에 거하시는 그의 영으로 말미암아 너희 죽을 몸도 살리시리라"(롬 8:11)고 말했습니다.

하나님의 크신 긍휼과 자비에 영광을 돌릴지어다.

4. 혈루증으로 앓는 여인이 참 믿음을 가지고 주님의 겉옷자락을 만졌을 때 즉시 나음을 받아 더러운 병의 근원이 말라버렸듯이 죄라는 치료할 수 없는 상처, 부정하고 악한 생각들의 원천을 가지고 있는 영혼이라도 참 믿음을 가지고 그리스도에게 나아와 간구하면 그 치료할 수 없는 정욕의 근원에서 구원받고 치유됩니다.

예수의 능력만이 부정한 생각들을 솟구쳐 내는 샘물을 마르게 할 수 있습니다. 다른 것으로는 이 상처를 치료할 수 없습니다. 아담이 범죄했을 때 원수는 그 속사람, 하나님을 향해 보는 마음에 상처를 입히고 어둡게 만들려고 획책劃策했습니다. 그때 이후로 그의 눈은 악한 것과 정욕을 분명히 보지만 하늘나라의 선한 것을 보지 못했습니다.

5. 그는 깊은 상처를 입었기 때문에 주님 외에 다른 사람이 그의 상처를 치료할 수 없었습니다. 주님만이 그를 치료하실 수 있었습니다. "세상 죄를 지고 가는 하나님의 어린 양"(요 1:29), 즉 주님이 세상에 오셔서 영혼 안에 있는 더러운 생각의 샘을 마르게 하셨습니다.

혈루증으로 앓는 여인이 재산을 많은 의원들에게 허비했지만 아무도 그녀를 치료하지 못했습니다. 그러나 그녀가 진정한 믿음을 가지고 주님에게 접근하여 겉옷자락을 만질 때에 즉시 피의 흐름이 멈추었으므로 그녀는 병이 나았음을 깨달았습니다. 마찬가지로 의인이나 족장이나 선지자나 교부 등 누구든지 애초에 악한 정욕이라는 치료하기 어려운 상처를 지닌 영혼을 치료할 수 있는 힘을 갖지 못했습니다.

**6.** 모세가 세상에 왔지만 완전히 치료하지 못했습니다. 제사장들, 은사, 십일조, 안식일, 월삭, 희생 제사, 번제 및 모든 의가 율법 하에서 행해졌지만 영혼은 병 나음을 얻지 못했고 악한 생각들이 흘러나오는 더러운 마음을 깨끗하게 하지 못했습니다. 그 영혼이 지니고 있는 모든 의가 그 사람을 낫게 하는 데 전혀 도움이 되지 못했습니다. 그러나 마침내 구세주, 참된 의원, 대가를 받지 않고 치료해 주시는 분, 인류를 위한 속전으로 자신을 내어주신 분이 오셨습니다. 그분만이 영혼을 치료하시고 구원하실 수 있었습니다. 그분은 영혼을 속박에서 풀어주시고, 어둠에서 벗어나게 해주시며, 자신의 광채로 영화롭게 해주셨습니다. 그분은 영혼 안에 있는 더러운 생각들의 근원을 마르게 하셨습니다. 그 영혼은 "보라 세상 죄를 지고 가는 하나님의 어린 양이로다"(요 1:29)라고 말합니다.

**7.** 세상에 있는 약, 다시 말해서 영혼 자신에게서 비롯된 의로운 행동들로는 이처럼 크고 보이지 않는 병을 치료하여 낫게 할 수 없습니다. 그러나 성령의 은사가 지닌 하늘나라의 신성에 의해서는 치료할 수 있습니다. 이 약에 의해서만 인간이 병 고침을 받고 생명을 얻으며 성령

으로 말미암아 마음이 정결하게 될 수 있습니다.

혈루증을 앓고 있는 여인은 병 나음을 얻지 못하여 멸망의 상태에 있었지만, 그녀에게는 치료를 받기 위해 주님에게 걸어갈 수 있는 두 발이 있었습니다. 또 소경 거지는 눈이 보이지 않아 주님에게 갈 수 없었지만 믿고 "다윗의 자손 예수여 나를 불쌍히 여기소서"(막 10:47)라고 외칠 때에 주님이 그에게 오셔서 눈을 떠서 분명히 보게 해주셨습니다.

이처럼 영혼이 비록 악한 정욕들 때문에 영락하였으며 죄의 어둠으로 인해 눈이 멀었지만 소리 높여 예수를 부를 수 있는 의지의 능력을 가지고 있습니다. 영혼이 소리쳐 예수를 부르면 그분이 오셔서 영혼을 영원히 구원하실 것입니다.

8. 만일 소경 거지가 소리쳐 외치지 않았다면, 병든 여인이 주님에게 나아오지 않았다면, 그들은 병고침을 받지 못했을 것입니다. 그러므로 자신의 자유 의지에 따라 마음의 모든 뜻을 다하여 주님에게 나아와 믿음의 확신을 가지고 간청하지 않는 사람은 나음을 받지 못합니다.

소경과 혈루병에 걸린 여인이 믿었기 때문에 즉시 병 고침을 받았는데, 우리가 아직도 분명하게 보지 못하며 숨어 있는 정욕들을 치료받지 못함은 어찌된 영문입니까? 주님은 육체보다는 불멸의 영혼을 더 생각하십니다. "내 눈을 열어서 주의 율법에서 놀라운 것을 보게 하소서"(시 119:18)라고 말한 분에 의하면 영혼은 시력을 되찾은 후에는 다시는 소경이 되지 않으며 한 번 나음을 받은 후에는 다시 건강을 해치지 않습니다.

주님이 세상에 오셔서 썩어질 육체를 그처럼 낫게 해주셨는데, 주님의 모양대로 지음을 받은 불멸의 영혼에게는 얼마나 더하시겠습니까? 우리가 영적인 치료와 구원을 아직 발견하지 못하는 것은 우리의 불신앙과 분열된 마음 때문이요, 마음을 다하여 주님을 사랑하지 않기 때문이요, 진심으로 주님을 믿지 않기 때문입니다. 그러므로 주님이 우리 안에서 신속하게 참된 치료의 역사를 행하시게 되도록 주님을 믿고 주님에게 나아갑시다. 주님은 "구하는 자에게 성령을 주시며"(눅 11:13), 두드리는 자에게 문을 여시며, 구하는 자가 찾을 것이라고 약속하셨는데(마 7:7), 이 약속을 하신 분은 결코 거짓말을 하시지 않는 분입니다.

  그분에게 영광과 능력이 영원히 있을지어다. 아멘.

설교 21

# 그리스도인들은 두 가지 싸움을 싸워야 합니다.

1. 진정으로 하나님을 기쁘시게 하기를 원하며 진실로 악을 대적하는 사람은 두 가지 싸움을 해야 합니다. 하나는 이 세상에 있는 보이는 것들과의 싸움으로서 지상의 소란스러움, 세상적인 유대에 대한 애착, 악한 정욕들로부터 물러나는 것입니다. 또 하나는 감추인 것들과 관련된 것으로서 악령들을 대적하는 것입니다. 사도 바울은 "우리의 씨름은 혈과 육을 상대하는 것이 아니요 통치자들과 권세들과 이 어둠의 세상 주관자들과 하늘에 있는 악의 영들을 상대함이라"(엡 6:12)고 말했습니다.

2. 인간이 하나님의 명령을 어기고 낙원에서 추방되었을 때에 두 가지 속박에 두 가지 방법으로 예속되었습니다. 하나는 이 세상의 삶, 이 세상에 있는 것, 세상에 대한 사랑, 즉 육체적인 쾌락과 정욕과 부귀와 영광과 재산, 아내와 자녀들, 친척들, 조국, 특정한 장소, 의복, 그밖에 모든 감각적인 것들에 대한 사랑이었습니다. 하나님은 그에게 자신의 자유로운 선택에 의해 그것들로부터 벗어나라고 명령하셨습니다. 왜냐

하면 모든 사람들이 스스로의 동의 하에 감각적인 것들에게 묶이기 때문입니다.

그는 이 모든 것들로부터 풀려나 자유롭게 된 후에야 계명을 완전히 수행할 수 있습니다. 그러나 영혼은 이런 싸움 외에도 감추어진 영역에서 악령들에 의해 어둠의 사슬에 묶이고 그것들에게 둘러싸이기 때문에 자신이 원해도 주님을 사랑하거나 믿거나 기도하지 못합니다. 감추어진 일들 속에서나 겉으로 드러난 일들 속에서의 이러한 싸움은 첫 사람의 범죄를 통해 우리에게 전해져 내려온 것입니다.

3. 그러므로 사람이 하나님의 말씀을 듣고 노력하며 이 세상 삶의 일들과 세상의 속박을 벗어버리고 육체의 쾌락을 부인하며 그런 것들로부터 해방되자마자 끊임없이 주님께 주의를 기울이고 모든 시간을 주님께 바칠 때 그는 마음속에서 또 하나의 씨름, 은밀한 싸움, 악한 영들의 유혹에 대한 또 하나의 싸움이 자기 앞에 놓인 것을 발견할 수 있습니다. 그는 견고히 서서 의심 없이 믿음과 인내로써 주님을 부르며 주님에게서 오는 도움을 기다릴 때에 악령들의 속박과 장애와 어둠—이것들은 감추어져 있는 정욕들이 만들어낸 것들입니다—으로부터의 내적인 구원을 얻을 수 있습니다.

4. 인간은 하나님의 은혜와 능력에 의해 이 싸움에서 이길 수 있습니다. 인간이 혼자 힘으로는 결코 모순되고 잘못된 생각들, 눈에 뜨이지 않는 정욕들, 악한 자의 속임수에서 자신을 구할 수 없습니다.

이 세상 일들로 말미암아 감각적인 것들에 얽혀 있고 여러 가지 세상의 속박에 엉켜 있으며 악한 정욕에 휩싸여 있는 사람은 또 하나의 내적인 씨름과 싸움이 있다는 것을 발견하지 못합니다. 그가 노력하여 세속적이고 물질적인 일들과 육체의 쾌락들에 의한 가시적인 속박들로부터 벗어나며 끊임없이 주님을 바라보고 이 세상으로부터 이탈할 때 그는 마침내 자신을 대적하는 정욕들과의 내적인 씨름, 내면의 전쟁, 그리고 악한 생각들을 인식할 수 있게 됩니다.

앞서 언급한 것처럼 만일 그가 마음을 다하여 세상을 부인하려고 노력하지 않고 세상의 욕망에서 벗어나지 못하고 온전히 주님만을 붙들기로 결정하지 못한다면, 숨어 있는 악한 영들의 잘못과 악한 정욕들을 발견하지 못하며 자신이 부상당했다는 사실을 알지 못하는 사람처럼 자신에 대해서 이방인이 됩니다. 또 그는 자신에게 은밀한 정욕들이 있지만 그것을 깨닫지 못합니다. 그는 여전히 눈에 보이는 질서의 속박을 받으며, 이 세상 일에 얽혀 지내면서도 전혀 개의치 않습니다.

**5.** 진실로 세상을 부인하고 애써 세상의 짐을 벗어 버리며 육체적인 쾌락과 영광과 권위와 인간적인 명예 등 헛된 욕망에서 벗어나고 힘써 그것들로부터 물러나며(이처럼 공공연하게 노력할 때 주님은 은밀하게 그가 세상의 뜻을 부인하는 데 비례하여 그를 도와주십니다) 주님을 섬기기로 작정하고 온몸과 영혼을 다해 그 일에 종사하는 사람은 갈등, 숨은 정욕들, 보이지 않는 속박들, 은밀한 전쟁과 노력, 눈에 보이지 않는 싸움 등을 발견합니다.

그렇기 때문에 그는 주님께 간구하여 하늘나라로부터 성령의 병기를 받습니다. 바울은 그것을 언급하여 "의의 호심경", "구원의 투구", "믿음의 방패", "성령의 검"(엡 6:14)이라고 했습니다. 이러한 무기들로 무장한 사람은 악한 세상에서 "마귀의 간계를 대적할 수" 있습니다. 그는 "모든 기도와 인내와 간구" 그리고 금식과 믿음으로 말미암는 모든 것으로 무장했기 때문에 "정사와 권세와 이 어둠의 세상 주관자들"과의 싸움에서 이길 수 있습니다. 이처럼 자신의 덕행과 성령의 협력에 의해 대적을 이겼기 때문에 그는 영생에 합당하게 되며, 성부와 성자와 성령께 영광을 돌리기에 합당하게 될 것입니다.

성부와 성자와 성령께 영광이 영원히 있을지어다. 아멘.

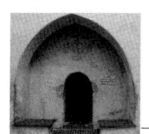

설교 22

# 영혼이 육체를 떠날 때 신비로운 일이 벌어집니다.

1. 사람의 영혼이 육체를 떠날 때에 매우 신비한 일이 벌어집니다. 만일 그 영혼이 큰 죄 짐을 지고 있다면 마귀들의 무리가 그에게 올 것이며, 어둠의 사자들이 그 영혼을 붙들어 자기 편으로 만들 것입니다. 이것은 전혀 놀라운 일이 아닙니다. 그 사람이 세상에 살아 있는 동안 악의 세력들을 찬양하고 그들에게 복종하며 그들의 노예가 되었으니, 그가 이 세상을 떠날 때에는 얼마나 더 강력하게 그들에게 붙들리고 억압을 받겠습니까?

우리는 선한 영혼에게 어떤 일이 일어나는지를 알고 이것이 사실이라는 것을 깨달아야 합니다. 하나님의 거룩한 종들의 곁에는 지금도 항상 천사들이 호위하고 있으며, 거룩한 영들이 그들을 에워싸고 보호해 주고 있습니다. 그들이 육신을 떠날 때에는 천사들의 무리가 그들의 영혼을 자기 편으로, 순결한 세계로, 주님에게로 데려갑니다.

주님에게 영광과 능력이 있을지어다. 아멘.

설교 23

# 하늘에 속한 이의 형상을 입으십시오.

1. 크고 값비싼 진주는 왕관을 장식하는 것으로서 왕에게만 어울리고 왕만이 그것을 사용할 수 있습니다. 일반인들이 그러한 진주로 장식하는 것은 허락되지 않습니다. 그러므로 "영접하는 자 곧 그 이름을 믿는 자들에게는 하나님의 자녀가 되는 권세를 주셨으니"(요 1:12)라고 하신 말씀과 같이 사람이 고귀한 하나님의 영에 의해 태어나서 하늘나라 왕가에 속한 자, 즉 하나님의 자녀가 되지 않는 한 그는 왕의 아들이 아니기 때문에 귀한 하늘나라의 진주, 형언할 수 없이 빛나는 형상, 즉 주님으로 장식할 수 없습니다. 그 진주를 소유하고 패용하는 사람은 영원히 그리스도와 함께 살며 다스립니다. 그렇기 때문에 사도 바울은 "우리가 흙에 속한 자의 형상을 입은 것같이 또한 하늘에 속한 이의 형상을 입으리라"(고전 15:49)고 말했습니다.

2. 그는 들짐승들과 함께 수풀 속에서 풀을 뜯어 먹으며 사는 한 마리 말처럼 사람들에게 예속되지 않습니다. 사람들이 말을 잡아 길들이려 할 때에는 말에게 재갈을 씌우는데, 결국 그 말은 합당하고 질서 정

연하게 걷는 법을 배우게 됩니다. 그리고 숙련된 조련사는 그 말을 전쟁터에서 사용하기 위해 길들입니다. 그 후에 그 말에게 가슴받이와 쇠사슬 갑옷이 입혀집니다. 그들은 처음에는 말 앞에 재갈을 매달아 놓고 흔들어 말이 그것에 익숙해지고 두려워하지 않게 만듭니다.

조련사에 의해 길들여진 말은 원수와 싸우는 법을 배웁니다. 조련사와 가슴받이가 없다면 말은 전쟁에서 소용이 없습니다. 그러나 훈련을 받아 전쟁에 익숙해진 말은 전쟁의 기미를 눈치 채고 전쟁의 소리를 듣기만 해도 자발적으로 원수를 향하여 돌격합니다. 그 말이 지르는 소리는 적을 공포에 몰아넣기에 충분합니다. 마찬가지로 범죄한 이후 전혀 속박을 받지 않고 야생 상태에 있는 영혼은 야생동물들—악한 영들—과 함께 하나님을 섬기지 못하게 방해하는 죄 속에서 세상이라는 사막을 돌아다닙니다.

그러나 그 영혼이 하나님의 말씀을 듣고 믿을 때 성령이 그 영혼에게 재갈을 채우시며 그리스도가 조련사가 되어 그의 거친 태도와 육적인 정신을 제거하십니다. 그 영혼은 고통스럽고 어려운 조련 과정에 들어갑니다. 그것은 그 영혼이 조금씩 성령에 의해 복종하는 상태에 들어가게 하기 위해 그의 내면에 있는 죄가 점차 감소되고 사라지고 있음을 증명하기 위한 것입니다.

영혼은 "의의 호심경과 구원의 투구와 믿음의 방패와 성령의 검"(엡 6:14-17 참조)으로 무장하고 원수를 대적하여 싸우는 것을 배웁니다. 주의 영으로 무장한 영혼은 악의 영들을 대적하여 싸우며 "악한 자의 모든 불화살"(엡 6:16)을 소멸합니다. 성령의 갑옷을 입지 않은 영혼은 전장에 나갈 수 없습니다. 그러나 주님의 갑옷을 입은 영혼은 전쟁이 벌어지고 있다는 것을 감지하는 순간, 즉 "호령과 외치는 소리"(욥 39:25)와 함께 앞으로 나아갑니다. 왜냐하면 그 영혼의 기도 소리에 원수들이 항복하기 때문입니다. 그리하여 성령으로 말미암아 전쟁에서 싸워 이긴 후에 그 영혼은 담대하게 승리의 면류관을 취하며, 거룩한 하늘나라 왕과 함께 휴식합니다.

하늘나라 왕께 영광과 권세가 영원히 있을지어다. 아멘.

설교 24

# 세상에 흩어져 있는 생각들을 모아들이십시오.

1. 기독교인들은 이익을 남기려고 장사하는 상인들과 같습니다. 상인들이 세상에서 지상적인 이익을 축적하듯이, 기독교인들은 현세에서 덕과 성령의 능력에 의해 온 세상에 흩어져 있는 자기 마음의 생각들을 모아들입니다. 이것은 가장 귀하고 가장 참된 상품입니다. 이 세상은 저 세상을 대적하며, 현세는 영원한 하늘나라를 대적합니다. 그러므로 기독교인들은 성경에 따라 세상을 부인해야 하며, 아담이 죄를 범한 이후로 인간의 마음이 유혹을 받는 현세에서 벗어나 다른 세대로 옮겨 가야 하며, 사상적으로는 신성의 세계인 하늘나라에서 살아야 합니다. 성경은 "우리의 시민권은 하늘에 있는지라"(빌 3:20)라고 말했습니다.

2. 이 세상을 부인하지 않으며 전심으로 주님을 믿지 않는 영혼은 이 일에 성공할 수 없습니다. 영혼이 이 세상을 부인하고 전심으로 주를 믿을 때 하나님의 성령의 능력이 온 세상에 흩어져 있는 마음에 모일 수 있으며, 주님을 사랑할 수 있으며, 그 정신의 구조를 영원한 세계로 옮길 수 있습니다. 아담의 범죄 후 영혼은 하나님의 사랑을 생각하지

않고 현세에 대해서만 생각하게 되었습니다. 왜냐하면 물질적인 것과 지상적인 생각들이 섞여 들었기 때문입니다.

범죄한 아담이 자신의 육체 안에 악한 정념이라는 누룩을 받아들였고 아담에게서 태어난 모든 사람들과 아담의 후손들은 이 누룩을 나누어 가졌는데, 그것은 그 이후로 계속 자라고 증가하여 마침내 사람들의 내면에 있는 죄악된 생각들이 발전했습니다. 결국 그들은 간음, 호색, 우상숭배, 살인 등 악한 일들을 행하게 되었으며, 마침내 인류가 완전히 악에 물들게 되었습니다.

인간 사회에서 악이 이 정도로 발전하였기 때문에 그들은 하나님이 없다고 생각하고 생명 없는 돌을 숭배하기에 이르렀습니다. 심지어 그들은 하나님이라는 개념조차 받아들이지 않게 되었습니다. 그릇된 생각이라는 누룩들이 옛 아담의 후손들 전체에게 퍼졌습니다.

3. 마찬가지로 세상에 오신 주님은 기꺼이 만인을 위해 고난을 당하셨고 자신의 피로 그들을 사셨으며 죄 아래서 겸손해진 신실한 영혼들 안에 선한 누룩을 집어 넣으셨습니다. 그리고 성장과 발전의 과정에 의해 그들 안에서 그들에게 부과된 모든 의와 덕을 성취하시어 마침내 그들이 선한 누룩이 되고 사도 바울의 말처럼 주와 한 영이 되게 하십니다(고전 6:17).

그러므로 사랑은 "악한 것을 생각하지 아니하며"(고전 13:5)라는 말씀처럼 거룩한 성령이라는 누룩으로 전체가 발효된 영혼 안에는 죄와 악이 생각 속에서조차 들어오지 못합니다. 그러나 먼저 하늘로부터 누룩—거룩한 성령의 능력—을 받지 못한 영혼은 주님의 선으로 발효되지 못하며 생명에 이르지 못합니다.

아담의 후손이라도 악이라는 누룩, 즉 죄—영적이고 비물질적인 본성을 지닌 사탄의 능력—가 그의 안에 기어들어 오지 않았다면, 그처럼 뒤틀려 악하고 사악하게 되지는 않았을 것입니다.

**4.** 누룩을 넣지 않고 반죽하면 아무리 수고하며 뒤집고 또 뒤집어도 반죽이 부풀어 오르지 않으며 빵을 만들 수 없습니다. 그러나 누룩을 넣으면 그것이 반죽 전체를 부풀어 오르게 합니다. 주님은 천국에 대한 비유에서 "천국은 마치 여자가 가루 서 말 속에 갖다 넣어 전부 부풀게 한 누룩과 같으니라"(마 13:33)고 말씀하셨습니다. 사람이 고기를 보관하기 위해 온갖 방법을 다 사용해도 음식물이 썩어 악취가 나는 것을 방지해주는 소금을 뿌리지 않으면, 그 고기는 썩어서 먹을 수 없게 됩니다.

마찬가지로 온 인류를 밀가루 반죽이나 고기로 생각하고 소금과 누룩을 다른 세상의 것, 즉 성령의 신적 본성이라고 생각하십시오. 만일 성령이라는 거룩한 누룩, 신성이라는 선하고 거룩한 소금이 저 세대와 저 세계로부터 와서 사람들의 인간성 속에 들어가 섞이지 않는다면, 영혼에게서 악이라는 악취를 제거할 수 없고, 악에 짓눌려 있는 상태에서 탈피할 수도 없습니다.

**5.** 영혼이 성령과 협력하지 않은 채 자신의 능력만 의지하고서 혼자 힘으로 완전한 성공을 이루어 낼 수 있다고 생각하고 행하는 모든 수고와 배려, 자신에게 적합하다고 생각하는 것들은 모두 크게 잘못된 것입

니다.

성령이 없이 스스로 완전한 순결을 이룰 수 있다고 생각하는 영혼은 거룩한 처소인 하늘나라에서 전혀 소용이 없습니다. 정욕의 세력 아래 있는 사람이 세상을 부인하고 하나님께로 나아오며 믿고 인내하면서 자신의 본성에는 낯설지만 선한 것, 즉 성령의 능력을 받으려는 소망을 갖지 않는 한, 그리고 주께서 하늘로부터 그 영혼에게 신성의 생명을 부어 주시지 않는 한 그 사람은 결코 참된 생명을 경험하지 못할 것이며 물질주의에 취해 있는 상태에서 빠져나오지 못할 것입니다.

성령은 그처럼 무지한 영혼의 내면에서는 빛을 비추시지 않을 것이며, 그 안에서 거룩한 낮을 밝히시지 않을 것입니다. 그 영혼은 하나님의 능력과 은혜의 효능을 통하여 그 깊은 무지의 잠에서 깨어나 진리의 하나님을 알 수 없을 것입니다.

6. 믿음으로 말미암아 은혜를 받지 못한 사람은 하늘나라에 들어가기에 합당하지 못합니다. 반면에 성령의 은혜를 받고서 마음이 변화되지 않거나, 또는 태만함이나 악한 행위에 의해 은혜를 무시함으로써 얼마 동안 성령을 근심하게 만들지 않은 상태로 싸우는 사람은 영생을 얻을 수 있을 것입니다. 사람이 정욕, 분노, 육욕, 질투, 낙심, 악한 생각 등 온갖 좋지 못한 것들에 의해 악의 작용들을 감지하듯이, 선한 신적 본성 및 자비하고 거룩한 은혜의 사역들을 닮고 그것과 혼합되기 위한 덕행, 친절, 선함, 명랑함, 쾌활함, 거룩한 즐거움에 의해 하나님의 은혜와 능력을 감지해야 합니다. 우리의 의지가 계속 은혜와 일치하고 만족스러운 것인지를 기회가 있을 때마다 점진적이고 진보적으로 시험해

보면, 그것은 차츰 완전히 성령 안에 있게 되며 성령에 의해 거룩하고 순결하게 되었기 때문에 하늘나라에 합당하게 됩니다.

더러움이 없으신 성부와 성자와 성령을 영원히 예배하고 영광을 돌릴지어다. 아멘.

설교 25

# 예수 이름으로
# 마귀의 덫을 피하십시오.

1. 먹이나 글자로 기록된 것이 아니라 육의 마음판에 거룩한 법이 기록되어 있는 사람은 마음의 눈이 밝아져 있으며 유형적이고 눈에 보이는 것이 아니라 보이지 않는 영적인 소망을 추구하기 때문에 악한 자가 놓은 걸림돌들을 이길 수 있는 능력을 소유합니다. 그 능력은 패배를 모르는 능력입니다. 그러나 하나님의 말씀을 받아들이지 않으며 신적인 법의 가르침을 받지 않은 사람들은 "헛되이 과장하고"(골 2:18), 자신의 자유의지에 의해 죄의 자원들을 무력하게 만들 수 있다고 생각합니다.

죄는 십자가 속에 있는 신비에 의해서만 정죄할 수 있습니다. 인간의 자유의지 안에는 마귀에게 저항할 수 있는 능력이 있습니다. 그러나 인간의 자유의지로는 정욕을 완전하게 지배할 수 없습니다. "여호와께서 집을 세우지 아니하시면 세우는 자의 수고가 헛되며 여호와께서 성을 지키지 아니하시면 파수꾼의 깨어 있음이 헛되도다"(시 127:1).

2. 우리가 먼저 힘껏 자신을 정결하게 하여 "내가 너희에게 뱀과 전

갈을 밟으며 원수의 모든 능력을 제어할 권능을 주었으니 너희를 해칠 자가 결코 없으리라"(눅 10:19)고 사도들에게 말씀하신 주님으로 말미암아 능력을 얻지 않는 한 "사자와 독사를 밟으며"(시 91:13) 젊은 사자와 뱀을 발로 짓누를 수 없습니다. 만일 인간의 본성이 성령의 전신갑주를 입지 않고서도 "마귀의 간계를 능히 대적할"(엡 6:11) 능력을 가지고 있었다면, 사도 바울이 "평강의 하나님께서 속히 사탄을 너희 발 아래에서 상하게 하시리라"(롬 16:20), "그 때에 불법한 자가 나타나리니 주 예수께서 그 입의 기운으로 그를 죽이시고"(살후 2:8)라고 말하지 않았을 것입니다.

그런 까닭에 주님이 "우리를 시험에 들게 하지 마시옵고 다만 악에서 구하시옵소서"(마 6:13)라고 기도하라고 명령하신 것입니다. 우리가 탁월한 능력에 의해 "악한 자의 불화살"에서 구원받고 양자가 되지 못한다면 우리의 사회적 생존은 헛된 것이며, 우리는 하나님의 능력에서 멀리 떨어져 있는 것입니다.

3. 그러므로 하나님의 영광에 참여하는 자가 되며 영혼의 다스리는 기능 안에서 그리스도의 형상을 거울로 보듯이 보기를 원하는 사람은 결코 충족되지 않으며 만족을 모르는 사랑과 성향을 가지고 마음과 힘을 다하여 항상 하나님으로부터 강력하게 임하는 도우심을 구해야 합니다. 앞에서 말했지만 사람이 먼저 세상의 허영을 삼가고, 빛과는 전혀 다른 것이요 선한 활동과는 전혀 관계가 없는 악한 활동인 적대적 능력에 대한 갈망을 삼가며 그것으로부터 벗어나지 않는 한 이러한 도우심을 받을 수 없습니다.

그러므로 존귀한 존재로 피조되어 낙원에서 살도록 되어 있었던 우리가 죄 없는 영광스러운 상태에서 타락하여 깨달음이 없는 짐승에 비유되며 짐승들처럼 된(시 49:12, 20) 이유를 알기 원한다면, 우리가 범죄함으로 말미암아 육체의 정욕의 노예가 되었으므로 행복한 "생명이 있는 땅"(시 116:9)에서 벗어나 있으며, 포로가 되었기 때문에 "바벨론의 강변"(시 137:1)에 앉아 있다는 것을 알아야 합니다. 그리고 우리는 아직도 애굽에 잡혀 있기 때문에 "젖과 꿀이 흐르는"(출 3:8) 약속의 땅을 물려받지 못하고 있다는 것도 알아야 합니다.

우리는 아직도 "순전함의 누룩"(고전 5:8)으로 부풀어 오르지 못한 채 악의로 가득한 누룩 안에 있습니다. 우리의 마음은 아직도 하나님의 피 뿌림을 받지 못하고 있습니다. 왜냐하면 우리의 마음 안에 아직도 스올의 덫(시 18:5)과 죄의 줄(잠 5:22)이 자리잡고 있기 때문입니다.

**4.** 우리는 아직도 그리스도의 구원의 즐거움을 우리의 것으로 삼지 못하고 있습니다. 그렇기 때문에 아직도 "사망의 쏘는 것"(고전 15:56)이 우리 안에 뿌리를 내리고 있습니다. 우리는 아직도 "하나님을 따라 의와 진리의 거룩함으로 지으심을 받은 새 사람"(엡 4:24)을 입지 못하고 있습니다. 왜냐하면 우리가 "유혹의 욕심을 따라 썩어져 가는 구습을 따르는 옛 사람"(엡 4:22)을 벗어 버리지 못했기 때문입니다.

우리는 아직도 "하늘에 속한 이의 형상"(고전 15:49)을 입지 못하고 있으며, "영광의 몸의 형체"(빌 3:21)와 같이 변화되지도 못하고 있습니다. 또 "죄가 죽을 몸을 지배"(롬 6:12) 하고 있기 때문에 "영과 진리"(요 4:24)로 하나님을 예배하지 못하고 있습니다.

우리는 아직도 "썩어지지 아니하는 하나님의 영광"(롬 1:23)을 보지 못했기 때문에 달이 없는 어두운 밤의 작용 하에 있습니다. 우리는 어둠의 일의 무기와 화살을 벗어버리지 않았기 때문에 아직 "빛의 갑옷"(롬 13:12)을 입지 못하고 있습니다.

우리는 아직도 "마음의 허망한 것으로"(엡 4:17) "이 세대를 본받고"(롬 12:2) 있기 때문에 "마음을 새롭게 함으로 변화"(롬 12:2)를 받지 못하고 있습니다.

우리는 아직도 그리스도와 함께 고난을 받지 않았기 때문에 그와 함께 영광을 받지 못하고 있습니다(롬 8:17). 우리는 아직도 우리의 몸에 "예수의 흔적"(갈 6:17)을 갖지 못하고 있으며 그리스도의 십자가의 비밀 안에 있지 못합니다. 왜냐하면 우리가 아직도 "육체와 함께 그 정욕과 탐심"(갈 5:24) 안에 있기 때문입니다.

우리는 아직도 "하나님의 상속자요 그리스도와 함께 한 상속자"(롬 8:17)가 되지 못했습니다. 왜냐하면 우리 안에 아직도 "종의 영"(롬 8:15)을 받고 있기 때문입니다.

우리는 아직도 "하나님의 성전", 즉 성령의 거처(고전 3:16)가 되지 못했습니다. 왜냐하면 우리가 아직도 우상의 전이며, 우리의 정욕적인 경향으로 인해 악한 영들에게 잡혀 있기 때문입니다.

5. 우리는 아직도 순전한 행위와 깨끗한 마음을 얻지 못하고 있습니다. 우리는 아직도 "순전하고 신령한 젖"(벧전 2:2)을 얻지 못하고 있고 보이지 않는 성장을 하지 못하고 있습니다. 아직 "날이 새어 샛별이 우리 마음"(벧후 1:19)에 떠오르지 않고 있습니다. 우리는 아직 "공의로운

해"(말 4:2)와 혼합되지 못하고 있으며, 그의 빛을 비추지도 못하고 있습니다. 우리는 아직도 주님을 닮지 못하고 있으며, "신성한 성품에 참여하는"(벧후 1:4) 자가 되지도 못하였습니다. 우리는 아직도 참된 왕의 옷, 또는 변조되지 않은 하나님의 형상이 되지 못하였습니다.

우리는 아직도 뜨거운 하나님의 사랑에 상하지 못했으며 신랑의 영적 사랑에 빠지지 못하고 있습니다. 우리는 아직도 형언할 수 없는 거룩한 교제를 알지 못하고 있으며, 성화를 담고 있는 능력과 평화를 경험하지 못하고 있습니다. 간단히 말해서 우리는 아직도 "택하신 족속이요 왕 같은 제사장들이요 거룩한 나라요 그의 소유가 된 백성"(벧전 2:9)이 되지 못하고 있습니다. 왜냐하면 우리는 여전히 뱀들이요 독사의 세대이기 때문입니다(마 23:33 참조).

6. 하나님께 순종하지 않고 뱀으로 말미암아 우리 안에 들어온 불순종에 빠진 우리가 어찌 뱀이 아닌 다른 존재가 될 수 있겠습니까? 우리에게 마땅히 임해야 할 재앙을 어찌 슬퍼할 수 있겠습니까? 내 안에 거하는 오류를 축출하실 수 있는 분께 어찌 크게 소리치며 울 수 있을지 나는 알지 못합니다. "우리가 이방 땅에서 어찌 여호와의 노래를 부를까"(시 137:4). 어찌 예루살렘을 위한 애가를 부를 수 있겠습니까? 내가 어떻게 바로의 속박에서 도망칠 수 있겠습니까? 내가 어떻게 더러운 거주지를 떠날 수 있겠습니까? 내가 어떻게 쓰라린 폭정을 부인할 수 있겠습니까? 어떻게 내가 애굽에서 탈출할 수 있겠습니까? 어떻게 홍해를 건널 수 있으며, 또 어떻게 광야를 통과할 수 있겠습니까? 어떻게 해야 뱀에 물려 죽지 않겠습니까?

이방인들을 정복하려면 어떻게 해야 합니까? 어떻게 하면 내 안에 있는 이방인들을 죽일 수 있겠습니까? 어떻게 하면 나의 마음판에 하나님이 주시는 법을 받을 수 있겠습니까? 어떻게 하면 성령에게서 나오는 참된 불기둥과 구름기둥을 볼 수 있겠습니까? 어떻게 하면 영원한 기쁨의 만나를 맛볼 수 있겠습니까? 어떻게 생명을 주는 반석에서 흐르는 물을 마실 수 있겠습니까? 내가 어떻게 요단강을 건너 약속의 땅에 들어갈 수 있겠습니까? 내가 어떻게 여호와의 군대의 대장을 볼 수 있겠습니까? 눈의 아들 여호수아는 그분을 보았을 때에 즉시 땅에 엎드려 경배하지 않았습니까?

7. 내가 이 모든 일들을 통과하여 내 안에 있는 이방인을 죽이지 않는 한 "하나님의 성소"(시 73:17)에 들어가 쉴 수 없으며 왕의 영광에 참예하는 자가 될 수 없습니다. 그러므로 허물이 없는 하나님의 자녀가 되며 "저 안식"(히 4:3), "앞서 가신 예수께서"(히 6:20) 들어가신 곳에 들어가기 위해 노력하십시오. "하늘에 기록된 장자들의 모임과 교회"(히 12:23)에 등록되기 위해, "높은 곳에 계신 지극히 크신 이의 우편"(히 1:3)에 서기 위해 노력하십시오. 평화로운 곳, 만유 위에 있는 거룩한 성 예루살렘에 들어가기 위해 노력하십시오. 그곳에는 낙원도 있습니다.

이 놀랍고 복된 전형들을 소유할 수 있는 다른 방법이 없습니다. 우리는 다만 "내가 탄식함으로 피곤하여 밤마다 눈물로 내 침상을 띄우며 내 요를 적시나이다"(시 6:6)라고 말한 사람처럼 밤낮으로 눈물을 쏟아내야 합니다. 우리는 "울며 씨를 뿌리러 나가는 자는 반드시 기쁨으로 그 곡식 단을 가지고 돌아온다"는 것을 잘 알고 있습니다(시 126:6). 선지자는 담대하게 "내가 눈물 흘릴 때에 잠잠하지 마옵소서"(시 39:12), "나의 눈물을 주의 병에 담으소서 이것이 주의 책에 기록되지 아니하였나이까"(시 56:8), "내 눈물이 주야로 내 음식이 되었도다"(시 42:3), "나는 재를 양식같이 먹으며 나는 눈물 섞인 물을 마셨나이다"(시 102:9)라고 말했습니다.

8. 진리를 알고서 "큰 눌림과 걱정이 있어"(고후 2:4) 타는 듯한 마음으로 흘리는 눈물이 하늘나라에서 공급해 주는 영혼의 양식입니다. 그것은 구세주의 증언이 있은 후에 특별히 마리아가 예수님의 발 아래 앉아 먹은 하늘 양식입니다. 주님은 "마리아는 이 좋은 편을 택하였으니 빼앗기지 아니하리라"(눅 10:42, 참조 눅 7:38)고 말씀하십니다.

흐르는 눈물 속의 귀한 진주여! 즉시 기꺼이 그 말씀에 귀를 기울임이여! 이 얼마나 강하고 지혜로운 마음인가! 정결한 신랑을 향해 세차게 흐르는 주님의 영의 격렬한 사랑이여! 말씀이신 하나님을 갈망하는 영혼이 느끼는 아픔이여! 하늘나라 신랑과 신부가 누리는 지체 없는 교통이여!

9. 그러므로 내 자녀여, 마리아를 닮으시오. "내가 불을 땅에 던지러 왔노니 이 불이 이미 붙었으면 내가 무엇을 원하리요"(눅 12:49)라고 말씀하신 분만 바라본 그녀를 닮으십시오.

진실로 마음을 태우는 성령의 불이 있습니다. 그 비물질적인 신적 불은 영혼을 밝혀주며 그를 풀무불 속에서 금을 정련하듯이 연단하여 주면서도 악을 가시덤불이나 짚처럼 태워버리는 효력을 가지고 있습니다. "우리 하나님은 소멸하는 불이심이라"(히 12:29). 자기를 아는 자들을 타는 불로 심판하시지 아니하시고 자기의 복음에 순종하지 않은 사람들을 심판하십니다(살후 1:8).

사도들이 불의 혀로 말할 때에 그들 안에서 역사한 것이 바로 이런 불입니다. 사도 바울의 주위를 둘러 비추면서 소리에 의해 그의 마음을 조명하여 주었으나 그의 눈을 멀게 만든 것이 바로 이런 불이었습니다. 그는 육신으로 그 빛의 능력을 보았던 것입니다. 떨기나무 속에서 모세에게 나타난 것도 이런 불이었습니다. 수레의 형상을 한 이 불이 엘리야를 이 세상에서 데려갔습니다. 다윗은 이 불의 역사를 구하면서 "여호와여 나를 살피시고 시험하사 내 뜻과 내 양심을 단련하소서"라고 말했습니다(시 26:2).

**10.** 부활하신 주님과 이야기하던 글로바 및 그와 함께 한 사람들의 마음을 뜨겁게 한 것이 바로 이 불이었습니다. 이와 같이 "그는 그의 천사들을 바람으로, 그의 사역자들을 불꽃으로 삼으시느니라"(히 1:7)는 말씀대로 천사들과 사역하는 영들이 이 불을 비추는 일에 참여합니다.

내적인 눈을 밝혀 마음을 분명하게 만들고 그 눈의 자연적인 통찰력을 회복시킴으로써 끊임없이 하나님의 기이한 일들을 바라볼 수 있게 해주는 것도 바로 이 불입니다. 시편 기자는 "내 눈을 열어서 주의 율법에서 놀라운 것을 보게 하소서"라고 말합니다(시 119:18).

이 불이 마귀들을 몰아내고 죄를 멸합니다. 그것은 부활의 능력이며 불멸성의 실제 역사요, 거룩한 영혼들의 조명과 이성적인 능력들을 강화해 주는 역사입니다. 이 불이 우리에게 임하여 우리가 항상 빛 가운데 걸으며, 한순간이라도 우리의 "발이 돌에 부딪히지 아니하게"(시 91:12) 되며 우리가 세상에서 "생명의 빛"(욥 33:30)을 발하며 "생명의 말씀"(빌 2:16)을 밝히게 해달라고 기도하십시오. 그리고 우리가 하나님의 선한 것들을 누리면서 생명의 주님과 함께 안식하며, 성부와 성자와 성령께 영광을 돌리게 해달라고 기도하십시오. 아멘.

설교 26

# 영혼의 병을 치료하는 해독제를 받기 위해 노력하십시오.

1. 사랑하는 자여, 영혼의 비물질적인 본질을 가볍게 여기지 마십시오. 불멸의 영혼은 귀한 그릇입니다. 하늘과 땅이 매우 위대하지만 하나님은 그것들에 만족하시지 않으며 오직 우리에게서만 만족하신다는 것을 아십시오. 길 잃은 자요 상처 입은 우리를 다시 부르기 위해서, 그리고 상처 입고 길 잃은 우리를 순전한 아담이 지니고 있던 원래의 형상으로 회복시키기 위해 주님이 천사들을 사용하시지 않고 친히 오셔서 우리에게 주신 인간의 존엄성과 고귀함을 묵상하십시오.

인간은 위로 하늘로부터 아래로 땅에 이르기까지 모든 것의 주인이었고 마귀와 전혀 관련이 없었으며 죄가 없이 깨끗한 성질들, 하나님의 형상 및 그와 닮은 본성을 분별할 수 있었습니다. 그러나 그는 범죄했기 때문에 길을 잃고 상처를 입고 죽음에 이르렀습니다. 사탄이 그의 마음을 어둡게 만들었습니다. 그는 어떤 의미에서는 위와 같은 상태에 있으며, 다른 의미에서는 살아서 분별하며 의지를 가지고 있습니다.

2. 질문. 성령이 오시면 본성적인 욕망이 죄와 함께 근절되지 않습니

까?

**답변.** 앞에서 죄가 뿌리 뽑히며 인간은 범죄하기 전의 순결한 아담이 지니고 있었던 형상을 회복한다고 말한 바 있습니다. 인간은 성령의 능력과 영적 거듭남에 의해 첫 아담의 분량에 이를 뿐만 아니라 그보다 더 위대하게 됩니다. 인간은 신화神化됩니다.

**3. 질문.** 사탄은 어느 한계 안에서 우리를 공격합니까, 아니면 마음껏 공격합니까?

**답변.** 사탄은 기독교인들만 공격하는 것이 아니라 우상숭배자들을 비롯하여 온 세상을 공격합니다. 따라서 만일 사탄에게 마음껏 공격하는 것이 허락되었다면 그는 만물을 파괴해 버렸을 것입니다. 그 이유는 무엇입니까? 그것이 그의 목표요, 그의 뜻이기 때문입니다.

토기장이는 그릇을 빚어 가마에 넣은 후 적절한 온도가 되도록 측정하여 점진적으로 가마에 불을 땝니다. 지나치게 급히 가열하면 그릇들이 깨질 것이며, 너무 온도가 낮으면 설구워져서 제대로 된 그릇이 되지 못하기 때문입니다. 또 은장색이나 금장색도 온도를 측정하면서 가열합니다. 지나치게 온도가 높으면 금과 은이 녹아 흐르기 때문에 제대로 세공할 수 없습니다. 인간은 가축이나 낙타 등 짐승들이 질 수 있는 능력에 따라 측정하여 그것들에게 짐을 지웁니다. 그렇다면 인간이 어떤 그릇인지 아시는 하나님이 그가 감당할 수 있는 능력에 따라 원수가 능력을 발휘하게 하시지 않겠습니까?

**4.** 땅은 하나이지만 돌밭이 있고 비옥한 곳이 있고 포도 농사에 적당

한 곳이 있고 밀이나 보리 농사에 적합한 곳이 있듯이 인간 마음과 의지의 밭들도 각기 다르며, 위로부터 오는 은혜의 은사도 다양합니다. 어떤 사람에게는 말씀 사역의 은사, 어떤 사람에게는 영분별의 은사, 또 어떤 사람에게는 병 고치는 은사가 주어집니다(고전 12:9). 하나님은 사람의 능력을 아시며, 그에 알맞은 다양한 은사들을 나눠주십니다. 마찬가지로 전쟁할 때도 각 사람이 받아 견딜 수 있는 능력에 비례하여 한도를 정해서 원수의 능력이 발휘됩니다.

**5. 질문.** 신적 능력을 받아 어느 정도 변화된 사람이 여전히 본성의 상태에 머뭅니까?

**답변.** 은혜를 받은 사람의 의지를 시험해 보려면, 그것이 어떤 길을 걸으려 하는지, 무엇에 동의하는지, 본성이 과거 그대로 남아 있는지, 여전히 완악한지, 여전히 경솔한지를 살펴보아야 합니다. 때로 무식한 사람이 영적으로 거듭나서 지혜로운 상태가 되어 감추어진 신비들을 알지만 본성적으로는 여전히 무식한 사람으로 머뭅니다. 본성적으로 완악한 사람이 자기의 의지를 경건 생활에 바치면 하나님이 그를 영접하십니다. 그러나 하나님이 그를 만족스럽게 생각하심에도 불구하고 그의 본성의 완악함은 여전히 남아 있습니다.

또 자비하고 온유하고 선한 습관들을 가진 사람이 하나님께 헌신하면 하나님은 그를 영접하십니다. 그러나 그가 선한 행위를 계속하지 않으면 하나님은 만족하시지 않습니다. 아담(인류)의 본성은 악하게 변할 수도 있고 선하게 변할 수도 있으며, 악하게 하려는 마음만 먹으면 실제 행동으로 옮기지 않고서도 옳지 않은 것들을 품을 수 있습니다.

**6.** 이것은 마치 책을 저술하는 것과 같습니다. 기록한 글이 마음에 들지 않으면 지워버립니다. 그 책은 어떤 종류의 글이든 취합니다. 마찬가지로 완악한 사람이 하나님께 자기의 의지를 바치고 회심하여 선한 마음을 가지면 하나님의 영접을 받습니다. 왜냐하면 하나님은 자기의 긍휼하심을 나타내기 위해서 온갖 종류의 인간, 온갖 종류의 성향들을 받아들이시기 때문입니다.

사도들은 어느 마을에 들어가서 얼마 동안 그곳에 머물면서 병든 사람들 중 얼마를 고쳐 주었지만 나머지 사람들은 고쳐 주지 못했습니다. 사도들은 죽은 사람들을 모두 살려주고 병든 자를 모조리 낫게 해주고 싶었겠지만 자기 뜻대로 하지는 못했습니다. 왜냐하면 그들이 원하는 대로 무엇이든지 행하는 것이 허락되지 않았기 때문입니다.

마찬가지로 만일 바울이 아레다 왕의 고관들에게 붙잡혔을 때에 그와 함께 한 은혜가 허락했으면 그는 그 방벽과 성벽을 갈라지게 할 수 있었을 것입니다. 그는 보혜사 성령에 사로잡힌 사람이었습니다. 그는 광주리를 타고 성벽을 내려와 그 손에서 벗어났습니다(고후 11:33). 그렇다면 그들과 함께 한 신적 능력은 어디에 있었습니까?

이런 일들은 하나님의 섭리에 따라 발생한 일들입니다. 어떤 경우에 그들은 표적과 기사를 행했고, 어떤 경우에는 능력을 발휘하지 못했습니다. 이것은 믿는 자와 믿지 않는 자 사이의 신앙의 차이를 나타내며, 어떤 사람들이 자신의 연약한 면에 걸려 넘어지는지, 즉 그들의 자유의지를 드러내고 시험해 보기 위한 것이었습니다. 만일 사도들이 원하는 일들을 모두 행했다면, 사람들과 그들의 자유의지는 기적으로 인한 강압에 의해 하나님 섬기는 일에 동원되었을 것이며, 그렇게 되면 그것이 더 이상 신앙이나 불신앙의 일이 되지 못했을 것입니다. 기독교는 "걸림돌과 거치는 바위"(롬 9:33)입니다.

**7.** 사탄이 욥을 "요구"(눅 22:31) 하였다는 것은 무의미한 말이 아닙니다. 사탄은 하나님의 허락이 없이는 아무 일도 스스로 할 수 없었습니다. 사탄은 하나님께 "그를 나에게 주소서. 그리하시면 틀림없이 주를 향하여 욕하지 않겠나이까"(욥 1:11, 2:5 참조)라고 말했습니다. 오늘날의 욥도 그 때와 동일하며, 마귀도 동일하며, 하나님도 동일하십니다. 인간이 하나님의 도우심을 발견하고 은혜 안에서 열심을 내는 데 비례하여, 사탄은 주께 그를 청구하며 "당신께서 그를 도우시고 구원하시기 때문에 그가 당신을 섬기는 것입니다. 그를 내게 넘겨주십시오. 그러면 그는 분명히 당신을 대면하여 욕할 것입니다"라고 말합니다. 이와 같이 단지 영혼이 주님의 도움을 받고 있기 때문에 은혜가 떠나가고 영혼은 유혹에 넘겨집니다. 마귀는 그 영혼으로 하여금 하나님에 대한 소망을 버리게 하려고 무수한 악—절망, 자포자기, 악한 생각들—을 가지고 와서 영혼을 괴롭힙니다.

**8.** 그러나 신중한 영혼은 불운이나 환난에 빠질 때에 절망하지 않고 믿음을 굳게 붙들며, 어떤 일을 당하고 무수한 시험을 받아도 "나는 죽어도 하나님을 버리지 않겠습니다"라고 말합니다. 만일 그 사람이 끝까지 견뎌낸다면, 주님은 사탄에게 "네가 그 사람에게 많은 불행과 고난을 가했지만 그는 네 말에 귀를 기울이지 않고 나를 섬기며 나를 경외하고 있다"라고 말씀하십니다. 그렇게 되면 사탄은 부끄러워 더 이

상 아무 말도 하지 못합니다. 만일 욥이 시험에 지지 않고 담대하게 이길 것을 알았다면 사탄은 부끄러움을 당하는 것이 두려워 그를 청구하지 않았을 것입니다.

오늘날 환난과 시험을 인내하면서 견뎌내는 사람들의 경우에도 마찬가지입니다. 사탄은 그들을 시험하고 고통에 몰아넣었음에도 불구하고 전혀 소득이 없었기 때문에 부끄러움과 유감을 느낍니다. 주님은 사탄과 쟁론하시기를 "보아라. 나는 네가 그를 시험하는 것을 허락해 주었다. 그런데 너는 어떤 일을 했느냐? 그가 조금이라도 네 말에 귀를 기울이더냐?"라고 말씀하십니다.

**9. 질문.** 사탄은 인간의 모든 생각과 의도를 압니까?

**답변.** 사람이 다른 사람과 함께 거함으로써 그에 대해 알게 되며 20세의 당신이 이웃의 일들에 대해 알진대, 어찌 사탄이 당신의 생각을 알지 못하겠습니까? 사탄은 당신이 태어날 때부터 당신과 함께 있었습니다. 사탄의 나이는 6천 세입니다.[9] 그러나 사탄이 인간을 시험하기 전에 그 인간이 어떤 일을 할 것인지 미리 알고 있다고는 말하지 않습니다. 유혹자는 사람을 시험합니다. 그러나 그 영혼이 자신의 의지를 포기하지 않는 한 그는 그 사람이 시험에 굴복할 것인지 굴복하지 않을 것인지 알 수 없습니다.

나는 마귀가 우리 마음의 모든 생각과 계획을 알고 있다고 말하지 않

---

9) 이것은 70인역 구약성경 연대기를 기준으로 하여 대충 계산한 것으로서 히브리 연대기와 다르다.

습니다. 가지가 무성한 나무가 있다고 상상해 보십시오. 사람이 그 나무의 가지들 중 두세 가지를 붙잡을 수 있을 것입니다. 마찬가지로 영혼도 많은 가지들을 가지고 있으며, 사탄이 파악할 수 있는 생각과 의도가 있고 파악할 수 없는 생각과 의도도 있습니다.

10. 어떤 때는 악한 생각들이 더 강력하게 솟아오르며, 또 어떤 때는 하나님의 도우심과 구원을 받아 죄에 저항하기 때문에 인간의 생각이 마귀보다 강합니다.

어떤 때에는 사람이 마귀의 지배를 받지만, 어떤 때는 자기의 의지대로 행합니다. 때로 그는 열심을 가지고 하나님에게 나아오는데, 마귀는 그것을 알고 있으며 그가 자기에게 저항하고 있는 것을 보면서도 그를 억누르지 못합니다. 그 이유는 무엇입니까? 그 사람이 하나님에게 소리치려는 의지를 가지고 있기 때문입니다. 하나님을 사랑하는 열매, 하나님을 믿는 열매, 하나님을 찾는 열매, 하나님께 나아오는 본성적인 열매를 가지고 있기 때문입니다.

세상에서 농부는 땅을 경작합니다. 땅을 경작하는 것은 농부이지만, 하늘에서 비와 소나기가 내려야 합니다. 만일 비가 내리지 않으면 농부는 땅을 경작해도 소득을 얻지 못합니다.

영적 세계에서도 마찬가지입니다. 우리는 두 가지 요인들을 고려해 보아야 합니다. 사람은 의지를 가지고서 마음 밭을 갈고 수고해야 합니다. 왜냐하면 하나님은 인간의 노력과 수고를 요구하시기 때문입니다. 그러나 하늘나라의 구름이 나타나 은혜의 소나기를 내리지 않으면 농부는 아무리 수고해도 소득을 얻지 못합니다.

11. 이것이 기독교의 특징입니다. 즉 아무리 많이 수고하고 많은 의를 행했어도 자신이 전혀 행한 것이 없다고 느끼며, 금식을 하면서도 "이것은 금식이 아니다"라고 말하며, 기도하면서 "이것은 기도가 아니다"라고 말하며, 인내하면서 기도하는 중에도 "나는 전혀 인내하지 못했고, 이제 겨우 인내하기 시작했을 뿐이야"라고 말하며, 하나님 앞에서 의로운 자임에도 불구하고 "나는 전혀 의롭지 못해! 나는 의를 위해 수고하지 않으며 날마다 의로운 삶을 시작하고자 할 뿐이야"라고 말하는 것입니다. 이 사람은 날마다 장차 임할 나라와 구원에 대한 소망과 기쁨과 기대를 가져야 하며, "오늘 구원 받지 못했지만 내일은 구원 받을 것이다"라고 말해야 합니다.

포도나무를 심는 사람은 그 나무를 경작하는 수고를 하기 전에 기쁨과 희망을 가지며 마음속으로 포도밭을 그려봅니다. 또 아직 포도주를 만들지 않았지만 포도주를 팔아 얻을 수입을 계산하면서 열심히 밭에서 일합니다. 앞으로 얻을 소출에 대한 희망과 기대가 농부로 하여금 기쁜 마음으로 일하게 하기 때문입니다. 그렇기 때문에 농부는 얼마 동안 많은 경비를 지출합니다.

집을 짓는 사람이나 밭을 경작하는 사람은 장차 얻을 이익을 기대하면서 많은 비용을 지출합니다. 마찬가지로 어떤 사람이 "장래의 구원과 새 생명"에 대한 희망과 기쁨이 없다면 환난이나 무거운 짐을 견뎌내지 못하며 좁은 길로 가지도 못할 것입니다. 그로 하여금 수고하게 하며 고통을 인내하게 해주는 것은 희망과 기쁨입니다.

12. 불 붙은 나무가 불을 피하는 것이 쉽지 않듯이 영혼도 크게 수고

하지 않으면 사망의 불을 피할 수 없습니다. 대체로 사탄은 선한 생각이라는 구실 하에 영혼에게 이러저러한 방법으로 하나님을 기쁘게 할 수 있다고 제안하며, 은밀하게 간교하고 의심쩍은 관념을 갖도록 유혹합니다. 그 때 영혼은 자신이 유혹을 받고 있음을 식별하는 방법을 알지 못하기 때문에 "마귀의 올무와 멸망"(딤전 6:9, 3:7 참조)에 빠집니다. 싸우는 용사에게 있어서 가장 치명적인 무기는 자기의 마음 속에 들어가 그곳에서 사탄과 싸우는 것, 자신을 미워하며 자기 영혼을 부인하는 것, 자기 영혼에 대해 분노하며 책망하는 것, 자기 마음 안에 거하는 욕망들을 저항하는 것, 자기의 생각들과 싸우는 것, 자기 자신과 싸우는 것 등입니다.

13. 비록 당신이 육체적으로 타락이나 음란에 빠지지 않도록 지킨다 해도 내면적으로 간음죄를 범한다면 당신은 생각으로 하나님께 대해 간음한 자이며 육체적인 동정童貞이 전혀 소용이 없습니다. 만일 젊은 남자가 교활하게 남편이 있는 여자를 유혹하여 타락하게 한다면, 그녀는 남편에게 성실하지 못했기 때문에 남편에게서 미움을 받을 것입니다. 마찬가지로 무형의 영혼이 그 내면에 잠복해 있는 독사, 즉 악한 영과 교제한다면 그 영혼은 하나님을 떠나 간음하는 것입니다. "음욕을 품고 여자를 보는 자마다 마음에 이미 간음하였느니라"(마 5:28).

육체적 간음이 있고, 영혼이 사탄과 교제할 때 범하는 간음이 있습니다. 한 영혼이 마귀의 배우자나 자매가 될 수도 있고, 하나님과 천사들의 배우자나 자매가 될 수도 있습니다. 만일 영혼이 마귀와 간음한다면 하늘나라 신부에 합당하지 못한 자가 됩니다.

**14. 질문.** 사탄이 언젠가 싸움을 그치고 잠잠히 거하며 인간이 전쟁에서 풀려납니까? 아니면 이 세상에 살아 있는 동안 내내 전쟁을 해야 합니까?

**답변.** 사탄은 싸우지 않고 잠잠히 있는 적이 없습니다. 그러므로 인간은 육신을 입고 이 세상에 살아가는 동안 싸워야 합니다. 그러나 "악한 자의 모든 불화살을 소멸"(엡 6:16)하게 되었을 때에 사탄이 그 사람의 내면에서 승부를 겨루려 한다면, 그것이 그 사람에게 어떤 해를 끼치겠습니까? 어떤 사람이 왕의 친구인데, 원수가 그를 왕에게 고소한다고 가정해 보십시오. 왕이 그에게 호감을 가지고 있고 친근하게 지내고 있다면 그를 도우려 할 것이며, 따라서 그는 해를 입지 않을 것입니다. 어떤 사람이 여러 종류의 지위를 거쳐서 왕의 친구가 되는 데 성공한다면, 아무도 그에게 해를 끼칠 수 없습니다.

세상에는 황제로부터 하사품과 보조금을 받는 도시들이 있습니다. 왕에게서 그러한 혜택을 받는 도시들은 왕을 위해 약간의 봉사를 해도 그로 인해 손해 보는 것이 없을 것입니다. 그러므로 원수가 기독교인들을 대적하여 싸울 때에 기독교인들은 자기가 맡은 자리에 하나님과 함께 서며, 위로부터 오는 능력과 안식을 입으며, 전쟁을 염려하지 말아야 합니다.

**15.** 주께서 모든 정사와 권세를 뒤로 하고 육신을 입으신 것처럼 기독교인들은 성령으로 옷 입으며 안식을 누립니다. 비록 외면적으로 전쟁이 임하여 사탄이 문을 두드리더라도 기독교인들은 주님의 능력에 의해 내면에 안전하게 거하며 사탄에게 신경을 쓰지 않습니다. 사탄이

광야에서 40일 동안 주님을 시험했는데 주님의 몸에 외면적으로 접근하여 어떤 해를 끼쳤습니까? 주님은 내면적으로는 하나님이셨습니다. 그러므로 기독교인들은 외면적으로 시험을 당하지만 내면적으로는 신성으로 충만하며 조금도 해를 입지 않습니다.

어떤 사람이 이러한 경지에 도달했다면, 그는 그리스도의 완전한 사랑, 신성의 충만한 데에 도달한 것입니다. 그러나 이런 상태에 이르지 못한 사람의 내면에는 여전히 싸움이 있습니다. 그는 한 시간 동안은 기도하면서 안식을 누리지만, 다음 한 시간 동안은 환난과 싸움 속에 처합니다. 이것이 주님의 뜻입니다. 그는 아직 어린아이이기 때문에 주님이 그를 싸움으로 훈련하시는 것입니다. 그리고 그의 안에서는 빛과 어둠, 안식과 환난이 솟아납니다. 그들은 기도하며 안식하기도 하며 환난을 겪기도 합니다.

**16.** 당신은 "내가 예언하는 능력이 있어 모든 비밀과 모든 지식을 알고 또 산을 옮길 만한 모든 믿음이 있을지라도 사랑이 없으면 내가 아무것도 아니요"(고전 13:2)라고 한 사도 바울의 말을 알고 있습니다. 그런데 이러한 은사들은 유인誘因들에 불과합니다. 이런 것들에 만족하는 사람들은 빛 속에 있기는 하나 아직 어린아이에 불과합니다. 이런 단계에 이른 많은 형제들이 병 고치는 은사, 계시의 은사, 예언하는 은사 등을 소유합니다. 그러나 그들이 온전하게 매는 띠(골 3:14)가 있는 완전한 사랑에 이르지 못했기 때문에 전쟁이 그들에게 임하며, 그들은 조심하지 않다가 넘어집니다.

그러나 완전한 사랑에 도달한 사람은 이제까지 자신을 묶고 있던 속박에서 풀려나 은혜에 사로잡힙니다. 만일 어떤 사람이 사랑에 어느 정도 접근했지만 완전히 사랑 안에 묶이지 못했다면, 그 사람은 여전히 두려움, 전쟁, 타락 등에 예속되며, 조심하지 않으면 마귀가 그를 내동댕이칩니다.

17. 많은 사람들이 은혜가 임했을 때 다음과 같은 식으로 잘못을 범합니다. 그들은 자신이 온전함을 이루었다고 생각하고서 "이만하면 됐어! 더 이상 필요한 것이 없어!"라고 말합니다. 그러나 주님에게는 끝이라는 것이 없으며 주님을 완전히 이해한다는 것도 있을 수 없습니다. 기독교인들은 주제넘게 "온전히 이루었다"(빌 3:12)라고 말하지 말고, 겸손하며 밤낮 주님을 구해야 합니다.

세상에서의 배움에는 끝이 없습니다. 그러나 어느 정도 지식이 있는 학자들 외에는 누구도 이 사실을 알지 못합니다. 그러므로 지금 우리가 다루고 있는 문제에 있어서도 개인적으로 하나님을 영접하고 맛보았으며 자신의 무능함을 깨달은 사람들 외에는 누구도 하나님을 이해하거나 측량할 수 없습니다. 만일 수박 겉핥기식의 지식을 가진 사람이 학자가 전혀 없는 시골에 간다면, 그 마을 사람들은 그를 학자로 여겨 칭찬할 것입니다. 왜냐하면 그들이 아주 무식하며 판단 수단을 가지고 있지 못하기 때문입니다. 그러나 그 약간의 지식을 가진 사람이 수사학자와 진정한 학자들이 많은 도시에 간다면, 그는 감히 그들 속에 끼지 못하며 입을 열지도 못할 것입니다. 왜냐하면 진정한 학자들은 그를 무식하다고 여기기 때문입니다.

**18. 질문.** 아직도 전쟁 상태에 있는 사람, 아직도 영혼 안에 죄와 은혜를 가지고 있어 그 두 세력의 지배를 받고 있는 사람은 세상을 떠나면 어디로 갑니까?

**답변.** 그는 그의 마음이 목표로 하는 곳, 그가 사랑하는 곳으로 갑니다. 만일 환난과 전쟁이 우리에게 임한다면 그것에 저항하고 그것을 미워해야 합니다. 그 전쟁은 우리의 의지와 상관없이 임하지만 그것을 미워하는 것이 우리가 해야 할 일입니다. 그렇게 하면 우리의 마음을 보시고 우리가 분투하는 것과 영혼을 다하여 주님을 사랑한다는 것을 보신 주님은 즉시 우리의 영혼에서 사망을 떼어내시며(이것은 주님에게 어려운 일이 아닙니다), 우리를 품에 안고 빛 속으로 데려가십니다. 주님은 순식간에 우리를 어둠의 입에서 꺼내어 자기의 나라로 옮겨 주십니다. 우리가 하나님을 사랑하기만 하면 하나님은 순식간에 모든 일을 하실 수 있습니다. 하나님은 인간의 활동을 필요로 하십니다. 왜냐하면 영혼은 신성과 교제할 수 있기 때문입니다.

**19.** 앞에서 농부가 수고하여 땅에 씨를 뿌린 후에 하늘에서 비가 내리기를 기다려야 한다는 비유를 사용했습니다. 하늘에 구름이 끼고 바람이 불지 않는 한 농부의 수고가 소용이 없습니다. 씨앗이 싹트지 못합니다. 이것을 영적 질서에 적용해 보십시오. 자신의 행위만 의지하며 자기의 본성이 공급할 수 없는 것을 받아들이지 않는 사람은 주님께 합당한 열매를 맺지 못합니다.

사람의 일이란 무엇을 말합니까? 세상을 부인하는 것, 세상을 이탈하는 것, 어려움을 당할 때 기도하는 것, 깨어 경성하는 것, 하나님과 이웃을 사랑하는 것 등입니다. 이것이 그의 행위입니다. 그러나 만일 그가 이러한 자신의 행위만 의지하고 그 외에 다른 것을 받으려는 희망을 갖지 않으며 성령의 바람이 그의 영혼 위에 불어오지 않는다면, 만일 하늘의 구름이 나타나 비를 내려 영혼을 적셔주지 않는다면, 그 사람은 주님에게 합당한 열매를 맺지 못합니다.

20. 농부가 가지에 열매가 달린 것을 보면 더 많은 과일을 맺게 하려고 그 가지를 깨끗하게 하며, 과일을 맺지 않는 가지를 잘라내어 불에 던져 사른다고 기록되어 있습니다(요 15:2 참조). 그러나 사람은 금식하거나 철야하거나 기도하거나 그밖에 온갖 훌륭한 일을 하더라도 모든 것을 주님의 공로로 돌리며 "하나님이 나에게 능력을 주시지 않으셨다면 나는 금식하거나 기도하거나 세상을 이탈할 수 없었을 것입니다"라고 말해야 합니다. 그리하면 하나님은 우리의 의도, 우리가 본성적인 행동들을 하나님께 돌리는 것을 보시고 그 보상으로 하나님의 것—영적인 것, 신적인 것, 하늘나라의 것—을 주십니다. 그러면 하나님의 것이란 무엇입니까? 성령의 열매들, 즐거움, 그리고 환희입니다.

21. **질문.** 사랑, 믿음, 기도 등을 본성적인 열매라고 하는데, 어떤 것들이 본성적인 것이며, 어떤 것들이 영적인 것입니까?
**답변.** 우리가 스스로 행하는 일들은 모두 좋은 것이며 하나님이 받으실 만한 것이지만 순전한 것은 아닙니다. 예를 들어 우리는 하나님을 사랑하지만 완전하게 사랑하지는 못합니다. 주님이 오셔서 우리에게 변함 없는 하늘의 사랑을 주십니다. 우리는 본성적인 방법으로 의심하고 방황하며 기도합니다. 그러나 하나님은 "영과 진리"(요 4:23)로 드리는 순수한 기도를 주십니다.

보이는 세상에서 방치된 땅은 대체로 가시덤불을 냅니다. 농부가 땅을 파고 열심히 일하며 씨를 뿌리지만 아무도 씨를 뿌린 적이 없는 가시덤불이 싹을 내고 자랍니다. 이는 하나님이 범죄한 아담에게 "땅이 네게 가시덤불과 엉겅퀴를 낼 것이라"(창 3:18)고 말씀하셨기 때문입니다.

농부가 다시 수고하며 가시덤불을 캐내지만, 그래도 가시덤불은 여전히 무성하게 퍼집니다. 이것을 영적으로 적용해 보십시오. 범죄한 이후로 마음 밭은 가시덤불과 엉겅퀴를 내고 있습니다. 그 사람은 그 밭에서 일하며 수고하지만 악한 영들이 뿌린 가시덤불은 여전히 솟아납니다. 그때 성령께서 그 사람의 "연약함을 도우시며"(롬 8:26), 주께서 그의 마음 밭에 하늘나라의 씨앗을 심고 일하십니다. 이렇게 씨를 뿌리셨지만 가시덤불과 엉겅퀴는 여전히 솟아납니다. 주님과 그 사람이 함께 그 영혼의 밭에서 일하지만 악한 영들과 가시덤불이 여전히 싹을 내고 자랍니다. 그러다가 여름이 오고 은혜가 풍성하게 임하면 뜨거운 햇볕 때문에 가시덤불은 시들어 버립니다.

22. 비록 악이 본성과 함께 존재하고 있지만 전과 동일하게 본성을 지배하거나 자리를 차지하지는 못합니다. 어린 밀 줄기는 가라지 때문에 성장의 방해를 받지만, 여름이 되어 이삭이 익은 후에 가라지가 밀에게 해를 끼치지 못합니다.

만일 순수한 밀 한 가마 속에 가라지가 조금 섞여 있다면 어떻게 되겠습니까? 그것은 많은 밀 속에서 꼼짝도 하지 못할 것입니다. 마찬가지로 하나님의 은사와 은혜가 그 사람에게 풍성하게 거하며 그가 주님 안에서 부유할 때에도 악은 어느 정도 그의 안에 존재합니다. 그러나 그것은 그 사람에게 심각한 해를 끼치지 못하며 그를 대적하는 힘과 활동을 갖지 못합니다.

주님이 우리에게 오시며 은혜를 주시는 데에는 다음과 같은 목적이 있습니다. 즉 악의 속박을 받아 그 종이 되어 있는 사람들을 자유하게 하시며, 그들로 하여금 죄로 말미암은 사망을 정복하게 만드시는 것입니다. 그러므로 어떤 사람들이 악을 제거하려는 목적으로 그들에게 환난을 부과하는 것을 형제들은 이상하게 생각하지 말아야 합니다.

23. 구약 성경을 보면 모세와 아론은 제사장직을 맡았을 때에 많은 고난을 받았습니다. 가야바는 그 직책을 맡았을 때 주님을 박해하고 정죄했습니다. 그러나 주님은 제사장직에 대한 존경심을 가지고 있었기 때문에 그가 자신의 직무를 수행하는 대로 묵묵히 따르셨습니다. 선지자들도 자기 백성들에게서 박해를 받았습니다. 베드로는 모세의 후계자로서 그리스도의 새 교회 및 참된 제사장 직분을 맡았습니다.

우리는 지금 불과 성령의 세례, 마음의 할례를 소유하고 있습니다. 거룩한 성령이 마음에 거하고 있음에도 불구하고 이들 완전한 사람들은 육신에 머물고 있는 한 걱정에서 완전히 벗어나지 못했고 자유의지 때문에 여전히 두려움에 예속되어 있으며, 동일한 이유 때문에 시험을 받습니다. 그러나 만일 그 영혼이 성도들의 도성에 도착한다면 환난과 유혹이 없이 살 수 있습니다. 그곳에는 근심, 환난, 늙음, 사탄, 전쟁 등이 없으며, 안식, 기쁨, 평화, 구원이 있습니다.

주님은 그 가운데 계시며 포로 된 자들을 구원하시기 때문에 구세주라고 불립니다. 그분은 하늘나라의 신적인 약을 주시고 영혼의 고난을 낫게 해주시기 때문에 의원이라고 불립니다. 어떤 면에서 그들이 그 영혼을 지배합니다. 그들을 비교하자면 예수는 왕이요 하나님이시며, 사탄은 왕위 찬탈자요 폭군입니다.

24. 하나님과 그의 천사들은 이 사람을 왕국에 받아들여 자기들과 함께 거하게 하기를 원하십니다. 마귀와 그의 사자들도 그를 자기의 것으로 삼기를 원합니다. 그 영혼은 이 두 가지 실재의 중간에 있으며, 그의 의지가 기울어지는 편의 소유와 아들이 됩니다. 아버지는 아들을 유독한 동물들에게 물릴 가능성이 있는 외국에 보낼 때 아들에게 독이 있는 동물이나 용의 공격을 받았을 때 그것들을 대적하여 죽일 수 있는 처방과 해독제를 주어 보냅니다. 마찬가지로 하늘나라의 처방, 영혼의 병을 치료하는 해독제를 받기 위해 노력하십시오. 그것을 사용하면 부정한 영들에 사로잡힌 독한 짐승들을 죽일 수 있을 것입니다. 깨끗한 마음을 얻는 것은 결코 쉬운 일이 아닙니다. 많이 노력하고 수고해야만 깨끗한 양심과 마음을 얻을 수 있고 악을 근절할 수 있습니다.

25. 마음이 깨끗하지 못한 사람에게 은혜가 임하기도 합니다. 사람이 타락하는 이유는 그가 은혜를 받은 후에도 죄가 여전히 그에게 거한다는 것을 믿지 않았기 때문입니다. 그러나 의인들은 하나님을 기쁘게 하기 위해 좁고 협착한 길로 끝까지 따라갑니다.

아브라함은 세상에 대해서는 물론이요 하나님에게 대해서도 부유한 사람이었지만 자신을 "티끌"(창 18:27)이라고 불렀습니다. 다윗은 "나는 벌레요 사람이 아니라 사람의 비방거리요 백성의 조롱거리니이다"(시 22:6)라고 고백했습니다. 모든 선지자들과 사도들도 학대를 받고 욕을 먹었습니다. 길이요 하나님이신 주님, 자신을 위해서가 아니라 우리를 위해서, 그리고 모든 선한 것에 있어서 우리의 모범이 되기 위해 세상에 오신 주님이 "자기를 비워 종의 형체"(빌 2:7)를 가지고 오셨음에 유의하십시오. 하나님이시요 하나님의 아들이시요 왕이시요 왕의 아들이신 분, 상한 사람들을 치료해 주시고 싸매주시는 분이 표면적으로는 "상한 자"(사 53:5)로 나타나셨습니다.

**26.** 외면적으로 우리처럼 비천한 모습을 가지신 주님을 바라볼 때 그분의 신적 존엄성을 무시하지 마십시오. 그분이 그러한 모습으로 나타나신 것은 그분 자신 때문이 아니라 우리 때문입니다. 사람들이 "그를 십자가에 못 박게 하소서 십자가에 못 박게 하소서"(눅 23:21)라고 외칠 때, 그분이 모든 사람들보다 비천해지셨음을 생각하십시오.

세상에서는 죄인이 재판관에게서 형을 선고받으면 모든 사람들이 그를 혐오하고 무시합니다. 십자가에 달리신 주님도 그러했습니다. 바리새인들은 죽어가는 인간 예수를 무시했습니다. 그들은 주님의 얼굴에 침을 뱉고 가시 면류관을 씌우고 때리기까지 했는데, 이보다 더 치욕스러운 일이 어디 있겠습니까? "나를 때리는 자들에게 내 등을 맡기며 나의 수염을 뽑는 자들에게 나의 **뺨**을 맡기며 모욕과 침 뱉음을 당하여도 내 얼굴을 가리지 아니하였느니라"(사 50:6). 하나님이 자신을 낮추셔서 이러한 모욕과 고난과 수욕을 받으셨습니다. 본래 흙이요 썩을 존재인 우리는 아무리 겸손하게 행한다 해도 주님처럼 행할 수는 없습니다. 하나님이 우리 때문에 자신을 낮추셨으나, 우리는 스스로를 위해서 겸손해지지 않고 교만하고 오만합니다. 하나님은 우리의 고통과 질고를 대신 지시며 우리에게 자신의 안식을 주기 위해 세상에 오셨습니다. 그러나 우리는 자신의 상처를 치료하기 위해 고난과 환난을 감당하려 하지 않습니다.

주님의 인내와 오래 참으심에 영원히 영광이 있을지어다. 아멘.

설교 27

# 당신의 고귀함과 존엄함을 아십시오.

1. 인간이여! 자신의 고귀함과 존엄함을 아십시오. 당신은 그리스도의 형제요 왕의 친구요 하늘나라 신랑의 신부이니 얼마나 영예로운 존재입니까. 자기 영혼의 존엄성을 아는 사람은 신성의 능력과 신비들을 알며, 그렇기 때문에 더욱 겸손해집니다. 인간이 하나님의 능력에 의해 자신이 얼마나 타락한 존재인지를 보기 때문입니다. 주님이 영광을 받고 아버지의 우편에 앉으시기 전에 고난을 당하고 십자가에 못 박히셨듯이, 우리도 주님과 함께 고난을 당하고 함께 십자가에 못 박혀야 합니다. 그리해야만 하늘에 올라가 주와 함께 앉으며 그리스도의 몸과 연합하며 영원히 그 세계에서 주와 함께 다스리게 됩니다. "우리가 그와 함께 영광을 받기 위하여 고난도 함께 받아야 될 것이니라"(롬 8:17).

2. 악의 방해를 극복하여 넘어설 수 있다고 증명된 사람은 평화롭고 선한 것들이 가득한 천성, "의인의 영들"(히 12:23)이 안식을 누리는 곳에 들어갑니다. 우리는 그것을 얻기 위해 매우 수고하며 노력해야 합니다. 신부인 우리를 위해 세상에 오신 신랑이 고난받고 십자가에 못 박히시

는데, 신부가 게으름을 피우고 이리저리 방황하는 것은 옳지 않은 일입니다. 창녀는 아무에게나 몸을 맡깁니다. 마찬가지로 마귀에게 몸을 맡기는 영혼은 타락합니다.

사람들 중에는 자신이 선택해서 죄와 악을 소유하는 사람들이 있고, 본의 아니게 죄와 악을 소유하는 사람들이 있습니다. 이것은 무엇을 의미합니까? 스스로 선택하여 악을 소유하는 사람들은 자기의 의지를 악에게 내어주고 악을 기뻐하며 악과 사귀는 사람들입니다. 이런 사람들은 사탄과 화목하게 지내며, 생각 속에서 마귀와 전혀 싸우지 않습니다. 그러나 자신의 뜻과는 상관없이 사탄의 침입을 받은 사람들의 지체 안에는 사도의 말씀처럼 그들을 대적하는 죄의 세력이 있습니다(롬 7:23). 그 안개 같은 세력과 베일이 그들의 뜻을 대적하지만, 그들은 생각 속에서 그것에게 동의하지 않고 그것을 기뻐하지 않으며 그것을 따르지 않고, 오히려 말과 행위로 그것과 싸우며 온 몸으로 그것을 짓누르고 자기 자신에게 화를 냅니다. 하나님이 보시기에 이런 사람들은 다른 사람들, 즉 스스로 선택하여 자신의 의지를 악에게 내어주고 그 안에서 즐거워하는 사람들보다 훨씬 더 고귀하고 존귀합니다.

3. 왕이 누더기를 걸치고도 부끄러워하지 않는 가난한 처녀를 발견하여 그녀에게서 더러운 옷을 벗기고 깨끗이 목욕을 시킨 후 아름다운 옷을 입혀 배우자로 삼고 그녀를 자기의 식탁과 잔칫상에 함께 앉게 했다고 가정해 보십시오. 이처럼 주님은 상하고 다친 영혼을 찾아내어 약을 발라주시고, 그에게서 더러운 옷과 죄의 수치를 벗기신 후 하늘나라 왕의 옷, 신성神性의 옷, 빛나는 영광스러운 옷을 입히시고 면류관을 씌우

시고 왕의 식탁에서 함께 기쁨과 즐거움을 누리게 하셨습니다.

즐거운 동산에는 과수를 비롯하여 지극히 향기로운 나무들이 있고, 많은 매력적인 장소, 매우 사랑스럽고 향기롭고 상쾌함이 가득한 곳이 있으므로 그곳에 가는 사람들은 누구나 즐겁고 상쾌함을 누립니다. 마찬가지로 하늘나라에 있는 영혼들은 모두 기쁨과 즐거움과 평화 속에 거합니다. 그들은 모두 왕이요 주요 신들입니다. 그렇기 때문에 성경에 "만왕의 왕이시며 만주의 주"(딤전 6:15)라고 기록되어 있습니다.

**4.** 기독교는 평범한 것이 아닌 큰 비밀(엡 5:32)입니다. 그러므로 인간의 고귀함, 즉 우리가 왕의 위엄을 소유하라는 부르심을 받았다는 것, "택하신 족속이요 왕 같은 제사장들이요 거룩한 나라"(벧전 2:9)임을 깨달아야 합니다. 이 세상은 기독교의 신비를 알지 못합니다. 이 세상 황제의 영광과 부귀는 이 세상의 것이요, 썩어지고 사라질 것입니다. 그러나 그 나라와 부귀는 신적인 것, 천상적이고 영광스러운 것, 결코 사라지거나 소멸되지 않는 것들입니다.

성도들은 하늘의 교회에서 하늘의 왕과 함께 다스립니다. 하늘의 왕은 "죽은 자들 가운데서 먼저 나신 이"(골 1:18)시며, 성도들도 역시 처음 난 자들입니다. 비록 그들이 하나님 앞에서 택함을 받고 인정을 받아 이러한 상태에 있지만, 그들 자신이 보기에는 지극히 작은 자요 인정받지 못한 자들입니다. 그들의 내면에는 자신을 무가치한 자로 여기는 것이 본성으로 굳어져 있습니다.

**5.** 질문. 그렇다면 그들은 자신이 특별한 것을 받았으며, 자신의 본

성과는 다른 것, 즉 전에는 소유하지 못했던 것을 얻었다는 것을 알지 못합니까?

**답변.** 내가 말하는 뜻은 그들이 인정을 받지 못한다는 것, 그들에게 진보가 없다는 것입니다. 그들은 자신이 소유하지 못하고 있던 것을 얻는 방법을 알지 못합니다. 비록 그들이 이러한 상태에 있지만 은혜가 그들에게 임하여 온갖 진보에도 불구하고 그들의 "생명조차 조금도 귀한 것으로 여기지 아니하는 것"(행 20:24)이 아니라 본성적으로 귀한 것과는 반대의 것이라고 여기게 하며, 비록 그들이 하나님께 대해서는 귀한 존재이지만 그들 자신에 대해서는 귀한 존재가 아니라고 가르칩니다.

그들이 아무리 진보하여 하나님을 안다 해도 그들은 아무것도 알지 못하는 것과 같으며, 그들이 하나님 앞에서는 부자이지만 자신의 눈으로 볼 때에는 가난에 처해 있다는 것입니다. 그리스도께서 "종의 형체"(빌 2:7)를 취하셨으며 겸손에 의해 마귀를 정복하셨듯이, 태초에 교만과 자존심에 의해 아담을 타락시켰던 뱀은 지금도 사람들의 마음속에 숨어 있으면서 자존심에 의해 기독교인들을 타락시키고 멸망시킵니다.

**6.** 어떤 사람이 세상에서 자유인이요 훌륭한 가문에서 태어나서 많은 재산을 소유하고 있으며 계속 돈을 벌어 수입이 늘어간다면, 그는 지각을 잃고 교만하여 참을 수 없는 존재가 되며 사람들을 함부로 대할 것입니다. 신중하지 못한 사람들이 바로 이러한 상태에 처합니다. 그들은 기도의 즐거움과 능력을 조금 발견하면 교만해지고 지각을 잃고 남을 비판하기 시작합니다. 그리하여 그들은 땅의 가장 밑바닥으로 떨어집

니다. "너희 눈이 밝아져 하나님과 같이 되어"(창 3:5)라고 말함으로써 교만에 의해 아담을 타락시킨 뱀은 지금도 인간의 마음 안에서 교만을 권하며 "너는 완전해. 그만하면 충분해. 너는 부자야. 너는 가난하지 않아! 너는 복 받았어!"라고 말합니다.

그러나 세상에는 많은 부를 소유하고 있으면서 그것을 사용하여 더 많은 수입을 올리면서도 신중함의 테두리 안에 거하며, 뽐내거나 교만하지 않고 풍요함 뒤에 궁핍이 임한다는 것을 알기 때문에 분수를 지키는 사람들이 있습니다. 그들은 손해나 궁핍이 임할 때에도 실망하지 않고 여전히 자기의 분수를 지킵니다. 왜냐하면 다시 풍요가 임할 것을 알기 때문입니다. 그들은 이런 일들에 있어서 오래 훈련해 왔기 때문에 결코 놀라지 않으며, 수입이 늘고 풍요해져도 교만해지지 않고 손해를 입어도 놀라지 않습니다.

**7.** 기독교는 실제로 진리를 맛보는 것, 진리를 먹고 마시는 것, 계속 먹고 마셔 선한 결과를 맺는 것이라고 할 수 있습니다. 샘물이 있는데 목마른 사람이 그 물을 마시기 시작했다고 가정해 보십시오. 그런데 그가 물을 만족스럽게 마시기 전에 어떤 사람이 그를 밀어냈다면, 이미 물맛을 본 그는 안달이 나서 더욱더 물을 마시려고 노력할 것입니다. 영적 세계에 있어서도 마찬가지입니다. 사람이 하늘의 음식을 맛보고 먹었는데 그가 흡족하게 맛보기 전에 주님이 그것을 거두어 가신다면 누구도 그를 배부르고 만족하게 해줄 수 없습니다.

**8. 질문.** 그가 배불리 먹고 만족하는 것을 허락하시지 않는 이유는 무

엇입니까?

**답변.** 주님은 그 사람의 연약함, 즉 그가 쉽게 교만해진다는 것을 아십니다. 그렇기 때문에 주님은 물러가시고 그 사람이 연단받고 환난당하는 것을 허락하십니다. 아무도 당신과 함께하지 않지만 아주 작은 은혜를 받을 때 당신이 그때문에 교만해진다면, 누군가가 당신을 단번에 충족하게 해준다면 얼마나 참을 수 없는 존재이겠습니까? 그러나 그러한 연약함을 알고 계시는 하나님은 당신을 겸손하게 하고 더욱 열심히 하나님을 찾게 만들기 위해 미리 섭리하여 당신에게 환난을 보내십니다.

어느 가난한 사람이 황금이 가득 들어있는 지갑을 줍고 기뻐하면서 "나는 지갑을 주웠습니다. 나는 부자가 되었습니다"라고 말했습니다. 그런데 지갑을 잃어버린 사람이 그 이야기를 듣고는 그 지갑을 찾아갔습니다. 또 어느 부자가 지각없이 사람들을 함부로 대하고 거들먹거리며 자신이 다른 사람들보다 고귀한 듯이 행동하고 있다는 소문을 들은 왕이 그의 재산을 몰수했습니다. 영적 세계에서도 마찬가지입니다. 만일 어떤 사람이 약간의 즐거움만 맛보았을 뿐 그것을 다루는 방법을 알지 못한다면, 죄가 그를 유혹하여 그의 마음을 어둡게 하기 때문에 이미 받았던 것까지 잃습니다.

**9. 질문.** 사람들이 은혜를 받은 후에 타락하는 것은 어찌된 일입니까? 사탄이 은혜보다 더 약하지 않습니까? 해가 있는데 어찌 밤이 될 수 있습니까?

**답변.** 은혜가 소멸되거나 연약해진 것이 아니라, 당신의 자유의지와 자유가 어느 쪽으로 기울어지는지 시험하기 위해서 은혜가 죄에게 양보하는 것입니다. 그 때 당신은 자신의 뜻에 따라 주님께 가까이 가서 은혜가 당신에게 임하기를 간구합니다. 성경에는 "성령을 소멸하지 말며"(살전 5:19)라고 기록되어 있습니다. 성령은 소멸될 수 없는 한결같은 빛입니다. 그러나 만일 당신이 태만하여 자신의 의지로 성령과 협력하지 않는다면, 당신이 소멸되며 성령을 잃게 됩니다.

성경에는 "하나님의 성령을 근심하게 하지 말라 그 안에서 너희가 구원의 날까지 인치심을 받았느니라"(엡 4:30)는 말씀이 있습니다. 성령을 근심하게 만들지 않고 영화롭게 하기로 결정하는 것은 당신의 의지와 자유입니다. 선한 것에 정복되어 그것에 취해 있는 완전한 기독교인들에게도 선택의 자유가 있습니다. 그렇기 때문에 그들은 무수한 악의 시험을 받아도 선한 것에게로 돌이킵니다.

**10.** 지위가 높고 부유하며 고귀한 혈통을 가진 사람들이 재산과 혈통과 위엄을 버리고 누추한 옷을 입으며, 존경 대신에 치욕을 택하며, 곤경을 당하며, 무가치한 자로 여김 받는 것은 그들이 판단하여 자신의 의지와 선택에 의해 행하는 것입니다. 사도들은 은혜 안에서 완전하게 된 사람들입니다. 그러나 혹시 그들이 은혜가 흡족해 하지 않는 일을 원했다면, 은혜는 그들이 스스로 원하여 행하는 것을 방해하지 않았을 것입니다. 우리의 본성은 선과 악에 노출되어 있으며, 우리의 적대 세력은 강요가 아닌 설득에 의해서 행동합니다.

당신에게는 자신이 원하는 길을 따를 수 있는 자유의지가 있습니다. 베드로에게 책망받을 일이 있었기 때문에(갈 2:11) 바울이 가서 그를 책망했습니다. 베드로에게도 책망 받을 일이 있었습니다. 또 바울은 매우 신령한 사람이었지만 자신의 의지대로 바나바와 다투었고 결국 두 사람이 갈라섰습니다(행 15:39). 바울은 "신령한 너희는 온유한 심령으로 그러한 자를 바로잡고 너 자신을 살펴보아 너도 시험을 받을까 두려워하라"(갈 6:1)고 말했습니다. 그렇습니다. 신령한 사람도 자유 의지가 있기 때문에 시험을 받으며 이 세상에 사는 동안 원수들이 계속 그를 괴롭힙니다.

**11. 질문.** 사도들이 범죄하는 편을 택했다면 범죄할 수 있었을까요? 아니면 은혜가 그들의 의지보다 강했습니까?

**답변.** 그들은 빛과 은혜 안에 있었기 때문에 죄를 선택할 수 없었고, 그렇기 때문에 범죄할 수 없었습니다. 나는 그들 안에 있는 은혜가 약했다고 말하지 않습니다. 내 말은 은혜가 완전히 신령한 사람이 자신의 의지 및 자신이 선택한 것을 행할 수 있는 능력을 사용하며 자신이 원하는 방향을 향해 나아가는 것을 허락한다는 뜻입니다. 연약한 인간의 본성은 선과 함께 있을 때에도 그것으로부터 돌이킬 수 있습니다. 호심경이나 다른 무기로 완전히 무장한 사람은 내적으로 훌륭하게 보호를 받기 때문에 원수가 그를 공격하지 않습니다. 그가 공격을 받을 때 그 무기를 사용하여 원수를 대적하여 싸워 승리를 거두거나, 아니면 원수를 좋아하게 되어 화해하며 무장하고 있음에도 불구하고 싸움을 포기하는 것이 그의 의지의 능력 안에 있습니다.

마찬가지로 기독교인들은 완전한 능력을 입고 있으며 하늘나라의 무기를 소유하고 있지만 원하기만 하면 사탄을 좋아하고 그와 화해하며 싸움을 중지할 수 있습니다. 본성이 변화될 수 있으며, 인간은 자신이 원하는 바에 따라 하나님의 아들이 될 수도 있고 멸망의 아들이 될 수도 있습니다. 이는 그에게 자유의지가 있기 때문입니다.

12. 식탁에 놓인 빵에 대해 설명하는 것과 실제로 그 빵을 집어 먹고 우리의 지체가 힘을 얻는 것이 다릅니다. 시원한 샘물에 대해 말하는 것과 직접 그 샘에 가서 시원한 물을 마음껏 마시는 것은 다릅니다. 전쟁 및 전사와 용사들에 대해 말하는 것과 직접 전선으로 가서 적에게 포위당하고 전진하기도 하고 후퇴하기도 하며 밀고 밀리다가 마침내 승리를 거두는 것은 전혀 다른 일입니다. 영적 일에서도 마찬가지입니다. 특정한 두뇌의 지식과 정확한 관념들을 가지고 설명하는 것과, 충만한 경험 안에서, 속사람 안에서, 정신 안에서 실질적으로 성령이라는 보물과 은혜를 소유하고 성령을 맛보며 성령의 효과적인 사역을 소유하는 것은 서로 다른 일입니다. 말만 하는 사람들은 "육신의 생각을 따라 헛되이 과장"(골 2:18) 하는 자입니다.

성경은 "내 말과 내 전도함이 설득력 있는 지혜의 말로 하지 아니하고 다만 성령의 나타나심과 능력으로 하여"(고전 2:4), "교훈의 목적은 청결한 마음과 선한 양심과 거짓이 없는 믿음에서 나오는 사랑이거늘"(딤전 1:5)이라고 말합니다. 이런 사람은 타락하지 않습니다.

하나님을 찾는 사람들에게는 문이 열려 있으며, 그들은 보물을 보고 그 안에 들어가며 기뻐합니다. 그런데 그들이 "내가 보물을 발견했습니다"라고 말할 때 주님이 문을 닫으십니다. 그 때 그들은 "나는 보물을 발견했지만 잃어버렸습니다"라고 소리치고 애통하며 더 열심히 구합니다. 주님은 우리로 하여금 더욱 열심으로 구하게 하려는 목적에서 은혜를 거두어 가십니다. 보물을 보여주신 것은 우리를 격려하여 그것을 구하게 하기 위해서입니다.

**13. 질문.** 어떤 이들은 사람이 은혜를 받은 후 사망에서 생명으로 옮겨진다고 말합니다. 그렇다면 빛 가운데 있는 사람이 불순한 생각을 가질 수 있습니까?

**답변.** 성경에 "너희가 이같이 어리석으냐 성령으로 시작하였다가 이제는 육체로 마치겠느냐"(갈 3:3), "마귀의 간계를 능히 대적하기 위하여 하나님의 전신갑주를 입으라"(엡 6:11)고 기록되어 있습니다. 물론 이 두 말씀은 상이한 상황을 기록한 것입니다. 하나는 사람이 갑주를 입는 상황에 관한 것이요, 하나는 정사와 권세를 대적하여 싸우는 상황입니다. 즉 하나는 빛 속에, 다른 하나는 어둠 속에 있는 것입니다.

"이로써 능히 악한 자의 모든 불화살을 소멸하고"(엡 6:16), "하나님의 성령을 근심하게 하지 말라"(엡 4:30), "한 번 빛을 받고 하늘의 은사를 맛보고 성령에 참여한 바 되고 하나님의 선한 말씀과 내세의 능력을 맛보고도 타락한 사람들은 다시 새롭게 하여 회개하게 할 수 없나니"(히 6:4-6)라는 말씀도 있습니다. 성령의 조명을 받고 은사를 맛보았던 사람도 타락합니다. 우리는 사람에게 성령에 동의하거나 성령을 근심하게 만들 의지가 있음을 봅니다. 물론 그는 전쟁터에 나아가 적과 싸우려는 의도로 무장을 합니다. 그는 어둠을 대적하기 위해 빛의 조명을 받았습니다.

14. **질문.** "내가 천사의 말을 하고 예언하는 능력이 있어 모든 비밀과 모든 지식을 알지라도 내가 아무것도 아니라"(고전 13:1ff.)는 사도의 말은 어떤 의미입니까?

**답변.** 이 말을 사도 바울이 무가치한 사람이라는 의미로 이해해서는 안 됩니다. 완전한 사랑과 비교할 때 이런 은사들이 작은 것에 불과하며, 이러한 단계에 있는 사람도 타락할 가능성이 있습니다. 그러나 사랑을 소유한 사람은 결코 넘어지지 않습니다. 나는 모든 영적 은사들을 받고 성령에 참여했지만 완전한 사랑을 얻지 못했기 때문에 타락한 사람들을 보았습니다. 어느 귀족은 세상을 부인하고 재산을 팔아 남에게 주고 종들에게 자유를 주었습니다. 그는 총명하고 지혜로운 사람이었으며 엄격하고 거룩한 생활을 하는 것으로 유명했습니다. 그러나 그가 자신을 높이 평가하고 교만해지더니 결국 방탕해지고 많은 악한 일에 빠졌습니다.

15. 박해 때에 자기 몸을 내주었던 고백자가 있었습니다. 그는 평화가 찾아온 후 석방되었으며 유명하게 되었습니다. 그의 두 눈꺼풀에는 불로 지진 흔적이 있었습니다. 사람들은 이 사람을 찬양하며 그에게 기도를 청했습니다. 그런데 그는 음식을 절제하지 않고 종들을 호되게 꾸짖었으며 그의 마음은 전혀 하나님의 말씀을 들어본 적이 없는 사람처럼 되었습니다. 또 어떤 사람이 박해 때에 붙잡혀 매질을 당한 후 감옥에 갇혔는데, 그곳에 있던 수녀가 그를 보살펴 주었습니다. 그러나 결국 그는 감옥에서 그녀와 간음죄를 범했습니다. 자기 재산을 다 팔아 나누어 주었던 부자의 타락, 순교를 위해 자기 몸을 내주었던 사람의

타락에 유의하십시오.

16. 현명한 금욕 고행자가 있었습니다. 그는 은혜를 많이 받은 사람이었는데 나와 함께 살면서 함께 기도하였습니다. 그가 내 곁에서 기도할 때에는 은혜가 내면에서 끓어올랐기 때문에 말이 없었습니다. 그는 병 고치는 은사를 받았는데 귀신들을 내쫓았을 뿐만 아니라 손발이 묶이고 무서운 고난을 받는 사람들도 안수하여 고쳐 주곤 했습니다. 그러나 그는 방심하게 되었고, 세상의 칭송을 받을 때 즐거워했습니다. 결국 그는 교만해지고 죄에 깊이 빠졌습니다. 병 고치는 은사를 받은 사람이 타락했음에 유의하십시오. 당신은 사람들이 어떻게 해서 사랑의 단계에 도달하기 전에 넘어지는지를 보고 있습니다. 사랑에 도달한 사람이 다른 세상에 묶이고 도취되고 빠지고 포로가 되어 자신의 본성을 전혀 의식하지 못하는 자처럼 됩니다.

17. **질문.** "눈으로 보지 못하고 귀로 듣지 못하고 사람의 마음으로 생각하지도 못하였다"(고전 2:9)는 말은 무엇을 의미합니까?

**답변.** 그 시대의 위인들과 의인들, 왕과 선지자들은 구속자가 오실 것을 알고 있었습니다. 그러나 그분이 고난을 당하고 십자가에 못 박혀 피를 쏟으셔야 한다는 것을 그들은 알지 못했고 듣지도 못했습니다. 또 성령에 의한 불세례를 받아야 한다는 것, 교회 안에서 그리스도의 살과 피의 상징인 떡과 포도주를 나누어야 한다는 것, 그리고 보이는 떡에 참여하는 것이 주님의 몸을 영적으로 먹는 것이라는 것, 또 사도들과 기독교인들이 보혜사를 받고 "위로부터 능력으로 입혀져"(눅 24:49 참

죄) 신성으로 충만하게 되며, 그들의 영혼에 성령이 스며든다는 것을 생각하지도 못했고 들어보지 못했습니다. 이제 기독교인들은 세상의 부와는 전혀 다른 부를 가지고 있으며, 신성을 향한 갈망에 사로잡혀 있습니다. 그러나 그들은 이러한 기쁨과 위로에도 불구하고 두려워 떨고 있습니다.

**18. 질문.** 그것은 어떤 두려움과 떨림입니까?

**답변.** 그것은 잘못을 범하지 않고 은혜에 일치하는 생활을 하기 위한 두려움과 떨림입니다. 그것은 마치 사람이 보물을 지니고 강도들이 출몰하는 곳을 여행하는 것과 같습니다. 그는 재산과 보물이 있기 때문에 기뻐하지만 강도들이 공격하여 그것들을 강탈해 갈까봐 두려워합니다. 그는 마치 두 손에 자기의 피를 담아 가지고 가는 사람 같습니다. 우리는 외면적인 일들에 관한 한 모든 것을 포기하여 재산이 없고 세상적인 교제를 박탈당한 이방인입니다. 우리는 몸으로는 기도생활을 하고 있습니다. 형제들은 자신의 정신이 몸과 일치하는지를 말해야 합니다. 세상에서 숙련공이나 십장들은 항상 자신이 하는 일에 온 몸을 사용하고 정신을 집중합니다.

당신 자신을 살펴보십시오. 당신의 몸은 이 세상에 대해서 이방인입니다. 그런데 당신의 정신이 이 세대로부터 소외되어 있습니까? 당신은 전혀 세상을 방황하지 않습니까? 세상의 모든 사람들, 군인이나 상인들은 몸이 있는 곳에 정신을 집중시키는데, 그곳에 그의 보물이 있습니다. 성경은 "네 보물이 있는 그 곳에는 네 마음도 있느니라"(마 6:21)고 말합니다.

19. 당신의 마음은 어떤 보물을 따르고 있습니까? 완전히 하나님을 향하고 있습니까, 아니면 그 반대입니까? 혹시 마음이 온전히 하나님을 향하고 있지 않다면, 당신의 마음을 방해하는 것이 무엇인지 말해 보십시오. 당신의 마음을 장악하고 영혼에 족쇄를 채우는 것들은 사탄, 악한 영들, 마귀들입니다. 마귀는 대단히 교활합니다. 그는 많은 교활한 술수, 빠져 나갈 구멍, 온갖 속임수를 가지고 있습니다. 그리고 영혼의 영역과 생각들을 장악하여 영혼이 바르게 기도하여 하나님께 가까이 가는 것을 허락하지 않습니다. 인간의 본성은 마귀들과 악한 영들과 교제할 수 있고, 또 천사들이나 성령과도 교제할 수 있습니다. 그곳은 사탄의 전殿이 될 수도 있고 성령이 거하시는 전이 될 수도 있습니다.

형제여, 자신의 마음을 살펴보십시오. 당신은 무엇과 교제하고 있습니까? 천사들입니까, 마귀들입니까? 당신은 누구의 전입니까? 하나님의 전입니까, 마귀의 전입니까? 당신의 마음에 어떤 보물이 가득합니까? 은혜입니까, 사탄입니까? 악취와 더러운 것이 가득한 집을 청소하고 정돈하여 향기로운 것과 보물들로 채워야 하듯이, 당신의 내면도 그렇게 되어야 합니다. 그리하여야 사탄 대신에 성령이 오셔서 그 안에서 쉴 수 있습니다.

20. 사람이 하나님의 말씀을 듣는 즉시 선한 편이 되는 것은 아닙니다. 만일 말씀을 듣는 즉시 선한 편이 된다면 싸움이나 중대한 전쟁이나 경주가 존재하지 않을 것입니다. 그는 더 이상 노력하지 않고 듣기만 해도 평화와 완전한 단계에 이를 것입니다. 그러나 사실은 그렇지 못합니다. 그렇게 주장하는 것은 그 사람의 자유의지를 제거하며 그의

마음과 씨름하고 있는 반대 세력이 있다는 것을 부인하는 것입니다. 우리가 말하는 것은 말씀을 듣는 사람이 양심의 가책을 느끼게 된다는 것입니다. 그 후에 하나님이 그의 유익을 위해 의도적으로 은혜를 거두어 가시며, 그는 싸움을 통해 훈련과 단련을 받기 시작하며 사탄과 싸우게 됩니다.

이처럼 오랫동안 승리의 상을 얻기 위해 경주하고 싸운 후에야 그는 기독교인이 됩니다. 만일 사람이 단지 말씀을 듣기만 할 뿐 수고하지 않아도 선한 편에 속하게 된다면, 방탕한 사람들이나 포주들도 하늘나라에 가서 영생을 얻을 것입니다. 그러나 노력하고 애쓰지 않는 한 누구도 그들을 하늘나라에 들어가 영생을 누리게 해줄 수 없습니다. 왜냐하면 하늘나라에 이르는 길은 좁고 협착한 길이기 때문입니다. 이 험한 길로 여행하고 인내하며 고통을 견뎌야만 생명에 들어갑니다.

**21.** 만일 노력하지 않아도 성공한 기독교인이 될 수 있다면 기독교는 "걸림돌과 거치는 바위"(롬 9:33)가 아닐 것입니다. 그렇다면 신앙도 없고 불신앙도 없을 것입니다. 그렇게 되면 인간은 선이나 악을 향할 수 없는 필연에 매인 피조물이 됩니다. 율법은 선이나 악 중 한쪽을 지향할 수 있는 사람, 적대 세력과 싸울 자유를 지닌 사람에게만 주어집니다. 필연 하에 있는 본성에게는 법이 주어지지 않습니다. 태양이나 하늘이나 땅은 법을 요구하지 않습니다. 그러한 피조물은 필연에 의해 지배되는 본성을 소유합니다. 이런 까닭에 피조물은 상이나 벌을 받을 일이 없습니다. 상급과 영광은 선을 향하는 사람을 위해 예비되어 있습니다. 그리고 지옥과 형벌은 회심이 가능한 본성, 악에서 도망하여 우편,

즉 선한 편으로 향할 수 있는 사람들을 위해 예비되었습니다.

선한 사람에 대해 고칠 수 있는 본성을 갖지 않은 사람이라고 말하는 것은 그를 칭찬 받을 수 없는 사람으로 만드는 것입니다. 본래 선하고 자비한 사람은 대단히 바람직한 사람이긴 하지만, 그 본성으로 인해 칭찬 받을 자격은 없습니다. 스스로의 선택에 의해 선하게 되지 않은 것은 바람직한 것이긴 하지만 칭찬할 가치가 없습니다. 칭찬이란 자신의 자유의지와 선택을 통해 결단을 내리고 수고하고 분투하면서 선한 것을 이루어낸 사람에게만 합당합니다.

**22.** 한 편에 페르시아 군대가 진을 치고 있고 그 반대편에 로마 군대가 진을 치고 있을 때 양측에서 비슷한 힘을 가진 사람이 나와 싸우듯이, 우리의 마음과 그것을 대적하는 힘은 평형 상태에 있습니다. 사탄은 영혼에게 영향을 주고 유혹하여 자기의 뜻을 따르게 만드는 능력을 가지고 있고, 영혼은 사탄에게 복종하지 않고 저항할 수 있는 능력을 가지고 있습니다. 이 두 능력, 선한 능력과 악한 능력은 강요가 아닌 설득에 의해서 작용합니다.

이러한 선택을 행할 때에 신적 도움을 의지할 수 있으며, 하늘로부터 무기를 받아 그것으로 악을 뿌리 뽑고 정복할 수 있습니다. 영혼은 하나님이 없이는 악을 정복하여 뿌리 뽑을 수 없지만 죄를 거부하는 능력을 가지고 있습니다. 죄는 힘센 거인이요 영혼은 어린아이 같다고 말하는 것은 옳지 못합니다. 만일 서로 어울리지 않게 죄가 거인이고 영혼은 어린아이와 같다면, 사탄을 대적하기 위해 인간에게 율법을 주신 하나님은 공평하지 못한 분이 됩니다.

**23.** 하나님께 나아가는 길의 기초는 다음과 같습니다. 즉 인내, 소망, 겸손, 가난한 마음, 온유함 안에서 생명에 이르는 길을 따라가는 것입니다. 사람은 이것들에 의해서 자기 안에 의를 소유할 수 있습니다. 의란 주님 자신을 의미합니다. 우리에게 주어진 이 계명들은 여행자를 천성으로 인도하는 왕의 대로변에 세워진 경계석이요 이정표입니다.

성경에는 "심령이 가난한 자는 복이 있나니…온유한 자는 복이 있나니…긍휼히 여기는 자는 복이 있나니…화평하게 하는 자는 복이 있나니"(마 5:3-9)라고 기록되어 있습니다. 이것을 기독교라고 할 수 있습니다. 이 길로 여행하지 않는 자는 길이 없는 곳을 방황하는 사람이요 옳지 않은 기초를 사용하는 사람입니다.

성부와 성자와 성령의 긍휼하심을 영원히 찬미하십시오. 아멘.

설교 28

# 영혼의 불행은 죄로 인한 것입니다.

1. 언젠가 하나님이 유대인들에게 크게 진노하여 예루살렘을 원수들에게 내주시며 "그들을 미워하는 자들이 그들을 다스리게"(시 106:41) 하시고 절기와 제물을 드리는 일을 행할 수 없게 하셨듯이 영혼에게 노하신 하나님은 그 영혼을 원수들, 즉 마귀들과 정욕들에게 넘겨주셨습니다. 그리하여 그것들이 영혼을 유혹하여 멸망시켰으며, 더 이상 절기를 지키지 못하게 되었고, 하나님께 제물을 드리거나 분향하는 일이 없어졌으며, 그 표시들이 모든 거리에 가득 찼기 때문에 무서운 짐승들과 악한 뱀의 영들이 그 안에 자기의 거처를 만듭니다. 또 주인이 거하지 않는 집이 어둠과 수치와 능욕으로 덮이고 먼지와 더러운 것으로 가득 차듯이, 주님이 자기 사자들과 함께 영혼 안에서 즐겁게 지내시지 않으면, 그 영혼은 어두운 죄와 부끄러운 정욕과 수치로 가득 차게 됩니다.

2. 거리가 사나운 짐승들의 거처가 되었기 때문에 그 안에 거니는 사람이 없고 사람의 음성도 들리지 않는 것은 슬픈 일입니다. 마찬가지로 주께서 영혼 안에서 거니시면서 그의 음성으로 영적인 악한 야수들을

쫓아내 주시지 않는 것은 슬픈 일입니다.

주인이 거하지 않는 집이여, 슬프도다. 경작해 줄 농부가 없는 땅이여, 불쌍하도다. 조타수가 없어 파도에 휩쓸려 다니다가 실종되는 배여, 안타깝도다. 참된 조타수이신 그리스도를 소유하지 못하였기 때문에 어둠의 바다를 떠다니며 정욕의 파도에 시달리고 악한 영들의 바람에 시달리다가 마침내 멸망하는 영혼이여, 불쌍하도다.

주님을 소유하지 못했기 때문에 마음 밭을 경작하지 못하고 버려둠을 당하여 가시덤불과 엉겅퀴로 가득 차 있고 선한 열매들을 맺지 못하며 마침내 불에 사름을 당하는 영혼이여, 불쌍하도다. 영혼의 주이신 그리스도께서 그 안에 거하시지 않는 영혼은 불쌍하도다. 이는 그가 버림을 당하여 정욕의 악취가 가득하기 때문에 불의가 거하기에 알맞은 처소가 되었기 때문이다.

3. 밭을 갈러 나가는 농부는 적절한 농기구를 준비하고 알맞은 옷차림을 합니다. 마찬가지로 왕이시요 하늘의 참된 농부이신 그리스도는 죄로 말미암아 황폐해진 인간성 안에 오실 때에 육신을 입으셨으며, 십자가를 도구로 삼아 지심으로써 황폐한 영혼의 마음 밭을 갈고 그 밭에서 악한 영들의 가시덤불과 엉겅퀴를 뽑아내고 죄의 가라지를 뽑아버리셨고, 그 안에 있는 죄의 씨앗들을 모조리 태워 버리셨습니다. 이처럼 나무 십자가로 영혼의 밭을 가신 후에 그 안에 지극히 아름다운 성령의 낙원, 주인이신 하나님이 보시기에 바람직하고 향기로운 모든 열매 맺는 나무를 심으셨습니다.

4. 애굽에서 사흘 동안 천지가 캄캄해졌을 때에 어둠 때문에 아들이 아버지를 보지 못했고 형제가 자기 형제를 보지 못했고 참된 친구가 자기 친구를 보지 못했습니다. 마찬가지로 아담이 하나님의 명령을 범하여 과거에 지니고 있던 영광에서 떨어져 세상 영의 세력 아래 놓이고 어둠의 베일이 그의 영혼 위에 드려진 때부터 마지막 아담이신 주님의 시대에 이르기까지 그들은 하늘에 계신 참 아버지, 선하고 자비하신 어머니인 성령의 은혜, 아름답고 사랑하는 형제이신 주님, 또는 주님이 기뻐하시며 주님과 함께 즐겁게 잔치를 벌이고 있는 친구들과 친척들과 거룩한 천사들을 보지 못했습니다. 마지막 아담의 때뿐만 아니라 오늘에 이르기까지 "공의로운 해"(말 4:2)이신 그리스도의 빛을 받지 못한 사람들, 그리스도 안에 있는 참 빛으로 말미암아 영혼의 눈을 떠서 빛을 보지 못한 사람들이 여전히 죄의 어둠 아래 있으며, 과거와 동일한 쾌락의 영향을 받고 있으며, 동일한 형벌 하에 있으며, 아직 아버지를 보는 눈을 갖지 못하고 있습니다.

5. 우리의 내면 깊은 곳에 육신의 눈이 아닌 눈이 있으며, 육신의 귀가 아닌 귀가 있다는 것을 알아야 합니다. 육신의 눈으로 친구나 연인의 얼굴을 보고 알아보듯이, 합당하고 신실한 영혼의 눈은 영적으로 하나님의 빛을 받고 있기 때문에 성령의 조명을 받아 참되신 친구, 지극히 아름다우며 크게 동경하던 신랑이신 주님을 보고 알아봅니다.

이처럼 말할 수 없이 아름답고 훌륭하신 분을 바라볼 때에 영혼은 하나님을 향한 열렬한 사랑에 상하게 되며, 성령의 모든 덕에게로 인도하심을 받아 자신이 동경하는 주님을 향한 무한한 사랑을 소유합니다. 그러므로 요한이 주님을 가리켜 "보라 세상 죄를 지고 가는 하나님의 어린 양이로다"(요 1:29)라고 말한 것은 영원히 복된 말씀입니다.

**6.** "여자가 낳은 자 중에 세례 요한보다 큰 이가 일어남이 없도다"(마 11:11). 진실로 세례 요한은 모든 선지자들의 완성입니다. 모든 선지자들은 주님의 오심을 아주 먼 장래의 일로 예언했습니다. 그러나 요한은 구세주에 대해 예언했으며 "보라 하나님의 어린 양이로다"(요 1:36)라고 외치면서 모든 사람들의 눈앞에 그분을 보여 주었습니다. 자신이 예고했던 분을 즉석에서 보여주는 요한의 음성은 매우 부드럽고 아름답습니다. 요한은 여자가 낳은 자들 중에 가장 위대한 사람이었습니다.

"그러나 천국에서는 극히 작은 자라도 그보다 크니라"(마 11:11). 즉 하나님께서 위로부터 난 자, 보혜사 성령의 첫 열매들을 받은 사람들은 요한보다 위대합니다. 왜냐하면 그들은 하나님과 함께 심판하며 하나님의 보좌에 함께 앉으며 사람들을 대속하는 자들이 되었기 때문입니다. 우리는 그들이 악한 세력들의 바다를 가르고 믿는 영혼들을 그 사이로 인도하는 것을 발견합니다.

우리는 그들이 영혼의 포도나무를 재배하는 농부임을 발견합니다. 우리는 그들이 영혼을 신랑이신 그리스도에게로 인도하는 들러리라는 것을 발견합니다. "내가 너희를 정결한 처녀로 한 남편인 그리스도께 드리려고 중매함이로다"(고후 11:2). 우리는 그들이 사람들에게 생명을 주는 것을 발견합니다. 간단히 말해서 우리는 그들이 "여러 부분과 여러 모양으로"(히 1:1) 성령을 섬기고 있음을 발견합니다. 이들이 세례 요한보다 위대한 작은 자들입니다.

**7.** 농부가 황소에게 멍에를 지우고 밭을 갈듯이, 참된 농부이신 주 예수도 사도들을 둘씩 멍에로 연결하여 파송하셨고, 그들과 함께 말씀을 듣고 믿는 사람들의 마음 밭을 가셨습니다. 하나님의 나라와 사도들의 전도는 일련의 단어들을 암기하였다가 다른 사람들에게 되풀이 해주는 것처럼 듣기만 하는 말에 있지 않습니다. 하나님의 나라는 성령의 능력과 효과적인 사역 안에 있습니다. 안타깝게도 이스라엘 자녀들은 항상 성경을 연구하고 실제로 주님을 연구했지만 진리를 받지 못했기 때문에 그 기업을 다른 사람들에게 넘겨주었습니다. 그러므로 능력 있는 말씀을 소유하지 못한 채 다른 사람들에게 성령의 말씀을 전하기만 하는 사람은 그 기업을 다른 사람에게 **빼앗깁니다**.

성부와 성자와 성령께 영원히 영광이 있을지어다. 아멘.

설교 29

# 하나님은 두 가지 방법으로 은혜를 주십니다.

1. 하나님의 지혜는 무한하고 불가해하기 때문에 우리의 자유 의지를 시험하기 위해서 다양하고 신비한 방법으로 은혜를 베풀어 주십니다. 이는 마음을 다하여 하나님을 사랑하며 하나님을 위해 온갖 위험과 수고를 감내하려는 사람들을 드러내기 위한 것입니다.

어떤 사람들은 수고하거나 땀을 흘리지 않고서도 직접 기도와 믿음의 상태에 가까이 가며 미리 성령과 은사들을 받습니다. 때로는 그들이 세상에 있는 동안 하나님이 그들에게 은혜를 주시기도 합니다. 그것은 되는 대로 한가로이 적당하지 않은 때에 주시는 것이 아니라 말할 수 없이 불가해하고 지혜로우신 섭리에 의한 것으로서 신속하게 하나님의 은혜를 받은 사람들의 자유의지와 결정을 시험하기 위한 것입니다. 즉 하나님이 그들에게 주신 유익과 자비와 아름다움을 그들이 감지하고 있는지, 자신이 수고하지 않고 받은 은혜에 비례하여 부지런함을 나타내며, 힘을 다해 경주하며, 열심히 싸우며, 의지와 목적과 사랑의 열매를 맺으며, 전적으로 주님의 사랑에 복종하며, 주님의 뜻만 이루며, 모든 육적인 사랑에서 완전히 물러남으로써 자신이 받은 신령한 은사들에 보답하는지를 시험해 보시려는 것입니다.

2. 그런데 때로는 세상에서 완전히 이탈하였으며 복음의 말씀에 따라 이 세대를 부인하고 인내하면서 기도와 금식과 부지런함 등의 덕을 실천하며 생활을 하는데도 불구하고 하나님이 즉시 그들에게 성령의 은혜와 소생함과 기쁨을 주시지 않고 인내하시면서 은사 주시기를 보류하시는 경우가 있습니다. 하나님이 이렇게 하시는 것은 결코 무관심하게 비이성적으로 함부로 행하시는 것이 아닙니다. 그것은 하나님이 그들의 자유의지를 시험하기 위해서 지혜를 갖고서 행하시는 일입니다. 즉 구하는 자에게 주고 생명의 문을 두드리는 자에게 문을 열어주겠다고 약속하신 하나님을 충실하고 참되게 의지하는지(히 11:11)를 알아보시기 위한 것입니다.

그들이 진정으로 하나님의 말씀을 믿은 후에 끝까지 믿음의 확신과 부지런함 안에서 행하는지, 구하고 찾는지를 알아보시려는 것입니다. 또는 하나님이 은혜를 주지 않고 뒤로 미루시며 그들의 의지와 목적을 시험하시는 것 때문에 그들의 마음이 약해져서 포기하고 뒤로 물러서는지, 또는 그로 인해 하나님을 믿지 못하고 소망을 잃어 끝까지 견디지 못하며 하나님 찾는 일을 멸시하는지 알아보시려는 것입니다.

3. 즉시 하나님의 은혜를 받지 못하는 사람은 하나님의 지체하심과 인내로 말미암아 더욱 불붙게 되며, 더욱 하늘나라의 선한 것들을 갈망하게 됩니다. 그의 갈망과 부지런함, 경주와 노력, 모든 덕스러운 성향, 선한 것에 대한 굶주림과 갈증이 날마다 증가됩니다. 그는 자기 영혼

안에 있는 악한 생각들 때문에 약해지지 않으며, 돌이켜 멸시하거나 잊거나 절망하지 않습니다. 또 죄의 유혹을 받아 인내한다는 구실로 태만에 빠져 "언젠가 나는 하나님의 은혜를 받을 것입니다"라고 주장하면서 방심하지도 않습니다.

오히려 은혜 주시는 일을 지체하시는 주님이 그에 대해 인내하시며 시험받는 사람의 의지의 믿음과 사랑을 시험하시는 한 시험당하는 사람은 시험에 굴복하지 말고 연약해지지 말고 더욱 열심히 수고하면서 하나님의 은사를 구해야 합니다. 그는 믿고 인내하며 끝까지 구하는 자에게 은혜를 주시겠다고 약속하신 하나님이 참되시며 결코 거짓말을 하지 않으신다는 것을 믿고 확신해야 합니다.

4. 하나님은 신실한 영혼들을 신실하고 참되게 인도하십니다. 그리고 그들은 참되신 말씀에 따라 "하나님이 참되시다는 것을 증언합니다"(요 3:33). 그러므로 그들은 이러한 신앙의 직관에 따라 자신을 성찰하여 자신에게 부족한 것들—수고, 분투, 부지런함, 신앙, 사랑, 그밖에 다른 덕스러운 성품—을 깨닫습니다. 그들은 이렇게 자세한 부분까지 세밀하게 성찰하면서 하나님을 기쁘시게 하기 위해 자신을 강요하여 자기의 능력을 최대한도로 발휘합니다. 왜냐하면 만일 그들이 끝까지 부지런히 하나님을 섬기고 바란다면, 참되신 하나님은 결코 그들을 속여 성령의 은사를 빼앗지 않으실 것이며, 육신 안에 있는 동안에도 그들에게 하늘의 은혜가 허락되고 영생을 얻을 수 있다고 믿기 때문입니다.

**5.** 그러므로 그들은 다른 것들을 모두 부인하고 자신의 사랑을 하나님만 향하게 하며, 더욱 큰 갈망과 굶주림과 목마름으로 하나님을 구하며, 항상 은혜가 임하여 자신을 위로하고 소생시켜 주기를 기다립니다. 또 이 세상의 것에서 위로나 기쁨이나 애착을 발견하려 하지 않고 물질적인 유혹에 저항하며 오로지 하나님의 도우심과 구원만을 구합니다. 비록 그들이 환난과 고통 중에 있더라도, 비록 그들이 아직 진리에 대한 확신과 영혼에 밝히 드러남 속에서 성령의 은혜와 하늘의 소성하게 하는 은사를 받지 못했으며 충만한 의식 속에서 그것을 체험하지 못했더라도, 영혼이 의지와 목적에서 비롯되는 사랑을 품고 있는지 다양한 방식으로 시험하시는 하나님의 지혜와 형언할 수 없는 판단 때문에 주님은 이미 이러한 부지런함 및 목적을 가지고 인내하는 영혼들과 은밀하게 함께 하시면서 그들을 도와주시고 보존해 주시며 그들로 하여금 덕의 열매를 맺게 해주십니다.

선택, 목적, 사랑하려는 의지, 그리고 힘을 다해 하나님의 거룩한 계명에 순종하는 데에는 분량과 한계와 정도가 있습니다. 자기의 사랑과 의무의 분량을 충족시키는 영혼에게 하늘나라와 영생이 허락됩니다.

**6.** 하나님은 의로운 분이시요 하나님의 판단도 의롭습니다. 하나님은 사람들을 차별하지 아니하시며, 자신이 인류에게 주셨던 다양한 은혜―육체적인 은혜일 수도 있고 영적인 은혜일 수도 있는데, 지식이나 명철이나 분별력―에 비례하여 각 사람을 판단하시고 또 그에 합당한 덕의 열매를 구하실 것이며, 심판날에 각 사람의 행위에 알맞게 상을 주실 것입니다. 성경은 하나님이 오셔서 "각 사람에게 그 행한 대로

보응하시며"(롬 2:6), "미천한 사람들은 자비로운 용서를 받겠지만 권력자들은 엄한 벌을 받을 것이다"(지혜서 6:6)라고 말합니다. 또 주님은 "주인의 뜻을 알고도 준비하지 아니하고 그 뜻대로 행하지 아니한 종은 많이 맞을 것이요 알지 못하고 맞을 일을 행한 종은 적게 맞으리라 무릇 많이 받은 자에게는 많이 요구할 것이요 많이 맡은 자에게는 많이 달라 할 것이니라"(눅 12:47, 48)고 하셨습니다.

앞에서 언급한 명철과 지식에 대해서는 성령의 은혜와 하늘의 은사에 따른 것, 본성적인 지성과 분별력과 일치하는 것, 그리고 거룩한 성경의 가르침을 통한 것 등 다양하게 생각할 수 있을 것입니다. 하나님은 각 사람에게 주신 은혜—자연 본성적인 것일 수도 있고 하나님의 은혜로 말미암아 주신 것일 수도 있다—에 비례하여 덕의 열매를 요구하실 것입니다. 그러므로 모든 사람이 심판 날에 하나님 앞에서 변명할 수 없습니다. 왜냐하면 각 사람은 하나님의 말씀을 듣고 알았든지 아니면 전혀 들은 적이 없든지 간에 신앙과 사랑 및 하나님을 향한 그 밖의 열매에 대해 알고 있는 지식에 따라 자신의 의지와 의도를 가지고 대답해야 하기 때문입니다.

7. 신실하고 진리를 사랑하며 의인들을 위해 쌓아둔 영원한 복을 바라보는 영혼, 하나님의 은혜로 말미암아 자기에게 임할 말할 수 없이 큰 유익을 바라보는 영혼은 성령의 귀중한 약속과 비교할 때에 자기 자신 및 자신의 부지런함과 수고와 노력이 무가치하다고 생각합니다. 이 영혼이 바로 주님이 복이 있다고 하신 "심령이 가난한 자"(마 5:3)요 "의에 주리고 목마른 자"(마 5:6)요 통회하는 마음을 가진 자입니다. 이처럼

덕을 향한 목적과 부지런함과 수고와 동경을 가지고 끝까지 행하는 사람이 영생과 영원한 나라를 얻을 것입니다.

그러므로 형제들은 다른 형제보다 높아지려 하지 말며, 미혹하는 죄의 영향을 받아 자신을 높이 평가하여 "나는 신령한 은사를 소유하고 있다"라고 생각하지 마십시오. 기독교인은 그러한 생각을 품지 말아야 합니다. 당신은 그 형제가 내일 어떻게 될지 알지 못하며, 그 형제와 당신 자신이 어떤 종말을 맞이하게 될지 알지 못합니다.

그러므로 우리는 삼가 조심하면서 항상 자기의 양심을 성찰하며, 자기의 마음에 하나님을 향한 부지런함과 노력이 있는지를 조사해 보아야 합니다. 자유의 표시, 정념으로부터의 자유의 완전한 표시, 성령의 안식의 표시를 찾아보아야 합니다. 우리는 중도에 멈추지 말고, 나태하지 말고, 어떤 영적 은사나 의에 도달한 것에 만족하지 말아야 합니다.

성부와 성자와 성령을 영원히 찬양하고 영광을 돌릴지어다. 아멘.

설교 30

# 하나님의 말씀은 영혼에게 역사하는 말씀입니다.

1. 말씀을 듣는 사람은 자기 영혼 안에서 이루어지는 그 말씀의 작용을 증언해야 합니다. 하나님의 말씀은 무익한 말이 아니며 영혼에게 작용하는 말씀입니다. 그렇기 때문에 때로 그것이 "역사"라고 불리는데, 이는 듣는 사람들의 내면에서 발견되는 작용을 염두에 둔 것입니다. 주님이 말씀을 듣는 사람들의 내면에 진리의 역사를 허락해 주시어 그 말씀이 우리 안에서 결실을 맺게 해주시기를 바랍니다. 우리 앞에 우리 몸의 그림자가 생겼을 때, 그 그림자는 우리의 몸이 그곳에 있다는 것을 증명해 줍니다. 그렇다면 진리는 우리의 몸이요, 말씀은 그리스도의 진리의 그림자라고 할 수 있습니다. 그러나 말씀이 진리보다 선행합니다.

세상의 부모들은 자기의 몸과 영혼으로부터 자기의 본성을 닮은 아이들을 낳습니다. 낳은 후에 그 아이들을 부지런히 조심스럽게 양육하면 마침내 그들이 장성하여 후계자요 후사가 됩니다. 세상 부모들은 처음부터 자녀를 낳는 것, 후사를 갖는 것을 목표로 삼고 관심을 기울입니다. 그들은 자녀를 낳지 못하면 슬퍼하고 근심하지만 자녀를 낳으면 매우 기뻐하며 그들의 친척과 이웃들도 기뻐합니다.

2. 마찬가지로 주 예수 그리스도도 인간을 구원하려는 생각을 가지셨기 때문에 처음부터 선조들과 족장들을 통해서, 그리고 율법과 선지자들을 통해서 섭리적인 배려를 하셨습니다. 그리고 마침내 주님이 친히 세상에 오셔서 십자가의 수치를 무시하시고 사망을 이기셨습니다. 이와 같이 주님이 배려하시고 수고하신 것은 주님 자신에게서 주님 자신의 본성을 닮은 자녀를 낳기 위한 것, 즉 그들이 위로부터 온 성령과 주님의 신성으로 말미암아 태어나기를 원하셨기 때문이었습니다.

자녀를 갖지 못한 부모들이 근심하듯이, 자신의 형상인 인류를 사랑하신 주님은 자신의 신성의 씨로부터 그들을 낳기를 원하셨습니다. 그러므로 만일 어떤 사람이 신성의 영에 의해 배태되고 태어나지 않는다면, 그들을 위해 고난을 당하시고 그들을 구원하시기 위해 인내하신 그리스도께서 매우 슬퍼하시게 됩니다.

3. 주님은 모든 사람이 중생하는 특권을 소유하기를 원하십니다. 그분은 만민을 위해 죽으셨으며 만민을 생명으로 부르셨습니다. 그러나 생명은 위로부터 하나님에게서 오는 탄생입니다. 그것이 없는 영혼은 살지 못합니다. 주님은 "사람이 거듭나지 아니하면 하나님의 나라를 볼 수 없느니라"(요 3:3)고 말씀하셨습니다. 주님을 믿고 나아와 이러한 탄생의 특권을 받은 사람들은 하늘나라에서 그들을 탄생시키신 부모에게 큰 기쁨과 즐거움이 되며, 모든 천사들과 거룩한 권세들도 성령으로 나서 영이 된 영혼들로 인해 기뻐합니다.

육체는 영혼과 흡사하며, 영혼은 성령의 형상입니다. 또 영혼 없는 육체가 죽은 것이요 아무 일도 할 수 없듯이, 거룩한 성령이 없는 영혼은 하늘나라로부터 죽은 것이요 성령이 없으면 하나님의 일을 할 수 없습니다.

4. 왕의 초상화를 그리는 사람이 왕의 얼굴을 응시하며 그림을 그리고 왕이 얼굴을 그에게 향하고 그가 그림을 그리는 일에 주의를 기울일 때 그는 쉽게 훌륭한 초상화를 그립니다. 그러나 왕이 얼굴을 돌려서 화가가 왕의 얼굴을 바라보지 못한다면 초상화를 그리지 못할 것입니다. 마찬가지로 선한 화가이신 그리스도는 자기를 믿고 끊임없이 바라보는 사람들을 위해 자신의 형상에 따라 하늘 인간의 모습을 그리십니다. 그는 자신의 영, 빛의 본질, 말할 수 없는 빛을 가지고서 하늘의 형상을 그리시고 그것에게 선하고 은혜로우신 신랑을 주십니다.

만일 사람이 끊임없이 그분을 바라보지 않고 다른 것들에 눈길을 준다면, 주님은 자신의 빛으로 자신의 형상을 그리시지 않을 것입니다. 그러므로 우리는 그분을 응시하며 믿고 사랑하고, 다른 것들을 모두 던져버리며 그분에게 주의를 기울여야 합니다. 그리하면 주님은 자신의 하늘 형상을 그려 그것을 우리 영혼에게 보내주실 것입니다. 그럼으로써 그리스도를 입은 우리는 영생을 얻으며 이 세상에 있는 동안에도 확신을 갖고 안식을 누릴 것입니다.

5. 왕의 얼굴이 찍히지 않은 금화가 시장에서 사용되지 못하며 왕의 보물창고에 저장되지 못하고 폐기되듯이, 말할 수 없이 거룩한 빛 속에

계신 하늘 영의 형상을 갖지 못했고 그리스도가 새겨지지 않은 영혼은 하늘나라 창고에 들어가기에 합당하지 못하며, 하늘나라의 선한 상인들인 사도들에게서 버림을 당합니다. 잔치에 초대를 받았지만 예복을 입지 않은 사람은 낯선 사람 취급을 받아 어둠 속으로 쫓겨납니다. 왜냐하면 그가 하늘의 형상을 입지 않았기 때문입니다. 말할 수 없는 빛의 영이 되는 것, 이것이 영혼에게 찍힌 주님의 표시요 서명입니다.

죽은 사람이 무익하며 소용이 없기 때문에 사람들이 그를 도시 밖으로 데려가 매장하듯이, 신적 빛이라는 하늘의 형상, 즉 생명을 갖지 않은 영혼은 버림받고 쫓겨납니다. 왜냐하면 죽은 영혼은 성도들의 도성에서 소용이 없으며 빛나는 하나님의 성령을 가지고 있지 않기 때문입니다. 세상에서 영혼이 육체의 생명이듯이 영원한 하늘나라에서는 하나님의 영이 영혼의 생명입니다. 성령의 생명이 없는 영혼은 하늘나라의 영들에 대해서 죽은 것이요, 그렇기 때문에 소용이 없습니다.

6. 그러므로 믿고 주님에게 나아가려 하는 사람은 세상에서 하나님의 영을 받게 해달라고 간구해야 합니다. 왜냐하면 그 영이 영혼의 생명이요, 이 영이 주님으로 하여금 이 땅에 있는 영혼에게 생명, 즉 자기의 영을 주기 위해 세상에 오시도록 했기 때문입니다. 주님은 "너희에게 아직 빛이 있을 동안에 빛을 믿으라"(요 12:36), "밤이 오리니 그때는 아무도 일할 수 없느니라"(요 9:4)고 말씀하십니다. 그러므로 이 세상에 사는 동안 자기 영혼을 위한 생명, 성령의 신적 빛을 구하여 얻지 못한 사람은 몸을 떠날 때에 하늘나라에 들어가지 못하고 왼편에 있는 어둠의 지역으로 들어가 "마귀와 그 사자들"(마 25:41)과 함께 지옥에서 종말을

맞습니다.

　금이나 은을 불에 넣으면 더 순수하게 되며, 나무나 건초 같은 것은 결코 그것을 손상시키지 못합니다. 그것 역시 불로 화하여 가까이에 있는 모든 것들을 삼키기 때문입니다. 마찬가지로 성령의 불과 신적인 빛 속에서 연단된 영혼은 악한 영들에 의해 해를 입지 않습니다. 그 영혼은 자기에게 다가오는 모든 것들을 성령의 하늘 불에 의해 소멸시킵니다. 하늘 높이 나는 새는 사냥꾼이나 악한 짐승들을 두려워하지 않으며, 그렇기 때문에 높은 곳에서 그들을 비웃습니다. 마찬가지로 성령의 날개를 달고 하늘나라로 높이 날아 올라가는 영혼은 모든 것을 초월하며 모든 것을 비웃습니다.

　7. 모세가 바다를 갈라지게 하던 날에 이스라엘이 육에 따라 바다 밑을 통과했지만, 이런 사람들은 하나님의 자녀이기 때문에 악한 세력이라는 고통의 바다 표면을 걷습니다. 그들의 몸과 영혼이 하나님의 집이 되었습니다.

　아담이 타락하던 날 하나님은 동산에서 걷고 계셨습니다. 말하자면 하나님은 아담을 보시고 눈물을 흘리시며 "너는 많은 선한 것을 받았음에도 불구하고 악을 택하였구나. 너는 많은 영광을 받았음에도 불구하고 수치를 입었구나. 지금 너는 아주 어두운 상태에 있다! 네 모습은 매우 추하다! 너는 매우 부패했다! 많은 빛을 받았던 네가 어둠으로 덮였구나!"라고 말씀하셨을 것입니다.

　아담이 타락하여 하나님에 대하여 죽은 자가 되었을 때에 그를 지으신 분은 몹시 슬퍼하셨습니다. 모든 천사들과 권능과 하늘과 땅과 모든 피조물들이 그의 죽음과 타락 때문에 슬퍼했습니다. 왜냐하면 하나님이 그들에게 왕으로 주신 아담이 악하고 적대적인 세력의 종이 된 것을 보았기 때문입니다. 그는 어둠의 왕의 신하가 되었기 때문에 자기의 영혼을 악하고 지독한 어둠으로 덮었습니다. 그는 "여리고로 내려가다가 강도를 만나매 강도들이 그 옷을 벗기고 때려 거의 죽게"(눅 10:30) 했던 사람입니다.

8. 죽어 무덤에 장사되었으며 썩어 냄새가 나서 아무도 가까이 가지 않으려 했던 상태에서 주님에 의해 살아난 나사로는 영혼이 썩어 악취가 나며 어둠과 암흑이 가득한 영혼을 지닌 아담의 상징이었습니다. 아담이나 여리고로 가던 중 강도를 만난 사람이나 나사로의 이야기를 들을 때에 정신을 다른 데 쏟지 말고 자신의 영혼에게 기울이십시오. 왜냐하면 우리도 동일한 상처를 가지고 있으며, 동일한 악취를 풍기고 있으며, 동일한 어둠을 가지고 있기 때문입니다. 우리는 모두 어둠의 백성의 자손이며 동일한 악취를 풍기고 있습니다.

우리는 모두 아담의 씨에서 나왔기 때문에 아담의 질병과 같은 것을 가지고 있습니다. 우리는 그러한 질병에 걸려 있습니다. 이사야는 "발바닥에서 머리까지 성한 곳이 없이 상한 것과 터진 것과 새로 맞은 흔적뿐이거늘 그것을 짜며 싸매며 기름으로 부드럽게 함을 받지 못하였도다"(사 1:6)라고 말했습니다.

이처럼 우리에게는 치료할 수 없는 상처가 있는데, 그것은 주님만이 낫게 하실 수 있습니다. 그렇기 때문에 주님이 육신을 입으시고 세상에 오신 것입니다. 고대인들이나 율법이나 선지자들은 이 상처를 치료할 수 없었습니다. 주님만이 세상에 오심으로써 영혼의 상처, 치료할 수 없는 상처를 치료하셨습니다.

9. 그러므로 주 하나님, 참된 치료자, 우리 영혼에게 오셔서 우리 영혼을 치료해 주실 수 있는 유일하신 분을 영접하십시오. 그분은 우리를 위해서 수고하셨습니다. 그분은 항상 우리 마음의 문을 두드리고 계십니다. 우리가 문을 열면 그분이 우리 영혼 안에 들어와 쉬실 것이며, 우리는 그분의 발을 씻고 기름을 부을 것이며, 그분이 우리와 함께 거하실 것입니다. 주님은 자기의 발을 씻어주지 않은 사람을 책망하셨습니다(눅 7:44).

또 다른 곳에서는 "볼지어다 내가 문 밖에 서서 두드리노니 누구든지 내 음성을 듣고 문을 열면 내가 그에게로 들어가 그와 더불어 먹고 그는 나와 더불어 먹으리라"(계 3:20)고 말씀하셨습니다.

주님은 이런 목적을 위해 고난받으시고 자기 몸을 사망에게 내주셨습니다. 그리고 주님은 우리 영혼에 오셔서 거하시기 위해 우리의 몸값을 지불하시고 속박에서 우리를 풀어주셨습니다. 이런 이유 때문에 주님은 심판날에 왼편에 선 사람들, 마귀들과 함께 지옥으로 보낸 자들에게 "내가 주릴 때에 너희가 먹을 것을 주지 아니하였고 목마를 때에 마시게 하지 아니하였고 나그네 되었을 때에 영접하지 아니하였고 헐벗었을 때에 옷 입히지 아니하였고 병들었을 때와 옥에 갇혔을 때에 돌보지 아니하였느니라"(마 25:42, 43)고 말씀하십니다. 주님의 양식과 마실 것, 주님의 의복과 거처와 안식이 우리 영혼 안에 있습니다. 그러므로 그분은 항상 우리 안에 들어오시려고 우리 영혼의 문을 두드리고 계십니다.

그분을 영접하여 모셔들이십시오. 왜냐하면 그분은 우리의 양식이요 마실 것이요 영생이 되시며, 그분을 영접하여 쉬게 해드리거나 그분 안에서 쉼을 발견하지 못하는 사람은 하늘나라에서 성도들과 함께 기업을 소유하지 못하며 천성에 들어갈 수 없기 때문입니다.

주 예수 그리스도여, 우리가 성부와 성령과 함께 영원히 당신의 이름을 찬미할 때 주님은 우리를 그곳으로 인도하십니다. 아멘.

설교 31

# 모든 생각을 하나님께 집중하십시오.

1. 신자들은 비통한 마음을 즐거운 마음으로 바꿈으로써 자기의 목적이 변화되기를 하나님께 간구해야 합니다. 그리고 소경이 눈을 뜬 것, 혈루병을 앓던 여인이 주님의 옷자락을 만짐으로써 병이 나은 것, 사자들의 본성이 온순해지고 불의 본성이 사라진 것을 기억해야 합니다. 하나님은 최고의 선이므로 우리는 하나님께 마음과 생각을 모아야 하며, 다른 것을 일체 생각하지 않고 기대하는 마음으로 깨어 주님을 바라보아야 합니다.

2. 그러므로 영혼은 방황하는 어린이들을 불러 모으며 죄가 흩어 놓은 생각들을 책망하는 사람처럼 되어야 합니다. 영혼은 그 생각들을 자기 속에 모아들이고 권면하며, 금식하고 사랑하면서 주님이 오셔서 진리 안에 영혼을 불러들이실 때를 기대하며 깨어 있는 자처럼 되어야 합니다. 미래가 불확실하기 때문에 영혼은 안내자에게 희망을 두어야 합니다. 영혼은 이방인 라합이 이스라엘 사람을 믿음으로써 이스라엘의 특권을 받게 되었고 이스라엘 백성은 애굽으로 돌아가려고 했음을 기

억해야 합니다(수 2:9). 라합이 이방인 사회에서 살았지만 해를 입지 않고 믿음으로 말미암아 이스라엘의 분깃을 받아 평안히 살았듯이, 죄는 믿음과 소망 안에서 구속자를 기다리며 사는 자를 해치지 못할 것입니다.

구속자가 오셔서 그 영혼의 생각들을 변화시키며, 그것들을 신(神)처럼 선하고 거룩한 것으로 만드시며, 진실하고 분심되지 않고 방황하지 않는 기도를 가르쳐 주십니다. 그분은 "내가 너보다 앞서 가서 험한 곳을 평탄하게 하며 놋문을 쳐서 부수며 쇠빗장을 꺾으리라"(사 45:2)고 말씀하시며, "삼가 너는 마음에 악한 생각을 품지 말라…네가 혹시 심중에 이르기를 이 민족들이 나보다 많으니 내가 어찌 그를 쫓아낼 수 있으리요 하리라마는 그들을 두려워하지 말라"(신 15:9, 7:17-18)고 하셨습니다.

3. 우리가 게으르게 행하여 악하고 무절제한 생각에 굴하지 않고 마음으로 하여금 의지에 순종하게 하고 생각들을 주님에게 향하도록 한다면, 주님이 우리에게 오셔서 진리 안에서 우리를 자기에게로 인도하실 것입니다. 우리 생각의 모든 것이 주님을 기쁘시게 하며 주님을 섬기게 됩니다. 그러므로 항상 마음으로 주님을 바라보고, 늘 그분을 생각하며, 우리의 의지와 목적을 억제하여 항상 위로 주님을 향하게 함으로써 주님을 기쁘시게 해드리십시오. 그리고 주님이 어떻게 우리에게 오셔서 우리와 함께 거하시는지 보십시오(요 14:23).

우리가 마음을 하나님에게 모으고 그분을 구하는 만큼 주님이 긍휼과 인자하심에 의해 우리에게 다가오시며 안식을 주십니다. 주님은 우리의 마음과 생각과 의도를 지켜보시며, 우리가 게으르지 않고 조심하면서 힘을 다해 주님을 구하는지 살펴보십시오.

**4.** 우리가 부지런히 주님을 찾는 것을 보시면 주님이 자신을 나타내시고 구원을 베푸시고 우리를 적에게서 구하여 승리하게 해주십니다. 먼저 주님을 향한 우리의 간구를 보시고, 우리가 끊임없이 모든 기대를 주님에게 두는 것을 보신 후 우리에게 참된 기도와 사랑을 가르치시고 베풀어 주십니다. 이것은 주님 자신으로서 우리 안에서 모든 것이 되십니다. 즉 낙원, 생명나무, 진주, 면류관, 건축자, 농부, 고난받는 자, 고난받지 않는 자, 사람, 하나님, 포도주와 생수, 양, 신랑, 전사, 갑옷, 만유 안에서 만유가 되시는 그리스도입니다. 어린아이가 자신을 돌보는 방법을 모르고 자신을 위해 무엇을 해야 하는지 몰라 어머니를 바라보면서 어머니가 자기를 불쌍히 여겨 안아주기를 기다리는 것처럼, 신실한 성도들은 항상 하나님에게만 소망을 두며 모든 의를 하나님의 것으로 돌립니다.

그리스도 없이 의롭다함을 받으려는 자는 포도나무에서 떨어져 나간 가지가 말라 죽듯이 말라 죽습니다. 문으로 들어가지 않고 "다른 데로 넘어가는 자"(요 10:1)가 절도요 강도인 것처럼, 의롭게 하시는 분 없이 의를 얻으려 하는 자도 마찬가지입니다.

**5.** 그러므로 우리의 몸으로 제단을 만들어 그 위에 우리의 모든 생각을 올려놓고 하늘에서 보이지 않는 불을 보내어 제단과 그 위에 있는 모든 것을 태우시고 바알의 제사장들—하나님의 뜻을 거스르는 행동들—을 쓰러뜨리게 해달라고 간구하십시오. 그렇게 하면 우리는 영혼 안에 사람의 손 만한 작은 구름이 일어나고 신령한 비가 내리는 것을 볼 것입니다. 그것이 우리 안에 있는 하나님의 약속이 됩니다. "내가 돌아

와서 다윗의 무너진 장막을 다시 지으며 또 그 허물어진 것을 다시 지어 일으키리니"(행 15:16; 암 9:11 참조)라고 기록되어 있습니다. 그것은 하나님이 자신의 인자로 밤과 어둠, 즉 무지에 거하는 영혼을 비추사 깨어 정신을 차리며 넘어지지 않고 걸으며 낮의 일과 생명의 일을 행하게 하시기 위한 것입니다. 왜냐하면 영혼은 세상으로부터든지 하나님의 영으로부터든지 자신이 양식을 먹는 곳에서 영양을 취하고, 하나님도 그곳에서 영양을 취하시고 살며 안식을 누리시며 기동하십니다.

6. 누구나 원하기만 하면 자신이 어디에서 양식을 얻고 있으며, 어디에서 살고 있는지, 그리고 어떤 상태에 있는지를 시험해 볼 수 있습니다. 이렇게 시험한 후 정확한 판단을 얻으면 그는 완전히 선한 것을 향하여 나아갈 수 있습니다. 기도할 때 기도하고 있는 자신에게 주의를 기울이며 자신의 생각과 행동이 어디에서 왔는지, 하나님에게서 온 것인지 원수에게서 온 것인지 살펴야 합니다. 또 우리 마음에 양식을 공급해주는 분이 주님인지 이 세상의 지배자인지 알아야 합니다.

우리가 자신을 시험하여 안 후에 "우리의 시민권은 하늘에 있는지라"(빌 3:20)고 하신 말씀대로 하나님께 그리스도의 하늘 음식과 성장, 그리고 행위를 간절하게 구하십시오.

경건의 개념을 구하지만 마음과 생각이 세상의 것과 흡사한 사람들을 보십시오. "너는 땅에서 피하며 유리하는 자가 되리라"(창 4:12)고 하신 대로 그들이 흥분하며, 목적이 변덕스러우며, 판단이 불안정하며, 소심하고 두려움을 느끼는 것을 보십시오. 그들은 자신의 불신앙과 불안정하고 혼란스러운 생각 때문에 세상 사람들처럼 매시간 흔들립니다. 그런 사람은 정신이 아닌 외모에서 세상 사람과 구별될 뿐이며, 겉사람이 육체적으로 의식을 준수하는 점에서만 다릅니다. 그들의 마음과 정신은 세상의 이런저런 생각에 끌려다니며 땅의 것과 무익한 근심에 매여 있으며, 하늘로부터 오는 마음의 평안을 얻지 못하고 있습니다.

사도 바울은 "그리스도의 평강이 너희 마음을 주장하게 하라"(골 3:15)고 했는데, 이 평안이 신자들의 마음을 하나님에 대한 사랑과 모든 형제들에 대한 사랑 안에서 다스리며 새롭게 합니다.

성부와 성자와 성령을 영원히 찬양하고 경배하십시오. 아멘.

설교 32

# 하나님의 신성은 어디에나 있으며 어디에서나 발견됩니다.

1. 이 세상에는 여러 가지 언어가 있습니다. 나라마다 각기 자기의 언어를 가지고 있습니다. 그러나 그리스도인들은 새로운 언어를 배우며, 이 세상의 지혜가 아니고 이 무상한 세대의 것도 아닌 하나님의 지혜로 가르침을 받습니다. 그리스도인들은 이 창조 세계를 살아가는 동안에 하늘에 속한 새로운 것, 영광과 신비한 것들을 보며, 때때로 그들의 감각에 맞는 것을 대하게 됩니다.

가축에는 소, 말 등 여러 종류가 있습니다. 그것들은 각기 자신의 몸과 소리를 가지고 있습니다. 야수와 맹수도 마찬가지입니다. 사자는 자신의 몸과 소리를 가지고 있고, 사슴은 특유의 몸과 음성을 가지고 있습니다. 기어 다니는 동물과 날개를 가진 것들도 그 형태가 다양합니다. 독수리와 매는 각기 다른 몸과 소리를 갖고 있습니다. 바다에는 다양한 종류의 고기들이 살고 있습니다. 땅에는 갖가지 씨앗들이 있어 각기 다른 열매들을 맺습니다. 나무들도 종류가 다양합니다. 각기 크기가 다르고 열매도 여러 가지이며 향기도 각각 다릅니다. 초목도 종류가 다양합니다. 건강에 유익한 것이 있고, 향기만 좋은 것이 있습니다. 그러나 모든 나무가 눈에 보이는 겉옷 안에서 잎과 꽃과 열매를 냅니다. 씨앗도 우리가 보는 겉옷 안에서 나옵니다. 백합은 안에서 그들의 옷을 만들어 내고 풀밭을 장식합니다.

2. 이 세상에서 하늘의 옷을 입는 것이 허락된 그리스도인들의 옷은 영혼 안에 있습니다. 하나님이 예정하신 대로 하늘과 땅이 사라지고 피조물이 녹아 없어질 때에 지금 세상에서 영혼들이 입고 영화롭게 되었던 하늘의 옷, 그들이 마음에 소유하고 있던 옷이 그 날 무덤에서 일어난 벌거벗은 몸을 영광스럽게 입혀 줄 것입니다. 기독교인들이 지금 세상에서 받아 소유하고 있는 눈에 보이지 않는 거룩한 하늘의 은사와 옷으로 입혀 줄 것입니다. 양이나 낙타가 풀을 발견하면 급하게 욕심을 내어 풀을 먹어 위(胃)에 저장하였다가 배고플 때 그것을 꺼내어 되새김질합니다. 마찬가지로 지금 하나님 나라를 소유하고 성령 안에 살면서 하늘의 음식을 맛본 사람들은 부활 때에 그 성령으로 모든 지체를 덮어 따뜻하게 합니다.

3. 밭에 여러 종류의 씨앗을 뿌리면 각기 다른 열매를 맺습니다. 큰 나무든지 작은 나무든지 그 뿌리를 같은 땅에 두고 있습니다. 어떤 것은 크고 어떤 것은 작은데, 그것들 모두 같은 땅에 뿌리를 내리고 있습니다. 마찬가지로 하늘의 교회도 하나이지만 그 지체가 무수히 많으며, 각 지체는 각기 독특한 방식으로 성령의 영광으로 둘러싸여 있습니다.

새들은 자기 몸에서 깃털을 만들어 내는데 그것들은 각기 매우 다양합니다. 어떤 새는 낮게 날고 어떤 새는 높이 납니다. 하늘은 하나이지만 그 안에 많은 별들이 있어 특별히 밝은 것이 있고 큰 것도 있고 작은 것도 있지만 모두가 하늘 안에 있습니다.

성도들도 신성의 하늘과 보이지 않는 땅에 여러 가지 방법으로 뿌리를 내리고 있습니다. 아담에게서 일어나는 생각들이 서로 다르지만, 마음속에 역사하는 성령이 한 생각과 한 마음이 되게 합니다. 왜냐하면 위에 있는 것이나 아래 있는 것이 모두 동일한 성령의 지배를 받기 때문입니다.

**4.** 그런데 "굽이 갈라진 짐승"(레 11:3)이란 어떤 짐승을 말하는 것입니까? 그것은 갈라진 굽으로 똑바로 걸을 수 있기 때문에 율법 안에서 바르게 살아가는 사람들을 상징합니다. 몸의 그림자가 그 몸에서 나왔지만 몸의 기능을 발휘하지는 못합니다. 그림자는 상처를 싸매거나 음식을 공급하거나 말을 하지 못하기 때문입니다. 그러나 그림자는 몸에서 생겨난 것으로서 곧 그 몸이 뒤따라 오게 된다는 것을 보여줍니다. 이처럼 옛 율법은 새 언약의 그림자입니다. 그림자는 진리를 미리 보여주지만 성령의 사역을 행하지는 못합니다.

모세는 육신을 입고 있었으므로 마음에 들어가지 못하였고 어둠의 더러운 옷을 완전히 제거하지는 못했습니다. 오직 영에서 나온 영과 불에서 나온 불이 악한 어둠의 권세를 물리칩니다. 율법이라는 그림자 안에 있는 할례는 장차 올 마음의 할례를 미리 보여줍니다. 율법으로 행하던 세례는 참된 실재의 그림자입니다. 율법으로 행하는 세례가 몸을 씻어 주었지만, 새 언약 안에서 행해지는 성령과 불의 세례는 더러워진 마음을 씻어 깨끗하게 합니다.

**5.** 율법 시대에는 "연약에 휩싸여"(히 5:2) 있는 제사장이 성소에 들어가 자신과 백성을 위해 희생제사를 드렸습니다. 그러나 새 언약 안에서는 참된 대제사장이신 그리스도께서 손으로 지은 것이 아닌 성막과 하늘의 제단에 단번에 들어가셔서 구하는 사람들과 더러워진 양심을 깨끗하게 씻어 주십니다. 주님은 "내가 세상 끝 날까지 너희와 항상 함께 있으리라"(마 28:20)고 말씀하십니다.

대제사장은 열두 족장의 이름을 새긴 열두 개의 보석을 가슴에 달았습니다. 그곳에서 행해진 것은 하나의 전형이었습니다. 마찬가지로 주님은 사도를 택하여 복음을 전하는 선구자로서 온 세상에 보내셨습니다. 그림자는 실체가 다가오고 있음을 보여줍니다. 그림자에게는 무슨 일을 행하는 기능이나 상처를 치료하는 기능이 없습니다. 마찬가지로 옛 율법도 영혼의 상처나 고통을 치료하지 못합니다. 왜냐하면 율법에는 생명이 없기 때문입니다.

**6.** 서로 다른 두 가지가 결합하여 하나의 완전체를 이룹니다. 예를 들면 두 언약이 그러합니다. 사람은 하나님의 형상과 모양에 따라 지음 받았습니다. 사람은 두 눈과 두 눈썹과 두 손과 두 발을 가지고 있습니다. 만약 눈이나 손이나 발 하나가 없다면 그것이 그의 허물거리가 될 것입니다. 날개가 하나밖에 없는 새는 날지 못합니다. 마찬가지로 하늘나라의 본성을 받지 못하거나 그것과 연합하지 못한 채 홀로 벌거벗은 상태에 있는 인간의 본성은 바르지 못할 것입니다. 그것은 계속 벌거벗은 상태에 머물며 대단히 더러워져 있기 때문에 그 본성에 있어서 비난을 받아야 할 것입니다. 왜냐하면 영혼은 하나님이 거하시는 성전이며

왕의 신부이기 때문입니다.

"내가 그들 가운데 거하며 두루 행하여"(고후 6:16)라고 주께서 말씀하셨습니다. 그것이 하나님을 기쁘게 해드렸는데, 그 이유는 주님이 거룩한 하늘에서 내려오셔서 우리의 이성, 흙으로 만들어진 육체를 품어주시고, 우리의 본성에 주님의 신적인 영을 연합하여 땅의 사람인 우리가 하늘의 영혼을 받도록 하셨기 때문입니다. 우리의 영혼이 성령과 교제하고 하늘의 영혼이 우리 영혼에 들어갈 때 우리는 하나님 안에서 완전한 사람이 되며 상속자와 아들이 됩니다.

**7.** 윗세대나 아랫세대 모두 하나님의 위대하심과 무한하심을 이해할 수 없듯이, 위의 세계나 땅 아래 세계는 주님의 섬세하심을 알지 못하고, 작고 미세한 인간에게 어떻게 주님 자신을 작게 만드시는지 이해하지 못합니다. 그분의 위대하심을 이해할 수 없듯이, 그분의 미세하심도 이해할 수 없습니다. 하나님은 우리로 하여금 환난과 고통과 굴욕을 당하게 하십니다. 우리에게 거슬린다고 여겨지는 것들이 영혼에 유익한 것이 됩니다.

우리가 이 세상에 거하며 부자가 되기를 원한다면 불행이 우리를 찾아올 것입니다. 그러면 우리는 "내가 이 세상에서 실패했으니 이 세상을 버리고 하나님을 섬기면 어떨까?"라고 생각하기 시작할 것입니다. 이런 상태에 있을 때 "네 소유를 팔고(마 19:21) 이 육적인 사회를 미워하고 주님을 섬기라"는 명령을 듣게 됩니다. 그때 우리는 이 세상에서 당하는 불행에 대해 감사하게 되고, "그것 때문에 나는 그리스도의 명령에 순종하게 되었습니다"라고 말하게 됩니다. 그러면 우리는 외면적인 일에 관한 한 부분적으로나마 마음이 변화되어 이 세상과 육적인 교제를 버리게 됩니다.

그러므로 우리의 육체적 성품이 하늘의 성품으로 변화되어야 합니다. 우리는 그 소리를 듣는 순간 정신을 차려 더 이상 안식을 누리지 못하며, 우리에게 명하신 것을 얻기 위해 근심하고 수고할 것입니다.

8. 우리가 포기함으로써 모든 것을 이루었다고 생각하면 주님은 우리에게 말씀하십니다: "왜 너는 자랑하느냐? 내가 너의 몸과 영혼을 창조하지 않았느냐? 네가 한 일이 도대체 무엇이냐?" 그러면 영혼은 주님께 자백하고 간구하기 시작하며, "모든 것이 주님의 것입니다. 내가 살고 있는 집도 주님의 것이요, 내 옷도 주님의 것입니다. 내 음식도 주님이 주신 것입니다. 주님이 나의 모든 필요를 채워 주십니다"라고 말합니다. 그러면 주님은 이렇게 대답하십니다: "고맙다. 그것들은 네 것이다. 선한 뜻도 네 것이다. 너는 나를 사랑하기 때문에 나를 피난처로 삼았다. 오냐. 내가 지금까지 네가 한 번도 얻지 못했고 다른 사람들도 지상에서 가져 보지 못한 것을 지금 주겠다. 네 영혼의 주가 되는 나를 택하여라. 그렇게 하면 네가 영원히 나와 함께 기쁨과 즐거움 속에 거하게 될 것이다."

9. 한 남자의 아내가 된 여인은 남편을 사랑하기 때문에 자기가 가진 모든 것과 지참금을 남편에게 주면서 이렇게 말합니다: "내 것이라곤 아무것도 없어요. 내가 가진 것은 모두 당신 것입니다." 지혜로운 영혼도 이와 같이 주님의 신부가 되어 성령과 교제합니다. 그러나 주님이

이 땅 위에 오셔서 고난을 받고 십자가에 못 박혀 죽으셨듯이 우리도 주님과 함께 고난 받는 것이 마땅합니다.

우리가 세상을 떠나 하나님을 구하며 분별력을 갖기 시작하면 자신이 지금까지 지니고 살아온 본성적인 습관과 풍습을 대적하여 싸우고 있음을 깨닫게 될 것입니다. 이처럼 옛 습관과 싸울 때 우리 자신을 거스르고 마음을 대적하는 생각을 발견하게 되는데, 이 생각들이 우리를 다시 떠나온 물질 세상 안으로 끌고 들어가 방황하게 만듭니다. 그렇기 때문에 우리는 생각에 대하여 생각으로, 정신에는 정신으로, 영혼에게는 영혼으로, 영에게는 영으로 대항하며 싸움을 시작합니다. 이때 영혼은 두려움과 고뇌에 처합니다.

10. 마음속에 자리잡고 있는 교묘하고 감추인 어둠의 권세가 드러나기도 합니다. 그때 주님이 우리의 몸과 영혼 가까이에 계셔서 우리의 싸움을 지켜보시고, 우리 안에 비밀스러운 하늘의 생각을 넣어 주시고, 은밀하게 안식을 주시기 시작합니다. 그러나 하나님은 잠시 우리가 징계 당하도록 내버려 두시며 은혜를 베푸셔서 큰 고통에 빠지게 하십니다. 그 후 다시 안식을 누리게 되면, 은혜는 우리에게 자신을 알리며 우리가 연단을 받은 것이 우리의 유익을 위한 일이었음을 나타내십니다.

이것은 마치 부유한 가정에서 자식을 위해 가정교사를 두는 것과 같습니다. 가정교사는 그 아이를 가르치려고 매와 채찍으로 때립니다. 아이는 맞을 때에는 아픔을 느끼지만 성인이 되면 고맙게 생각하게 됩니다. 마찬가지로 은혜도 의도적으로 우리를 징계하여 "온전한 사람을 이루게" 합니다(엡 4:13).

11. 농부는 씨를 뿌립니다. 포도나무를 심은 농부는 나무에 열매가 맺히기를 기대하고 가지를 치며, 열매가 맺히지 않으면 슬퍼합니다. 주님도 사람의 마음에 말씀을 심으십니다. 농부가 자기의 수고에 반응하지 않은 땅을 보고 슬퍼하듯이, 주님도 열매 맺지 못하는 마음을 보고 슬퍼하십니다. 바람이 사방으로 모든 만물 위에 불고 햇빛이 온 세상을 비추듯이 하나님의 신성神性은 어디에나 있고 어디에서나 발견됩니다. 그것을 하늘에서 찾는다면 천사들의 생각 안에서 발견할 수 있습니다. 또 땅에서 찾는다면, 사람들의 마음에서 발견할 수 있을 것입니다. 그러나 기독교인들이 많지만 주님을 기쁘시게 하는 사람은 매우 적습니다.

성부와 성자와 성령께 영광과 위엄을 돌릴지어다. 아멘.

설교 33

# 쉬지 말고 기도하십시오.

1. 기도할 때 육체적인 습관에 의해서 기도하거나 울부짖거나 습관적으로 침묵하거나 무릎을 꿇어서는 안 됩니다. 우리는 정신을 차리고 마음에 주의를 기울이며, 하나님이 영혼의 모든 출입구와 길과 감각을 통하여 우리 영혼을 찾아오시기를 기다려야 합니다.

고요히 기도해야 할 때 고요히 기도하고, 소리쳐 기도해야 할 때 소리쳐 기도해야 합니다. 마음이 강하게 하나님을 찾을 때는 큰 소리로 기도해야 합니다. 우리의 육체가 어떤 일을 할 때 그 일에 전념하며 모든 지체들이 서로 돕듯이, 우리의 영혼도 하나님께 구하고 사랑하는 일에 전념하며, 정신이 산만해져서 갖가지 생각에 분심됨이 없이 생각을 집중하며, 그리스도만 기다리는 일에 몰두해야 합니다.

2. 그렇게 하면 하나님이 영혼에게 빛을 비추어 주시며, 참된 간구를 가르치시고, 순수하고 영적인 기도를 하게 해주실 것입니다. 그것은 하나님께 합당한 것이요 "영과 진리로 드리는 예배"(요 4:24)가 됩니다. 그런데 장사하는 사람은 이윤을 얻기 위해 한 가지 방법에만 의존하지 않

습니다. 그는 모든 면에서 이익을 늘리고 증대시키기 위해 여러 방법과 수단을 동원하며, 이익이 되지 않는 것을 버리고 좀 더 이윤을 많이 남기는 것을 추구합니다.

우리의 영혼도 참되고 큰 이익, 우리에게 참된 기도 방법을 가르쳐 주시는 하나님을 얻기 위해 다방면으로 능숙하게 노력해야 합니다. 그렇게 하면 주님은 영혼의 선한 의도를 의지하시고 영혼을 영광의 보좌로 삼아 그 위에 앉아 쉬십니다. 그것은 선지자 에스겔이 말한 바 여호와의 전차를 움직이는 영적인 생물들에 관한 것과 같습니다. 에스겔은 그 영적 생물의 사방에 눈이 달렸다고 말합니다. 하나님을 모시고 다니는 영혼, 하나님에 의해 움직여지는 영혼은 전체가 눈이 됩니다.

3. 주인이 살고 있는 집이 잘 정돈되어 있고 아름다우며 우아하듯이, 하나님을 모시고 사는 영혼은 아름다움으로 충만합니다. 그 영혼은 영적인 보화를 지니신 주님을 자신의 주인으로, 전차를 타고 지휘하는 분으로 모십니다. 그러나 주인이 떠나서 비어 있는 집은 불행합니다. 그 집은 황폐하고 부서져 있으며, 더럽고 무질서합니다. 선지자의 예언처럼 "승냥이와 타조"(사 34:13)가 사는 곳이 됩니다. 버려진 집 안에 고양이, 개, 온갖 부정한 것들이 있습니다. 심각한 타락에서 벗어나지 못하고 참 주인이신 그리스도를 영접하지 못하며, 불결한 상태에 머물러 있으며, 신랑에게 원한을 품도록 권고하고 강요하며 그 생각을 타락하게 만들어 그리스도에게서 떨어지게 하기를 원하는 것들을 내면에 가지고 있는 사람에게 화가 있을 것입니다.

**4.** 영혼이 최선을 다하여 마음을 모아 기도에 잠기며 항상 주님을 구하고 기다리며 "쉬지 말고 기도하라"(살전 5:17)고 말씀하신 대로 주님께 부르짖는 것을 보시면, 주님은 약속하신 대로 "원한을 풀어 주실"(눅 18:7) 것이며, 영혼의 내면에 있는 악을 깨끗이 씻어주시며, 흠도 없고 점도 없는(엡 5:27) 하나님의 신부로 세워주실 것입니다.

만일 당신이 이것들이 진실이라는 것을 믿는다면, 영혼이 자신을 인도할 빛이요 참된 양식이요 음료이신 주님을 찾기 위해 조심하십시오. 만일 그것을 가지고 있지 않다면, 그것을 받기 위해 끊임없이 하나님께 구하십시오. 태양을 보거든 참 태양을 구하십시오. 왜냐하면 당신은 소경이기 때문입니다. 빛을 보거든 참 빛, 즉 선한 빛을 발견했는지 자신의 영혼을 살펴보십시오. 감각을 만족시키는 것들은 영혼의 참된 실체의 그림자입니다. 보이는 사람의 내면에 또 다른 사람이 있습니다. 사탄은 그의 눈을 멀게 하고 귀를 먹게 했습니다. 그러나 예수는 이 속사람을 온전하게 하려고 오셨습니다.

성부와 성자와 성령께 영원히 영광과 능력이 있을지어다. 아멘.

설교 34

# 부활할 때 우리의 몸이 영광을 입을 것입니다.

1. 육체의 눈이 사물을 분명히 보듯이 성도들의 영혼에게는 신성의 아름다움이 밝히 드러나며, 기독교인들은 그 아름다움과 혼합되며 그것을 생각하게 됩니다. 그 영광은 육체의 눈에게는 감추어져 있지만 믿는 영혼—주님이 죽은 몸들을 일으키시듯 죄의 죽음에서 일으키신 영혼—에게는 분명히 드러납니다. 주님은 그 영혼을 위해 새 하늘과 새 땅과 공의로운 해를 예비하시고, 하나님의 신성에서 나오는 모든 것을 주십니다.

거기에는 참된 세계, 생명 있는 땅, 열매 맺는 포도나무, 생명의 떡과 생수가 있습니다. 성경에는 "내가 산 자들의 땅에서 여호와의 선하심을 보게 될 줄 확실히 믿었도다"(시 27:13), "내 이름을 경외하는 너희에게는 공의로운 해가 떠올라서 치료하는 광선을 비추리니"(말 4:2)라고 기록되어 있습니다. 주님은 "나는 참 포도나무요"(요 15:1), "나는 생명의 떡이니"(요 6:35), "내가 주는 물을 마시는 자는 영원히 목마르지 아니하리니 내가 주는 물은 그 속에서 영생하도록 솟아나는 샘물이 되리라"(요 4:14)고 말씀하셨습니다.

2. 주님이 세상에 오신 것은 인간—죽어 죄의 어두운 무덤, 더러운 영과 악한 세력의 무덤에 누워 있는 사람—을 위해서였습니다. 즉 주님은 지금 이 세상에서 인간을 일으키시고 소생시키시며 더러움에서 깨끗하게 하시며, 주님의 빛으로 비추시고, 주님의 옷, 즉 주님의 신성으로 만들어진 하늘의 옷을 입히기 위해 오셨습니다. 육체의 부활 때 영혼들이 먼저 일으킴을 받고 영화롭게 된 후에 몸이 영혼과 함께 영화롭게 되고 이 세상에서 이미 빛을 받아 영화롭게 된 영혼에 의해 몸이 밝아집니다.

주님은 그들의 처소요 장막이요 도성이 되십니다. 그들은 빛의 자녀가 되었기 때문에 "손으로 지은 것이 아니요"(고후 5:1) 하늘로부터 오는 처소, 신적 빛의 영광으로 덧입습니다. 그들에게서 악이 제거되었기 때문에 그들은 악이 없는 눈으로 서로 바라봅니다. 그곳에서는 모두가 신의 성품으로 변화되어 선하게 되고 신들이 되며 하나님의 자녀가 되기 때문에 "종이나 자유인이나 남자나 여자나 다 그리스도 예수 안에서 하나"(갈 3:28)입니다. 그곳에서는 모두가 그리스도 안에서 하나가 되며 하나의 빛 안에서 안식하기 때문에 형제가 자매에게 혼란이 없이 평화를 말합니다. 사람들은 말할 수 없이 빛나는 빛을 참되게 묵상하며, 상대방을 바라보면서 진리 안에서 그 빛을 반영할 것입니다.

3. 그들은 다양한 형태를 지닌 다양한 신적 영광 속에서 서로를 바라보는데, 각기 상대방의 영광을 바라볼 때에 놀라며 "말할 수 없는 영광스러운 즐거움으로"(벧전 1:8) 기뻐합니다. 하나님의 영광은 이해할 수도 없고 말할 수도 없으며 표현할 수도 없이 빛나는 영원한 신비이며 무한

히 좋은 것입니다. 감각의 세계에서 사람이 땅에 사는 식물, 씨앗, 여러 가지 꽃들의 수를 셀 수 없습니다. 또 세상의 모든 부를 이해하거나 측량하지도 못합니다. 그리고 바다에 사는 생물들을 이해하거나 그 수효, 종류, 특성, 바닷물의 깊이, 위치 등을 측정하지 못합니다. 또한 공중의 새의 수와 그 종류, 다양함, 하늘의 위대함, 별의 위치와 진로 등을 완전히 알 수는 없습니다.

마찬가지로 그리스도인의 부요함을 말하거나 헤아리는 것은 불가능합니다. 왜냐하면 그것이 무한하고 헤아릴 수 없기 때문입니다. 이처럼 피조물이 무한하여 인간이 이해할 수 없다면, 그것들을 창조하시고 준비하신 하나님을 어떻게 이해할 수 있겠습니까!

그러한 부와 유산이 예비되어 있으므로 그리스도인들은 기뻐하고 즐거워해야 합니다. 그것은 누구도 헤아리지 못하고 말하지 못하는 엄청난 부와 유산입니다. 따라서 우리는 부지런하고 겸손히 그리스도인의 경주를 하여 그 부를 받아야 합니다. 그리스도인들의 유산과 분깃은 하나님입니다. 성경에는 "여호와는 나의 산업과 나의 잔이 소득이시니"(시 16:5)라고 기록되어 있습니다.

자신을 주시고 자신의 거룩한 본성을 신자들의 영혼들과 함께 나누시는 주께 영광이 영원히 있을지어다. 아멘.

설교 35

# 새 안식일을 누리십시오.

1. 모세에게 주신 율법의 그림자에 따르면, 하나님은 사람들에게 안식일에 일하지 말고 쉬라고 명하셨습니다. 이것은 주님이 영혼에게 주시는 진정한 안식일을 예표하는 전형이요 그림자입니다. 더럽고 천한 생각들로부터 자유함을 얻은 영혼들은 참된 안식일을 지키고 참된 안식을 누리며, 어둠의 역사에 관해서는 나태하고 한가하게 지냅니다. 지난날의 상징적인 안식일에 사람들은 육신적으로는 쉬었지만 영혼은 악과 죄의 속박을 받았습니다. 이제 영혼은 사탄의 유혹에 대해 무관심해지고, 깨끗해지고, 하나님의 영원한 안식과 기쁨 안에서 쉬기 때문에 이 참된 안식일은 참된 쉼이 됩니다.

2. 과거에 하나님은 안식일에 이성이 없는 동물들도 쉬라고 명하셨습니다. 소에게 멍에를 씌우지 않고 나귀에 짐을 싣지 않았습니다. 이날에는 동물들에게 힘든 일을 시키지 않고 쉬게 하였습니다. 세상에 오셔서 영원한 참 안식일을 주신 주님은 악하고 더러운 생각의 무거운 짐을 지고 있으면서 가혹한 주인에게 붙들려 불의한 일을 강요당하는 영혼

을 쉬게 하셨습니다. 주님은 교만하고 부정한 생각의 짐을 덜어 주셨으며, 불의한 일의 무겁고 가혹한 멍에를 벗겨 주셨고, 더러운 생각 때문에 지친 영혼에게 새 힘을 주셨습니다.

3. 주님은 "수고하고 무거운 짐 진 자들아 다 내게로 오라 내가 너희를 쉬게 하리라"(마 11:28)고 하시며 우리를 부르십니다. 그리고 순종하여 주께 오는 많은 영혼들을 이 무겁고 짐스럽고 깨끗하지 못한 생각들로부터 벗어나 쉬게 해 주십니다. 그들은 불의한 일을 행하지 않으며, 참되고 달콤하고 거룩한 안식일을 지키고 표현할 수 없이 기쁘고 즐거운 잔치, 성령의 잔치를 축하합니다. 그들은 순전한 마음으로 하나님이 기뻐하시는 순전한 예배를 드립니다. 이것이 거룩하고 참된 안식일입니다. 그러므로 "우리가 저 안식에 들어가기를 힘쓸지니"(히 4:11), 천하고 악하고 헛된 생각을 하지 않고 순전한 마음으로 하나님을 예배하며 성령의 잔치를 축하하게 해달라고 하나님께 간구하십시오. 그 안식에 들어가는 자에게 복이 있습니다.

이런 일을 기뻐하시는 성부와 성자와 성령을 영원히 찬양할지어다. 아멘.

설교 36

# 믿음의 분량에 따라 영적 성장이 다릅니다.

1. 죽은 사람의 영혼 부활은 지금 이 순간에도 일어납니다. 그러나 몸의 부활은 그날에 일어날 것입니다. 하늘에 있는 별들이 모두 같지 않고(고전 15:41) 밝기와 크기에 차이가 있듯이, 영적인 일에 있어서도 "믿음의 분량대로"(롬 12:3; 고전 12:9 참조) 영적 성장의 수준이 다릅니다. 성경에 방언을 하는 사람은 하나님의 성령으로 말하는 자라고 했습니다. 그는 신령한 사람으로서 하나님께 말하는 자입니다. 그러나 "예언하는 자"(고전 14:3)는 교회에 덕을 세웁니다. 예언하는 사람이 더 큰 은혜를 받은 자입니다. 방언하는 사람은 자기의 덕을 세우지만, 예언하는 사람은 이웃의 덕도 세우기 때문입니다. 땅에 뿌려진 씨앗들이 그렇듯이 마음의 밭에 뿌려진 씨앗에서 결실된 낟알들은 모두 다릅니다. 그리고 각기 크기가 다른 이삭들을 하나의 타작마당과 곡간에 모아들이고, 그것으로 빵을 만듭니다.

2. 한 마을에 여러 무리의 사람들, 즉 아기들, 어른들, 청년들이 살고 있습니다. 이들 모두가 한 우물에서 물을 마시며, 같은 빵을 나누어 먹

고, 같은 공기를 마십니다. 또 등잔에도 심지가 두 개인 것과 일곱 개인 것이 있는데, 심지가 많은 쪽의 불빛이 더 밝습니다. 이처럼 불과 빛 안에 거하는 사람들은 어둠 속에 거하지 않지만 그 빛의 밝기에 차이가 있습니다. 아버지에게 자식이 둘 있는데, 큰 아들은 청년이고 작은 아들은 아직 어립니다. 아버지는 큰 아들을 외국에 보내지만 어린 아들은 아무것도 할 수 없기 때문에 늘 데리고 있으면서 보호합니다.

하나님께 영광을 돌릴지어다. 아멘.

설교 37

# 율법의 완성은 용서입니다.

1. 성경 말씀에 의하면 "세상과 벗이 되고자 하는 자는 스스로 하나님과 원수 되는 것"(약 4:4)입니다. 그렇기 때문에 성경은 사람들에게 "모든 지킬 만한 것 중에 더욱 네 마음을 지키라"(잠 4:23)고 권고합니다. 이 말씀을 마치 낙원처럼 소중히 마음에 간직하는 사람은 내면에서 쾌락을 위한 일들을 선동하는 뱀의 권고, 즉 영혼으로 하여금 분노하여 형제를 살해하게 만들며 결국 영혼을 파멸시키는 뱀의 소리를 듣지 않습니다. 그는 "믿음과 소망 안에 거하면 하나님과 사람을 사랑하게 되고 영생에 이른다"라는 하나님의 말씀을 듣고 은혜 안에 거하게 됩니다. 노아는 이 낙원(말씀)에 들어가 계명을 지켰으며, 사랑으로 말미암아 진노에서 구속함을 받았습니다. 아브라함은 이 말씀을 지켰기 때문에 하나님의 음성을 들었습니다. 모세는 이를 지켜 행함으로써 하나님의 영광을 받아 얼굴이 빛났습니다. 다윗도 이 말씀을 지킴으로써 원수를 정복했습니다. 사울 왕 역시 마음에 이 말씀을 간직하고 있는 동안은 형통했습니다. 그러나 그는 범죄하였기 때문에 결국 버림을 받았습니다.

하나님의 말씀은 각 사람에게 적절한 분량으로 주어집니다. 사람이 하나님을 굳게 붙들면 하나님 또한 그를 굳게 잡아 주시고, 사람이 깨어 지키면 하나님도 그를 지켜 주십니다.

2. 이런 이유 때문에 선지자들과 사도들과 순교자들의 무리는 마음에 이 말씀을 간직했고, 말씀 이외에 어느 것도 구하지 않았습니다. 그들은 세상에 속한 것을 멸시하고, 성령의 명령 안에 거했으며, 무엇보다도 성령으로 말미암아 하나님을 사랑했습니다. 또 성령의 선을 구하되 말이나 지식에 그치지 않고 행동으로 실천했으며 부유함 대신에 가난함을, 영광 대신에 치욕을, 즐거움 대신에 고통과 고난을, 분노 대신에 사랑을 택했습니다.

그들은 인생의 향락을 미워하였고, 향락을 멀리하는 사람들을 사랑했습니다. 그들은 "선악을 알려고"(창 3:5) 하지 않고 자신의 목표에 이르려고 노력하였습니다. 그들은 선한 사람들을 부인하지 않고 악한 사람들을 비난하지 않으면서, 그들 모두를 하나님의 섭리에 따른 사신使臣으로 여겼습니다. 그렇기 때문에 모두에게 자비를 베풀 수 있었습니다. 그들은 "용서하라 그리하면 너희가 용서를 받을 것이요"(눅 6:37)라는 주님의 말씀을 듣고, 자기에게 해를 입히는 자를 오히려 은인으로 생각했습니다. 왜냐하면 그들 때문에 자신이 용서를 받을 수 있는 기회를 얻기 때문입니다. 또 "남에게 대접을 받고자 하는 대로 너희도 남을 대접하라"(마 7:12)는 주님의 말씀을 듣고, 양심에 따라 선한 사람들을 사랑했습니다. 그들은 자신의 의를 버리고 하나님의 의에 거할 때 자연히 그 안에 있는 사랑을 발견했습니다.

**3.** 주님은 사랑에 관한 많은 것을 명령하시면서 "하나님의 나라와 그의 의"(마 6:33)를 구하라고 명하셨습니다. 왜냐하면 하나님은 그것이 사랑의 어미임을 아시기 때문입니다. "용서하라 그리하면 너희가 용서를 받을 것이요"(눅 6:37)라는 말씀에 따르면, 우리는 이웃을 통해서만 구원 받을 수 있습니다. 이는 신실한 자의 마음에 새겨진 영적인 법으로서 첫 "율법의 완성"(롬 13:10)입니다. 주님은 "내가 율법이나 선지자를 폐하러 온 줄로 생각하지 말라 폐하러 온 것이 아니요 완전하게 하려 함이라"(마 5:17)고 말씀하십니다. 그것을 어떻게 완전하게 합니까? 그것에 대하여 이야기하겠습니다. 첫 율법은 특별히 범죄한 사람을 정죄합니다. 성경에는 "남을 판단하는 것으로 네가 너를 정죄함이니"(롬 2:1)라고 기록되어 있습니다.

**4.** 율법의 완성은 용서입니다. 우리는 그것을 "첫 율법"이라 부릅니다. 하나님은 두 가지 율법을 우리에게 주신 것이 아니라 본성적으로 영적인 하나의 법을 주셨습니다. 그러나 보상의 측면에서 볼 때 그것은 용서하는 자를 용서하며 논쟁하는 자와 논쟁하는 보상입니다. "깨끗한 자에게는 주의 깨끗하심을 보이시며 사악한 자에게는 주의 거스르심을 보이시리니"(시 18:26). 그러므로 영적으로 율법을 성취한 분량대로 은혜를 받는 사람은 선한 것으로 보상을 받기를 기대하므로 자기에게 선을 행한 사람들뿐만 아니라 자기를 비난하고 박해하는 사람까지도 영적인 사랑으로 사랑하게 됩니다.

그들은 자기에게 가해진 부당한 일을 묵묵히 인내했기 때문이 아니라 악을 행하는 자의 영혼에게 선을 행했기 때문에 선한 것을 상으로 받습니다. 그들은 복을 받기 위해 자기를 박해한 사람들을 하나님에게 맡겼습니다. 왜냐하면 "너희를 욕하고 박해하고 거짓으로 너희를 거슬러 모든 악한 말을 할 때에는 너희에게 복이 있나니"(마 5:11)라고 말씀하셨기 때문입니다.

5. 그들이 그러한 마음을 갖게 된 것은 신령한 법 아래서 가르침을 받았기 때문입니다. 그들이 인내하며 온유함을 발휘할 때에 주님은 공격을 인내하며 자제력을 잃지 않고 사랑하는 그 마음을 보시고 "막힌 담을"(엡 2:14) 허셨습니다. 그들은 증오를 완전히 버리며 마지못해서가 아니라 즐겁게 사랑을 실천합니다. 주님은 "두루 도는 불 칼"(창 3:24)을 무력하게 만드셨습니다. 그리하여 그들은 우리의 선구자, 즉 그리스도께서 우리를 위해 들어가셨던 휘장 안에 들어갔습니다(히 6:19f).

그들은 성령의 열매들을 풍성하게 소유하며, 바울이 말한 것처럼 사물들이 거울로 보는 것같이 희미하지 않고(고전 13:12) 분명하게 마음에 들어오는 것을 보았습니다. 그들은 "하나님이 자기를 사랑하는 자들을 위하여 예비하신 모든 것은 눈으로 보지 못하고 귀로 듣지 못하고 사람의 마음으로 생각하지도 못하였다"(고전 2:9)라고 말했습니다. 그러나 나는 다음과 같은 놀라운 질문을 하겠습니다.

6. **질문.** 신령한 법이 우리 인간의 마음 안에 들어오지 않았다면, 우리가 어떻게 "우리와 같은성정을 가진 사람"(행 14:15)임을 알겠습니까?

**답변.** 바울이 이 질문에 대해 어떻게 대답했는지 그의 말을 들어 보십시오. 그는 "오직 하나님이 성령으로 이것을 우리에게 보이셨으니 성령은 모든 것 곧 하나님의 깊은 것까지도 통달하시느니라"(고전 2:10)고 말합니다. 그러나 그는 혹시 그들에게 성령이 임한 것이 그들이 사도들이었기 때문이며 우리는 본성적으로 성령을 받을 수 없다고 말하지 못하게 하기 위해 다른 곳에서 다음과 같이 기도했습니다: "너희 속사람을 능력으로 강건하게 하시오며 믿음으로 말미암아 그리스도께서 너희 마음에 계시게 하시기를 구하노라"(엡 3:16, 17). "주는 영이시니 주의 영이 계신 곳에는 자유가 있느니라"(고후 3:17). "누구든지 그리스도의 영이 없으면 그리스도의 사람이 아니라"(롬 8:9).

7. 그러므로 우리는 확실하게 성령을 분유分有하고 체험하며, 우리가 떠나왔던 낙원으로 돌아가며, 또 장차 진노의 아비요 허영심을 권하는 자요 괴롭게 하는 탐욕의 영인 뱀이 우리에게 접근하지 못하게 해달라고 기도해야 합니다. 그래서 확고한 믿음을 가짐으로써 주의 계명을 지킬 수 있고, 주님 안에서 장성하여 "온전한 사람을 이루어 그리스도의 장성한 분량이 충만한 데까지"(엡 4:13) 이르게 해달라고 기도해야 합니다. 그리하면 우리가 이 세상의 속임의 지배를 받지 않고 성령의 확신 안에 거할 수 있습니다. 하나님의 은혜가 회개하는 죄인들을 기뻐하신다는 것을 믿게 해달라고 기도해야 합니다.

하나님은 우리의 이전의 연약함을 고려하여 이러한 은혜를 주시지는 않습니다. 만일 그렇다면 은혜는 은혜가 되지 못합니다(롬 11:5). 전능하신 하나님을 믿는다는 것은 단순하며 지나치게 염려하지 않는 마음으로 그 앞에 나아가는 것입니다. 하나님은 본성의 행위의 비교에 의해서가 아니라 믿음을 통하여 우리에게 성령에 참여함을 주십니다. 성경에는 "너희가 이같이 어리석으냐 성령으로 시작하였다가 이제는 육체로 마치겠느냐"(갈 3:3)라고 기록되어 있습니다.

**8. 질문.** "교회에서 네가 남을 가르치기 위하여 깨달은 마음으로 다섯 마디 말을 하는 것이 일만 마디 방언으로 말하는 것보다 나으니라"(고전 14:19)는 말씀은 어떤 의미를 지닙니까?

**답변.** 교회라는 단어는 두 가지를 의미합니다. 즉 신실한 사람들의 집단과 영혼이라는 복합체를 의미한다고 볼 수 있습니다. 영적으로 교회라는 단어가 개인에게 적용될 때에는 하나의 복합체를 가리킵니다. "다섯 마디"라는 것은 다양한 분포 양식 안에 있는 전인全人을 구성하는 포괄적인 덕들을 의미합니다. 주 안에서 말하는 자가 그의 다섯 마디 안에 있는 모든 지혜를 이해하듯이, 주님을 따르는 자는 다섯 가지 덕을 통하여 경건을 쌓습니다.

다섯 가지 덕이란 기도와 절제와 구제와 청빈과 인내인데, 이것들은 모든 덕을 포함합니다. 이것들은 간절한 소원과 확고한 목적을 가지고 행해지는 것인데, 주님이 말씀하시고 마음이 듣는 영혼의 말입니다. 주님은 역사하시며, 성령은 소리 없이 말씀하시며, 우리 마음은 그 소원하는 바에 비례하여 겉으로 드러나게 행동합니다.

**9.** 이 다섯 가지 덕 안에 다른 모든 덕이 포함되며, 그것들은 서로 다른 덕을 이루어냅니다. 첫째 덕이 결핍되면 모든 덕이 멈추게 됩니다. 그리고 두 번째 덕으로 말미암아 그 다음에 따르는 덕들이 이루어집니다. 성령의 역사 아래 있지 않은 사람이 어떻게 기도할 수 있습니까?

"성령으로 아니하고는 누구든지 예수를 주시라 할 수 없느니라"(고전 12:3)는 말씀이 나의 주장을 증명해 줍니다. 기도하지 않으며 전혀 도움을 받지 못한 상태에서 절제의 덕에 착수한 사람이 어떻게 그것을 끝까지 인내할 수 있습니까? 모든 일에 절제하지 못하는 사람이 어떻게 굶주린 사람이나 악인들을 구제할 수 있겠습니까? 구제하지 않는 사람은 자원하여 가난해지지 않을 것입니다. 원망怨望은 돈을 가졌든지 갖지 못했든지 간에 금전욕과 유사한 것입니다. 그러나 덕 있는 영혼은 자신이 행한 행동 때문이 아니라 자신이 소원한 것 때문에 인격을 도야陶冶하여 교회가 됩니다.

사람이 자신의 행위에 의해서 구원받는 것이 아니라 그에게 능력을 주신 분에 의해서 구원받습니다. 그러므로 만일 어떤 사람이 "예수의 흔적"(갈 6:17)을 가지고 있다면 무슨 일에나 자랑하지 말며, 오직 행동하려는 목적을 가지고 노력하고 사랑한 것만 자랑해야 합니다. 덕을 행함으로써 주님을 예비했다고 생각하지 마십시오. 바울은 "너희 안에서 행하시는 이는 하나님이시니 자기의 기쁘신 뜻을 위하여 너희에게 소원을 두고 행하게 하시나니"(빌 2:13)라고 말하였습니다.

**10. 질문.** 그렇다면 성경에서 우리에게 명하는 일은 무엇입니까?

**답변.** 이미 말한 바와 같이 사람은 본래 수고하는 능력을 가지고 있으며, 성경이 요구하는 것은 다음과 같습니다. 성경에서는 사람이 먼저 깊이 생각하고, 깊이 생각한 후에 사랑하며, 수고하기 위해 자신의 의지를 사용하라고 명합니다. 그러나 하나님의 은혜는 자원하며 믿는 사람에게 주님의 은혜를 주어 그 마음을 감화하시며, 인내하고 수고하게 하시며, 그 일을 성취하게 하십니다. 그러므로 인간의 의지는 물질적인 지원과 같은 것입니다. 인간에게 행하려는 의지가 없을 때에 하나님은 아무 일도 행하지 아니하십니다. 인간에게 자유가 있기 때문에 하나님은 행하실 수 있지만 행하지 아니하시는 것입니다.

하나님의 효과적인 사역은 인간의 의지에 의존합니다. 반면에 우리가 자신의 의지를 완전히 하나님께 바치면, 하나님은 모든 행위를 우리의 것으로 돌리십니다. 하나님은 모든 일에 있어서 놀라운 분이시며 동시에 우리의 이해를 초월하시는 분입니다. 그런데 인간은 성경을 의지하거나 성경으로 말미암아 예지를 얻어 하나님이 행하신 기이한 일들 중 일부를 이야기하려 합니다. 성경은 "누가 주의 마음을 알았느냐"(롬 11:34)라고 말합니다. 그러나 주님이 "내가 네 자녀를 모으려 한 일이 몇 번이더냐 그러나 너희가 원하지 아니하였도다"(마 23:37)라고 말씀하셨으므로, 우리는 주님이 친히 우리를 모으시며 우리에게서 요구하시는 것은 우리의 의지뿐이라고 믿습니다. 그러나 자발적인 노력 외에 의지를 나타내는 것이 무엇입니까?

**11.** 쇠로 만든 농기구로 베고 파고 씨를 뿌리다 보면 그 기구가 닳고 고장이 나기도 하지만, 그것을 사용하며 움직이게 하는 사람이 있습니다. 그는 오래 사용하여 낡은 기구를 다시 불에 달구어 새 것처럼 만듭니다. 마찬가지로 사람이 선한 일을 하다가 지치고 피곤하게 되어도 주님은 은밀하게 그의 안에서 역사하시며, 그가 지치고 피곤할 때에 그의 마음을 위로하고 새롭게 하여 주십니다. 선지자는 "도끼가 어찌 찍는 자에게 스스로 자랑하겠으며 톱이 어찌 켜는 자에게 스스로 큰 체하겠

느냐"(사 10:15)라고 말합니다.

사람이 악에게 복종하며 기꺼이 악을 맞아들이려 하는 경우에도 마찬가지입니다. 그럴 경우에 사탄은 도둑이 칼을 갈듯이 그를 유혹하며 자기의 도구로 사용하기에 알맞게 만듭니다. 우리 마음을 쇠에 비유한 것은 그것이 쇳덩이처럼 무감각하고 완악하기 때문입니다. 그러나 우리는 무감각한 쇳덩이처럼 우리를 붙들고 계시는 하나님을 알지 못해서는 안 됩니다. 우리는 악한 자의 제안을 받아들여 농부인 말씀으로부터 돌이켜서는 안 됩니다. 우리는 소와 나귀처럼 우리를 자기 뜻대로 사용하시고 인도하시는 분을 알아야 합니다.

성경에 "소는 그 임자를 알고 나귀는 주인의 구유를 알건마는 이스라엘은 알지 못하고 나의 백성은 깨닫지 못하는도다"(사 1:3)라고 기록되어 있습니다. 그러므로 하나님에 대한 지식을 받고 하나님의 가르침을 받아 신령한 법 안에서 하나님의 거룩한 계명들을 지킬 수 있게 해달라고 기도하십시오.

성부와 성자와 성령께 영원토록 영광을 돌릴지어다. 아멘.

설교 38

# 참 기독교인과 거짓 기독교인을 분별하십시오.

1. 우리는 표면적으로 의로운 것처럼 보이는 사람들을 기독교인이라고 생각합니다. 그런 사람들이 왕의 인과 형상을 지니고 있는지를 시험해 보는 것은 숙련된 전문가들의 일입니다. 이는 그들이 숙련된 사람들의 행위를 위조했을 수도 있기 때문입니다. 숙련된 사람들은 그들을 의심하며 비판합니다. 그러나 숙련되지 못한 사람은 "속이는 일꾼"(고후 11:13)을 시험해 보지 못합니다. 왜냐하면 그들도 수도사들의 형상과 기독교인의 형상을 입고 있기 때문입니다. 거짓 사도들도 그리스도를 위해 고난받으며 하늘나라를 전파했습니다. 그렇기 때문에 바울은 자신이 그들보다 더 많은 고난을 받았음을 나타내려는 마음에서 "내가 수고를 넘치도록 하고 옥에 갇히기도 더 많이 하고 매도 수없이 맞고 여러 번 죽을 뻔하였으니"(고후 11:23)라고 말했습니다.

2. 황금은 쉽게 발견할 수 있습니다. 그러나 왕의 왕관에 사용할 진주와 보석은 쉽게 발견되지 않습니다. 기독교인들은 그리스도의 면류관에 박히는 보석입니다. 그러한 영혼들은 성도들과 함께 동참하는 자가

됩니다. 영혼을 사랑하사 그를 위해 고난을 받으시고 죽은 자들 가운데서 영혼을 일으키신 분께 영광을 돌리십시오.

그러나 모세가 백성들로 하여금 자기의 얼굴을 보지 못하게 하려고 얼굴에 수건을 썼듯이, 지금 당신이 하나님의 영광을 보지 못하게 하기 위해 당신의 마음에도 수건이 드려져있습니다. 이것이 걷힐 때에 하나님은 빛을 발하시며 기독교인들, 하나님을 사랑하며 진정으로 하나님을 찾는 사람들에게 자신을 나타내실 것입니다. 주님은 "나도 그를 사랑하여 그에게 나를 나타내리라…가서 거처를 그와 함께 하리라"(요 14:21, 23)고 말씀하십니다.

3. 우리는 약속을 얻기 위해서, 그리고 지옥문과 죄를 부수고 신실한 영혼들을 밖으로 인도해 내시고 그들의 내면에 보혜사를 주시고 그들을 천국으로 인도하신 주님이 십자가와 죽음을 통해 이루신 새 언약을 얻기 위해서, 거짓말을 하지 못하시는 그리스도에게 나아가려고 노력해야 합니다. 그 후에 그분과 함께 그분의 도시인 예루살렘에서, 천성의 교회에서, 거룩한 천사들의 합창 속에서 다스립니다. 오랫동안 연단 받고 시험을 받은 형제들은 자기보다 덜 연단된 사람들을 긍휼히 여겨 도울 수 있습니다.

4. 어떤 사람은 자신이 믿음 안에 확실히 서고 하나님의 은혜가 자신에게 크게 역사했다고 느낍니다. 그는 자신의 지체들이 성화되었기 때문에 육욕이 일어나지 않는다고, 그리고 자신이 온전하고 순결한 정신을 획득했고 속사람이 고양되어 신적이고 천상적인 것들만을 향할 것

이라고 생각합니다. 이 사람은 자신이 이미 온전함에 도달했다고 생각합니다. 이 사람은 자신이 이미 고요한 항구 가까이에 이르렀다고 생각하고 있을 때 큰 파도가 밀려와 흉흉한 바다 가운데, 하늘과 바다가 붙은 곳, 사망이 예비된 곳에 있음을 발견합니다. 그리하여 결국 죄가 들어와 "온갖 탐심"(롬 7:8)을 이룹니다.

또 약간의 은혜를 받은 사람, 말하자면 깊은 바다에서 한 방울의 바닷물을 받아 소유한 사람은 시간마다, 날마다 놀라운 일을 발견하기 때문에 기이하고 놀라운 하나님의 역사 앞에서 놀라며 자신에게 그러한 지혜가 주어질 것이라고 생각합니다. 그 후에 은혜가 그를 조명하고 인도해 주며 그에게 평화를 주고 그로 하여금 모든 면에서 뛰어나게 해주어 그는 거룩한 하늘나라 백성이 됩니다. 그 때 그와 비교할 때에 왕들과 군주들과 현인들과 귀족들이 상대적으로 하찮고 무가치하게 여김을 받습니다. 그러나 얼마 후 사태가 바뀌어 그는 자신을 다른 사람들보다 더 큰 죄인으로 여기게 되며, 어떤 때에는 자신을 위대한 왕이나 왕의 권세 있는 친구로 여기게 되며, 때로는 자신을 연약한 거지로 여깁니다. 그렇게 되면 그의 마음은 혼란에 빠집니다.

왜 그의 내적 시각이 수시로 변하는 것입니까? 선을 미워하는 사탄이 덕을 이룬 사람들에게 악한 것을 제안하여 그들을 무너뜨리려 하기 때문입니다. 그것이 사탄이 하는 일입니다.

**5.** 그러나 당신이 그리스도의 심판대와 더러워지지 않은 성소가 있는 속사람 안에서 의의 역사를 이루고 있는 동안에는 결코 사탄에게 복종하지 마십시오. 그리하면 당신의 양심의 증거가 "양심을 죽은 행실

에서 깨끗하게"(히 9:14) 하신 그리스도의 십자가 안에서 기뻐하게 되며, "우리는 아는 것을 예배하노니"(요 4:22)라고 말씀하신 분을 따라 당신이 영과 진리로 하나님을 섬기게 될 것입니다. 당신을 인도하시는 하나님께 복종하십시오. 당신의 영혼으로 하여금 신부가 신랑과 교제하듯이 그리스도와 교제하게 하십시오. "이 비밀이 크도다"(엡 5:32).

그리스도께 영원히 영광이 있을지어다. 아멘.

설교 39

# 성경은 하나님의 선물입니다.

**1.** 왕이 어떤 사람에게 특권이나 특별한 선물을 주고 싶으면 그 사람에게 편지를 써서 "내게서 선물을 받으려면 속히 내게로 오라"고 알립니다. 그가 왕궁에 와서 선물을 받지 않는 한 왕의 편지를 읽었다고 해서 그의 형편이 전보다 나아지지 않으며, 오히려 왕에게 와서 영광을 받는 편을 선택하지 않았기 때문에 사형에 처해질 수도 있습니다. 마찬가지로 왕이신 하나님은 사람들에게 자신의 편지인 성경을 보내셨습니다. 하나님은 그 편지에 의해서 그들에게 하나님께 기도해야 한다고 선언하셨으며, 믿는 자에게 하나님의 신성의 본질이라는 하늘의 선물을 구하여 받으라고 말씀하셨습니다.

성경에는 "신성한 성품에 참여하는 자가 되게 하려 하셨느니라"(벧후 1:4)고 기록되어 있습니다. 그러나 사람이 하나님께 나아가 구원받지 못한다면 성경을 읽는다고 해서 그의 형편이 조금도 나아지지 않으며 오히려 죽음에 이르기 쉽습니다. 왜냐하면 그가 하늘나라 왕에게서 생명의 선물을 받는 편을 택하지 않았기 때문입니다. 이 선물이 없으면 불멸의 생명, 즉 그리스도를 얻을 수 없습니다.

그리스도께 영원히 영광이 있을지어다. 아멘.

설교 40

## 모든 덕들이 연결되어 있듯이 모든 악들도 연결되어 있습니다.

1. 사랑하는 자여, 표면적인 영성훈련과 관련하여 어떤 훈련이 가장 좋고 으뜸인지를 알려면 모든 덕들이 서로 얽혀 있다는 것을 알아야 합니다. 하나의 덕은 다른 덕과 연결되어 있는 영적 사슬입니다. 기도는 사랑에, 사랑은 기쁨에, 기쁨은 온유함에, 온유함은 겸손에, 겸손은 봉사에, 봉사는 소망에, 소망은 믿음에, 믿음은 순종에, 순종은 단순함 (혹은 관대함)에 연결됩니다.

한편 악한 것들도 서로 연결되어 있습니다. 미움은 분노에, 분노는 교만에, 교만은 허영심에, 허영심은 불신앙에, 불신앙은 강퍅한 마음에, 강퍅한 마음은 부주의함에, 부주의함은 나태함에, 나태함은 낙심에, 낙심은 인내의 결핍에, 인내의 결핍은 쾌락에 연결되어 있습니다. 그 밖의 악들도 서로 의존하고 있습니다. 덕들도 서로 의존하며 서로 연결되어 있습니다.

2. 선한 노력 중에서 으뜸 되는 것, 의로운 행동 중에서 최고의 것은 인내하며 기도하는 것입니다. 우리는 인내하여 기도하면서 하나님께

구함으로써 날마다 나머지 덕들을 점점 더 많이 얻을 수 있습니다. 이 은사를 받은 사람의 내면에서는 이 은사에 의해 하나님의 거룩하심 및 영적인 힘(에너지)과의 교제가 형성되며, 말할 수 없는 사랑 속에서 마음의 성향을 주께 집중하게 됩니다. 날마다 자신을 강권하여 인내하며 기도하는 사람은 신적 사랑과 하나님을 향한 신령한 사랑으로 말미암는 불같은 동경으로 타오르게 되며, 성화시켜 완전함에 이르게 하시는 성령의 은혜를 받습니다.

**3. 질문.** 자신의 재산을 다 팔아 남에게 주고 노예에게 자유를 주며 계명들을 행하지만 이 세상에서 성령 받기를 구하지 않는 사람이 하늘나라에 들어가지 않습니까?

**답변.** 이것은 미묘한 문제입니다. 어떤 사람들은 천국이 하나요 지옥도 하나라고 말합니다. 그러나 우리는 천국과 지옥에는 많은 계층과 차이가 있다고 말합니다. 모든 지체 안에 하나의 영혼이 있어 두뇌 속에서 활동하면서도 발을 움직이듯이 신성에는 모든 피조물과 천상적인 것들과 무저갱 아래 있는 것들이 포함됩니다. 그것은 무한하고 불가해한 것이기 때문에 피조물들을 초월하지만 창조 세계 안의 모든 곳에서 성취됩니다. 이 신성은 사람들을 바라보시고 섭리 속에서 만물에게 이성을 따르라고 명령하십니다.

어떤 사람들이 자신이 무엇을 구하는지 알지 못한 채 기도하고, 어떤 사람들은 금식하며, 또 어떤 사람들은 예배를 드릴 때 의로운 재판장이신 하나님은 각 사람에게 그 믿음의 분량대로 상을 주십니다. 그들 모두 하나님을 경외하기 때문에 그러한 일들을 행하지만, 이 사람들이 모두 하나님의 아들이거나 왕이거나 후사는 아닙니다.

**4.** 이 세상에는 살인자도 있고 간음자도 있고 착취자들도 있습니다. 그리고 자기 재산을 가난한 사람들에게 나누어주는 사람도 있습니다. 주님은 이 두 부류의 사람들을 주시하고 계시며, 선을 행하는 사람들에게는 기쁨과 상을 주십니다. 세상에는 탁월한 척도가 있고 하찮은 척도도 있으며, 빛과 영광에도 차이가 있으며, 지옥과 형벌은 작은 죄들을 범한 사람들뿐만 아니라 독살자들과 강도들에게도 임합니다.

천국이 하나요 지옥도 하나이며, 거기에는 전혀 단계의 차이가 없다고 말하는 것은 잘못된 것입니다. 끊임없이 극장에 다니며 방탕한 일을 행하는 세속적인 사람들이 얼마나 많으며, 하나님께 기도하며 하나님을 경외하는 사람은 얼마나 많습니까! 하나님은 이런 사람들 모두를 보고 계시며, 의로운 재판관처럼 전자에게는 형벌을 예비하시고 후자에게는 상급을 예비하십니다.

**5.** 말에 마구를 얹고 전차를 몰면서 경주하는 사람들은 각기 상대방을 정복하여 이기려고 합니다. 마찬가지로 노력하는 사람의 마음 속에서는 영혼과 씨름하는 악한 영들, 그리고 그 싸움을 바라보시는 하나님과 그의 사자들이 있습니다. 영혼은 매 시간 새로운 계획에 착수하며, 그의 내면에 있는 불의도 역시 새로운 계획에 착수합니다. 영혼은 많은 비밀 계획을 가지고 있는데, 때가 되면 그것들을 실천에 옮깁니다. 마찬가지로 불의도 많은 계획과 고안품을 가지고 있으며, 매 시간 영혼을 대적할 새로운 계획을 만들어냅니다. 정신은 전차를 조종하는 사람으

로서 영혼의 전차에 마구를 채우고 생각의 고삐를 쥐고서 사탄의 전차를 대적합니다. 사탄도 영혼을 대적하기 위해 자기의 전차에 마구를 채웁니다.

**6. 질문.** 만일 기도가 안식(쉼)이라면, 왜 어떤 사람은 "나는 기도할 수 없다"라고 말하며 쉬지 않는 기도를 하지 않습니까?

**답변.** 충분한 안식은 긍휼 및 다른 형태의 봉사, 즉 형제들을 방문하며 말로 그들을 섬기는 일을 낳습니다. 본성은 원래 형제들을 찾아가 만나며 말 하기를 원합니다. 불 속에 던져진 물건은 자체의 본성을 유지하지 못하고 어쩔 수 없이 불이 됩니다. 불 속에 자갈을 넣으면 석회가 됩니다. 느닷없이 바다에 뛰어들어 큰 대양의 한복판에 가려는 사람은 바다에 빠져 그 모습이 사라집니다. 그러나 조금씩 헤엄쳐 나가는 사람은 물위로 떠올라 해변에 있는 사람들을 보기 위해 항구로 나갑니다. 영적 세계에서도 사람은 은혜의 바다 깊이 들어갑니다. 그런 후에 다시 동료들을 생각해 냅니다. 인간의 원래 본성은 형제들에게 가서 사랑의 의무를 행하며 그 말씀을 증명하기를 원합니다.

**7. 질문.** 어떻게 죄와 은혜라는 상반된 것이 함께 마음 안에 거할 수 있습니까?

**답변.** 불을 지피고 연료를 부은 후 그 위에 놋그릇을 올려놓으면 그릇이 뜨거워지고 그 안에 있는 것이 끓어오릅니다. 이는 불이 그릇의 바깥, 즉 그릇 밑에서 타오르기 때문입니다. 그러나 사람이 주의를 기울이지 않아 연료를 공급하지 않으면 화력이 약해지면서 결국 불이 꺼질 것이니다. 하늘의 불인 은혜가 우리의 안팎에 있습니다. 그러므로 기도하면서 그리스도의 사랑을 생각한다면, 자신이 어떻게 연료를 공급했는지를 보게 되며 우리의 생각들은 불이 되며 하나님을 갈망하는 데 몰두하게 될 것입니다.

비록 성령이 약간 물러나 마치 우리의 밖에 있는 것 같지만 성령은 여전히 우리의 내면에 계시며, 우리는 자신의 밖에서 성령의 표적을 볼 수 있을 것입니다. 그러나 어떤 사람이 부주의하여 세상 일에 빠지거나 방황한다면, 불의가 돌아와서 영혼 안에 들어와서 그 사람 전체를 괴롭히기 시작할 것입니다. 괴롭힘을 당하기 시작한 영혼은 끊임없이 고난을 당하면서 과거에 누렸던 안식을 기억합니다.

8. 그러나 영혼이 하나님께 주의를 기울이면 과거의 안식이 다시 가까이 다가오기 시작합니다. 영혼은 더욱 열심히 구하기 시작합니다. 그것은 "주님, 나는 당신을 구합니다"라고 말합니다. 그 때 그 안에서 영혼을 불붙이고 소생시키는 불이 조금씩 타오르기 시작합니다. 그것은 마치 낚시가 바닷속의 물고기를 조금씩 끌어올리는 것과 같습니다. 만일 그렇지 못하여 그가 사망과 비통함을 맛보지 못한다면, 어떻게 단맛과 쓴맛을 구별하고 사망과 생명을 식별하며 생명을 주시는 성부와 성자와 성령께 영원토록 감사하겠습니까? 아멘.

설교 41

# 호흡보다 더 자주 영혼의 골방에 들어가십시오.

**1.** "주님은 연못이나 사람 마음의 깊이를 헤아리시며"(집회서 42:18)라는 말씀에서 보듯이 영혼이라는 귀한 그릇은 대단히 깊습니다. 인간이 계명을 범하여 진노의 선고를 받았을 때 죄가 그를 자기의 신하로 삼았습니다. 죄는 대단히 미묘하고 깊은 불행의 연못과 흡사하기 때문에 범죄한 인간의 내면에 들어와 영혼을 사로잡았으며 영혼의 깊은 밀실에까지 들어갔습니다. 죄와 뒤섞인 영혼은 가지 많은 큰 나무가 뿌리를 땅 속 깊이 내린 것에 비유할 수 있습니다. 영혼 안에 들어와 가장 깊은 곳에 있는 밀실까지 장악한 죄는 영혼을 좌우하면서 일종의 습관처럼 되어 어릴 때부터 그 사람과 함께 성장하고 그와 함께 움직이면서 그에게 악한 것을 가르칩니다.

**2.** 하나님의 은혜의 영향은 각 사람의 믿음의 분량에 따라 그 영혼을 덮어 보호해 줍니다. 그가 하늘로부터 도움을 받을 때에도 은혜는 부분적으로만 그를 보호합니다. 그의 영혼 전체가 빛의 조명을 받았다고 생각하지 말아야 합니다. 그의 내면에 아직도 넓은 악의 영역이 있으므로

그는 주어진 은혜에 따라 많이 수고하고 노력해야 합니다. 그런 까닭에 하나님의 은혜가 부분적으로만 그 영혼을 방문하는 것입니다.

물론 그 사람이 모든 일에 있어서 악한 자의 뜻을 따르지 않고 온전히 은혜에 진력하며 하나님을 향한 자신의 사랑을 보존하는지, 즉 그 사람의 의도를 시험해 보기 위해서라면 금방이라도 하나님의 은혜가 그 사람을 정결하게 하고 완전하게 할 수 있습니다. 이와 같이 항상 자신을 증명하며 은혜를 슬프게 하지 않으며 그것을 악한 의도로 사용하지 않는 영혼은 조금씩 도움을 받습니다. 또 영혼이 여러 번 스스로를 증명하며 은혜를 따를 때 은혜는 영혼 안에서 자기 처소를 발견하고 영혼의 가장 깊은 곳 그 생각 속에 뿌리를 내립니다. 그리하여 마침내 영혼은 완전히 거룩한 하늘 은혜의 품에 안기며, 그 후 은혜가 그 그릇 안에서 다스립니다.

3. 그러나 겸손하지 못한 사람은 사탄에게 넘겨지며, 주어졌던 하늘의 은혜를 박탈당하며, 많은 환난과 시험을 당합니다. 그때에 그의 자존심이 본색을 드러냅니다. 왜냐하면 그는 실질적으로는 벌거벗은 자요 비참한 자이기 때문입니다. 하나님의 은혜를 풍성하게 받은 사람이라면 겸손해야 하며, 마음으로 통회해야 하며, 자신을 가난한 자요 아무것도 갖지 못한 자라고 여겨야 합니다. 이는 하나님의 은혜가 그의 것이 아니기 때문입니다. 하나님은 자기 뜻대로 사람에게 은혜를 주신 것같이, 주신 은혜 역시 하나님의 뜻대로 거두어 가십니다. 이처럼 하나님과 사람들 앞에서 자기를 낮추는 사람은 주어진 은혜를 보존할 수 있습니다.

주님은 "자기를 낮추는 자는 높아지리라"(눅 14:11)고 말씀하셨습니다. 하나님의 택함을 받은 자라도 자기 자신에게 대해서는 버림받은 자가 되어야 하며, 진실로 신실하게 되어 자신을 무가치한 자로 여겨야 합니다. 그러한 영혼은 하나님을 기쁘시게 하며 그리스도 안에서 소생합니다. 아멘.

설교 42

# 내면에 도사리고 있는 악한 생각들과 싸우십시오.

1. 큰 도시가 있다고 가정해 보십시오. 그 도시는 황폐해졌고, 성벽은 파괴되었고, 원수들이 점령하여 그 거대함이 쓸모가 없게 되었습니다. 만일 그 도시의 주민들이 관심을 기울여 도시의 크기에 비례하여 성벽을 튼튼하게 쌓았다면 원수가 쳐들어오지 못했을 것입니다. 지식과 예지와 예리한 정신을 지닌 영혼은 큰 도시와 흡사합니다. 원수가 그의 안에 들어와 그를 황폐하게 만들지 못하게 하려면 그 자신이 성령의 능력으로 튼튼하게 되어 있는지 세심하게 조사해 보아야 합니다. 아리스토텔레스나 플라톤, 소크라테스 등 세상의 현인들은 지적으로 총명했기 때문에 큰 도시와 흡사합니다. 그러나 그들의 내면에 하나님의 영이 없었기 때문에 그들은 원수의 공격을 받아 황폐하게 되었습니다.

2. 그러나 은혜에 참여하고 있는 단순한 사람들은 십자가의 능력에 의해 튼튼하게 된 작은 도시들과 같습니다. 그들이 은혜에서 떨어지는 데는 오직 두 가지 원인이 있을 뿐입니다. 즉 자기에게 임한 환난을 감당할 수 없기 때문에 멸망하거나, 아니면 악한 쾌락의 달콤한 맛에 빠

져 계속 그 속에 거하기 때문에 멸망합니다. 길을 걷는 사람에게는 항상 유혹이 임합니다.

거지든지 여왕이든지 세상에 태어날 때에 동일한 고통을 겪으며, 부자의 땅이든지 가난한 자의 땅이든지 제대로 경작되지 못하면 열매를 맺지 못합니다. 마찬가지로 영혼을 교육하는 일에 있어서 지혜로운 자든지 부자든지 인내하며 많이 수고하지 않으면 은혜 안에서 다스릴 수 없습니다. 기독교인의 삶은 그러한 종류의 것이어야 합니다. 꿀이은 달기 때문에 쓴 것이나 독한 것을 허용하지 않듯이, 기독교인들은 선한 사람이든 악한 사람이든 자신과 관계된 모든 사람들에게 선해야 합니다. 주님은 "너희 아버지의 선하심 같이 너희도 선하라"(눅 6:36; 마 5:48과 비교)고 말씀하십니다. 사람의 내면에서 나오는 것이 그를 더럽게 하고 해를 끼칩니다. 주님은 "마음에서 나오는 것은 악한 생각이라"(마 15:19)고 말씀하십니다. 왜냐하면 사람을 더럽히는 것이 속에서 나오기 때문입니다.

3. 악한 영들은 영혼의 내면에서 기어다니고 전진합니다. 그것은 이성에게 호소하고 선동합니다. 하나님을 의지하는 사람은 이 옛 사람을 벗어버리고 하늘의 새 사람, 즉 그리스도를 입어야 합니다(엡 4:22f., 골 3:8 참조). 사람의 밖에 있는 것은 결코 그를 해치지 못합니다. 그의 마음에 살아 활동하는 어둠의 영만이 그를 해칠 수 있습니다. 그러므로 그리스도께서 그의 마음을 비추어 주시게 되려면 마음 안에 있는 모든 생각들과 싸워야 합니다.

그리스도께 영원히 영광이 있을지어다. 아멘.

설교 43

# 영적 성장 능력은 마음 안에 있습니다.

1. 하나의 불씨에서 불을 받은 많은 등불과 횃불들이 단일한 본성의 빛을 발하듯이 기독교인들은 단일한 본성, 신적인 불, 하나님의 아들에게서 불을 붙여 빛을 발하며, 그들의 마음 안에 타는 횃불을 소유하며, 세상에 사는 동안 주님 앞에서 주님이 하셨듯이 빛을 발합니다. 성경에는 "그러므로 하나님 곧 왕의 하나님이 즐거움의 기름을 왕에게 부어 왕의 동료보다 뛰어나게 하셨나이다"(시 45:7)라고 기록되어 있습니다. 그렇기 때문에 그분은 그리스도라고 불립니다. 이는 우리도 역시 그리스도와 동일한 기름으로 부음을 받아 하나의 본질과 하나의 몸에 속한 그리스도들이 되기 위해서입니다. 성경에는 "거룩하게 하시는 이와 거룩하게 함을 입은 자들이 다 한 근원에서 난지라"(히 2:11)고 기록되어 있습니다.

2. 기독교인은 어떤 면에서 기름이 담겨 있는 등잔과 같습니다. 다시 말해서 칭의의 열매들을 가지고 있습니다. 그러나 내면에서 그 기름에 신성의 등불의 불이 붙지 못한다면, 그 등잔이 전혀 쓸 데 없습니다. 주

님은 "켜서 비추이는 등불"(요 5:35)입니다. 왜냐하면 주님 안에 본질적으로 신성의 영이 거하시며 그의 인성에 따라 그의 마음에 불을 붙이시기 때문입니다.

낡은 주머니 안에 진주가 가득 들어 있을 수 있듯이 기독교인도 겉사람은 비천하고 쉽게 무시를 당하지만 내적으로는 속사람 안에 "극히 값진 진주"(마 13:46)를 가지고 있습니다. 그렇지 않은 사람들은 "회칠한 무덤"과 같아서 겉에는 칠을 하고 단장을 했지만 "그 안에는 죽은 사람의 뼈"와 더럽고 부정한 영들의 뼈가 가득합니다(마 23:27). 그들은 하나님에 대해서 죽은 자이며, 온갖 수치와 더러움과 원수의 어둠을 옷 입고 있습니다.

3. 사도 바울은 어린아이가 어리기 때문에 악한 영들인 "후견인과 청지기들" 아래 있는데 이 영들은 그 아이가 자라서 어른이 될 때 그 집의 주권을 자기 것으로 주장하게 되는 것이 두려워 아이가 자라는 것을 원하지 않는다고 말했습니다(갈 4:2). 기독교인은 항상 하나님을 기억해야 합니다. 성경에 "너는 마음을 다하고 뜻을 다하고 힘을 다하여 네 하나님 여호와를 사랑하라"(신 6:5)고 기록되어 있습니다. 신자는 기도 처소로 들어갈 때만 아니라 길을 갈 때나 사람들과 이야기할 때나 음식을 먹을 때에도 주님을 사랑하고, 하나님을 기억하며 사랑하고 하나님에 대해 성실한 애정을 품어야 합니다. 주님은 "네 보물 있는 그 곳에는 네 마음도 있느니라"(마 6:21; 눅 12:34)고 말씀하셨습니다.

사람의 마음과 묶여 있으며 그가 자기 소원에 따라 향하는 대상이 그의 하나님입니다. 만일 그의 마음이 항상 하나님을 바란다면, 하나님이 그의 마음의 주인입니다. 그러나 사람이 모든 것을 부인하고 재산을 남에게 주고 집도 버리고 금식한 후에도 여전히 자기 자신이나 세상 일이나 집이나 부모의 매력에 묶여 있다면, 그의 마음이 묶여 있어 그의 마음을 사로잡고 있는 대상이 그의 하나님이 됩니다. 그는 앞문을 통해 세상 밖으로 나왔지만 옆문으로 다시 세상에 들어가 그 속에 빠진 사람입니다.

불 속에 던져진 나뭇가지는 불의 힘을 거부하지 못하여 불에 타버립니다. 마찬가지로 성령을 받았으며 거룩한 신적 불의 세력으로 타오르는 사람과 겨루어 싸우는 마귀들은 그가 항상 주님을 붙들고 놓지 않으며 주님을 향한 신뢰와 소망을 지니고 있기 때문에 그 세력에 저항하지 못하여 타버립니다. 비록 마귀들이 산처럼 강해도, 기도에 의해서 마치 밀랍이 불에 녹듯이 태워 버릴 수 있습니다.

영혼을 기다리고 있는 마귀들과의 싸움은 치열한 것입니다. 용들의 강(설교 15 참조)과 사자의 입이 영혼을 기다리고 있습니다. 불길이 영혼 안에 들어옵니다. 거짓의 영에 취한 악인은 살인이든 간음이든 온갖 악에 만족하지 않습니다. 반면에 성령 세례를 받은 기독교인들은 악을 경험하지 않습니다. 그러나 은혜를 소유하고 있으면서도 죄와 섞이는 사람들은 두려움에 굴복하며 두려운 곳을 여행합니다.

**4.** 상인들이 배를 타고 항해할 때에 순풍이 불고 바다가 평온해도 항구에 도착할 때까지 끊임없이 두려움을 느낍니다. 왜냐하면 갑자기 역풍이 불어와 파도가 사나워지면 배가 위험해질 수 있기 때문입니다. 기독교인들의 경우에도 마찬가지입니다. 그들의 내면에 성령의 순풍이

불고 있어도 그들 적대 세력이 일어나 그들을 공격하고 그들의 영혼을 괴롭히며 뒤흔들지 않을까 두려워합니다. 그러므로 평안한 항구, 완전한 세계, 영생과 즐거움, 성도들의 도시, 거룩한 예루살렘, "장자들의 모임과 교회"(히 12:23)에 도착하려면 부지런해야 합니다. 이런 것들을 통과하지 않는 사람은 악한 세력이 자신을 타락하게 만들지 않을까 크게 두려워합니다.

**5.** 임신한 여인은 어둠 속에, 다시 말해서 은밀한 곳에 아기를 넣고 다닙니다. 그러나 때가 되어 세상에 태어난 아기는 새로운 창조, 과거에는 보지 못했던 하늘과 땅과 해 등을 보게 됩니다. 아기는 곧 자기를 안아주는 다정한 얼굴을 가진 친구와 친척들과 친하게 됩니다. 그러나 만일 혼란이 발생하여 태아가 잘못되면 의사는 칼을 사용해야 하며, 결국 태아는 사망에서 사망으로, 어둠에서 어둠으로 지나가게 됩니다.

영적 세계에서 일어나는 일에 대해서도 동일하게 생각할 수 있습니다. 신성(神性)의 씨를 받은 많은 사람들이 그 씨를 눈에 보이지 않게 소유하고 있습니다. 그들은 내면에 거하는 죄 때문에 그 씨를 눈에 띄지 않는 어두운 곳에 감추어 둡니다. 그러므로 자신을 확실하게 하고 그 씨를 보존하는 사람은 적절한 때가 되면 눈에 보이게 거듭날 것이며, 그들의 육신이 멸할 때 하늘나라의 천사들과 동료들이 즐거운 얼굴로 그들을 영접해 줄 것입니다. 그러나 담대하게 싸우기 위해 그리스도의 무기를 받은 후에도 나태하게 사는 사람은 즉시 원수에게 넘겨지며, 육신이 죽을 때에 지금 그의 주위를 감싸고 있는 어둠에서 다른 어둠, 더 짙은 어둠으로, 멸망으로 보내집니다.

6. 어느 정원에 과수와 향기로운 식물들이 많고, 훌륭하게 가꾸어지고 아름답게 설계되어 있으며, 그 둘레에는 정원을 보호하기 위한 담이 있다고 생각해 보십시오. 거기에는 정원 쪽으로 거세게 흐르는 시냇물이 있습니다. 그 시냇물이 조금씩 담 쪽으로 흘러 기초를 잠식하다가 마침내 물길이 그쪽으로 트여 기초가 완전히 파괴되면 식물들의 뿌리가 드러나고, 가꾸어 놓은 것들이 손상되고 과수들이 열매를 맺지 못하게 됩니다.

사람의 마음에 대해서도 마찬가지입니다. 사람의 마음에는 선한 생각들이 있습니다. 그러나 악의 흐름들도 항상 마음 가까이에 있어 그 마음을 넘어뜨리고 자기 편으로 이끌어 가려고 합니다. 만일 마음이 밝지 못해 더러운 생각에 굴복한다면, 기회를 발견한 악한 영들이 들어와 그 곳에 있는 아름다움을 뒤집어엎고 선한 생각들을 죽이고 영혼을 황폐하게 만들 것입니다.

7. 눈은 다른 지체들과 비교할 때 작지만, 또 비록 눈동자가 작지만 큰 역할을 합니다. 왜냐하면 눈은 단번에 하늘, 해, 별, 달, 도시들 등 피조물들을 보며, 또 이런 것들의 상이 작은 눈동자 속에서 형성되고 형상화되기 때문입니다. 마음속에 있는 정신도 마찬가지입니다. 마음은 작은 그릇에 불과합니다. 그곳에는 용들과 사자들과 해로운 짐승들과 온갖 악한 보물들이 있고, 또 순탄하지 않은 험한 길과 깊은 수렁이 있습니다. 동시에 하나님이 계시고 천사들이 있고 생명이 있고 하나님의 나라가 있고 빛과 사도들이 있고 하늘 도시들이 있고 보물 등 모든 것이 있습니다.

세상에 안개가 덮이면 사람이 사람을 보지 못하듯이 죄로 말미암아 이 세대의 어둠이 모든 피조물과 인간의 본성을 덮었습니다. 그렇기 때문에 어둠으로 덮인 그들은 밤에 거하며 두려운 곳에서 생활합니다. 짙은 연기가 집안을 가득 채우듯이, 죄와 마귀도 더러운 생각들을 가지고 마음에 자리 잡고 살금살금 덮칩니다.

8. 세상에서 전쟁을 준비할 때에 현인들과 위대한 사람들은 죽음을 두려워하여 멀리 떨어진 곳에 머무릅니다. 그러나 경험이 없는 신병과 가난한 사람들과 무식한 사람들은 앞으로 돌격하여 원수를 국경 밖으로 몰아냅니다. 그들은 왕에게서 승리의 상과 면류관을 받고 승진하여 높은 지위에 올라가며 위대한 사람들보다 우위에 있게 됩니다. 영적 세계에서도 마찬가지입니다. 무식한 사람은 하나님의 말씀을 듣는 일에서부터 시작하여 진리를 사랑하는 마음으로 일하며 하나님에게서 성령의 은혜를 받습니다. 그러나 지혜로운 사람들과 교묘한 방법으로 말씀을 구하는 사람들은 전쟁에서 도망치며 전진하지 못하고, 결국 원수와 싸워 정복한 사람들보다 열등하게 됩니다.

9. 사납게 부는 바람은 하늘 아래 있는 모든 피조물을 흔들어 놓으며 큰 소리를 냅니다. 마찬가지로 원수의 세력은 우리의 생각들을 쳐서 날려버리며, 마음 깊은 곳을 제멋대로 흔들어 놓으며, 생각들을 자기에게 유리하게 흩어 놓습니다. 세리가 좁은 길에 앉아 지나가는 사람들을 붙잡아 세금을 강제로 걷어내듯이 마귀들도 영혼들을 정찰하고 그들을 붙잡습니다. 완전히 정결하게 되지 못한 영혼이 육신을 벗어날 때면 마

귀들은 그가 하늘나라의 거처로 가서 주님을 만나도록 내버려 두지 않습니다. 그는 공중의 마귀들에 의해 지옥으로 밀려 내려갑니다. 그러나 그들이 육신을 입고 있는 동안 많이 수고하고 노력하면 하나님에게서 은혜를 받을 것입니다. 이 사람들 및 덕 있는 생활을 통해 안식에 이른 사람들은 주께로 갈 것입니다. 주님은 "나 있는 곳에 나를 섬기는 자도 거기 있으리니"(요 12:26)라고 약속하셨습니다.

그들은 영세토록 성부와 성자와 성령과 함께 이제부터 세세토록 다스릴 것입니다. 아멘.

설교 44

# 새로운 피조물이 되려는 확고한 목적을 가지십시오.

1. 하나님께 나아가 그리스도와 함께 보좌에 앉기를 원하는 사람은 과거의 상태와 행실을 버리고 변화되어 옛 사람이 완전히 소멸된 선하고 새로운 사람이 되려는 목적을 가져야 합니다. 성경은 "누구든지 그리스도 안에 있으면 새로운 피조물이라"(고후 5:17)고 말합니다. 예수 그리스도께서 세상에 오신 목적은 우리의 본성을 변화시키시고 죄로 말미암아 정욕에 정복된 영혼을 새롭게 하시고, 신성의 영 즉 성령과 혼합시키기 위해서였습니다. 주님은 믿는 사람에게 새 마음과 새 영, 새 눈과 새 귀, 영적인 새 혀를 주시기 위해서, 한 마디로 말해서 완전히 새로운 사람으로 만들기 위해서 오셨습니다. 이것을 새 부대라고 말할 수 있습니다. 주님은 믿는 사람들에게 자신의 지식의 빛으로 기름 부어 주셨습니다. 그것은 그들의 포도주를 새 포도주, 즉 성령으로 변화시키기 위해서였습니다. 주님은 "새 포도주는 새 부대에 넣어야"(마 9:17)라고 말씀하십니다.

2. 원수가 인간을 자기의 종으로 만들게 되면 그를 새롭게 만들어 악

한 정욕으로 둘러싸고, 죄의 영으로 기름 부으며, 불의와 악한 교리라는 포도주를 그에게 부어 넣습니다. 반면에 주님은 원수에게서 그를 구하신 후에 그를 새롭게 만들고 성령을 부어 주시고 성령의 포도주, 즉 성령의 새로운 가르침을 부어 주십니다.

주님은 떡 다섯 개의 본성을 큰 무리의 본성으로 변화시키셨고, 이성이 없는 나귀로 하여금 말을 하게 하셨고, 창녀를 정결하게 하셨고, 풀무불 속에 던져진 사람을 위해 타오르는 불의 본성을 식게 하셨습니다. 또 다니엘을 위해 사나운 사자의 본성을 길들이시기도 했습니다. 주님은 황폐하고 사나운 영혼을 변화시키실 수 있습니다. 즉 거룩하고 선하신 "약속의 성령"(엡 1:13)에 의해 그를 죄에서 건져내어 주님의 선하심과 인자하심과 평안으로 인도하십니다.

3. 목자는 병든 양을 치료하고 늑대로부터 보호하는 법을 알고 있습니다. 그러므로 참 목자이신 그리스도께서 세상에 오셨을 때에 병들고 버림은 양에게서 죄라는 문둥병과 상처를 치료해 주실 수 있는 분, 인간을 치료하고 회심시킬 수 있는 분은 그리스도뿐이었습니다. 과거에 제사장과 레위인들과 율법 선생들은 제물과 예물을 드리고 피를 뿌렸지만 영혼을 고칠 수 없었습니다. 그들은 자기 자신조차 치료하지 못했습니다. 성경은 "황소와 염소의 피가 능히 죄를 없이 하지 못함이라"(히 10:4)고 말씀하십니다. 주님은 그 시대 의원들의 무능함을 보이시면서 "의사야 너 자신을 고치라 하는 속담을 인용"(눅 4:23)하셨습니다. 이 말씀은 "나는 자신의 병조차 못 고치는 사람들과는 다르다. 나는 참 의사요 선한 목자이다. 나는 양을 위해 내 목숨을 버리며(요 10:15) 영혼의 모

든 질병을 고칠 수 있다(마 4:23). 나는 단번에 제물로 바쳐진 흠없는 양이며, 나는 내게 오는 자를 고칠 수 있다"는 뜻입니다.

영혼을 치료할 수 있는 분은 주님뿐입니다. 성경은 "보라 세상 죄를 지고 가는 하나님의 어린 양이로다"(요 1:29)라고 말합니다. 다시 말해 주님은 믿고 마음을 다해 사랑하는 영혼의 죄를 지고 가십니다.

**4.** 선한 목자는 병든 양을 치료하십니다. 그러나 양이 양을 고치지 못합니다. 인간, 즉 이성을 가진 양은 치료받지 않고서는 주님이 계신 하늘의 교회에 들어갈 수 없습니다. 그것이 율법에도 상징적으로 언급되어 있습니다. 성령께서는 문둥병자 및 흠 있는 자들과 관련하여 상징적으로 다음과 같은 뜻으로 말씀하십니다. "육체에 흠이 있는 자는 그 하나님의 음식을 드리려고 가까이 오지 못할 것이니라"(레 21:17; 민 5:2 참조). 그러나 문둥병자는 제사장에게 가서 자기의 장막 집에 와달라고 간청하여 환부를 보여 주면서 그곳에 안수하여 치료해 달라고 간구해야 합니다. 마찬가지로 "장래 좋은 일의 대제사장으로 오실"(히 9:11) 그리스도 문둥병과 같은 죄로 고통하는 영혼들을 굽어보시며, 그들의 육체의 장막에 들어가셔서 아픈 부분을 치료하여 낫게 해주십니다.

고침을 받은 영혼은 참 이스라엘인 성도들의 거룩한 교회에 들어갈 수 있습니다. 왜냐하면 악한 정욕이라는 문둥병에 걸려 있는 영혼은 참 대제사장에게 와서 성도의 장막에서 고침을 받지 않으면 천국 교회에 들어 갈 수 없기 때문입니다. 흠 없고 순전한(청결한) 교회는 흠 없고 순전한 영혼을 찾습니다. 성경은 "마음이 청결한 자는 복이 있나니 그들이 하나님을 볼 것임이요"(마 5:8)라고 말합니다.

5. 그리스도를 믿는 영혼들은 현재의 악한 상태에서 선한 상태로 변화되어야 합니다. 현재의 천한 본성에서 신적인 본성으로 변화되고 성령의 능력으로 새로워져야 합니다. 그렇게 되어야만 하늘나라에 합당한 사람이 됩니다. 그것은 우리가 주님을 진심으로 믿고 사랑하며 그분의 거룩한 계명에 따라 살아야 얻을 수 있습니다. 과거 엘리사가 가벼운 나뭇가지를 물 위에 던졌더니 무거운 쇠가 떠올랐습니다. 그렇다면 주께서 그의 빛, 선한 하늘의 성령을 보내어 악의 바다에 잠긴 영혼을 떠오르게 하고, 영혼을 가볍게 해주며, 천국으로 날아가게 하며, 그 본성을 변화시키시지 않겠습니까?

6. 이 세상에서 가볍고 물에 잘 뜨는 나무로 만든 배가 없으면 아무도 바다를 건너갈 수 없습니다. 배만이 물 위로 항해할 수 있기 때문입니다. 만약 사람이 물 위를 걸으려고 하면 물에 빠져 죽을 것입니다. 영혼의 경우에도 마찬가지입니다. 영혼이 혼자서는 죄악의 깊은 바다, 정욕으로 어두워진 악한 세력들이 도사리고 있는 위험한 바다를 무사히 지나갈 수 없습니다. 그는 가볍고 천상적인 날개가 달린 그리스도의 영을 받아야 합니다. 그리스도의 영이 악한 것을 지나고 통과하여 좁고 바른 과정을 밟아 하늘의 안식의 항구, 즉 하나님의 나라에 도달할 수 있게 해줄 것입니다.

배 안에 있는 사람은 바닷물을 마시지 않습니다. 그는 바다에서 옷을 만들어 입거나 음식을 구하지 않고 육지에서 가지고 온 물건들을 사용합니다. 이와 같이 그리스도인의 영혼도 이 세상이 아닌 윗 세상, 즉 하늘에서 온 물건을 쓰며 하늘의 도움을 받고 신령한 옷을 입습니다. 선하고 생명을 주는 성령의 배 안에 있는 사람들은 정사들과 주권자들의 악한 세력에서 벗어납니다. 배는 나무로 만들어지며, 사람들은 그것을 타고 무서운 바다를 건너야 합니다. 마찬가지로 기독교인들의 영혼은 성령이 주시는 다양한 은사에서 나오는 신성의 천상적인 빛을 통해 능력을 받고 악한 것들을 넘어 높이 날아갈 수 있습니다.

7. 그러나 배가 순조롭게 항해하려면 항해사와 순풍이 필요합니다. 주님은 신실한 영혼 안에서 조종사요 순풍이 되셔서 무서운 폭풍우와 거친 악의 파도와 죄악의 거센 바람을 헤치고 항해하게 합니다. 주님은 강하고 능숙한 전문가답게 폭풍을 흩는 법을 알고 있습니다. 하늘의 조종사인 그리스도 없이는 누구도 어둠의 세력이 장악하고 있는 악한 바다와 유혹의 돌풍을 극복할 수 없습니다. 성경에는 "그들이 하늘로 솟구쳤다가 깊은 곳으로 내려가나니"(시 107:26)라고 기록되어 있습니다. 그리스도는 전쟁과 유혹에 관한 지식을 가지고 계시며 거친 파도 위를 걸어가십니다. "그가 시험을 받아 고난을 당하셨은즉 시험 받는 자들을 능히 도우실 수 있느니라"(히 2:18).

8. 우리의 영혼은 현재의 상태에서 다른 상태로 변해야 합니다. 즉 신성한 성품에 참여하며 옛 사람을 버리고 새 사람이 되어야 합니다. 무정하고 믿음 없는 상태에서 벗어나 선하고 인자하며 신실하여 하늘나라에 알맞은 인물로 회복되어야 합니다. 사도 바울은 자신의 변화, 즉 자신이 주님에게 붙잡힌 것을 다음과 같이 기록했습니다: "내가 그리스도 예수께 잡힌 바 된 그것을 잡으려고 달려가노라"(빌 3:12).

바울이 어떻게 하나님께 붙잡혔습니까? 마치 왕위를 찬탈하려 하던 자가 참 주권자에게 붙잡혀 포로가 되면 주권을 빼앗기듯이, 죄의 악한 영향 아래 있던 바울은 교회를 핍박하고 파괴하였습니다. 그러나 그는 하나님에 대한 무지한 열심을 따라 자신이 진리를 위해 싸우고 있다고 생각하고서 행동했기 때문에 버림을 받지 않았습니다. 주님이 그를 붙잡으셨습니다. 참되신 하늘의 왕께서 그의 주위를 빛으로 비추시고 자신의 목소리를 들려주시고 노예를 치듯이 그를 치셔서 자유하게 하셨습니다. 주님의 선하심과 변화시키시는 능력을 보십시오. 주님은 죄에 빠져 타락한 영혼을 변화시키시며 일순간에 그의 선하심과 평안으로 회심시키실 수 있습니다.

9. 하나님에게는 가능하지 못한 것이 없습니다. 이를 증명하는 것으로서 십자가 위의 강도는 믿음으로 말미암아 순간에 변화되어 낙원에 들어갔습니다. 주님이 오신 목적은 우리 영혼을 변화시켜 새롭게 창조하시고 성경에 기록된 대로 "신성한 성품에 참여하는 자"(벧후 1:4)로 만드시며, 우리 영혼 안에 하늘의 영혼, 즉 우리를 모든 덕으로 인도하시는 신성의 영을 불어넣어 우리로 영생을 얻게 하는 것입니다. "약속하신 이는 미쁘시니"(히 10:23) 우리는 마음을 다하여 그분의 말로 표현할 수 없는 약속을 믿어야 합니다.

우리는 주님을 사랑하고 부지런히 모든 덕을 세우며, 쉬지 않고 간구하여 성령의 약속을 받아 완전함에 이르러야 합니다. 그렇게 하면 우리가 아직 육체 안에 있을 때에도 우리의 영혼이 생명에 이를 수 있습니다. 영혼이 이 세상에 사는 동안 믿음과 기도생활을 하지 않아 거룩하게 하는 성령을 받지 못하고 신의 성품에 참여하지 못하며 은혜를 받아 모든 계명을 허물 없이 순전히 지키지 못한다면 하나님 나라에 이를 수 없을 것입니다.

성부와 성자와 성령을 통해 이 세상에서 선한 것을 누리며, 마지막 때에 생명도 그와 같을지어다. 아멘.

설교 45

# 이 세상의 것으로는 영혼을 구하지 못합니다.

1. 고독한 독거생활을 택한 사람은 이 세상과 관련된 모든 것들을 이질적이고 낯선 것으로 여겨야 합니다. 모든 것을 부인하고 "자기 목숨까지도"(눅 14:26) 부인하고 그리스도의 십자가를 따르려는 사람은 자기 마음을 그리스도의 사랑에 못 박아야 합니다. 그리스도께서는 "아버지나 어머니를 나보다 더 사랑하는 자는 내게 합당하지 아니하고 아들이나 딸을 나보다 더 사랑하는 자도 내게 합당하지 아니하며"(마 10:37)라고 말씀하셨습니다. 이것이 아닌 다른 것에서는 인간을 위한 구원과 평화가 발견되지 않습니다.

아담의 후손 중에서 얼마나 많은 왕들이 출현했습니까? 그들은 온 세상을 소유했으며 자신의 왕권 때문에 위대한 것들을 생각했습니다. 그러나 그들이 이런 종류의 유익을 누렸지만 첫 사람의 범죄로 말미암아 영혼에 침입하여 영혼을 어둡게 만든 악을 분별해 내는 능력을 가진 사람은 한 사람도 없었습니다. 그들은 인간의 정신이 태초에는 존귀에 처했기 때문에 순수했으며 주님을 보았지만 이제는 추방당했기 때문에 수치를 입고 있으며 마음의 눈이 멀었기 때문에 우리의 조상 아담이 불순종하기 전에 보았던 영광을 보지 못한다는 것, 즉 인간에게 임한 변화를 알지 못합니다.

2. 이 세상에는 여러 종류의 현자들이 있었습니다. 그들 중에 어떤 사람은 철학에 의해 탁월함을 나타냈으며, 어떤 사람은 궤변에 능하여 존경을 받았으며, 또 어떤 사람은 웅변 기술을 발휘했으며, 시와 문학에 능하고 관습적인 방법으로 역사 이야기를 지은 사람들도 있었습니다. 또 세상적인 기술을 발휘하는 여러 종류의 기술자들이 있었습니다. 어떤 사람은 나무로 새나 물고기나 사람의 형상을 조각했는데, 그로써 자신의 탁월함을 나타내려고 노력했습니다. 어떤 사람은 청동 등의 재료로 사람의 형상 만들었고, 어떤 사람들은 크고 아름다운 건물을 세웠고, 어떤 사람들은 광산에서 금이나 은 또는 보석을 캤습니다.

또 개인적으로 아름다움을 가지고 있는 사람들은 잘생긴 얼굴 때문에 오만했고 그 때문에 사탄의 유혹을 더 많이 받아 죄에 빠졌습니다.

위에서 언급한 기술자들은 내면에 거하는 뱀에게 사로잡혀 있으며 또 자기 내면에 죄가 거한다는 것을 알지 못하기 때문에 악한 세력의 포로와 종이 되어 자신의 학문이나 기술에서 전혀 유익을 얻지 못합니다.

3. 온갖 다양한 것이 가득한 세상은 마치 큰 부자와 같습니다. 그는 크고 화려한 집과 금과 은, 다양한 재산을 가지고 있으며 온갖 종류의 섬김을 받고 있지만 동시에 고통과 질병에 시달립니다. 그의 곁에서 시중드는 친척들은 그의 재산을 다 허비하면서도 그의 병을 낫게 해주지

못합니다. 이 세상 삶에 속한 모든 일, 형제, 부귀, 용기, 그밖에 앞에서 언급한 모든 것들은 죄에 빠져 사물을 분명히 보지 못하는 영혼을 죄에서 구해주지 못합니다. 오직 그리스도만이 영혼과 몸이 깨끗하게 될 수 있습니다. 그러므로 우리는 자신에게서 현세적인 염려를 모두 제거하고 주께 헌신하며 밤낮으로 주께 부르짖어야 합니다. 이 세상과 그 안에서 발견되는 만족은 육신을 위로해 주는 듯이 보이지만 실상은 영혼의 질병을 더 깊게 만들며 영혼이 당하는 불행을 증가시킵니다.

4. 어느 지혜로운 사람은 탐구하는 일에 있어서 수고를 아끼지 않겠다고 생각하고서 자신에게 조금이라도 유익이 된다면 이 세상에서 일어나는 모든 일을 경험하려 했습니다. 그런데 그는 왕, 권세자, 그리고 통치자들에게 호소했지만 자기 영혼에게 적용할 치료법을 발견하지 못했습니다. 그들과 함께 오랜 시간을 보냈지만 그의 영혼은 조금도 나아지지 않았습니다. 그리하여 그는 다시 이 세상의 현인들과 웅변가들을 찾아 갔지만 그들에게서도 유익을 얻지 못한 채 그들을 떠났습니다. 그는 화가들, 금이나 은을 캐는 광부들, 모든 예술가들을 찾아가 보았지만 자기의 상처를 치료할 치료법을 발견하지 못했습니다.

결국 그는 그들과 작별하고 하나님, 영혼의 질병을 고쳐 주시는 하나님을 찾기 시작했습니다. 그러나 그가 자신을 바라보며 이런 일들에 대해 생각하는 동안 그의 정신이 과거에 혐오감을 느껴 표면상으로 떠났던 그것들 사이에서 방황하고 있음을 발견했습니다.

5. 어느 여인이 세상에서 부유하며 돈이 많고 훌륭한 집을 가지고 있

지만 그녀를 보호해 줄 사람이 없고 그녀를 공격하여 상처를 입히고 그녀의 집을 빼앗으려 하는 사람들은 많았습니다. 모욕을 견디지 못한 그녀는 자기와 결혼할 힘있는 사람, 그녀의 목적에 적합하며 여러 가지 교육을 받은 사람을 찾으러 사방으로 다녔습니다. 그녀는 오랫동안 수고한 끝에 그러한 남편감을 찾았고, 남편은 그녀의 튼튼한 방벽이 되어 주었습니다. 그와 마찬가지로 범죄한 영혼은 오랫동안 적대 세력에 의해 괴롭힘을 당했으며, 계명을 범했기 때문에 하늘의 신랑에게서 버림을 받은 "과부로서 외로운 자"(딤전 5:5)가 되어 몹시 고독하게 되었고 적대 세력들의 농락거리가 되었습니다.

그들이 영혼으로 하여금 정신을 차리지 못하고 당황하게 하여 하늘의 지혜를 상실하게 만들기 때문에 영혼은 그들이 자기에게 어떤 일을 행했는지 알지 못하며 자신이 처음부터 그렇게 생겼다고 생각합니다. 그 후 영혼은 사람들의 말을 듣고 자신이 버림받고 보호받지 못한 상태에 있다는 것을 알고는 관대하신 하나님 앞에서 탄원하여 생명과 구원을 발견했습니다. 그 이유는 무엇입니까? 그녀가 자기의 친척에게 돌아왔기 때문입니다.

영혼과 하나님, 하나님과 영혼 사이를 연결하는 것과 같은 혈연관계는 없습니다. 하나님은 여러 종류의 새들을 지으셨습니다. 어떤 새들은 땅을 파고 살면서 거기서 먹을 것과 만족을 찾습니다. 어떤 새들은 물속에서 먹을 것을 얻습니다. 하나님은 두 개의 세상을 지으셨습니다. 하나는 "섬기는 영"(히 1:14)을 위한 하늘의 세계로서 그런 영들은 그곳에서 사회생활을 해야 합니다. 또 하나는 인간들을 위한 세상, 즉 대기권 아래의 세상입니다. 하나님은 또 하늘과 땅, 해와 달, 바다, 열매 맺는 나무, 그리고 온갖 종류의 동물들을 지으셨습니다. 그러나 하나님은 그것들 중 어느 것에서도 안식을 발견하지 못하셨습니다. 하나님은 모든 피조물들을 다스리시지만 그들 안에 자기 보좌를 마련하시거나 그것들과 교통하시지 않으며, 오직 인간만을 흡족하게 여기시고 그와 함께 교통하며 그의 안에서 쉬십니다.

당신은 하나님과 인간, 인간과 하나님의 친밀한 관계를 알고 있습니까? 현명하고 지혜로운 영혼은 모든 피조물들을 섭렵하지만 그것들 안에서 자신을 위한 안식을 발견하지 못하고 오직 주님 안에서만 안식을 발견합니다. 또 주님은 오직 인간 안에서만 기뻐하십니다.

**6.** 만일 당신이 눈으로 태양을 바라본다면, 하늘에 있는 둥근 해를 보지만 태양 빛과 지구를 향하는 광선과 지구에 밀어닥치는 그 광채와 빛의 힘은 보지 못합니다. 마찬가지로 주님은 "모든 통치와 권세와 능력과 주권"(엡 1:21) 위에 계신 아버지의 오른편에 앉아 계시지만 시선을 땅 위에 있는 인간들의 마음에 두십니다. 주님의 도움을 기다리는 사람들을 주님이 계신 곳으로 끌어 올리시기 위해서입니다. 주님은 "나 있는 곳에 나를 섬기는 자도 거기 있으리니"(요 12:26)라고 말씀하셨고, 바울은 "일으키사 그리스도 예수 안에서 함께 하늘에 앉히시니"(엡 2:6)라고 말했습니다.

이성이 없는 동물들이 우리보다 훨씬 지혜롭습니다. 동물들은 같은 종류의 동물끼리 모입니다. 야생동물은 야생동물끼리, 양은 양끼리 모입니다. 그런데 우리는 하늘의 친족인 주님에게 올라가지 않고 악한 생각들에 동의하고 굴복하며 죄와 연합하며 자신을 대적하여 죄의 편에 섭니다. 우리는 자진하여 우리를 잡아 삼키려는 원수의 먹이가 됩니다. 그것은 새가 독수리에게 잡아먹히는 것이나 양이 늑대에게 잡아먹히는 것이나 아무것도 모르는 어린아이가 뱀에게 손을 내밀어 물려 죽는 것과 같습니다. 그 비유들은 영적 세계의 것들을 생생하게 나타내 줍니다.

**7.** 남자와 정혼한 부유한 처녀가 결혼하기 전에 장신구나 옷이나 값비싼 그릇 등을 선물로 받지만 결혼식 날이 되어 신랑과 하나가 되어야 비로소 만족하듯이, 하늘나라의 신랑과 약혼한 신부인 영혼은 성령의 은사들—병 고치는 은사, 지식의 은사, 계시의 은사—을 보증으로 받아도 만족하지 않으며 완전한 연합, 즉 사랑을 얻어야 비로소 만족합니다. 사랑은 결코 변하지 않으며, 기대를 저버리지 않으며, 사랑을 갈망하는 사람들을 정욕과 번민에서 해방시켜 줍니다. 진주와 값비싼 옷으로 치장한 아기는 배가 고플 때 자신이 입고 있는 옷은 전혀 생각하지 않고 오히려 무시하며 유모의 젖가슴만 찾습니다. 하나님의 신령한 은사들에 대해서도 그와 같이 생각하십시오.

하나님께 영원히 영광이 있을지어다. 아멘.

설교 46

# 세상의 말은 세상이요, 하나님의 말씀은 하나님입니다.

1. 하나님의 말씀은 하나님이요, 세상의 말은 세상입니다. 하나님의 말씀과 세상의 말, 하나님의 자녀와 세상의 자녀 사이에는 큰 차이와 거리가 있습니다. 모든 태어나는 것들은 그 부모를 닮습니다. 따라서 만약 성령의 자녀들이 세상의 말과 땅의 것들과 현세의 영광에 몰두하여 산다면 삶의 참 만족을 발견하지 못한 채 굴욕 속에서 멸망할 것입니다. 성령의 자녀의 만족은 그가 태어난 곳에 있습니다. 주님이 말씀하셨듯이 이 세상의 근심에 둘러싸여 땅의 것에 묶여 있는 사람은 하나님의 말씀을 듣지만 말라서 결실하지 못하는 자입니다(막 4:19). 마찬가지로 육적인 생각에 사로잡혀 있는 사람, 즉 세상에 속한 사람은 혹시 하나님의 말씀 듣기를 원해도 그 생각이 그를 방해할 것이며, 이성이 없는 사람처럼 될 것입니다. 왜냐하면 그가 죄악의 속임수에 물들어 있어서 하나님에 대한 말을 들을 때에 그것을 지루하게 여기고 싫증을 내기 때문입니다.

2. 사도 바울은 "육에 속한 사람은 하나님의 성령의 일들을 받지 아

니하나니"(고전 2:14)라고 말했으며, 선지자는 "하나님의 말씀이 그들에게 마치 토해낸 것과 같다"라고 말했습니다. 우리는 사람은 자신이 태어난 곳의 말을 따르지 않으면 살 수 없음을 알 수 있습니다.

이것을 달리 설명해 보겠습니다. 만일 육적인 사람이 자신을 변화시키려 한다면 악하게 살던 과거의 생활에 대해 죽어서 무익한 자가 되어야 합니다. 그러나 열병에 걸려 침대에 누워 있는 사람은 육체적으로는 세상 일을 하지 못하지만 정신적으로는 가만히 있지 못합니다. 그는 자기의 사업에 대해 염려하며 친구를 보내어 의사를 불러옵니다. 계명을 범하여 정욕 때문에 약해지고 무기력해진 영혼은 주께 나아가서 믿고 도움을 구해야 합니다. 과거의 악한 생활을 부인하는 영혼은 아직도 과거의 연약함에 빠져 있어 진실로 생명의 일을 행하지 못하지만 생명 얻기를 간절히 원하며 주께 구하여 참된 의원을 찾을 수 있으며, 실제로 행합니다.

3. 잘못된 가르침을 받아 미혹된 자들의 말처럼 인간은 죽었기 때문에 선한 일을 전혀 할 수 없다고 주장하는 것은 사실과 다릅니다. 혼자서는 아무것도 할 수 없고 어머니에게 걸어갈 수 없는 아기도 혼자서 몸을 굴리고 소리치고 울면서 어머니를 찾을 수는 있습니다. 어머니는 그 아기를 불쌍히 여겨서, 그 어린 아기가 울며 애써 자기를 찾을 때 기뻐합니다. 비록 아기가 어머니에게 오지 못해도 간절히 어머니를 찾기 때문에 그 아기에 대한 사랑에 압도된 어머니는 아기에게 다가가서 그를 품에 안고 지극한 애정으로 돌보아 줍니다. 하나님도 하나님에게 나오며 하나님을 갈망하는 사람에게 자비를 베풀어 이와 같이 행하십니

다. 하나님은 그보다 훨씬 더 큰 일을 행하십니다.

하나님은 본질적으로 그 자체가 선하신 분이기 때문에 사랑의 강권을 받아 자발적으로 영혼의 의지를 붙드시며, 사도 바울이 말한 것처럼 그와 한 영이 되십니다(고전 6:17). 영혼이 주님을 굳게 붙들 때 주님은 그를 불쌍히 여기시고 사랑하셔서 그에게 오셔서 붙들어 주십니다. 그때부터 영혼의 의도는 성실하게 주님의 은혜를 따르며, 영혼과 주님은 한 영, 한 의지, 하나의 복합체가 됩니다. 영혼에 속한 몸은 땅에서 살고 있지만, 영혼의 의도는 하늘의 예루살렘과 교제하며, 셋째 하늘에 올라가서 그곳에서 주님을 붙들고 주님을 섬깁니다.

**4.** 주님은 천성에서 엄위하신 보좌에 앉아 계시면서도 몸 안에 있는 영혼과 교제하십니다. 주님은 성도들의 천성인 예루살렘에 그 영혼의 형상을 새기시고 그 영혼의 몸 안에는 하나님의 신성의 말할 수 없는 빛의 형상을 새기셨습니다. 주님은 사람 몸의 성 안에서 그 영혼을 섬기시고, 그 영혼은 거룩한 천성에서 주님을 섬깁니다. 영혼은 하늘에서 주님을 기업으로 받고, 주님은 땅에서 그 영혼을 상속받습니다. 주님은 영혼의 기업이 되시고, 영혼은 주님의 기업이 됩니다.

어둠 속에 있는 죄인의 마음과 생각은 육체와 떨어져 혼자 멀리 다닐 수 있고 순식간에 먼 나라로 갈 수 있습니다. 때때로 몸이 세상에 있는 동안 정신은 다른 나라에 가서 자신이 사랑하는 사람과 교제하며 그곳에서 사는 모습을 볼 수 있습니다. 만약에 죄인의 영혼이 매우 가볍기 때문에 그의 정신이 장소의 구애를 받지 않고 멀리 날아갈 수 있다면, 성령의 능력에 의해 어둠의 휘장이 벗겨진 영혼은 어떠하겠습니까? 그의 영안靈眼은 하늘의 빛으로 말미암아 더욱 밝아질 것이며, 부끄러운 정욕에서 완전히 구원받고 은혜로 정결하게 되어 하늘에서는 영으로 온전히 주님을 섬기고, 몸으로 온전히 주께 봉사하며, 정신이 확대됨으로써 어디든 영혼이 원하고 주님이 원하시는 곳에 가서 주님을 섬기게 됩니다.

5. "능히 모든 성도와 함께 지식에 넘치는 그리스도의 사랑을 알고 그 너비와 길이와 높이와 깊이가 어떠함을 깨달아 하나님의 모든 충만하신 것으로 너희에게 충만하게 하시기를 구하노라"(엡 3:18-19)는 사도 바울의 말이 바로 이러한 의미입니다. 영혼 위에 드려져 있던 어둠을 없애고 그 영혼에게 계시하신 영혼의 말할 수 없는 비밀들을 생각해 보십시오. 주께서 영혼으로 하여금 보이는 것과 보이지 않는 모든 창조의 너비와 길이와 깊이와 높이를 알도록 어떻게 그 정신을 확대하셨는지를 생각해 보십시오. 영혼은 위대하고 경이로운 신의 작품입니다. 하나님은 영혼을 만드실 때 그의 본성에 악한 것이 조금도 없게 하셨고 영의 덕스러운 형상을 따라 만드셨습니다. 하나님은 영혼에게 영의 형상을 따라 덕의 법들과 분별력과 지식과 신중함과 믿음과 사랑 등 여러 가지 덕을 주셨습니다.

6. 지금도 주님은 지식과 사리분별과 사랑과 믿음 안에서 자신을 영혼에게 보여주시고 나타내십니다. 주님은 영혼에게 예지, 여러 가지 능력, 의지, 그리고 주도적 정신을 주셨습니다. 주님은 그밖에도 많은 신비한 능력들을 주셨습니다. 주님은 영혼으로 하여금 활동적이며 지치

지 않게 하셨습니다. 주님은 영혼에게 순식간에 왕래하며 성령이 원하시는 곳에서 마음으로 주님을 섬길 수 있게 하셨습니다. 주님은 영혼을 자신의 신부로 창조하셨고 자신과 교제하며 "한 영"이 되게 하셨습니다. 바울은 "주와 합하는 자는 한 영이니라"(고전 6:17)고 말했습니다.

주께 영광이 영원히 있을지어다. 아멘.

설교 47

# 율법 아래 이루어진 일들을 기억하십시오.

1. 모세의 얼굴에 나타난 영광은 참된 영광의 상징이었습니다. 유대인들이 "모세의 얼굴을 주목하지 못하였던 것처럼"(고후 3:7), 지금 그리스도인들도 자신의 영혼 속에 영광의 빛을 받는데, 어둠이 그 빛의 광채를 견디지 못하여 눈이 멀어 사라지게 됩니다. 유대인들은 할례에 의하여 하나님의 백성이 된다고 알려졌습니다. 그러나 하나님의 친 백성은 내면적으로 마음속에 할례의 표시를 받습니다. 하늘의 칼은 할례되지 않은 더럽고 악한 부분, 즉 우리 마음에서 불필요한 것들을 베어 버립니다. 유대인들에게는 육체를 거룩하게 하는 세례가 있고, 우리에게는 불과 성령의 세례가 있습니다. 요한은 "그는 성령과 불로 너희에게 세례를 베푸실 것이요"(마 3:11)라고 전파했습니다.

2. 유대인들에게는 바깥 장막과 안의 장막이 있었습니다: "제사장들이 항상 첫 장막에 들어가 섬기는 예식을 행하고 오직 둘째 장막은 대제사장이 홀로 일 년에 한 번 들어가되 자기와 백성의 허물을 위하여 드리는 피 없이는 아니하나니 성령이 이로써 보이신 것은 첫 장막이 서

있을 동안에는 성소에 들어가는 길이 아직 나타나지 아니한 것이라"(히 9:6-8). 반면에 자녀가 되는 특권을 가진 우리는 손으로 짓지 않은 성소에 들어가는데, 그곳은 그리스도께서 우리를 위하여 앞서 들어가신 곳입니다(히 6:20).

율법에서는 제사장이 두 마리의 비둘기를 가지고 와서 한 마리를 죽여 그 피를 산 비둘기에게 뿌린 후 놓아주어 자유롭게 날아가게 했습니다(레 14:4; 16:22 참조). 그것은 진리의 상징이요 그림자입니다. 왜냐하면 그리스도가 죽임을 당하셨고, 우리에게 뿌려진 그분의 피가 우리에게 날개를 주었기 때문입니다. 그분이 우리에게 성령의 날개를 주었기 때문에 우리는 아무런 방해를 받지 않고 거룩한 하늘을 날 수 있게 되었습니다.

3. 유대인들에게는 돌판에 새겨진 율법이 주어졌습니다. 그러나 우리는 "육의 마음판"(고후 3:3)에 새겨진 율법을 받았습니다. 성경에 "내 법을 그들의 마음에 두고 그들의 생각에 기록하리라"(히 10:16)고 기록되어 있습니다. 그들이 받은 것은 일시적인 것이요 폐지되어야 할 것들이었습니다. 그러나 지금은 모든 것이 속사람에게서 참으로 완성되었습니다. 우리의 내면에 언약이 있고 전쟁도 있습니다. 간단히 말하자면 과거 이스라엘 백성들에게 일어났던 모든 일이 우리에게 "본보기가 되고…우리를 깨우치기 위하여 기록"(고전 10:11) 되었습니다. 하나님은 아브라함에게 "네 자손이 이방에서 객이 되어 그들을 섬기겠고 그들은 사백 년 동안 네 자손을 괴롭히니"(창 15:13)라고 미래를 예고하셨습니다. 이것이 그림자적 형상으로서 실현되었습니다.

이스라엘 백성은 나그네가 되었고 애굽인에게 노예 취급을 받았으며 "흙 이기기와 벽돌 굽기"(출 1:14) 등 고통스러운 일을 하였습니다. 바로는 감독과 십장을 세워 그들에게 강제 노역을 시켰습니다. 그리하여 "이스라엘 자손이 고된 노동으로 말미암아 하나님께 탄식하며 부르짖으니"(출 2:23) 하나님이 모세를 통해 그들을 "기억"(출 2:25)하셨습니다. 그리고 애굽인들을 여러 가지 재앙으로 치신 후 우울한 겨울이 지나가고 즐거운 봄이 시작되는 꽃 피는 계절에 그 백성을 애굽에서 나오게 하셨습니다.

4. 하나님은 모세에게 흠 없는 어린 양을 죽여 그 피를 문설주와 인방에 바르라고 하셨습니다. 이는 애굽에서 "장자를 멸하는 자로 그들을 건드리지 않게" 한 것입니다(히 11:28). 하나님이 보내신 천사는 멀리서 그 피의 표시를 보고 그 집을 지나쳤습니다. 그러나 그 표시가 없는 집에는 안으로 들어가서 처음 난 것들을 모두 죽였습니다. 게다가 하나님은 이스라엘의 모든 집에서 누룩을 치우라고 말씀하셨습니다. 그들은 죽인 어린 양을 무교병과 쓴나물과 함께 먹되 허리에 띠를 띠고 발에 신을 신고 손에 지팡이를 잡고 급히 먹어야 했습니다. 이와 같이 하나님은 그들에게 여호와의 유월절 음식을 저녁에 급히 먹으며 어린 양의 뼈를 꺾지 말라고 명하셨습니다.

5. 하나님은 "그들을 인도하여 은금을 가지고 나오게 하시니"(시 105:37), 특히 이웃의 애굽인들에게 은금 패물을 빌리라고 명하셨습니다. 그들은 애굽인들이 처음 난 것들을 장사 지내는 동안 애굽에서 나

왔습니다. 그들이 비참한 노예 생활에서 해방되었기 때문에 그들에게 기쁨이 있었고, 애굽인들에게는 장자를 잃었기 때문에 슬픔과 울부짖음이 찾아왔습니다. 그러므로 모세는 "이 밤은 그들을 애굽 땅에서 인도하여 내심으로 말미암아 여호와 앞에 지킬 것이니 이는 여호와의 밤이라"(출 12:42)고 말했습니다. 이스라엘은 어둠의 속박, 즉 애굽의 영들에게서 해방되었습니다.

6. 인간이 죄를 범했을 때 영혼은 무서운 죽음을 당하고 저주 위에 저주를 받았습니다. 하나님은 "땅이 네게 가시덤불과 엉겅퀴를 낼 것이라"(창 3:18), "네가 밭을 갈아도 땅이 다시는 그 효력을 네게 주지 아니할 것이요"(창 4:12)라고 말씀하셨습니다. 가시덤불과 엉겅퀴가 그의 마음의 땅에 자랐습니다. 적들은 책략을 사용하여 그의 영광을 빼앗고 수치를 입혔습니다. 그는 빛을 잃고 어둠의 옷을 입었습니다. 적들이 그의 영혼을 죽였습니다. 그들은 그의 능력들을 산산이 부수었고 높은 곳에 있는 그의 마음을 끌어내렸습니다.

그래서 이스라엘은 바로의 종이 되었습니다. 바로는 그를 감독하기 위해 감독과 십장들, 즉 악한 영들을 세웠는데 그 영들은 그의 의지와는 상관없이 악한 일을 강요하며 흙 이기기와 벽돌 굽기를 시켰습니다. 이것이 그를 천상적인 심령 상태에서 끌어내려 물질적이고 지상적인 악한 일, 헛된 말과 계획들과 생각에 빠지게 하였습니다. 본래 거하던 높은 곳에서 끌어내려진 영혼은 인간을 증오하는 나라에 살고 있습니다. 그곳에서는 무서운 통치자들이 그에게 악한 죄의 도시를 건축하라고 강요합니다.

7. 그러나 영혼이 하나님을 향해 탄식하며 부르짖으면 하나님은 그에게 영적 모세를 보내 주시는데, 그가 영혼을 애굽의 속박에서 구해 줍니다. 그러나 영혼이 먼저 탄식하며 부르짖어야 구원이 시작되어 애굽에서 나오게 됩니다. 이 달은 영혼이라는 대지가 아름답고 의로운 꽃이 피는 나뭇가지를 내는 때이고, 어둠의 무지와 부끄러운 행동과 죄에서 나오는 큰 흑암의 모진 겨울이 물러가는 때입니다. 주님은 "묵은 누룩"(고전 5:7)을 모든 집에서 내어 버리라고 말씀하십니다. 이것은 악한 생각과 더러운 상상을 없애기 위하여 "유혹의 욕심을 따라 썩어져 가는 구습을 따르는 옛 사람"(엡 4:22)의 행위와 습관을 벗어 버리라는 것입니다.

8. 이스라엘은 어린 양을 죽여 제물로 드린 후에 그 피를 문설주에 발라야 했습니다. 마찬가지로 참되고 선하며 흠이 없으신 어린 양 그리스도가 죽임을 당하셨고, 우리 마음의 인방에 그 피가 발라졌습니다. 십자가 위에서 흘리신 그리스도의 피가 영혼에게 생명과 구원을 주었고, 애굽의 마귀들에게는 죽음과 화를 가져왔습니다. 흠 없는 양의 피가 그것들에게는 화요, 영혼에게는 즐거움과 기쁨이 됩니다. 하나님은 어린 양의 피를 바른 후에 그 어린 양을 저녁에 먹으라고 하셨습니다. 누룩이 없는 빵과 쓴 나물을 먹되, 허리에 띠를 띠고 발에 신을 신고 손에 지팡이를 잡은 채 먹으라고 하셨습니다. 온 힘을 다해 선행을 통하여 만반의 준비를 하지 않는 영혼은 양을 먹지 못할 것입니다. 비록 양고기가 맛있고 무교병이 매우 좋더라도 나물은 쓰고 떫을 것입니다. 그러므로 죄가 고통을 주며 영혼과 함께 있는 한 영혼은 고난과 쓰라린 아

품을 겪으며 양고기와 무교병을 먹습니다.

**9.** 이스라엘 백성은 그것을 저녁에 먹어야 했습니다. 저녁은 빛과 어둠의 중간에 위치한 시간입니다. 그래서 이 구원에 가까이 있는 영혼은 빛과 어둠 사이에 있습니다. 반면에 하나님의 능력은 굳게 서있으며 어둠이 영혼을 덮거나 삼키는 것을 허용하지 않습니다. 모세가 "이것은 여호와의 약속의 밤이다"[10]라고 말한 것같이, 그리스도도 회당에서 성경을 받았을 때에 지금은 "주의 은혜의 해요 구원의 날"[11]이라고 하셨습니다. 과거 이스라엘이 애굽에서 나오던 밤은 보응의 밤이었지만 지금은 구속의 날입니다. 왜냐하면 그것들은 모두 진리의 상징이며 그림자요, 어둠 속에 갇혀 "가장 깊은 웅덩이"(시 88:6)에 빠져 "놋문"(시 107:16)에 갇혀 있어 그리스도의 구속 없이는 자유로울 수 없는 영혼의 구원을 신비적인 예표로 나타내고 있기 때문입니다.

**10.** 하나님은 출애굽 당시 애굽의 장자들을 죽이시고 영혼들을 애굽의 노예 상태에서 구출하십니다. 이미 바로의 세력의 일부가 무너졌습니다. 애굽인들은 슬픔에 빠져 있습니다. 그들은 포로들의 탈출 때문에 슬퍼하며 탄식합니다. 하나님은 그들에게 애굽인들의 금은 패물을 빌려 가지고 나가라고 명하셨습니다. 어둠 속에서 나오려고 하는 영혼

---

10) 마카리우스는 출애굽기 12:42을 염두에 둔 듯하다. 이 절 후반부에서 Aquila와 Symmachus는 "감시의 밤"이라는 표현을 쓰고 있는 데, 이것은 "기대의 밤", 곧 "약속의 밤"으로 해석될 수 있다.
11) 누가복음 4:19. 이 후반부는 에베소서 4:30에서 인용된 것 같다.

들은 자신의 금은 패물, 즉 "흙 도가니에 일곱 번 단련한"(시 12:6) 자신의 훌륭한 능력들을 되찾아야 하며, 그것으로 하나님을 섬기며 기쁘게 해 드려야 합니다. 영혼의 이웃이었던 마귀들이 영혼의 이런 능력들을 쓸 수 없게 만들고 속박하며 낭비하게 만들었습니다. 어둠 속에서 구원받은 영혼에게 복이 있으며, 자신을 거칠고 악독한 십장들의 수중에서 구원해주실 수 있는 하나님에게 탄식하며 부르짖지 않는 영혼에게 화가 있습니다.

**11.** 이스라엘 자손은 유월절을 지킬 때면 행진을 합니다. 영혼은 성령의 생명을 받았을 때, 어린 양을 맛보았을 때, 그의 피로 부음을 받았을 때, 진리의 떡, 즉 살아 있는 말씀을 먹었을 때 앞으로 이동입니다. 과거 이스라엘 백성들 앞에서 불기둥과 구름기둥이 그들을 보호하면서 나아갔습니다. 성령은 인간이 느낄 수 있는 방법으로 영혼을 격려하거나 인도하면서 강하게 해주십니다.

바로와 애굽인들은 이스라엘 백성이 탈출했다는 것, 그들의 노역을 잃게 된 것을 알았을 때 애굽의 처음 난 것들이 모두 죽임을 당하였음에도 불구하고 용기를 내어 그들을 뒤쫓아갔습니다. 바로는 서둘러 전차를 타고서 모든 백성들과 함께 이스라엘을 파멸시키려고 급히 뒤따라갔습니다. 그러나 바로가 그들을 거의 따라잡았을 때 구름이 그들 사이에 서서 방해하여 한 쪽을 어둡게 만들고 다른 쪽은 빛으로 인도하여 보호해 주는 역할을 했습니다. 전체의 이야기를 전개하면서 이 설교를 연장시키지 말고 영적인 것들과 관련시켜 상세히 비유로 풀어보십시오.

**12.** 우선 영혼이 애굽을 탈출할 때 하나님의 능력이 그에게 다가와 도우면서 그를 진리로 인도했습니다. 그러나 영적인 바로, 즉 어두운 죄악의 왕은 영혼이 반역하여 자기의 왕국에서 탈출하려는 것을 감지하면 이제까지 자신이 소유했던 인간의 능력들을 움켜쥡니다. 왜냐하면 그것들은 그의 소유이기 때문입니다. 그는 똑똑하기 때문에 영혼이 자기에게 돌아오기를 바랍니다. 그러나 이스라엘 백성이 영원히 자기의 통치에서 벗어나고 있다는 것—이것은 처음 난 것들을 죽이고 능력들을 훔치는 것보다 더 담대한 일이다—을 알게 되면 필사적으로 영혼에게 달려듭니다. 이는 영혼들이 완전히 탈출한다면 그의 뜻을 이루어 주고 그의 일을 해 줄 사람이 없게 되리라는 두려움 때문입니다.

그는 환난과 유혹과 보이지 않는 전쟁을 통해 그들을 추적합니다. 거기서 영혼은 시험을 받습니다. 그곳에서 자신을 애굽에서 구해 내신 하나님을 향한 그의 사랑이 모습을 나타냅니다. 영혼은 많은 방법들로 시험을 받거나 시련을 받게 됩니다.

**13.** 영혼은 자신을 붙잡아 죽음에 몰아넣기를 원하지만 그렇게 할 수 없는 적들의 세력을 봅니다. 영혼과 애굽의 영들 사이에 주님이 서십니다.

영혼의 앞에는 비통함과 고통, 또는 절망의 바다가 나타납니다. 그는 적들이 자신을 잡으려고 뒤쫓아 오는 것을 보기 때문에 되돌아가지 못하며, 죽음의 공포와 많은 심각한 환난이 에워싸고 있기 때문에 앞으로 나아가지도 못한 채 죽음만 기다립니다. 영혼은 자기를 둘러싼 악한 무리들 때문에 "사형 선고를 받은 줄 알고"(고후 1:9) 모든 신념을 잃어버립니다.

그러나 영혼이 죽음의 공포에 빠져 있고 적이 금방이라도 그를 삼키려는 것을 보신 하나님은 약간의 도움을 주시고, 인내하면서 영혼을 다루시면서 그가 믿음 안에 굳건히 서있는지, 그가 하나님을 사랑하고 있는지를 시험하십니다. 왜냐하면 하나님은 "생명으로 인도하는 문"(마 7:14)에 환난과 곤경, 많은 시험, 그리고 쓰라린 시련이 따르게 하셨기 때문입니다. 영혼은 거기에서 출발하여 하나님의 자녀들이 거하는 영광의 땅에 이르게 됩니다. 그러므로 영혼이 눈앞에 있는 심각한 환난과 죽음 때문에 자기의 소신을 버리고 자기를 포기할 때 주님은 즉시 강한 손과 드신 팔로 성령의 빛을 통해 어둠의 세력을 물리치십니다. 그러면 그는 무서운 곳을 벗어나며 어둠과 모든 것을 삼키는 불바다를 헤쳐 나오게 됩니다.

**14.** 이것들이 생명의 약속에 이르려고 노력하고, 사망의 나라에서 구원을 받았으며, 하나님에게서 보증을 받아 성령 안에 참여한 영혼이 지닌 비밀입니다. 그 결과 영혼은 원수들 가운데서 구원되었고, 하나님의 능력으로 험한 바다를 통과했으며, 전에 자신을 종으로 부렸던 적들이 눈앞에서 죽는 것을 보고서 "말할 수 없는 영광스러운 즐거움으로 기뻐하며"(벧전 1:8) 하나님의 위로를 받고, 주 안에서 쉼을 얻습니다. 그리고 영혼에게 주어진 성령은 탬버린(몸)과 보이지 않는 하프의 줄(영혼과 영혼의 가장 예민한 기능에 해당됩니다)과 하나님의 은혜라는 건반이 만들어 내는 화음으로 생명 주시는 그리스도를 찬양하는 새 노래를 부릅니다.

숨이 목구멍을 통과할 때 소리를 내듯이, 성령도 영을 지닌 거룩한 사람들을 통해서 찬양과 시편을 노래 부르며 순전한 마음으로 하나님께 기도합니다. 영혼을 바로의 종살이에서 구원해 주시고 자신의 보좌와 집과 성전과 순전한 신부로 삼으시며 세상에 사는 동안에 그를 영원한 생명의 나라로 인도하신 하나님께 영광을 돌릴지어다.

15. 율법에서는 이성을 소유하지 못한 동물을 희생 제물로 드립니다. 죽지 않은 동물을 제물로 드릴 수 없었습니다. 지금도 죄를 죽이지 않으면 그 제물은 참 제물이 되지 못하며 하나님이 받지 않으십니다. 이스라엘 백성이 마라에 도착했는데, 그 곳에는 마실 수 없는 쓴 물을 내는 샘이 있었습니다. 하나님은 절망에 빠진 모세에게 나뭇가지를 쓴 물 속에 던지라고 하셨습니다. 모세가 나뭇가지를 던지니 단물이 되었습니다. 쓴 물이 변하여 하나님의 백성이 마실 수 있게 되었습니다.

마찬가지로 영혼은 뱀의 독을 마셔 악해졌고, 뱀의 악한 본성을 닮게 되었으며, 죄를 짓게 되었습니다. 이 때문에 하나님이 생명나무를 쓰디쓴 마음의 샘에 던지셨는데, 곧 쓴 맛이 사라지고 달콤해졌으며 그리스도의 영과 섞이게 되었습니다. 그리하여 영혼이 주인의 쓰심에 합당하게 됩니다. 그는 육신을 입은 영이 되었기 때문입니다. 우리의 비통함을 성령의 선하심과 달콤함으로 바꾸어 주시는 분께 영광을 돌립시다. 생명의 나무가 던져지지 않은 자에게 화가 있을 것입니다. 그는 선한 것을 향한 변화를 얻지 못합니다.

16. 모세의 지팡이는 두 가지 상징을 담고 있었습니다. 적들에게는

그것이 물어 죽이는 뱀으로 나타났습니다. 그러나 이스라엘 백성에게는 도움을 주는 지팡이로 나타납니다. 이와 같이 그리스도, 즉 참 십자가는 원수인 악한 영의 죽음이지만 우리 영혼에게는 의지하는 지팡이요 확실한 받침대요 생명입니다. 과거에는 이와 같은 참 실체들의 모형과 그림자들이 있었습니다. 옛날의 예배는 현재의 예배의 그림자요 상징입니다. 할례, 성막, 방주, 항아리와 만나, 제사장직, 향, 정결예식 등 이스라엘과 모세의 율법과 선지자들이 행한 모든 것들은 하나님의 형상을 따라 만들어졌음에도 불구하고 노예가 되어 어둠의 나라에서 지배를 받는 영혼과 관련되어 있습니다.

17. 하나님은 영혼과 교제하기를 원하셨으며 그녀를 자신, 즉 왕의 신부로 삼으셨습니다. 그리고 그녀에게서 더러운 것을 깨끗이 제거하셨습니다. 그녀에게서 더러운 것과 수치를 씻어 빛나게 하였고, 죽음의 상태에서 소생시키시며 병든 상태에서 고쳐주고 평화를 주시며, 그녀의 원한을 제거하십니다. 그녀는 피조물이지만 왕의 아들의 신부가 되었습니다. 하나님은 능력에 의해서 그녀를 받아주셨고, 조금씩 자신을 그녀를 변화시켜 결국 그녀를 하나님의 성장에 비례하여 자라게 하셨습니다. 하나님은 그녀가 하나님에게 합당한 흠없는 신부가 될 때까지 그녀를 무한히 성장하게 하십니다.

하나님은 먼저 자기 안에 그녀를 잉태하시며 자기를 통하여 그녀를 성장하게 하시므로 마침내 그녀는 하나님의 완전한 사랑을 받습니다. 주님은 완전한 신랑이시기 때문에 완전한 신부와 혼인하여 거룩하고 신비하고 정결한 교제 속으로 데리고 들어가십니다. 그때 그녀는 그와 함께 영세토록 다스릴 것입니다. 아멘.

설교 48

# 지극히 작은 것에도 충성된 자가 되십시오.

1. 복음서를 보면 제자들이 완전한 믿음을 소유하기를 원하신 주님은 "지극히 작은 것에 충성된 자는 큰 것에도 충성되고 지극히 작은 것에 불의한 자는 큰 것에도 불의하니라"(눅 16:10)고 말씀하셨습니다. 작은 것이란 무엇이며 큰 것이란 무엇입니까? 작은 것이란 이 세상의 약속들, 주님이 믿는 사람들에게 공급해 주신 것, 즉 음식, 의복 등 육신의 건강과 즐거움을 위한 것입니다. 주님은 이런 것들과 관련하여 우리에게 조금도 근심하지 말며, 주님이 주님 안에 피하는 사람들을 위해 항상 모든 것을 공급해 주신다는 것을 믿고 확신하라고 명령하십니다.

큰 것은 영원한 불멸의 세계의 은사들입니다. 그것들은 주님을 믿는 사람들, 그것들과 관련하여 끊임없이 갈망하며 주께 구하는 사람들에게 공급해 주신 것입니다. 왜냐하면 주님은 계명을 그러한 취지로 주셨기 때문입니다.

주님은 "너희는 먼저 그의 나라와 그의 의를 구하라 그리하면 이 모든 것을 너희에게 더하시리라"(마 6:33)고 말씀하셨습니다. 각 사람은 이처럼 작고 세상적인 것들에 의해 자신이 하나님을 믿는지를 증명할 수 있습니다. 왜냐하면 하나님은 우리가 그러한 것들에 대해 염려하지 않고 장차 임할 영원한 것에만 관심을 가질 때에 그것들을 공급해 주시기 때문입니다.

2. 만일 어떤 사람이 앞에서 언급했던 것들에 관하여 건전한 믿음을 보존한다면, 그는 썩지 않을 것들과 관련하여 믿음을 가지고 있으며 영원하고 선한 것을 추구하는 사람입니다. 진리의 말씀에 순종하는 사람은 자신이 얼마나 하나님을 믿으며 하나님께 헌신하였는지, 진실로 하나님의 말씀을 따랐는지, 아니면 상상 속의 믿음과 칭의 속에서 자기에게 믿음이 있다고 생각한 것인지 스스로를 조사하고 증명하며 신령한 사람들에 의해 조사를 받고 증명을 받아야 합니다. 작은 것, 즉 현세적인 것들과 관련하여 신실했느냐는 질문에 의해 사람을 시험하고 증명할 수 있습니다. 그것을 어떻게 하는지 그 방법을 앞으로 설명하겠습니다.

당신은 자신에게 하늘나라가 주어질 것이며, 당신이 위로부터 났으며, 하나님의 아들이요 그리스도와 함께 하나님의 후사가 되어 영원토록 그분과 함께 다스리며 세세토록 하나님을 닮은 말할 수 없는 광채 속에서 즐거움을 누리게 되었음을 믿습니까? 물론 당신은 "그렇습니다. 그것이 내가 세상을 버리고 하나님께 헌신한 이유입니다"라고 대답할 것입니다.

3. 그렇다면 세상의 염려가 아직도 당신을 붙들고 있지 않은지, 그리고 육신의 양식과 의복이나 다른 관심과 즐거움 등과 관련하여 당신이

그것들을 자신의 능력으로 획득했으며 스스로를 위해 그것들을 준비해야 한다고 생각하는지 살펴보십시오. 당신은 자신과 관련하여 조금도 염려하지 말라는 명령을 받았는데도 말입니다. 주께서 썩지 않고 영원하고 풍성한 것들을 주실 것이라고 믿는다면, 이처럼 무상한 지상의 것들을 당신에게 공급해 주실 것을 어찌 믿지 않겠습니까?

하나님은 믿지 않는 사람들과 짐승들과 새들에게도 이러한 것들을 주셨습니다. 하나님은 그런 것들에 대해 염려하지 말라는 뜻에서 "내가 너희에게 이르노니 목숨을 위하여 무엇을 먹을까 무엇을 마실까 몸을 위하여 무엇을 입을까 염려하지 말라…이는 다 이방인들이 구하는 것이라"(마 6:25, 32)고 말씀하셨습니다. 만일 당신이 여전히 이런 것들에 대해 염려하며 자신을 하나님의 말씀에 맡기지 않는다면, 당신은 자신이 영원하고 선한 것, 즉 하늘나라를 받게 될 것을 믿는다고 생각하지만 실상은 믿지 않고 있으며 작고 무상한 것에도 충성하지 못한 자입니다.

몸이 의복보다 귀하듯이 영혼은 몸보다 더 귀합니다. 당신은 인간이 치료할 수 없는 영원한 상처, 악한 정욕이라는 상처가 그리스도의 손에 의해 치료된다고 믿습니까? 주님이 그러한 상처를 치료해 주시려고 세상에 오셨으며, 지금도 치료할 수 없는 상처를 지닌 신실한 영혼들을 치료해주실 것이며, 악이라는 문둥병에서 정결하게 해주실 것을 믿습니까? 주님만이 참된 의원이요 치료자이심을 믿습니까?

4. 당신은 "나는 분명히 그렇게 믿습니다. 나는 그것에 동의하며 그것을 기대합니다"라고 대답할 것입니다. 그렇다면 당신이 육체적인 병

에 걸렸을 때 혹시 당신이 믿는 그리스도께서 당신을 치료해 주실 수 없다는 듯이 세상의 의사에게 가지는 않는지 자신을 살펴보십시오. 당신은 진리를 제대로 믿지 않으면서도 믿고 있다고 생각하고 있으니 크게 미혹되어 있습니다. 당신이 불멸하는 영혼의 치료할 수 없는 영원한 상처와 악한 질병을 그리스도께서 치료하실 수 있다고 믿는다면, 주께서 육신의 병도 고쳐 주실 수 있다고 믿고 의학적인 치료나 약을 무시하고 주님만 의지했을 것입니다. 영혼을 창조하신 분이 육체도 지으셨습니다. 그러므로 불멸의 영혼을 치료하시는 분은 육체의 병도 고치실 수 있습니다.

5. 그러나 당신은 "하나님은 육체를 치료하기 위해서 땅의 약초와 약을 육신에게 주셨으며, 몸의 질병을 치료하기 위해 의사들을 예비해 주셨으며, 땅에 속한 육체는 땅에 있는 다양한 특효약으로 치료해야 한다고 명령하셨습니다"라고 대답할 것입니다. 나도 그렇다고 동의합니다. 그러나 주의를 기울여보면 이런 것들이 인간을 향한 하나님의 크고 무한하신 자비와 사랑에 따라 누구에게 주어졌으며, 누구를 위해 그것들을 정하셨는지 알 수 있을 것입니다. 인간이 하나님이 주신 계명을 범하여 진노의 심판을 받아 포로가 되고 치욕을 당하며 광산에서 노역하게 되며 낙원에서 쫓겨나 이 세상으로 추방되어 어둠의 권세 아래 놓이며 정욕 때문에 불신앙에 이르렀을 때, 그는 질병에서 자유롭지 못하게 되었면서 그때부터 육체의 병에 걸렸습니다. 또 그에게서 태어난 후손들도 동일한 병에 걸렸습니다.

6. 사랑이 많으시고 자비하신 하나님은 악한 인간들을 완전히 멸하는 것을 원하지 않기 때문에 연약하고 믿지 않는 인간들을 위해 이러한 처방들을 정하신 것입니다. 그러나 육신의 위로와 치료와 돌봄을 위하여 세상 사람들에게 약을 주셨으며, 완전히 하나님께 자신을 맡기지 못한 사람들이 그것을 사용하는 것을 허락하셨습니다. 그러나 당신은 그리스도께 왔으며, 하나님의 아들이 되기를 원하고 성령으로 위로부터 나기를 원하며, 첫 사람이 질병으로부터의 자유를 위해 가지고 있던 것보다 더 크고 높은 약속들을 기대하고 있는 수도사입니다. 당신은 하나님이 주님의 임재를 허락하시기를 기대하고 있습니다. 당신은 세상에 대해 이방인이 되었으므로 세상 사람들을 능가하는 새롭고 기이한 생활방법과 신앙과 생각을 소유해야 합니다.

설교 49

# 세상에 대해 나그네가 되십시오.

1. 주님을 위하여 자기의 집을 버리고 이 세상을 부인하며 이 세상의 쾌락과 재산과 부모를 버리고 자기를 십자가에 못 박았으며 나그네요 가난하고 궁핍한 자가 되었지만 자신의 내면에서 세상의 위로 대신에 신적인 위로를 발견하지 못하며, 자기 영혼 안에서 일시적인 즐거움 대신에 성령의 즐거움을 느끼지 못하며, 속사람이 멸망의 옷 대신에 신성의 빛의 옷을 입지 못하고 있으며, 일시적이고 육욕적인 교제가 아닌 하늘 신랑과의 교제를 만족하게 누리지 못하며, 이 세상의 기쁨 대신에 성령의 기쁨을 소유하지 못하며, 이 세상의 위로 대신에 주님의 영광으로 나타난 하늘의 은혜와 신적 충만에서 비롯된 위로를 받지 못하는 사람은 자기 영혼 안에 썩지 않는 즐거움, 바람직한 즐거움을 소유하지 못합니다. 이런 사람은 맛 잃은 소금이 됩니다. 그는 세상 모든 사람보다 더 비참한 사람입니다. 그는 이 세상의 모든 것을 박탈당했으면서도 신적인 은사들을 받아 누리지 못합니다. 그는 속사람 안에서 역사하시는 성령을 통해 신적인 비밀들을 알지 못합니다.

2. 그렇기 때문에 사람은 자기 영혼이 다른 세상과 다른 세대로 들어가게 하기 위해 세상에 대해 나그네가 되어야 합니다. 바울은 "우리의 시민권은 하늘에 있는지라"(빌 3:20), "우리가 육신으로 행하나 육신에 따라 싸우지 아니하노니"(고후 10:3)라고 말했습니다. 그러므로 이 세상을 부인하는 사람은 현세에서도 성령으로 말미암아 다른 세대에 들어가야 하며, 그곳에서 신령하고 선한 것들로 말미암는 즐거움을 누리며 대화하고, 속사람이 성령으로 말미암아 거듭나야 한다고 굳게 믿어야 합니다.

주님은 "내 말을 듣고 또 나 보내신 이를 믿는 자는 영생을 얻었고"(요 5:24)라고 말씀하셨습니다. 보이는 죽음 외에 다른 죽음이 있으며 보이는 생명 외에 다른 생명이 있기 때문입니다. 성경에는 "향락을 좋아하는 자는 살았으나 죽었느니라"(딤전 5:6), "죽은 자들로 자기의 죽은 자들을 장사하게 하고"(눅 9:60), "죽은 자들은 여호와를 찬양하지 못하나니…우리는 이제부터 영원까지 여호와를 송축하리로다"(시 115:17, 18)라고 기록되어 있습니다.

3. 떠오르는 해는 세상에 두루 빛을 발산하지만 지는 해는 그 빛을 거두어들이고 집으로 돌아가는 일에 힘을 기울입니다. 마찬가지로 성령으로 말미암아 위로부터 나지 못한 영혼은 사상적으로나 정신적으로 세상에 두루 흩어지는데 세상 끝까지 흩어집니다. 그러나 거룩한 하늘나라의 백성으로 탄생하여 성령과 교제하는 영혼은 자신의 모든 생각을 모아들여 주님에게로, 손으로 만들어진 것이 아닌 하늘나라 거처로 들어갑니다. 그리고 그의 모든 생각들이 천상적이고 거룩하고 깨끗하

게 되어 신적 대기 속으로 들어갑니다. 이 세상의 영인 악한 통치자의 어둠에서 해방된 영혼은 깨끗하고 신적인 생각들을 발견합니다. 하나님은 인간이 "신성한 성품에 참여하는 자"(벧후 1:4)가 되는 것을 선하게 여기시기 때문입니다.

**4.** 만일 당신이 이 세상 삶의 모든 것으로부터 이탈하며 끈질기게 기도하려 한다면, 이러한 수고를 충만한 안식으로 여기며 작은 환난과 고통을 큰 기쁨이 충만한 것으로 여기지 않습니까? 만일 당신의 몸과 영혼이 평생 동안 순간순간 선한 것으로 인해 타올라 소멸된다면 어떤 결과에 이르겠습니까?

말할 수 없이 긍휼하신 하나님이시여! 하나님은 대가를 바라지 않고서 믿는 자들에게 자신을 선물로 주시어 그들로 하여금 하나님을 기업으로 받게 하시고, 하나님이 인간의 몸 안에 거하시며 또한 주께서 인간의 내면에서 아름다운 집을 발견하게 하셨습니다. 하나님은 인간이 거하게 하기 위해 하늘과 땅을 창조하셨듯이, 하나님 자신이 거하기 위해 인간의 육체와 영혼을 창조하셨습니다. 하나님은 인간의 육신을 집으로 삼아 그 안에 거하면서 쉬시며, 자신의 형상대로 지음받은 사랑스러운 영혼을 자신의 아름다운 신부로 삼으십니다. 바울은 "내가 너희를 정결한 처녀로 한 남편인 그리스도께 드리려고 중매함이로다"(고후 11:2), "우리가 소망의 확신과 자랑을 끝까지 굳게 잡고 있으면 우리는 그의 집이라"(히 3:6)고 말합니다.

남편이 자기 집에 온갖 보물을 부지런히 쌓아놓듯이, 주님도 자기의 집인 인간의 몸과 영혼 안에 성령의 보물을 쌓으십니다. 지혜로운 자와 총명한 자가 영혼의 불가사의를 이해할 수 없고 그것에 대해 있는 그대로 말할 수 없습니다. 다만 성령으로 말미암아 계시를 받아 영혼에 관한 정확한 지식을 깨달은 사람만이 영혼에 대해 말할 수 있고 이해할 수 있습니다.

그 방법에 대해 곰곰이 생각하고 분별하고 이해하십시오. 그분은 하나님이시지만, 영혼은 하나님이 아닙니다. 그분은 주님이시요, 영혼은 종입니다. 그분은 창조주시요, 영혼은 피조물입니다. 그분은 조물주시요, 영혼은 지음받은 존재입니다. 영혼과 하나님의 본성 사이에는 전혀 공통점이 없습니다.

그러나 하나님은 무한하시며 말할 수 없고 생각할 수도 없는 사랑과 긍휼을 가지고 계시기 때문에 자신이 지으신 피조물, 이 지성적인 피조물, 이 귀하고 특별한 하나님의 작품 안에 거하십니다.

성경은 우리로 하여금 하나님의 지혜가 되게 하며 하나님의 거처가 되며 하나님의 귀하고 순결한 신부가 되게 하기 위해 "그 피조물 중에 우리로 한 첫 열매가 되게 하시려고"(약 1:18)라고 말합니다.

5. 이처럼 선한 것들이 우리에게 제공되었으며, 이러한 약속들과 즐거움이 주어졌으니 우리는 소홀하고 태만하게 행하지 않아야 합니다. 사랑하는 자녀들이여, 그러므로 영생을 얻으려면 나태하거나 지체하지 말고 주님을 기쁘시게 하는 일에 온전히 헌신하십시오. 주께서 신성의 능력에 의해 우리를 부끄러운 정욕의 어둠에서 구해주시며, 하나님의 형상과 솜씨가 빛을 발하게 하시어 영혼을 건전하고 순결하게 만드시며, 우리로 하여금 성령과 교제하며 성부와 성자와 성령께 영원히 영광

돌리며 찬양하게 만들어 달라고 간구하십시오. 아멘.

설교 50

# 하나님은 우리들을 통하여 역사하십니다.

1. 누가 하늘의 문을 닫았습니까? 엘리야입니까? 아니면 비에게 명령하셨던 분, 엘리야 안에 계신 하나님이었습니까? 나는 하늘에게 능력을 휘두르시는 분이 엘리야의 마음 안에 자리잡고 앉으셨다고 생각합니다. 하나님의 말씀이 엘리야의 입을 통해 비에게 세상에 내려오지 말라고 명하셨고, 다시 말씀하시니 하늘 문이 열려 비가 내렸습니다.

마찬가지로 모세가 지팡이를 던지니 그것이 뱀이 되었고, 말하니 다시 지팡이가 되었습니다. 또 모세가 풀무의 재를 바로의 눈앞에서 뿌리니 그것이 독종이 되었고, 그가 티끌을 치니 개구리와 이가 생겨났습니다. 인간의 본성으로 이러한 일들을 행할 수 있었을까요? 모세가 바다에게 말하니 바다가 갈라졌고 강에게 말하니 강이 피로 변했습니다. 모세의 내면에 하늘의 능력이 거하고 있었으며, 그 능력이 모세를 통해서 이러한 기적들을 행한 것입니다.

2. 무장하지 않은 다윗이 어떻게 전쟁터에서 거인과 싸울 수 있었습니까? 다윗이 블레셋 사람 골리앗을 향하여 돌팔매질을 했을 때에 하

나님의 손이 다윗의 손을 통해 돌을 인도하셨습니다. 그러므로 골리앗을 죽이고 승리를 거둔 것은 신적인 능력이었습니다. 다윗의 힘으로는 결코 그 일을 해낼 수 없었을 것입니다. 그는 육신적으로 매우 약했습니다.

눈의 아들 여호수아가 여리고 성에 가서 7일 동안 그 성을 포위했을 때에 그 자신의 본성으로는 아무 일도 할 수 없었습니다. 그러나 하나님이 명령하실 때에 성벽이 저절로 무너졌습니다. 그가 약속의 땅에 들어갔을 때 하나님이 "나아가 싸우라"고 말씀하셨고, 여호수아는 "나는 생존하시는 여호와와 함께가 아니면 결단코 가지 않겠습니다"라고 대답했습니다.[12]

전쟁 중에 태양에게 두 시간 동안 움직이지 말라고 명한 사람은 누구입니까? 그것이 그의 본성으로 행한 일입니까? 아니면 그와 함께 하신 능력이 행한 일입니까? 모세가 아말렉 족과 싸울 때에 두 손을 하늘을 향해 펴서 하나님께 기도하면 아말렉 족이 패배했고, 그가 두 손을 내리면 아말렉 족이 승리했습니다.

3. 이러한 이야기를 들을 때에 다른 곳에 정신을 팔지 마십시오. 이러한 일들은 실재의 상징이요 그림자이므로 그것들을 당신에게 적용하십시오. 당신이 정신의 두 손, 즉 생각들을 하늘을 향해 펼치며 주님을 굳게 붙들기로 결심하는 순간 사탄은 당신의 생각들에게 패배할 것입니

---

12) 이것은 민수기 13, 14장에서 여호수아와 정탐꾼들이 귀환한 후의 이야기를 회상한 것인 듯하다. 그러나 이렇게 말한 사람은 모세이다. 출애굽기 33:15을 참고하라.

다. 여리고 성의 성벽이 하나님의 능력에 의해 무너졌듯이, 지금 당신의 마음을 방해하는 악의 성벽과 사탄의 도시들과 원수들도 하나님의 능력에 의해 완전히 멸망할 것입니다.

이처럼 그림자인 구약의 사건에서 하나님의 능력은 끊임없이 의인들과 함께 있으면서 눈에 보이는 기적들을 행하셨고, 하나님의 은혜도 역시 그들의 내면에 거하셨습니다. 그것은 선지자들에게도 역사하고 그들의 영혼 안에 성령을 허락하셔서 세상에 큰 일들을 말해 주어야 할 때 그들로 하여금 예언하게 하셨습니다. 그들은 항상 예언한 것이 아니라 그들 안에 계시는 성령께서 원하실 때에만 예언했습니다. 그러나 그 능력은 항상 그들과 함께 있었습니다.

**4.** 이처럼 그림자에 지나지 않는 일에 성령이 부어졌다면 새 언약, 십자가, 그리스도의 강림에는 얼마나 더 성령이 부어졌겠습니까? 새 언약에서 성령 부어주심과 성령에 취함이 효과를 나타냈습니다. 성경은 "내가 내 영을 모든 육체에 부어 주리니"(행 2:17)라고 말합니다. 이런 의미에서 주님은 다음과 같이 말씀하셨습니다: "내가 세상 끝날까지 너희와 항상 함께 있으리라"(마 28:20), "구하는 이마다 받을 것이요"(마 7:8), "너희가 악할지라도 좋은 것을 자식에게 줄 줄 알거든 하물며 너희 하늘 아버지께서 구하는 자에게 성령을 주시지 않겠느냐"(눅 11:13). 우리는 "능력과 성령과 큰 확신으로"(살전 1:5) 성령을 구해야 합니다.

그러한 일들은 분량과 때를 따라 많은 수고와 인내와 그리스도를 향한 애정에 의해서 성경에서 말한 바 영혼의 "지각을 사용함으로"(히 5:14), 선과 악을 통해서, 즉 한편으로는 술수와 음모와 여러 가지 괴롭

힘과 악을 기다리는 것을 통해서, 그리고 또 다른 한 편으로는 성령의 능력과 역사에 의한 도우심과 은사를 통해서 발견됩니다.

정욕에 의해 속사람을 더럽히는 악한 일을 도모하며 자신의 약함을 강하게 해주고 영혼을 새롭게 해주시는 진리의 성령의 도움을 알지 못하는 사람은 아직 하나님이 주시는 여러 가지 은혜와 평화를 발견하지 못한 채 분별없이 제멋대로 행합니다.

반면에 주님의 도움을 받는 사람, 영적인 기쁨과 하늘의 은사들을 소유한 사람이 자신이 더 이상 죄에 의해 상처를 입지 않는다고 상상한다면, 그는 악의 교활함을 분별하지 못하고 그리스도 안에서 어린아이가 점점 자라서 어른이 된다는 것을 이해하지 못한 채 알지도 못하는 사이에 미혹됩니다. 거룩한 하나님의 성령의 공급을 통해서 믿음이 증가하고 진보하며, 동시에 악한 생각의 요새는 서서히 완전하게 파괴됩니다 (고후 10:4).

그러므로 우리는 자신이 "질그릇"(고후 4:7) 안에 보배를 가지고 있는지, 성령의 자주색 옷을 입었는지, 왕을 만나고 그분 가까이에서 안식을 발견했는지, 아니면 아직도 그 집의 가장 바깥 쪽에서 섬기고 있는지 알아보아야 합니다. 영혼은 많은 지체와 큰 깊음을 가지고 있으며, 죄가 그 안에 들어와 영혼의 지체들과 마음을 소유하게 되었습니다. 인간이 은혜를 구할 때 은혜가 그에게 임하여 그 영혼의 지체들 중에서 두 개를 소유합니다. 그런데 경험이 없는 사람은 은혜로 말미암아 위로를 받게 되면 은혜가 자기 영혼의 모든 지체를 소유하고 죄가 뿌리뽑혔다고 생각합니다. 그러나 실제로 그 영혼의 많은 부분이 죄의 세력 아래 있으며 단지 한 부분만이 은혜 아래 있습니다. 그런데도 그는 그것을 알지 못합니다.

  이러한 일들에 대해 설명하자면 매우 길어지기 때문에 간단하게 출발점만 지적했습니다. 그러므로 당신은 지혜로운 사람처럼 그것에 기초를 두고 계속 연구하고 그 말의 능력을 찾아내며, 주님 안에서 더욱 지혜로운 자가 되며, 하나님의 은혜와 진리의 능력 안에서 마음의 성실함을 증가시켜야 합니다. 확신을 가지고 구원을 굳게 붙들며 악의 방해와 원수의 속임수에서 구원받음으로써 당신은 우리 주 예수 그리스도의 심판날에 타락하지 않고 정죄받지 않은 자로 여김 받는 특권을 소유하게 됩니다.

  주 예수 그리스도께 영원히 영광이 있을지어다. 아멘.